新编21世纪经济学系列教材

产业经济学

第二版

Industrial Economics

肖兴志　主编

中国人民大学出版社
· 北京 ·

主编简介

肖兴志，教授，经济学博士，博士生导师。现任东北财经大学副校长，产业经济学国家重点学科带头人，兼任全国产业经济学一级学术团体——中国工业经济学会常务副理事长、学术委员会委员，《产业组织评论》主编。肖兴志教授系享受国务院特殊津贴专家、新世纪百千万人才工程国家级人选、教育部新世纪优秀人才、辽宁省特聘教授，曾荣获教育部高等学校科学研究优秀成果奖、蒋一苇企业改革与发展学术基金优秀论文奖等学术奖励。

主要从事产业经济学、规制经济学等领域的研究。主持国家社会科学基金重大招标项目、国家自然科学基金项目、霍英东青年教师基金项目、教育部人文社科重点研究基地重大项目、国家发展和改革委员会公开招标项目等课题研究。出版《产业经济学》、《现代规制经济分析》、《中国煤矿安全规制：理论与实证》、《中国战略性新兴产业发展研究》等专著和教材。在《经济研究》、《管理世界》、《经济学（季刊）》、《中国工业经济》等学术期刊发表多篇论文，其中部分成果被《新华文摘》、《人大复印报刊资料》转载引用。

内容简介

本书为一本面向本科生高年级和研究生一年级的产业经济学教科书，由产业经济学领域全国唯一的教育部人文社科重点研究基地——东北财经大学产业组织与企业组织研究中心承担编写工作，系东北财经大学产业经济学国家重点学科建设成果之一。本书重视对产业经济学学科的全面介绍，内容丰富，取材广泛，总共包括十四章，主题涵盖学科流派演变、市场结构分析、企业策略性行为、市场绩效衡量、反垄断与规制政策等，系统反映了现代产业经济学的学科体系和最新研究成果。本书采用学术界公认的研究观点进行科学阐述，概念准确、论述严密。本书编写生动活泼，书中穿插了大量的案例和思考题，重点阐释了产业经济学理论在现实经济社会中的应用和发展，从而能使读者充分体会到产业经济学学科与现实经济社会生活的紧密结合。

目 录

第一章

引 言

内容要点

- 产业经济学的研究对象
- 产业经济学主要流派演变
- 企业性质
- 成本理论
- 规模经济与范围经济

第一节 研究对象

一、产业的概念与分类

产业经济学（industrial economics）又叫产业组织学（industrial organization）①，以不完全竞争的市场环境为背景，重点研究产业内、企业间的市场关系。② 产业经济学与经济学其他分支的差异性是很明显的，但与微观经济学却存在天然的联系，内容和方法上的相互交叉几乎很难将这两个学科区分开。因此，许多学者认为，产业组织学等同于应用微观经济学（applied microeconomics）或应用价格理论（applied price theory）。

产业经济学以"产业"（industry）为研究对象。"产业"是国民经济中按照一定社会

---

① 在国际学术界，产业经济学与产业组织学所指的是同一学术领域，北美较流行的称谓是产业组织学，而欧洲更常见的称谓则是产业经济学。

② 也许因为它与"工业经济学"的英文翻译相同，国内较早的一本产业经济学译著就曾译为《工业经济学》。也可能是由于同样的原因，我国财经大学最早在"工业经济专业"开设产业经济学，作为核心课。其实，产业经济学与我国传统的工业经济学几乎毫无联系。与产业经济学关系密切的学科有微观经济学、价格理论、企业理论、管理经济学、规制经济学以及企业、政府与社会等。参见于立：《从两部产业组织学研究的著作获奖想到的》，东北财经大学产业组织与企业组织研究中心内部文稿。

分工原则，为满足社会需要而划分的从事产品生产和作业的各个部门，是社会生产力和社会分工不断发展的产物。一般分工形成了农业、工业和服务业等三大类。经过基于一般分工的特殊分工，农业内部分为种植业、畜牧业、林业和渔业；工业内部分为冶金、造船、机械、电子、食品、纺织和造纸等产业部门；而起源于商业的服务业则分化为商业、金融、通信、旅游、教育、信息和生活服务等部门。因此，产业是由社会分工形成的具有某类相同特征的企业集合。

首先，产业既然是一些具有相同生产或产品特征的企业的集合，它就不同于单个企业的经济行为，其发展变化会给经济总量带来一些影响，但却不能代表经济总量的全部变化，因此，产业是介于单个经济主体和国民经济总量之间的中间层次。如果把国民经济看作一个大系统，把单个经济主体（企业、消费者家庭）看作该系统的要素，那么产业就是由某些具有共同特征的要素构成的子系统。对子系统的研究显然不同于对整体或要素的研究，但与要素和整体密切相关，即涉及单个企业或消费者家庭和国民经济总量。

其次，产业的形成源于社会分工。由一般分工形成的农业、工业和服务业，可称为广义的产业；而由特殊分工形成的产业，则是狭义的产业概念。实际上，无论是广义的产业，还是狭义的产业，其本质都是由一些具有某些相同特征的企业组成的集合或群体，这就引出定义产业的第三个关键问题，选择什么样的“相同特征”作为企业分类和集合的标准。

根据不同标准进行的产业分类具有不同的用途，具体地：

1. 三次产业分类法

三次产业分类法是由新西兰经济学家费希尔在 1935 年所著的《安全与进步的冲突》中首次提出的。他提出人类社会经济活动的发展阶段是：第一阶段即初级生产阶段：生产活动主要是农业和畜牧业；第二阶段：开始于英国的工业革命（18 世纪 60 年代开始的第一次产业革命）时期，以机器大工业为标志，纺织、钢铁和机器等制造业迅速崛起和发展；第三阶段：开始于 20 世纪初，大量的资本和劳动力流入非物质生产部门，包括商业、运输、旅游、娱乐和文化教育等部门。他将三个阶段的产业分别称为第一产业、第二产业和第三产业。英国经济学家、统计学家科林·克拉克 1940 年在费希尔的基础上对三次产业的分类进行了局部调整并且进行了实证研究，发现三次产业之间随经济发展阶段的变化而展现出一定的规律性，后被总结为“配第-克拉克定律”。

三次产业分类法在新西兰和澳大利亚被首先使用之后，经济合作与发展组织启用了该种分类方法，并进行了重新界定。目前，欧美多数国家都采用这种分类方法。尽管世界各国对三次产业的划分并不完全一致，但通常来讲，第一产业是指农业，包括种植业、林业、畜牧业和渔业；第二产业是指工业（包括采掘业、制造业和煤电水等）和建筑业；第三产业是指广义的服务业，即第一产业和第二产业以外的各产业。

2. 国际标准产业分类法

联合国为统一世界各国的产业分类，1971 年颁布了《全部经济活动的国际标准产业分类索引》，并于 1993 年进行了第三次修改。国际标准产业分类把全部经济活动分为十个大项，每个大项下分成若干中项，每个中项下又分成若干小项，每个小项再分成若干细项，各大、中、小、细项都有统一规定的统计编码。标准产业划分比三次产业划分要细致得多，但二者间存在对应关系，可以相互转换。

国际标准产业分类法具有较高的科学性，能够较好地反映某国或某地区的产业发展和产业情况，并适应产业发展和变化的需要。值得指出的是，国际标准产业分类主要是从技术角度确定产业分类，并不一定能够反映市场需求状况。现实统计工作往往按“企业”而不是按“产品”进行，而单个企业通常生产多种产品，因此通常不够准确。也就是说，国际标准产业分类只能大体作为产业经济学研究现实问题的基础，往往不能满足产业经济学研究的需要。

3. 国家标准产业分类

一国政府为了统一该国产业经济研究的统计和分析口径，以便科学地制定产业政策和对国民经济进行宏观管理，通常会根据本国实际情况编制出划分产业的一种国家标准。例如美国在1972年颁布的产业分类设有7位数编码，第一位数代表产业部门，然后细分到第七位数，共分为7 500种产品类型。中国于1994年在参照联合国标准产业分类的基础上，制定形成的《国民经济行业分类与代码》将国民经济活动划分为16个门类、92个大类、300多个中类和更多的小类。

4. 产业经济学中的“产业”界定

产业经济学意义下的“产业”与通常所理解的产业概念其实并不一样。产业经济学研究中经常要在标准产业的基础上，根据需求的交叉价格弹性或其他因素进行调整后再定义产业。根据需求的交叉价格弹性来确定市场或产业的范围，就是指具有正需求交叉价格弹性的商品为同一市场的商品，生产这些具有替代性商品的企业则构成一个产业。

从供给的角度看，一个产业是一定区域内（如一国或一个地区）生产同类或同一产品和服务的所有企业的集合。从需求的角度看，结果则不一定与其完全一致。比如，两家企业的产品（性能、式样等）基本相同，甚至完全相同，但由于两个企业的营销战略不同，相同的产品成了“差异化产品”，这样供求双方就会出现不一致；而且在“差异化”达到一定程度后，两家企业的相同产品有可能属于不同产业（或市场）。另外，定义产业（或市场）必然要涉及产品或生产要素的替代性，而产品的替代性是从需求角度考虑的，生产要素的替代性则是从供给角度考虑的。问题是这两个方面的替代性可能会出现大的差别。[①] 此外，技术变化也会引起产业边界的调整，新技术的使用改变了产品间的替代关系，使本来属于不同产业的企业演变成同一产业、同一市场的竞争关系，出现所谓产业融合的现象。

在理论上定义产业或市场是相对容易的，而在实践中精确界定产业或市场的范围则显得相对困难。例如，在美国杜邦公司反垄断案中，美国司法部认为杜邦公司的玻璃纸在市场上占有绝对份额，据此认为杜邦公司存在垄断经营行为，因而根据反垄断法对其提出诉讼。而杜邦公司应诉的根据是，玻璃纸只是“柔性包装材料”中的一种，其他柔性包装材料还有蜡纸、聚乙烯等。杜邦公司用证据证明玻璃纸与这些商品之间存在很强的需求交叉价格弹性，它们之间存在替代关系，是属于同一市场的产品。由于加进了这些产品，因而杜邦公司的玻璃纸在市场上的市场占有率显著下降，从而表明杜邦公司的玻璃纸在“柔性包装材料”市场并不具有垄断地位，最终杜邦公司胜诉。在前几年的微软公司反垄断案

① 常举的例子是消费者为了娱乐可把音乐会与钓鱼视为替代物，但从供给方看却不可能替代。另一个例子是生产男鞋和女鞋，需求方不能替代，但供给方却可以替代。

中，争议的焦点同样并不在于是否形成垄断，而首先在于产业（或市场）的定义，因为定义的不同会直接导致不同的判决。一般意义上的产业指的是这样一种现象，即生产同一产品（或服务）的企业在同一市场中销售。正是从这个意义上说，产业经济学中所指的“产业”、“行业”或“市场”均为同义词。①

二、产业经济学的研究对象

对作为产业经济学研究对象的产业本身有广义和狭义的不同理解，不同国家和流派的研究内容也各有侧重。在欧美，主流的产业经济学也被称为产业组织理论（industrial organization），研究特定市场的运行，即产业内部企业之间的产业组织问题，特别是企业在拥有市场势力（market power）的不完全竞争市场中运行，并在侧重分析产业内企业间关系的基础上，进一步深入研究企业内部组织结构，推进产业经济学向前发展。上面有关“产业”等同于“市场”的论述就是基于这一视角。而日本产业经济学的研究领域不仅包括产业组织理论，还包括产业关联理论、产业结构理论、产业布局理论和产业政策研究等方面。其中，产业结构指国民经济内部产业与产业之间的关系，而不是产业组织理论中产业内部企业间的市场关系，它基于广义的产业概念，研究产业与产业之间数量关系结构和技术联系的规律。在实践中，日本政府通过产业政策优化产业结构，创造了经济增长的奇迹。

据此，产业作为产业经济学的研究对象，有两层含义：在产业组织层面，当分析同一产业内企业间的市场关系时，“产业”是指“生产同类或有密切替代关系的产品、服务的企业集合”。因为生产同类或具有替代关系的产品和服务的企业在产品市场上会发生竞争关系，所以企业间的竞争行为和竞争程度会影响市场对资源的配置效率。以产品市场上具有竞争关系的企业集合——产业为研究对象，分析企业间的竞争行为和市场关系，才有可能对产业内的企业是否具有市场势力及市场运行的经济绩效做出判断。当考察整个产业的状况，以及不同产业间的结构和关联关系时，产业的含义则更为宽泛，“产业”可以定义为“使用相同生产资料、相同工艺技术，在相同或相关价值链上活动的企业的集合”。以这类企业组成的产业为对象，研究社会再生产过程中企业间错综复杂的中间产品或最终产品的供给与需求关系，才有可能认识各产业部门间的经济技术联系、比例关系及其变化规律，并通过制定和实施科学的产业政策优化产业结构、提高资源在产业间的配置效率。②

中国的产业经济学早期受日本的影响较深，重视产业结构和产业政策的研究，当然这也是基于中国长期实行计划经济、资源配置效率低下、产业布局极不合理、产业比例严重失调的客观国情。20世纪80年代中后期，欧美主流的产业理论逐渐被引入中国，中国的产业经济学研究开始转型，产业组织理论逐渐成为中国产业经济学的核心内容。本书将产业经济学等同于产业组织理论，以产业组织和企业行为为研究对象，关注与其密切相关的反垄断政策和规制政策，即锁定产业作为产业经济学的研究对象的第一层含义。这不仅符合主流经济学界有关产业经济学学科定位的国际共识，顺应国内相关分歧日益缩小的趋势，而且具有坚实的理论基础，符合我国产业发展的新要求。

---

① 汉语中有“产业”与“行业”的区分，在英语中只有一个词“industry”，而且常与“market”混用。

② 参见干春晖：《产业经济学教程与案例》，4～8页，北京，机械工业出版社，2006。

首先，无论是产业与产业间的结构关系，还是产业内企业间的组织关系，其根本上都取决于市场机制下企业的效率。市场经济的最大优势就是依靠效率高（成本低）的企业，将其作为配置资源的主体，这些企业在产业内部通过兼并或融资进行“扩张”，不断地淘汰效率低（成本高）的企业，自动地调整着产业内企业间的组织关系。同时，效率高（成本低）的企业在产业间不断地“进入”或“退出”，提高了资源在产业间的配置效率，不断地调整着产业比例和布局，也自动调整着产业与产业间的结构关系。从这个意义来讲，研究好“产业组织”就能够解决好“产业结构”中出现的问题。

其次，产业经济研究应随着经济的发展与时俱进。在计划经济时代，社会资源在行业、部门之间的配置是完全由国家计划决定的，国家的发展战略决定了资源在各行业之间的分配比例，通过产业政策等调控手段调整产业布局、优化产业结构无疑对改善资源配置、促进经济增长具有重要作用；与此同时，企业（几乎全部是国有企业）只是计划的执行者，同一产业内部各企业之间也不存在竞争关系，相应的市场结构并不重要。因此，产业政策、产业布局的调整和产业结构的优化升级成为20世纪90年代以前产业经济研究的重点。

随着社会主义市场经济体制的逐步完善，资源配置方式发生了根本性转变，企业间的竞争关系日益成为经济生活中关注的焦点，某些产业中的垄断及其规制问题成为改革和理论探讨的重点。而对产业结构的过分关注往往造成尴尬局面：政府越不重视的产业发展得越快越好，越有竞争力；而政府越重视越进行投资的产业却常常发展不起来。因此，随着市场经济的深化，产业经济研究的重点转移到了产业组织理论上。

最后，随着我国学科体系建设的日益完善，产业经济学的学科定位将向国际标准靠拢，形成较为统一的分析逻辑和研究方法。国际上的主流经济学界已形成共识：产业经济学，亦为产业组织学，早期称价格理论，渊源于微观经济学，属于应用经济学范畴，是各国政府制定产业政策的理论基础。① 而研究部门间经济问题的产业结构理论，其典型的研究方法是投入产出分析，属于发展经济学的研究领域；产业布局理论是区域经济学的重要内容；产业关联则是投入产出经济学的核心部分。从这些学科间的重复交叉领域“退出”，产业经济学回归到产业组织理论。

第二节 学科流派演变

一、哈佛学派

1. 形成与发展

最早的产业经济学思想可以追溯到著名经济学家马歇尔（A. Marshall）的理论。1879年，他在与夫人合著的《产业经济学》中第一次提出了“产业组织”的概念，并将其定义为产业内部的结构。在1890年出版的名著《经济学原理》一书中，马歇尔将“组织”作为与土地、劳动和资本并列的第四种生产要素，用相当篇幅讨论了产业组织问题，指出组织可以提高效率、增加经济收益。同时，马歇尔对分工的收益、产业在特定地区集聚的利

① 参见于立、肖兴志：《产业经济学的学科定位与理论应用》，2页，大连，东北财经大学出版社，2002。

益、大规模生产的利益、企业专业化经营的利益等进行了专门阐述，提出了规模经济与竞争活力之间的矛盾，被后人称为“马歇尔冲突”。如何有效利用生产活动的规模经济性，同时又保持市场的竞争活力，成为产业组织理论长期探索的核心论题。到了20世纪30年代，在英国经济学家琼·罗宾逊（J. Robinson）、美国经济学家张伯伦（E. H. Chamberlin）等早期经济学家开创性的努力下，市场中竞争和垄断问题得到深入的研究，经济学领域产生了不完全竞争理论，代表性著作包括张伯伦的《垄断竞争理论》（*The Theory of Monopolistic Competition*）和罗宾逊的《不完全竞争经济学》（*The Economics of Imperfect Competition*）。这两部著作将部分经济学家的视线引入到了产业组织研究的范围，也使不完全竞争理论成为产业组织理论的先驱。

产业经济学正式成为经济学体系中的一员则应归功于哈佛大学的梅森（E. S. Mason）和贝恩（J. S. Bain）等人在此领域的杰出贡献。20世纪30年代末—60年代，哈佛大学产业组织研究小组对不同产业的市场结构和企业行为进行了实证分析。他们以案例研究为手段，分析了美国主流产业的市场结构，在1939年发表了第一批有关主要产业集中度的资料；20世纪40—50年代进行了一系列关于具体产业市场结构的研究；20世纪50年代重点统计比较了各个行业的市场结构。由于这些研究主要以哈佛大学为中心展开，因此学术界称之为“哈佛学派”（Harvard School）。1959年，贝恩在哈佛大学出版社出版了第一部系统阐述产业经济学的经典著作——《产业组织》（*Industrial Organization*），该书被认为是第一本系统的现代产业组织经济学的经典著作，标志着产业经济学作为一个相对独立的理论体系的形成。

谢勒（F. M. Scherer）于1970年出版了《产业市场结构和经济绩效》一书，在贝恩的基础上进一步系统提出了哈佛学派的“市场结构（structure）—企业行为（conduct）—市场绩效（performance）”分析框架。

2. 分析范式

哈佛学派以新古典学派的价格理论为基础，在承袭了前人一系列理论研究成果的基础上，以实证研究为主要手段，从结构、行为、绩效三个方面对特定市场进行分析，构造了一个既能深入具体环节又有逻辑体系的“市场结构—企业行为—市场绩效”分析框架，简称为SCP范式。其中，市场结构是指影响竞争以及垄断性质和程度的市场方面的因素；企业行为是指企业所做出的决策和活动方式；市场绩效是指在一定的市场结构条件下，由于企业的策略性行为而产生的后果，并通过相关具有价值判断性质的一些标准对这些后果进行评价。

在哈佛学派的SCP范式中，产业组织理论由市场结构、企业行为、市场绩效三个基本要素和政府的公共政策组成，分析思路按照“市场结构→企业行为→市场绩效→公共政策”展开。其中，结构、行为、绩效之间的因果关系占据了主要地位，即市场结构决定企业行为，而企业行为决定市场运行的经济绩效。因此，从改进市场绩效的角度出发，为了获得理想的市场绩效，最重要的是通过公共政策来调整和直接改善不合理的市场结构。

SCP范式所依据的微观经济理论是将完全竞争和垄断作为两极、将现实的市场置于中间进行分析的新古典学派的价格理论。范式中市场结构的决定因素不是内生变量，而是市场外在的环境变量，比如，贝恩将进入障碍视为决定市场结构的核心变量，认为规模经济、必要的进入资本需求量、政府限制和绝对成本优势等技术性条件是影响进入障碍的主要因素。哈佛学派认为，市场结构从直接和间接两个方面影响单个企业的经济行为：直接影响企业的用工策略、工作条件等内部组织结构；间接影响企业内部资源的配置及其产品定价和竞争策略。于是，哈佛学派认为市场结构决定企业行为，将市场结构作为产业组织理论的分析重点，重视结构对行为和绩效的作用，因此，又被称为“结构主义学派”。

3. “集中度—利润率”假说

在哈佛学派的SCP范式中，对市场集中度和产业利润之间关系的研究处于最重要的核心地位。他们以经验性的横向静态分析方法为主，利用行业的截面数据对行业中企业的结构进行衡量，然后对集中度不同的企业的市场绩效进行比较和评价。依据经验分析的结论，哈佛学派提出“集中度—利润率”假说：在集中度较高的产业中，由于少数企业间的串谋、协调以及通过高进入障碍限制竞争的行为削弱了市场的竞争性，结果往往导致超额利润的产生，在产业利润率较高的同时，破坏了资源配置效率；反之，市场中若存在持续超额利润或经济利润，一般就说明市场存在垄断因素，利润越高，垄断性就越强。

可见，哈佛学派将垄断利润作为判断市场绩效好坏的主要标志，对“市场绩效”的理解主要定位在“资源配置效率”和“公平分配”原则上，忽视了企业内部效率和技术等评价体系，是以一种静态的眼光看待市场结构，对技术进步和研究开发问题关注很少。

4. 公共政策

哈佛学派认为，寡占的市场机构会产生寡占的市场行为，进而导致不良的市场绩效，特别是资源配置的非效率。因此，有效的产业组织政策首先应着眼于形成和维护有效竞争的市场结构，主张对经济生活中的垄断和寡占采取规制政策。哈佛学派的这种政策主张对第二次世界大战后以美国为首的西方发达国家反垄断政策的开展和强化都曾产生过重大的影响。

总的说来，哈佛学派的SCP范式开创性地建立了产业组织理论的分析框架和分析范围。在分析框架中突出市场结构，在研究方法上偏重经验性检验，是哈佛学派区别于其他学派的两个重要特征。

二、芝加哥学派

1. 形成与发展

在产业经济学发展的早期，哈佛学派的理论一方面在发展和完善，另一方面也不断受到批判和挑战，这些批判主要来自芝加哥大学的经济学家们，包括施蒂格勒（J. Stigler）、德姆塞茨（H. Demsetz）、布罗曾（Y. Brozen）、波斯纳（R. Posner）等人，他们形成了“芝加哥学派”（Chicago School）。尽管这两种流派都是以新古典理论为出发点的，但由于理论逻辑、思考问题的方法及对象不同，因此在理论结论上存在很大差异。两种流派的论战结果也大大深化了产业组织领域的研究和认识，为新产业组织理论的兴起奠定了基础。在与哈佛学派的论战过程中，芝加哥学派崛起并逐步取得了主流派地位，其代表人物施蒂格勒还因对产业组织理论的巨大贡献而获得了1982年诺贝尔经济学奖。

2. 方法论

芝加哥学派在理论上继承了奈特（F. Knight）以来芝加哥传统的自由主义经济思想，信奉自由市场经济中竞争机制的作用，强调新古典学派价格理论在产业活动分析中的适应性。他们坚持认为，产业组织及公共政策问题仍然应该从价格理论的视角来研究，力图重新把价格理论中完全竞争和垄断这两个传统概念作为剖析产业组织理论问题的基本概念，从而与哈佛学派在产业分析过程中更重视价格理论难以解释的问题，并把这些问题用产品差异和进入障碍等新概念加以说明的做法，在方法论上形成鲜明对照。

芝加哥学派对哈佛学派的产业组织理论范式进行了整体性批判，他们更加注重市场结构和企业行为是否提高了效率，而不是像哈佛学派那样只看是否损害了竞争。同时，与哈佛学派重视经验性研究不同，芝加哥学派更注重对结构—行为—绩效的理论分析，其主要理论范式是竞争性均衡模型。在研究寡占市场时，芝加哥学派在批判“结构主义”规模经济外生决定的观点的同时，还引入信息来对企业行为问题进行研究。尽管缺乏比较完整和严密的逻辑体系，所提供的也仅仅是一些分析问题的方法以及对某些问题的观点，但他们更多地从企业行为的角度出发，对市场结构、市场绩效等问题进行剖析，提出了许多独到的见解，因此也被称为“行为主义学派”。此外，芝加哥学派认为，产业组织及其反垄断问题应该通过价格理论的延伸来研究，由于其在产业组织理论研究中注重的是效率，因而，有时又被称为“效率学派”。

3. 对“集中度—利润率”假说的批判

芝加哥学派通过大量实证研究批判了哈佛学派的“集中度—利润率”假说，指出统计上的正相关关系并不等于经济意义上的因果关系。在他们看来，结构与行为或绩效的逻辑关系应该反过来，与其说是市场结构决定市场行为进而决定市场绩效，不如说是市场行为或市场绩效决定了市场结构。

德姆塞茨等人通过大量的实证研究表明，高集中度产业中的高利润率与其说是资源配置非效率的表现，倒不如说是生产效率的结果。通过比较不同集中度水平、不同规模的企业，他们发现，资产规模最小的企业的利润并没有随着产业集中程度的上升而提高。这表明，高集中度导致企业垄断、勾结定价从而获得垄断利润的假设并不符合实际情况。布罗曾的研究也表明，在贝恩 1951 年最初研究的 42 个产业中，高集中度的产业群和较不集中的产业群间存在的 4.3%的利润差异，到 20 世纪 50 年代中期已经降到了 1.1%。在芝加哥学派看来，高集中度的市场上长期出现高利润率是市场中大企业高效率运营的结果，因为不是建立在高效率经营基础上的高利润水平，都会因其他企业的大量进入而很快降低到平均水平。在适者生存的法则下，效率高的企业的市场占有率不断扩大，最终导致市场的高集中度。

4. 公共政策

除个别部门外，芝加哥学派在原则上反对政府以各种形式干预市场结构，反对哈佛学派所主张的对长期存在的过度集中的大企业采取分割政策和严格兼并控制的做法。他们认为，大企业的形成和生产的集中是通过企业内部或外部增长实现的。企业内部增长无非表明这些企业具有超越竞争对手的生产效率，如果对这种通过内部增长形成的大企业进行分割，就等于破坏了效率增长的源泉。同样，兼并是企业实现外部增长的基本途径，兼并的结果会使社会资源从经营不善、效率低下的企业向具有生存能力、效率高的企业转移，从而提高资源的配置效率。只要不存在人为的市场进入规制，潜在的竞争压力就会迫使兼并后的大企业仍然处于竞争压力之中。

芝加哥学派认为，反垄断政策的目的在于促进经济效率，进而实现消费者利益的最大化，而非单纯保护竞争者。因此，对企业市场行为的判定，关键不在于看其是否损害了竞争者或排斥了竞争对手，而在于看其是否促进了社会的经济效率。反垄断政策的重点应主要是对卡特尔等企业间价格协调行为和分配市场的协调行为进行禁止和控制，因为唯有这些市场行为限制了产出，未能提高生产效率，损害了消费者福利。20 世纪 80 年代，芝加哥学派成了美国反垄断政策的主流，并直接推动了美国反垄断政策的重大转变和规制缓和。

三、新产业组织理论

1. 形成与发展

20 世纪 70 年代以来，由于进退无障碍理论、交易费用理论和博弈论等新理论、新方法的引入，产业组织理论的理论基础、分析手段和研究重点等发生了实质性的突破，沿着 SCP 范式的方向发展出了"新产业组织理论"(new industrial organization)。这一学派的特点主要体现为：其一，博弈论尤其是非合作博弈理论成为主要研究方法；其二，更注重从企业的角度而不是从产业组织政策的角度研究问题；其三，在经验研究的方法上更强调理论与实证的结合，从而取得了一些突破。

新产业组织理论不再强调整体的一致性，但其理论还是遵循新古典经济理论的一般假定前提，并大大扩展了理性的解释维度。在研究视角上，新产业组织理论更加注重市场环境与企业行为的互动关系，这种互动关系体现在逻辑上的循环和反馈链上。在方法和工具上，则运用了大量的现代数学的分析工具，特别是多变量的分析工具，从而使得传统产业组织理论主要来源于经验研究、缺乏理论基础的缺陷得到了极大弥补。新产业组织理论的代表人物有考林（A. Cowling)、沃特森（M. Waterson)、鲍莫尔（W. Baumol)、梯若尔(J. Tirole）等学者。梯若尔 1988 年出版的《产业组织理论》是这一阶段的代表作，较之传统的经济学家，他更加关注产业经济学理论的发展，如企业理论、市场理论、企业间关系以及合同与组织关系等问题，并用博弈论的分析方法对整个产业组织学的理论体系进行了改造。另外，以科斯（R. H. Coase)、诺斯（D. North)、威廉姆森（O. E. Williamson)、阿尔钦（A. Alchian）等人为代表的"新制度产业经济学派"(也称"后 SCP 流派")迅速崛起。

新制度产业经济学派以交易费用理论为基础，从制度角度研究经济问题，对交易费用经济学的理论体系、基本假说、研究方法和研究范围作了系统的阐述，彻底改变了只从技术角度考察企业和只从垄断竞争角度考察市场的传统观念，为企业行为的研究提供了全新的理论视角，对产业组织的深化起了直接的推动作用。如果说主流产业组织理论注重产业组织之间的关系的话，新制度产业经济学则将研究重点深入到企业内部，从企业（公司）内部产权结构和组织结构的变化这个角度来分析企业行为的变异及其对市场运作绩效的影响。

2. 分析框架

新产业组织理论首先扩展了传统产业经济理论的假定。其新假定有：(1) 不完全信息，即人们不能预见一切，加之外界环境的复杂性和不确定性，人们的信息不是无所不包的；(2) 存在交易成本，即产权的界定、实施和监督是需要成本的；(3) 有限理性，即企业时刻面临着不确定性和动态的市场环境，并不具备获得市场上瞬时变化的所有信息的能力和途径。

其次，新产业组织理论突破了传统产业组织理论单向、静态的研究框架，建立了双向、动态的研究框架。新产业组织理论不再强调市场结构而是突出市场行为，将市场结构视为内生变量，将市场的初始条件和市场行为视作外生变量，彼此之间不存在反馈路线，寻求产业组织理论与新古典微观经济学的更紧密结合。

3. 进退无障碍理论

作为对传统 SCP 范式的批判，鲍莫尔等人在芝加哥学派产业组织理论的基础上提出进退无障碍理论（又称可竞争市场理论，theory of contestable market）。所谓可竞争市场，是指当市场中的企业从该市场退出时，完全不会产生不可回收的沉没成本，从而企业进入和退出是完全自由的市场。该理论认为，只要保持市场进出完全自由，且只要不存在特别的进出市场成本，潜在的竞争压力就会迫使任何市场结构条件下的企业采取竞争行为。因此，在位企业无论处于何种市场结构，寡头垄断抑或完全垄断，都只能保持高效率的生产组织，并遵循可维持定价原则，从而产生良好的市场绩效。

从长期来看，进退无障碍均衡是一种市场进入和市场退出均为静态的均衡，在位的企业由于不亏损而不会退出市场，潜在进入的企业由于不存在高额利润而不会加入，因此能够实现资源和社会福利的优化配置。所以，良好的生产效率和技术效率等市场绩效在传统哈佛学派理想的市场结构之外仍然是可以实现的，而无须众多竞争企业的存在。

进退无障碍理论主张自由放任的政策，认为大企业的兼并会充分发挥规模经济和范围经济的作用，实现资源优化配置，依靠技术进步降低沉没成本，经营会更有效率，政府的竞争政策应该着重于保证充分的潜在竞争压力，消除人为的不必要的进入、退出障碍，而不是只重视市场结构的反垄断政策和规制政策。

4. 博弈论的应用

新产业组织理论借助博弈论这一分析工具建立起一系列理论模型，对寡占理论和企业行为重新进行了解释。博弈论强调数学模型，通过描述局中人行为（决策）对另一个局中人预期反应的影响来反映企业之间与个人之间的冲突和合作。新产业组织理论引入博弈论，从而在逻辑推理上较为严密，争论的焦点也转移到对模型初始条件即战略环境的判定上。新产业组织理论强调要获得有价值的信息，必须考虑并确切描述战略环境，包括价格变更的频率、时序以及信息结构等。

梯若尔、克雷普斯等将市场的初始条件和以纳什均衡为主要特征的企业行为看作是一种外生变量，在此基础上考察了企业数目固定不变时的市场均衡（即价格、产量、投资等内生变量的短期均衡）和企业数目变动时的市场结构与市场绩效的长期均衡，最后，将短期与长期的市场均衡状态与社会最适度进行比较，以后者为标准衡量市场的优劣状况。

四、新奥地利学派

新奥地利学派（Neo-Austrian School）是芝加哥学派之外一个颇具实力和影响力的产业组织理论学派。它注重个体行为的逻辑分析，在理解市场时着重过程分析，而不是新古典主义的均衡分析，其研究目标是从个人效用和行为到价格的非线性因果传递，而不是为人熟知的新古典主义数学函数的相互决定，与哈佛学派、芝加哥学派在基础理论方面形成了明显的区别。

以奈特式的不确定性概念为基础，新奥地利学派从不完全信息出发，把竞争性的市场过程理解为分散的知识及信息的发现和利用过程，认为在竞争的市场中企业家的行为可以指导资源的流动以最好地满足消费者的需求。新奥地利学派认为，市场过程是不均衡的调整过程，企业家在其中起到维护均衡的作用，他们通过学中干、干中学来实现自我完善，纠正错误，从而实现良好的经济绩效。其中，产品差异化是企业创造利润的手段，是竞争的具体体现，而不是影响垄断的一个因素。

新奥地利学派认为，社会福利的提高源于生产效率而非哈佛学派强调的配置效率，只要不是依赖行政干预，垄断企业实际上是生存下来的最有效率的企业，这导致新奥地利学派对大规模的企业组织持宽容的态度，认为市场竞争过程本来就是淘汰低效率企业的过程，反对企业分割、禁止兼并的结构主义政策主张。新奥地利学派认为由于政府的信息不完全，干预反而会扭曲市场的调整过程而损害经济绩效。新奥地利学派把企业合并看作是促进市场调整的一个手段，是淘汰低效率企业的过程。这种分析有一定的理论价值，但其主张以完全自由的市场来获得充分的竞争，全面否定反垄断、规制政策的必要性，则是一种不切实际的极端自由主义理论。

第三节 企业理论

一、企业性质

1. 新古典企业理论

企业理论的早期发展可以追溯到古典理论的代表人物亚当·斯密及其著作《国民财富的性质和原因的研究》（简称《国富论》），斯密认为商品价值是独立于市场价格的，即商品的自然价值（自然价格）主要取决于生产商品所耗费的必要劳动。但这一观点仅仅适用于早期原始社会，所以严格地说在前古典理论中，企业理论还不存在，而在古典理论中，企业也只是处于一个模糊的经济实体状态，没有形成真正意义上的企业理论，所以对企业理论的探讨需要从新古典理论开始。

在新古典经济学中，研究消费者是从效用函数出发的，而研究企业则是从生产函数出发的。从生产函数的角度出发研究企业，是把企业看作一种生产工具，而不是一种组织，所以在研究中更侧重于对分工、协作以及投入和产出的分析。同时，在对企业进行研究的过程中主要使用了边际分析的方法，如分析企业的最佳产出水平和均衡市场价格水平。另外，在新古典经济学中，企业理论还对企业的生产规模是否达到最优进行了分析。不可否认，新古典经济学企业理论在研究企业的整体行为以及企业间的策略时是有效的，但这一理论也存在着许多缺陷，无法解决一些新问题。例如，一些企业在市场交易中被敲竹杠，转而倾向于在企业内部进行交易，从而减少对市场的依靠。这一行为在新古典理论中就不能得到很好的解释，因为新古典理论认为市场机制是配置资源最有效的方式。另外，新古典企业理论没有对企业边界和企业规模的决定因素进行梳理，即很多企业的规模并不是与企业所需要的规模相适应的。正是为了回答一些新古典企业理论无法回答的问题，才有了现代企业理论的形成与发展。

2. 现代企业理论

现代企业理论是在新古典企业理论的基础上发展而来的，是产业经济学的另一个发展方向。具有代表性的现代企业理论的经典著作是 1937 年罗纳德·科斯所著的《企业的性质》一文，科斯认为企业是对市场的一种替代，企业用内部的组织成本和协调成本代替了市场的交易成本和摩擦成本。换言之，企业之所以能够存在，是因为企业的内部生产行为节约了成本，在很大程度上提高了稀缺资源的配置效率。同时，科斯指出了新古典企业理论中的一些缺陷，即在新古典企业理论中没有说明企业为什么会存在、企业的性质是什么以及企业的边界在哪里。

为了弥补新古典企业理论的不足，在科斯的企业理论中，他首先引入了交易成本的概念，并从交易成本的角度研究企业制度，他认为市场运行是有成本的，这种成本就是所谓的交易成本。交易成本在广义上可以被认为是鲁滨逊·克鲁索经济（单个人的经济）中不可能发生的成本；在狭义上则可以被认为是企业在市场交易中所发生的合约、签约和谈判成本，而且包括度量和界定产权的成本、用契约约束权力斗争的成本、监督绩效的成本、进行组织活动的成本以及耗费租金的等待成本，等等。一般而言，当市场交易成本大于企业内部组织成本时，资源配置就会倾向于通过企业这种经济组织来进行；相反，当市场交易成本小于企业内部组织成本时，资源配置就会倾向于通过市场来完成。

市场运行会发生成本，或者说企业在市场交易中会产生高额的交易成本，主要是由以下两个原因造成的：

（1）资产的专用性。如果某种资产是特制的，用途具有唯一性，那么在市场交易中产生高额交易成本的可能性就比较大。因为如果买方就某一具有专用性的资产与单一的供应商签订了合同，那么就意味着买方仅有一个渠道能够获取供应。一旦供应方违约，买方就会损失惨重，供应方可以敲买方的竹杠。同样地，如果供应方所提供的产品只有一个买方需要，则供应方就很难向其他买方推销这种具有专用性的资产，一旦买方违约，供应方也会损失惨重。另外，生产具有专用性的资产往往需要特制的生产设备，这种生产设备很难移为他用，即不能生产其他产品。所以，在这种情况下，合约一旦签订，双方都会受到机会主义行为的威胁，一方都可能会敲另一方的竹杠。

（2）市场条件的不确定性。未来的不确定性是产生高额交易成本的另一个原因。未来的市场条件难以预测、具有不确定性，而人又只具有有限的理性，这就使得合约双方很难将所有偶发事件都写在合约之中。由于合约双方不能规定所签合约条款如何变化，因此当市场条件发生变化时，双方都有可能发生违约行为。当合约双方再次谈判时，一方就可能需要支付高额的交易成本。

市场机制被企业所代替，主要是因为交易成本的存在，而企业正是因为可以节约交易成本而产生的，这是科斯的主要观点。但是企业不能无限扩张（如世界上不可能仅存在一家巨大的企业），因为企业内部运行也会发生成本，如协调成本、监督成本等，当这些成本很高甚至超过市场的交易成本时，在企业内部进行交易就是无效率的。所以科斯认为企业是有边界的，在确定企业规模时需要权衡比较市场成本（即使用价格机制的成本）与企业内部的组织成本。当企业进行一项交易所发生的成本与其他企业进行这项交易所发生的交易成本相等，并且，此项成本与通过市场机制来完成也相等时，企业与市场的边界就被划定了。

二、成本理论

企业在生产过程中，根据所投入的生产要素是否能够发生变化，将成本分为短期成本和长期成本。其中在短期内企业的一部分生产要素不能发生变化，但在长期企业的所有生产要素都可以发生改变。

1. 短期成本

短期成本是指在这一时期内，企业无法变动某些生产要素（一般是指厂房设备和企业的生产规模等），企业若想增加产量，在短期内只能通过增加雇佣工人、增加原材料投入，或者让现有工人加班加点等方法来实现。具体而言，短期成本可以包括短期总成本、短期平均成本和短期边际成本。

短期总成本（short-run total cost）是指企业在短期内为生产一定数量的产品而发生的所有费用。它包括短期总不变成本和短期总可变成本两部分。其中短期总不变成本（short-run total fixed cost）也称为短期总固定成本，是指企业在短期内为生产一定数量的产品对不变生产要素所支付的总成本，包括企业的厂房、建筑物、机器设备的折旧费和管理人员的工资等，这种成本不随着产量的变化而变化；短期总可变成本（short-run total variable cost）又称短期总变动成本，是指企业在短期内为生产一定数量的产品对可变生产要素所支付的总成本，包括企业的原材料、燃料和生产工人的工资等，这种成本是随着产量的变化而变化的成本。

短期平均成本（short-run average cost）是指企业在短期内平均每生产一单位产品所消耗的全部成本，包括短期平均不变成本和短期平均可变成本两部分。其中短期平均不变成本（short-run average fixed cost）也称为短期平均固定成本，是指企业在短期内平均每生产一单位产品所消耗的不变成本。短期平均可变成本（short-run average variable cost）也称为短期平均变动成本，是指企业在短期内平均每生产一单位产品所消耗的可变成本。短期边际成本（short-run marginal cost）是指企业在短期内增加一单位产量所增加的成本。

2. 长期成本

在长期，企业有足够的时间调整在生产中所投入的各种生产要素，从而能够以最低的成本进行生产，使利润达到最大化。由于在长期企业所有的投入要素都是可变的，所以长期成本也都是可变的，没有可变成本和不变成本之分。具体而言，企业的长期成本可以分为长期总成本、长期平均成本和长期边际成本。

在长期，企业可以在每一个产量水平上选择最优的生产规模进行生产，换言之，企业可以根据自身的销售情况来调整生产规模以使利润达到最大化。长期总成本（long-run total cost）是指企业在长期的每一个产量水平上，通过改变自身的生产规模所能达到的最低总成本。长期总成本随着产量的变化而变化。长期平均成本（long-run average cost）是指企业在长期内平均摊到每一单位产量上的费用。长期平均成本曲线是无数条短期平均成本曲线的包络线。长期边际成本（long-run marginal cost）是指企业在长期每增加一单位产量所引起的总成本的增加量。在连续变化的任何产量水平上，长期边际成本曲线与每一条短期边际成本曲线都存在一个相交点，这条短期边际成本曲线所代表的生产规模就是生产该产量的最优生产规模。同时，交点处所对应的边际成本就是生产该产量的最低边际成本。长期边际成本曲线呈 U 形，即随着产量的增加长期边际成本曲线呈先递减而后递增的趋势。与长期平均成本曲线不同，长期边际成本曲线不是短期边际成本曲线的包络线，长期边际成本曲线总是在某个产量处和短期边际成本曲线相交，其交点的位置正好处于长期平均成本曲线和短期平均成本曲线切点所在的垂直线上。

三、规模经济与范围经济

1. 规模经济

规模经济（economies of scale）是影响市场结构的主要因素之一，是指在技术水平一定的条件下，由于生产规模的扩大而导致生产每单位产量所需的成本有所下降的情况。而规模不经济（diseconomies of scale）是指随着企业生产规模的扩大，企业生产单位产量的成本会有所增加的情况。早在19世纪末，英国著名经济学家马歇尔就已提出了规模经济的理论，他认为广泛应用高效大型机器设备必然会导致生产规模的扩大，而生产规模的扩大可以使企业生产单位产量的成本大幅度降低。由于实现规模经济能够使企业利润增加，因此规模经济是任何企业在生产过程中都需要考虑的重要问题。

需要指出的是，规模经济与规模报酬的概念是不完全相同的，规模报酬是以实物形态来分析企业投入与产出的关系，主要考虑的是企业所有的投入要素都扩大相同的倍数能引起的产出的变化情况；而规模经济是以货币的形态来分析企业的投入与产出的关系，主要考虑的是企业规模大小与成本的关系，但是其中规模报酬递增是规模经济存在的原因之一。

一般而言，产生规模经济的原因可以概括为以下几个方面：

（1）符合一定的技术效率要求。规模经济要求企业必须达到一定的生产规模，保持一定的机器设备利用率，这样才能使单位产量分摊到的成本最小。

（2）企业实行专业化分工。当生产要素同时增加时，企业可以提高生产要素的专业化程度，即随着企业生产规模的扩大，企业能够在不同的工序上使用专业化分工的形式进行生产。企业进行专业化生产可以产生规模经济，主要是因为大规模的生产可以促进企业生产的分工细化和职能专业化，从而为企业采用专门的设备和工艺创造了有利的条件，企业可以提高产品的加工精度、生产效率以及产品质量，最终创造出更多的利润。

（3）企业建立辅助设施。企业在大规模生产的条件下，会建立一些专门的辅助生产设备和设施以满足企业的生产要求，这不仅能够提高企业的生产效率，而且可以降低企业的生产成本和交易成本。

（4）节约采购成本。企业在生产规模扩大后，往往可以在生产经营过程中建立适合本企业的物资采购体系和运输体系，这两种体系会使得企业的生产效率大幅度提高。

（5）节约管理成本。当企业生产规模扩大时，比较容易实行现代化管理。企业使用现代化的管理方法和管理模式，会提高企业各部门的效率，进而实现企业提高利润的目标。

另外，企业生产规模扩大后，会使企业抗风险的能力提升，提高企业和企业产品的知名度。但企业规模并不是无限扩大的，一旦规模超过某一临界点，企业就会进入规模不经济的生产范围，即企业在生产规模扩大后出现平均成本不降低甚至上升的现象。

产生规模不经济的原因主要包括以下几个方面：

（1）管理效率低，监督成本提高。对于规模较大的企业而言，普遍存在的问题就是协调雇员之间的行动比较困难，企业的可控性与灵活性降低，并且企业的组织费用也会上升，从而不可避免地引起企业的监督成本提高，最终导致企业的生产活动没有效率。

（2）企业的采购、运输和销售成本提高。大规模的企业在生产时往往需要投入更多的生产要素，以达到目标产量。由于所需原材料的大幅度增加，企业采购成本可能会增加，同时由于企业的产品要销售到较远的地区，因而会导致企业的运输和销售成本增加。

(3) 人力资源和企业家才能支持不够。对于规模过大的企业而言，企业内部人力资源和企业家才能很可能会出现断层的现象，智力支持不够或者智力支持不能与企业规模同步提升会成为企业实现规模经济的“瓶颈”。

2. 范围经济

范围经济（economies of scope）是指当企业从只生产一种产品转向生产多种产品时，企业的平均成本会有所下降。这个概念是由潘扎尔（Panzar）和威利格（Willig）提出的，主要表述一种关于企业进行多产品生产会更有效率的思想。这种思想并不难理解，在现实中的例子有很多，炼油企业一般不仅仅生产一种油品，而是进行多种油品的生产，如汽油、柴油等与其他油品一起生产；化妆品企业也不是仅生产一种产品，虽然是同一品牌，但产品的类型很多，如爽肤水、乳液、日霜、晚霜和眼霜等。范围经济之所以能够产生，主要是因为企业能够对剩余资源进行充分的利用。如果企业存在很多剩余资源或者闲置资源，那么企业的生产活动必然不会有效率。

当企业同时生产多种产品时，企业的生产行为就是联合生产。企业以联合生产的方式进行生产可以使机器设备得到充分利用；同时，共同投入可以使企业的生产成本降低，即联合成本低于各自单独生产的成本之和。如果企业采取统一的经营管理模式和销售模式，那么企业所生产的其他产品不但不会成为企业的额外负担，反而会使企业的总体利润增加。

与范围经济相对应的概念是范围不经济。范围不经济（diseconomies of scope）是指在投入生产要素相同的情况下，由某一企业单独进行联合生产比多个企业分别生产这些产品的产出水平更低，即单个企业生产没有效率，这样的生产过程称为范围不经济。一般而言，如果两种产品在生产过程中没有任何联系而将这两种产品一起生产，那么出现范围不经济的可能性就会很大。

企业生产多种产品可以获得成本方面的范围经济，但这并不意味着这些产品必须由单个企业生产。生产并销售多种产品的企业同时可以进行专业化生产，这样既实现了生产上的规模经济，同时也实现了范围经济。

关键术语

哈佛学派　　SCP 范式　　芝加哥学派　　新产业组织理论　　企业性质

本章思考题

1. 如何理解产业经济学中的“产业”界定？
2. 简述产业经济学中 SCP 分析范式的核心思想。
3. 新产业组织理论主要有哪些特点？

4. 如何从交易成本角度来理解企业的性质与边界？

简要答案

1. 产业经济学意义下的"产业"与通常所理解的产业概念其实并不一样。产业经济学研究中经常要在标准产业的基础上，根据需求的交叉价格弹性或其他因素进行调整后再定义产业。根据需求的交叉价格弹性来确定市场或产业的范围，就是指具有正需求交叉价格弹性的商品为同一市场的商品，生产这些具有替代性商品的企业则构成一个产业。产业经济学中所指的"产业"、"行业"或"市场"均为同义词。

2. "市场结构—企业行为—市场绩效"分析框架是哈佛学派的主要贡献。其中，结构、行为、绩效之间的因果关系占据了主要地位，即市场结构决定企业行为，而企业行为决定市场运行的经济绩效。因此，从改进市场绩效的角度出发，为了获得理想的市场绩效，最重要的是通过公共政策来调整和直接改善不合理的市场结构。

3. 20 世纪 70 年代以来，由于进退无障碍理论、交易费用理论和博弈论等新理论、新方法的引入，产业组织理论的理论基础、分析手段和研究重点等发生了实质性的突破，沿着 SCP 范式的方向发展出了"新产业组织理论"。这一学派的特点主要体现为：其一，博弈论尤其是非合作博弈理论成为主要研究方法；其二，更注重从企业的角度而不是从产业组织政策的角度研究问题；其三，在经验研究的方法上更强调理论与实证的结合，从而取得了一些突破。

4. 科斯首先引入了交易成本的概念，认为市场运行是有成本的，这种成本就是所谓的交易成本。市场运行会发生成本，或者说企业在市场交易中会产生高额的交易成本，主要是由以下两个原因造成的：一是资产的专用性；二是市场条件的不确定性。市场机制被企业所代替，主要是因为交易成本的存在，而企业正是因为可以节约交易成本而产生的。但是企业不能无限扩张（如世界上不可能仅存在一家巨大的企业），因为企业内部运行也会发生成本，如协调成本、监督成本等，当这些成本很高甚至已经超过市场的交易成本时，在企业内部进行交易就是无效率的。所以企业是有边界的，在确定企业规模时需要权衡比较市场成本（即使用价格机制的成本）与企业内部的组织成本。当企业进行一项交易所发生的成本与其他企业进行这项交易所发生的交易成本相等，并且，此项成本与通过市场机制来完成也相等时，企业与市场的边界就被划定了。

主要参考文献

[1] Tirole，J. *The Theory of Industrial Organization*. Cambridge：The MIT Press，1989.

[2] Martin，S. *Advanced Industrial Economics*. Hoboken：Blackwell，1993.

[3] 卡布尔. 产业经济学前沿问题. 北京：中国税务出版社，2000.

[4] 于立，肖兴志. 产业经济学的学科定位与理论应用. 大连：东北财经大学出版社，2002.

[5] 于立等. 当代西方产业组织学. 大连：东北财经大学出版社，1996.

[6] 肖兴志，张嫚. 产业经济学. 北京：首都经济贸易大学出版社，2007.

第二章

市场结构

内容要点

- 市场结构的含义与类型
- 市场结构的影响因素
- 市场结构的度量

第一节　市场结构的含义与类型

一、市场结构的含义

市场结构是指一个产业内部买方和卖方的数量及其规模分布、产品差别的程度和新企业进入该产业的难易程度的综合状态，也可以说是某一市场中各种要素之间的内在联系及其特征，包括卖方之间的市场关系、买方之间的市场关系和卖方与买方之间的市场关系。市场要素之间的内在联系具体体现在以下几个方面：

第一，卖方之间的市场关系。市场上以销售者身份出现的企业之间的相互关系主要表现为竞争关系，即竞相推销其产品的关系。围绕这种竞争关系，各个企业在资源、技术进步、产品质量、价格和广告等各方面采取不同的策略。卖方之间的竞争关系是市场关系的主要组成部分。

第二，买方之间的市场关系。市场上以购买者身份出现的企业之间的关系主要表现为资源占有关系，即各个企业竭尽全力地扩大其资源占有份额。作为购买方的企业间的竞争主要表现为对资源占有的竞争。为了扩大企业占有的资源份额，购买者之间会通过竞相哄抬价格、抢购等手段来达到目的。

第三，卖方与买方之间的市场关系。市场上以销售者与购买者身份出现的企业间的关系主要表现为经济技术与交易关系。经济技术关系（物质交换关系）是指企业间、部门间在产品生产过程中相互消耗物质的关系，具体表现为一系列的产业关联，可分为前向关联与后向关联。交易关系（价值交换关系）是指一系列的产品买卖关系，卖方与买方之间的竞争关系主要表现在交易价格上，通过供求双方力量的较量，最终达到均衡价格。

总之，无论是卖方间推销产品的竞争，还是买方间扩大资源占有的竞争，抑或是卖方与买方间在价格上的竞争，最终都归结为相互之间的竞争关系。

按照市场上竞争的强弱，传统上把市场结构分为四种基本类型：完全竞争、完全垄断、寡头垄断和垄断竞争。但是，在经验分析中，如果考察进入的难易程度，可以把市场分成完全竞争市场、不完全竞争市场。当代经济学家根据竞争的程度进一步把市场分为多种类型，例如谢泼德（Shepherd，1985）根据市场势力和市场份额把市场结构分为 6 种，见表 2—1。

表 2—1　　谢泼德对市场结构类型的划分

市场结构	主要条件
完全垄断	一个企业占有 100%的市场份额
主导企业	一个企业拥有的市场份额为 50%～100%，没有与之相抗衡的企业
紧密寡头	前四位企业共同占有 60%～100%的市场份额，它们之间很容易通过串谋来固定价格
松散寡头	前四位企业共同占有最高 40%的市场份额，而且它们之间不可能通过串谋来固定价格
垄断竞争	存在许多有实力的竞争对手，任何一个企业都不能占有 10%以上的市场份额
完全竞争	至少存在 50 个以上竞争者，任何一个企业的市场占有率均微不足道

资料来源：肖兴志、张嫚：《产业经济学》，51 页，北京，首都经济贸易大学出版社，2007。

贝恩依据产业内前四位与前八位企业的产业集中度指标，对不同程度的竞争与垄断市场进行分类，如表 2—2 所示。

表 2—2　　贝恩的市场结构分类

集中度 市场结构	CR_4 值（%）	CR_8 值（%）
寡占Ⅰ型	$CR_4 \geqslant 85$	—
寡占Ⅱ型	$75 \leqslant CR_4 < 85$	或 $CR_8 \geqslant 85$
寡占Ⅲ型	$50 \leqslant CR_4 < 75$	$75 \leqslant CR_8 < 85$
寡占Ⅳ型	$35 \leqslant CR_4 < 50$	$45 \leqslant CR_8 < 75$
寡占Ⅴ型	$30 \leqslant CR_4 < 35$	或 $40 \leqslant CR_8 < 45$
竞争型	$CR_4 < 30$	或 $CR_8 < 40$

资料来源：苏东水：《产业经济学》，97 页，北京，高等教育出版社，2010。

二、市场结构的基本类型

根据不同产业市场垄断与竞争程度的不同，将市场结构划分为完全竞争、完全垄断、垄断竞争和寡头垄断四种基本市场类型。

1. 完全竞争

完全竞争亦称纯粹竞争（或理想竞争），是指不存在任何垄断因素的市场结构类型。

完全竞争的市场结构主要有以下特点：

（1）市场集中度极低。市场中的企业数目众多，存在着大量的卖者与买者，每个卖者或买者所提供的或者所需求的产品量所占比重极小，即市场集中度极低。每个卖者或买者对市场价格都没有任何影响，因此产品价格由市场上的供求关系决定，对单个卖者或买者来说，它不能影响或制定价格，只能接受价格。

（2）产品无差异。市场上每个企业所提供的产品是同质的无差别产品，且产品具有完全替代性。产品的需求价格弹性趋向无穷大，也就是说，当某个企业稍微提高其产品价格时，所有的消费者都将会转而购买其竞争者的产品。

（3）不存在任何进入与退出障碍。市场上不存在技术、资金或法律等方面的进入与退出障碍，新企业进入某市场或原有企业退出市场是充分自由的。当某产业预期利润率很高时，就会有许多新企业进入该产业；当某产业利润率低于正常水平时，原有企业可以自由退出该产业。也就是说，各种生产要素可以在产业间没有任何障碍地自由转移。

（4）完备信息。生产者和消费者掌握市场的全部信息，即买方充分了解生产者的成本、技术和产品，卖方了解消费者的偏好和支付能力。完备的信息能使买卖双方择优汰劣，促进竞争，也能使买卖双方做出最优的决策。

大多数的初级农产品市场接近于完全竞争，除此之外，现实中符合完全竞争模型特点的产业几乎不存在，此模型更大程度上是一种理论假设。因此，完全竞争理论更主要的作用在于为市场结构研究提供研究起点或参照系。

2. 完全垄断

完全垄断是相对于完全竞争的另一个极端的市场结构。完全垄断是指只有一个买者或卖者的市场，即整个产业由一个企业所控制的市场结构。完全垄断通常指的是卖方垄断市场。完全垄断的市场结构具有如下特点：

（1）市场集中度为100%。市场上只有一个企业生产和销售产品，通常情况下是，卖方只有一个企业，而买方数量较多，处在"卖方垄断"的状态。

（2）产品不可替代。市场上只有一个企业提供产品，且没有可替代的产品。在这种市场上，产品由一个企业供给，所以可忽略产品的差别。

（3）进入障碍非常高。由于各种条件的限制，新企业的进入障碍非常高，甚至是完全限制进入。进入障碍主要有规模经济障碍、资金障碍、技术障碍、法律障碍和政策障碍。①规模经济障碍。有些产业若由一个企业向特定的区域提供服务，那么就可以避免重复建设，获得规模经济性和效率性，比如煤气、自来水等产业。②资金障碍。有些产业因其规模较大、初始投资较大，使一般企业难以进入，比如航天产业。③技术障碍。垄断者掌握了某种技术专利，其他企业很难进入该领域，从而形成垄断市场。④法律障碍。有些独家经营的特权由法律规定，受法律保护，比如版权等。⑤政策障碍。国家或地方政府运用行政手段赋予某个企业在本国或本地区内享有经营特许权，从而形成垄断。

（4）企业决定价格。在完全垄断市场中，只有一个企业提供产品，因此产品的价格由企业自主决定，即企业不是产品价格的接受者而是制定者。企业可以控制和操纵市场价格，并且依据其垄断势力，实行价格歧视，以获得垄断利润。

3. 垄断竞争

垄断竞争是指一种既有垄断又有竞争，既不是完全垄断又不是完全竞争的市场结构。

它是介于完全竞争和完全垄断之间的一种市场结构，比较接近于现实经济状态。其市场结构特征如下：

（1）市场集中度较低。垄断竞争市场的企业数量多，但是企业的规模小，因此每个企业的市场占有率都较低，对市场的控制力都较弱，或者说每个企业都没有能力控制整个市场。贝恩用绝对集中度指标对市场结构做出界定，认为$CR_4<30\%$或$CR_8<40\%$的市场为垄断竞争市场。

（2）产品存在差异。产品差异性是垄断竞争市场最重要的特征。垄断竞争市场的产品存在差异，这种差异性不是产品本质上的差异，因此产品仍存在较高的替代性。产品的差异既可以存在于质量、构造、外观和颜色等产品特征方面，也可以存在于品牌、广告和消费者偏好等非产品方面。由于产品差异的存在，生产差异产品的企业对自己产品的定价具有一定的决定权，或者说生产差异产品的企业具有一定的垄断力量。因同种类产品虽然具有差异性，但是很类似，它们之间可以相互替代，所以产品差异所形成的垄断势力很有限，任何一个企业都不可能独立控制市场。这导致垄断竞争市场上企业之间还存在比较激烈的竞争，因此，企业既是垄断者又是竞争者。

（3）进入与退出障碍较低。垄断竞争市场的资本障碍与技术障碍都比较低。新企业进入市场和原有企业退出市场都比较容易，关于这一点，虽然企业不像完全竞争市场那样可以自由进退，但是由于垄断竞争企业规模较小，原始投资较低，因此新企业比较容易进入，当企业利润下降或者亏损时，企业也比较容易退出。

4. 寡头垄断

寡头垄断是指少数几个大企业控制了该产业大部分产品的供给，在市场上占有较大市场份额的市场结构。它是介于完全竞争与完全垄断之间，但偏向于完全垄断的一种市场结构，其垄断性强于垄断竞争。市场上具有相当控制力的少数企业称为寡头垄断企业，一般情况下只有几个大型企业。寡头垄断市场的结构特征主要体现在以下几个方面：

（1）市场集中度较高。寡头垄断市场上的寡头企业为数不多，但是每个企业的产量和销售量在市场上的份额都很大，因此市场集中度较高。依据贝恩对市场结构的分类，$CR_4\geqslant30\%$或$CR_8\geqslant40\%$为寡占型垄断市场。按照植草益的市场结构分类，$CR_8\geqslant70\%$为极高寡占型市场结构，$40\%<CR_8<70\%$为中高寡占型市场结构。

（2）产品基本同质或者存在显著差异。在寡头垄断市场上，既可以是几个大企业提供基本同质的产品，企业间存在激烈的竞争，比如钢铁、石油等；也可以是几个大企业提供具有显著差异的产品，比如汽车、家电等。

（3）进入与退出障碍较高。企业的进退障碍和寡头垄断存在的原因有关。与完全垄断市场类似，形成寡头垄断的原因有很多，如规模经济、必要资本量限制等，这些使得其他企业难以进入。此外，政府的一些政策、法规也会对新企业的进入起到一定的限制作用。构成企业进入障碍的要素同时也是在位企业退出的障碍。

（4）企业相互依存，制定价格。由于寡头垄断市场中的企业数目不多，而且每个企业都有相当大的市场份额，当产品之间具有很强的替代性时，寡头企业相互影响，所以在寡头垄断市场中，企业是不能单独行动的。寡头垄断市场中这种特殊的关系决定了寡头企业既不是价格的制定者（由于相互依存，单个企业无力控制价格），也不是价格的接受者，而是价格的寻求者。

寡头垄断市场是一种比较普遍的市场结构，现实中很多产业都表现出寡头垄断市场特征，特别是在西方发达国家，比如美国的汽车制造、计算机和化工等产业。在中国，石油、通信等产业也是寡头垄断市场。

上述四种市场类型是对现实市场的高度抽象，是理论意义上的划分。实际上从完全竞争到完全垄断还可以区分出很多种具有不同垄断与竞争程度的市场类型。采用上述分类可以使市场结构具有显著特征，易于区分和理解。完全竞争市场和完全垄断市场代表了两种极端类型，是进行理论研究的参照标准。垄断竞争与寡头垄断是现实经济中普遍存在的两种市场类型，其中垄断竞争侧重于竞争，而寡头垄断则偏向于垄断。

第二节　市场结构的影响因素

在不同的产业中，市场结构存在着显著差异。有些产业的市场集中度比较高，趋向于垄断；而另一些产业的市场集中度较低，竞争比较激烈。是什么因素影响了不同产业的市场结构呢？本章将影响市场结构的因素主要归纳为：市场集中度、产品产异化、进入与退出障碍、市场需求价格弹性、市场需求的增长率和成本构成。上述因素相互影响，当一个因素变化时，也会导致其他因素的变化，从而影响市场结构。在本节内容中，主要分析前三项因素。

一、市场集中度

1. 市场集中度的含义

市场集中度是指某一产业市场中卖方与买方的数量及其在市场上所占的份额总和，它是反映市场垄断与竞争程度的一个重要指标。一般用产业内或市场上较大企业、消费者所占市场份额的大小来衡量。

市场集中度按照对象的不同可分为买方集中度（buyer concentration ratio，BCR）和卖方集中度（seller concentration ratio，SCR）。买方集中度衡量产业市场上的买方企业数量及较大消费者在消费市场上所占份额的大小，反映买方对产业市场的垄断程度。卖方集中度衡量产业市场上卖方企业数量及较大企业在市场上所占份额的大小，反映该产业市场规模结构与产业的生产集中度。卖方市场集中度越高，市场的垄断程度就越高，反之，卖方市场集中度越低，市场的垄断程度就越低。因卖方市场集中度比较容易测算，而买方集中仅限于某些特殊产业，所以在产业经济理论研究中，一般提到的市场集中度是指卖方集中度。

2. 市场集中度的影响因素

（1）规模经济水平。规模经济是指在一定的产量范围内，随着产量的增加，平均成本不断降低、收益增加的现象。具体表现为长期平均成本曲线向下倾斜。规模经济可分为四个层次：企业规模经济、工厂规模经济、产品规模经济和产业规模经济。在这四个层次的规模经济中，企业规模经济是影响市场集中度的主要因素。在某个特定产业的市场容量不变的情况下，少数企业的规模越大，规模经济越高，市场集中度就越高。

影响企业规模经济的主要原因有两个方面：一是追求企业利润最大化。在竞争的驱动下，任何一个追求利润最大化的企业都有把企业规模扩展到单位产出成本最低的水平的倾向，通过扩大规模来提高市场占有份额，从而在市场中具有一定的垄断力量。也就是说，追求规模效益和垄断以最大化自己利润的动机促使企业扩大规模。二是技术进步。随着生产技术的不断发展，出现了许多大型生产设备和生产线，使产品生产和经营能够大规模扩大，从而使企业规模扩大，实现企业的规模经济。此外，由于政府经济政策和法律的影响，企业在政府反垄断政策规制的影响下有收缩兼并、缩小规模的潜在趋势。

(2) 市场容量。一般来说，市场容量越大，企业扩张的余地越大，新企业也越容易进入，大企业所占份额就越可能变小，从而市场集中度就会降低。反之，市场容量越小，竞争越激烈，企业扩张的余地越小，新企业越难进入，大企业就越会凭借雄厚的实力设法兼并挤垮弱小企业。

(3) 垄断动机与垄断行为。在市场竞争中，企业总是试图减少竞争对手，扩大市场份额，获得垄断力量，以获得超额利润。为获得垄断地位，企业会通过掠夺性定价攻击对手，达成限制性交易协议来垄断市场，进行市场共谋或通过兼并、收购等进行一体化活动。此外还通过设置进入障碍或技术封锁等限制竞争对手进入。这种垄断动机往往和追求规模经济交织在一起，垄断行为使企业加强了卖方集中度。但是企业通过各种垄断手段而获得的卖方集中优势，往往会使企业规模超越规模经济的区间，甚至会陷入规模不经济状态，而这时如果企业仍然能维持其垄断地位，获得超额垄断利润，其仍然会通过各种手段扩张企业规模。

(4) 市场变化。市场容量的变化会影响市场集中度的变化。一般情况下，市场容量扩大会导致市场集中度降低。这是因为随着市场的扩大，一方面抵消了企业合并和企业扩张规模引起的市场集中；另一方面，为产业内规模小的企业的发展以及新企业进入提供了机会，从而可能导致市场集中度下降。与之相反，当市场发展停滞或市场规模缩小时，市场集中度一般会提高。主要是因为在此情况下，市场中的一些小企业会退出市场，或者大企业的兼并行为会使其规模更大，从而提高市场集中度。

二、产品差异化

1. 产品差异化的含义

产品产异化是指企业通过各种方法使其提供的产品能够引起消费者的兴趣或偏好，使消费者能够把其产品与市场上其他企业所提供的同类产品区别开来，从而使企业能够在市场上获得有利的竞争地位。一般情况下，具有差异化的同类产品之间既能够相互替代，又不能完全相互替代。产品差异化是企业在激烈的市场竞争中，获取有利竞争优势的一种手段，是一种有效的非价格竞争手段。产品差异化可以使消费者感知企业产品的独特性进而影响他们的购买行为，使消费者愿意为企业提供的独特产品支付更高的价格。

2. 形成产品差异化的原因

产品差异化的意义在于满足消费者的个性化需求，影响消费者的购买行为。形成产品差异化的原因主要有以下几点：

(1) 产品的物理性差异。虽然产品的基本用途是相同的，但是不同企业的产品在结构、设计和外观等方面有所不同，这就形成了产品的差异化。例如毛衣，其材质可以都是羊毛，但是不同企业提供产品的含毛量不同，衣服的颜色、图案也可以不同。

(2) 销售的地理位置差异。由于销售点或工厂的位置不同，因此消费者在购买时间、购买成本和购买便利等方面存在差异，致使消费者在产品的选择上具有差异。

(3) 客户服务方面的差异。比如企业通过训练有素的职员提供相对优良的服务，提供送货上门、免费维修等方面的服务。

(4) 特殊销售活动所带来的差异。产品差异还包括通过广告、销售宣传、包装及商标招贴给消费者留下的偏好或主观形象等方面的差异。

(5) 买方主观差异。消费者的需求以及个人偏好等主观因素不同，会影响产品需求。

3. 产品差异化的表现

(1) 产品主体差异。产品主体差异主要是指产品的基本功能和用途相同，但是不同企业所提供的产品在款式、质量、材质、包装和颜色等方面有所不同，这是产品差异化的主要体现。

(2) 品牌差异。品牌差异也被视作产品主体差异的一种。企业不仅给自己的企业注册有别于其他企业或产品的品牌名称与商标（LOGO），而且不断宣传和强化消费者对其的认知，使消费者对企业或产品产生有效的联想。因此，企业会通过各种手段和途径来提升产品品牌的美誉度和知名度。

(3) 功能差异。功能差异是指在不改变基本使用价值的前提下，通过延伸或附加功能的不同来提高竞争力的办法。

(4) 产品定价差异。一般来说，根据产品价格的不同，把产品区分为高、中、低不同档次。较高价格一般传递给消费者的信息是，该产品的质量比其他企业所提供的同类产品的质量要好；而较低价格传递给消费者的信息是，该产品的质量与市场上同类产品的质量相差不大，体现价格优势。比如一次性打火机和 ZIPPO 打火机价格相差很大，两者所体现的档次不同，满足的消费群体也不同。

(5) 服务差异化。企业还通过向消费者提供差异化的服务，来增加产品的差异性。比如提供安装维修服务、允许分期付款和提供培训等。

4. 产品差异化对市场结构的影响

一般来说，产品差别越大，就越能吸引顾客，扩大自己的市场份额，促进市场集中度的上升。也就是说，产品差异化程度越大，市场势力就越大，市场集中度就越高，就越容易形成垄断竞争或寡头垄断的市场结构。反之，产品差别越小，甚至无差别，产品替代弹性就越大，市场购买力就越分散，从而抑制市场集中度的上升。此外，市场上规模较大的在位企业可以通过提高产品差异化程度，保持或增加企业在市场上的占有份额，从而提高市场集中度水平；而市场上规模比较小的企业，也可能因为开发了差异化的产品，提高了市场占有率，从而改变了市场集中度水平和市场结构状况。

三、进入障碍

1. 进入障碍的含义

进入障碍（barriers to entry）是影响市场结构的重要因素，是指产业内现有企业对于潜在进入企业和刚刚进入这一产业的新企业所具有的某种优势的程度。换言之，是指潜在进入企业和新企业若与现有企业竞争可能遇到的种种不利因素。进入障碍具有保护产业内已有企业的作用，也是潜在进入者成为现实进入者时必须首先克服的困难。

一般来说，一个市场进入障碍越低，越容易进入，该市场的竞争程度就越高；反之，进入障碍越高，越难进入，该市场的垄断程度就越高。一个市场进入障碍的高低主要取决于自然条件与政府立法。从自然条件来看，主要取决于资源的可获得性和规模经济。一个产业所需要的资源越容易获得，其进入障碍就越低。一个产业所需要的资源越难获得，其进入障碍就越高。从政府立法来看，取决于特许经营、许可证制度和专利法。实行这些立法的产业进入障碍较高，反之，进入障碍较低。

2. 进入障碍的构成因素

形成进入障碍的因素多种多样，主要归纳为以下几个方面：

（1）规模经济障碍。规模经济障碍是指虽然原有企业在平均成本方面不占优势，但新进入企业只有在其产量达到一定规模的时候才能实现规模经济。在存在规模经济障碍的市场中，潜在进入企业或者新进入企业要想获得原有企业的竞争力，必须在进入市场之初或者在进入市场的短时间内实现大规模生产。而实际上，一般情况下，新进入企业在进入市场早期就实现大规模生产十分困难。如果潜在进入企业或者新进入企业在进入市场早期的生产规模小于实现规模经济所需的规模，则会因企业不能获得规模经济效应，必然在成本上处于劣势，从而不具备与原有企业相互竞争的能力，最终导致企业亏损。反之，如果潜在进入企业或者新进入企业在进入市场早期的生产规模大于实现规模经济所需的规模，则可能会引起市场上该产品供过于求，导致市场上该类产品价格下降，甚至可能会导致价格低于成本，最终得不偿失。

（2）资金障碍。资金障碍是指潜在进入者或者新进入者进入某一市场所必需的资金投入量。由于不同产业的技术、生产和销售等基本特点不同，因此企业进入市场所必需的资金量也相差很大。进入最初所必需的资金量越大，融资越困难，所造成的资金障碍就越高。

（3）产品差异障碍。产品差异障碍是构成进入障碍的一个重要因素。在具有明显的产品差异化特征的产业中，原有企业及其产品已经被广大消费者所熟知并接受。新进入企业与原有企业在市场上竞争，为使消费者接受其产品，新进入企业必须增加促销和宣传投入，这样就会直接增加新进入企业的经营成本。产品差异化程度越高，新进入企业所增加的经营成本就越高。

（4）法律政策性障碍。政府为克服市场失灵，通过法律和政策手段对经济活动进行直接或间接干预，也会在客观上形成进入障碍。比如各级政府的行政许可制度、特许经营、专利制度以及各种注册、审核程序，等等。通常情况下，法律政策性障碍一旦形成，就很难克服。

3. 进入障碍与市场结构的关系

进入障碍与市场结构相关主要是因为，进入障碍低的产业，企业数量多；进入障碍高的产业，企业数量少。在极端情况下，任何企业都无法进入一个产业，该产业由一个企业控制，这就是完全的垄断。如果某产业的进入障碍大，那么相对而言，该产业的竞争程度就弱，而垄断程度则比较强。可见，进入障碍是影响市场中垄断与竞争关系的重要因素，同时也是市场结构的影响因素之一，本书将在第七章对其进行详细阐述。

四、退出障碍

1. 退出障碍的含义

退出障碍（barriers to exit）是企业在退出某个产业市场时所面临的各种阻碍与限制。

一般情况下，进入障碍与退出障碍是相呼应的，进入障碍越高，则退出障碍也就越大。形成退出障碍的因素多种多样，比如经济、政治和法律等多方面的因素，但最重要的因素是沉没成本。

2. 退出障碍的构成因素

（1）沉没成本。企业在生产经营过程中形成的固定资产，特别是专用性强、用途独特的固定资产，在企业退出该市场时，很难转作他用或者是卖给其他企业。因此企业拥有的专用性资产越多，价值越高，其退出障碍就越高。

（2）员工解雇成本。在大多数情况下，企业退出某一产业时要向被解雇工人支付退职金和解雇工资。有时为了让工人改行，还需要支付培训费用和行政费用。这些费用是企业退出某一产业时需要付出的代价，也构成了退出障碍。

（3）联合生产问题。联合生产在许多产业中存在，例如，在石油精炼产业中，从汽油到轻油、煤油和重油等多种油品都使用石油作原料，进行联合生产。现在即使重油的市场需求显著下降，也很难降低重油的产量。这样，在联合生产的产业，即使一部分市场需求下降，作为联合生产结果的一部分要单独退出也是相当困难的。

（4）法律与政策性限制。政府为了一定的目的，往往通过制定政策和法规来限制生产某些产品的企业从产业内退出。例如在电力、邮电和煤气等提供公共物品的产业中，各国政府都制定相应的政策和法规来限制企业的退出。

案例 2—1

垄断竞争下的差异化战略

产品差异化是垄断竞争市场上常见的一种现象，不同企业生产的产品或多或少存在相互替代的关系，但是它们之间存在差异，并非完全可替代。垄断竞争厂商的产品差异化包括产品主体差异和人为的差异（非产品主体差异），后者包括了方位的差异、服务的差异、包装的差异、营销手法的差异，等等，企业往往希望通过产品差异化来刺激产品的需求，扩大产品的市场占有率。

产品主体差异主要体现在以下几个方面：

（1）产品的原材料——潘婷洗发水宣称其成分中有70%是用于头发护理的，让人不能不相信其对头发的营养护理功效。舒蕾推广的“小麦蛋白”洗发水也是在试图通过原料成分来加强产品的价值感。

（2）产品的手感——TCL 电工通过李嘉欣告诉大家“手感真好”，因为手感好也是消费者自己判断开关质量的简单而又重要的标准。

（3）产品的颜色——普通牙膏一般都是白色的，然而，当出现一种透明颜色或绿色的牙膏时，大家觉得这种牙膏肯定更好。高露洁有一种三重功效的牙膏，膏体由三种颜色构成，给消费者以直观感受：白色的在洁白我的牙齿，绿色的在清新我的口气，蓝色的在清除口腔细菌。

（4）产品的味道——牙膏一般都是甜味的，可是 LG 牙膏反而是咸味的，大家觉得这种牙膏一定好。那么，如果有种苦味的牙膏呢？大家还会觉得好，这就是差异化的威力。

（5）产品的造型设计——NEC 公司推出的智能手机“Media W”，可折叠屏幕成为其独特的卖点。

(6) 产品功能组合——组合法是最常用的创意方法。许多发明都是据此而来的。海尔的氧吧空调在创意上就是普通空调与氧吧的组合。白加黑感冒药也是一种功能的分离组合，简单的功能概念却造就了市场的奇迹。

(7) 产品构造——“好电池底部有个环”，南孚电池通过“底部有个环”给消费者一个简单的辨别方法，让消费者看到那个环就联想到了高性能的电池。海尔“转波”微波炉的“盘不转波转”也是在通过强调结构的差异来提高产品的价值感。

产品非主体差异主要体现在以下几个方面：

(1) 新类别概念——建立一个新的产品类别概念。最经典的当属“七喜”的非可乐概念，这里不再多言。

(2) 广告传播创意概念——“农夫果园，喝前摇一摇”、“乐百氏27层净化”、“金龙鱼，1∶1∶1”都属此类型。

(3) 服务概念——同样的服务，如果有一个好的概念，则就能加强品牌的美好印象。比如海尔提出的“五星级服务”也为其“真诚到永远”的口碑做出了不少的贡献；另外还有“24小时服务”、“钻石服务”等都是不错的服务概念，在加强品牌美誉度方面起到了不可忽视的作用。

(4) 产地概念——总有许多产品具有强烈的产地特点，如北京的二锅头、烤鸭，山东的大花生，新疆的葡萄，还有我们常说的川酒云烟等。提炼这些地域特色强烈的产品的地域概念显然是很有效的方法。如云峰酒业的“小糊涂仙”、“小糊涂神”和“小酒仙”等都在说“茅台镇传世佳酿”，“鲁花”花生油指出“精选山东优质大花生”等。

(5) 具体数字概念——越是具体的，可信任感就越强。因此，挖掘产品或品牌的具体数字也是常用的方法。“乐百氏27层净化”、“总督牌香烟，有20 000个滤嘴颗粒过滤”等都是该方法的应用。

(6) 建立“老”概念——时间长会给人以可信任感，因此，对时间概念进行宣传，也是一种实现产品差异化的方法。而且，时间的概念感觉越老越好，如玉堂酱园——始于康熙52年，青岛啤酒——始于1903年。

资料来源：韦海鸣：《垄断竞争下的差异化战略》，见 http://www.gxtc.edu.cn。

案例分析题

1. 在垄断竞争理论中，产品差异化有什么意义？

2. 从上述案例中，你能否总结出显示企业决策中的差异化的类型？都有哪些类型？

简要答案

1. 一方面，产品差异化可以使消费者感知企业产品的独特性进而影响他们的购买行为，使消费者愿意为企业提供的独特产品支付更高的价格。另一方面，产品差异化可以使企业在市场竞争中占据有利地位。

2. 在本案例中产品差异化主要分为两大类，产品主体差异和人为的差异（非产品主体差异）。具体而言，产品主体差异包括产品功能差异、材质差异和结构差异等；人为差异包括方位差异、服务差异、包装差异和营销手法差异等。

第三节　市场结构的度量

一、以产品差异程度来度量市场结构

以产品差异为基准来度量市场结构，主要是通过产品间的可替代程度来衡量某一产业的市场垄断与竞争程度的大小。产品的可替代程度可通过计算产品需求的交叉价格弹性与供给的交叉价格弹性来度量。

1. 需求的交叉价格弹性

需求的交叉价格弹性是指某种产品价格的相对变动所引起的另一种相关产品需求量的相对变动。假设有两种产品 X 与 Y，X 产品对 Y 产品的需求的交叉价格弹性为 Y 需求量的变动百分比除以 X 价格的变动百分比，其数学表达式如下：

$$E_{XY}=\frac{\Delta Q_Y/Q_Y}{\Delta P_X/P_X}=\frac{\Delta Q_Y}{\Delta P_X}\times\frac{P_X}{Q_Y} \tag{2.1}$$

其中，E_{XY}为需求的交叉价格弹性，Q_Y 代表对 Y 产品的需求绝对量，ΔQ_Y 为对 Y 产品的需求量的变化量，P_X、ΔP_X 分别为 X 产品的价格以及价格的变化量。

对同一产业中的 X 与 Y 两种产品而言，当 $E_{XY}>0$ 时，X 与 Y 之间存在相互替代关系。若 Y 产品价格不变，则当 X 产品价格变化时，Y 产品的需求量变化越大，X 与 Y 的可替代性就越高，产品的差异性就越小；X 与 Y 两种产品的可替代性越小，说明两种产品的差异性越大。当 $E_{XY}<0$ 时，X 与 Y 这两种产品呈互补关系，互补品需求的交叉价格弹性系数的绝对值越大，互补性就越大。当 $E_{XY}=0$ 时，X 与 Y 这两种产品被称为独立品。

通过比较同一产业中两种产品的需求交叉价格弹性，就可以了解产品的差异化程度，从而了解该产业的市场结构。替代品的需求交叉价格弹性越大，产品的差异化程度就越低；相反，需求交叉价格弹性越小，产品的差异化程度就越高。而产品差异化程度越高，市场的垄断势力就越强。

2. 供给的交叉价格弹性

供给的交叉价格弹性也是衡量市场结构的一个重要指标。供给的交叉价格弹性是指某一产品供给量变动的百分比与另一种产品价格变动的百分比之间的比率。这是从生产要素和技术的角度反映新企业加入市场竞争的可能性，为此必须考察供给的交叉价格弹性：

$$E_S=\frac{X\text{ 生产者提供的 }X\text{ 产品的数量变动百分比}}{Y\text{ 产品的价格变动百分比}} \tag{2.2}$$

其中，E_S 为供给的交叉价格弹性系数，它表示当 Y 产品的价格上升时，生产 X 产品的资源转向 Y 产品的能力。E_S 的绝对值越大，说明资源转移的能力越强，市场竞争程度越高；反之，E_S 的绝对值越小，则说明资源转移的能力越弱，市场竞争程度越低。

二、以集中度来度量市场结构

对市场集中程度的度量主要有绝对集中度指标、相对集中度指标以及其他用于度量集中度的指标。

1. 绝对集中度指标

(1) 产业集中度。产业集中度是衡量某一产业市场上竞争或垄断程度的最常见指标之一，是指规模最大的前几位企业的有关数值（如销售额、增加值、职工人数和资产额等）占整个市场或产业的份额总和。其计算公式为：

$$CR_n=\frac{\sum_{i=1}^{n}X_i}{\sum_{i=1}^{N}X_i} \tag{2.3}$$

其中，CR_n 为产业内规模最大的前 n 家企业的集中度，X_i 为按照一定标准排序的产业内第 i 位企业的生产额或销售额、资产额等，N 为产业内全部企业数，n 为产业内按照一定标准排序的前 n 家企业数。n 可以根据需要取值，通常情况下 n 的取值为 4 或 8。CR_n 值越大，表明该产业的市场集中度越高，市场结构越趋向于垄断。市场集中度较高表示有较多的销售产品或经济活动控制在少数企业手中。

在实际操作中，绝对集中度指标比较容易测量，而且这一指标又能较好地反映产业内的生产集中情况，显示市场的垄断与竞争程度，因此绝对产业集中度指标在度量市场结构或者度量市场垄断与竞争程度中使用得最为广泛。集中度指标所反映的是在某一产业内规模最大的前几位企业的市场集中程度，所以单凭这一指标还难以掌握产业内全部企业的规模分布情况。另外，这一指标也不能反映出市场上最大的几家企业的市场份额分布情况。比如，两个产业的 CR_4 都是 0.9，但是这两个产业内的四家企业所占市场份额差距较大，见表 2—3。

表 2—3　　两个产业中前四位企业的市场份额

	企业 1	企业 2	企业 3	企业 4
A 产业	0.7	0.1	0.06	0.04
B 产业	0.28	0.25	0.22	0.15

A 产业与 B 产业具有相同的 CR_4，表明它们的市场集中度相同，意味着这两个产业内的垄断与竞争程度相当。但实际上，A 产业内存在一个主导企业，其市场份额达到 0.7，而 B 产业内前四位企业的规模相当。在上例中，CR_4 这一指标没有反映出 A 产业与 B 产业的市场结构差异，可以通过提供更多其他的 CR_n，比如 CR_1、CR_2 等，来弥补这一缺陷。

(2) 集中曲线。累计某一产业中规模较大企业的销售额或资产等占整个产业的百分比，就可得到一条曲线，这一曲线被定义为集中曲线。集中曲线的纵轴度量的是产业内有关企业衡量指标的累计百分比，衡量指标可以是销售额、增加值、资产和职工数等，横轴表示产业内规模由大到小企业数量的累计，见图 2—1。

通常集中曲线越短越陡峭，表明市场集中程度越高，反之，集中曲线越长越平缓，市场集中程度也就越低。在同一集中曲线图中比较两个产业的集中度时，若一条曲线总在另一条上方，则该曲线代表的产业集中度较高；若两曲线相交则很难判断。在图 2—1 中，集中曲线 C 总是在集中曲线 B 与集中曲线 A 之上，表明产业 C 的市场集中度高于产业 B

和产业C；集中曲线B与集中曲线A相交，则很难判断产业A与产业B的集中程度谁更高。

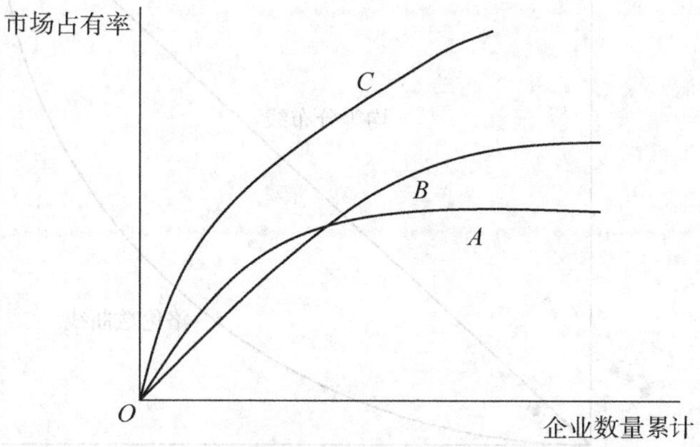

图 2—1 集中曲线

2. 相对集中度指标

相对集中度指标是反映产业内企业规模分布状况的市场集中度指标，常用洛伦兹曲线和基尼系数表示。

(1) 洛伦兹曲线。洛伦兹曲线表示市场占有率与市场中由小到大排序的企业数量的累计百分比之间的关系，见图 2—2。在图中横轴和纵轴均以百分比为单位，纵轴表示市场占有率，市场占有率一般通过企业销售额占市场总销售额或企业资产占市场总资产的比重来衡量，而横轴表示按规模由小到大的企业数目累计百分比。对角线称为均等分布线，代表产业内的企业规模均匀分布。洛伦兹曲线凸向右下角，表示产业内企业规模分布不均匀，越靠近右下角，企业规模分布就越不均匀；若洛伦兹曲线偏向均等分布线，则表示产业内企业规模分布均匀，越靠近均等分布线，企业规模分布就越均匀。

洛伦兹曲线与集中曲线的横轴都表示企业的累计数目，差别仅在于前者的横轴用绝对数表示，后者用相对数表示。因此，二者的共同之处是，当某一产业内只有极少数几家规模相同的企业时，本来至少应属寡头垄断市场结构，但这两种曲线根本反映不出来。

(2) 基尼系数。基尼系数是建立在洛伦兹曲线基础上的一个统计指标，是用具体数量直观表示出洛伦兹曲线所反映的产业内企业规模分布的不均匀程度。可以用图 2—2 中的洛伦兹曲线来说明基尼系数的概念，基尼系数是均等分布线与洛伦兹曲线之间的面积除以均等分布线、横轴和纵轴所构成的三角形的面积。用公式表示为：

$$\text{基尼系数}=\frac{\text{均等分布线与洛伦兹曲线之间的面积}}{\text{均等分布线以下的三角形面积}}$$

基尼系数在 0 到 1 之间变动。基尼系数值越小，说明产业内各企业规模分布越均匀；基尼系数值越大，则产业内各企业规模分布越不均匀。当基尼系数等于 0 时，即洛伦兹曲线与均等分布线重合，意味着产业内所有企业规模完全相同，均匀分布。当基尼系数等于 1 时，表明市场上只有 1 家垄断企业。

洛伦兹曲线与基尼系数只能反映某一产业内所有企业的规模分布情况，但是无法反映

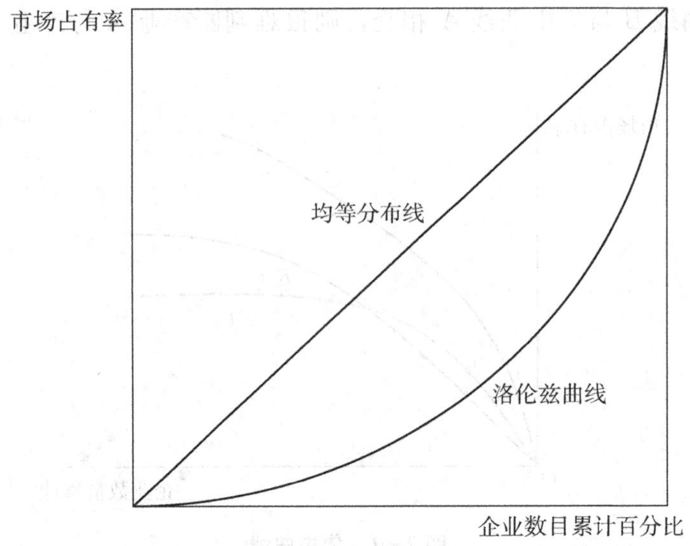

图 2—2　洛伦兹曲线

出市场集中加强的情况，只有在产业内企业之间规模差异较大的情况下才可能得出比较正确的结论。有可能出现以下情况，即有两条形状不同的洛伦兹曲线，但是这两条洛伦兹曲线所围成的面积相同，即两个产业的基尼系数相同。因此，基尼系数并不能代表某特定市场中唯一的企业规模分布。

3. 其他集中度指标

（1）赫芬达尔指数（HHI）。赫芬达尔指数（也称 H 指数）也是反映产业内企业规模分布的指标，它是赫芬达尔 1950 年在其博士论文《钢铁业中的集中》中提出来的。赫芬达尔指数是指某一产业中各企业资产占该产业总资产百分比的平方和，用数学公式表示如下：

$$HHI = \sum_{i=1}^{N}\left(\frac{X_i}{T}\right)^2 = \sum_{i=1}^{N} s_i^2 \tag{2.4}$$

其中，N 为产业中的企业数目，X_i 为第 i 位企业的规模，T 为产业的总规模，s_i 表示第 i 位企业的市场占有率。

HHI 值在 0～1 之间，HHI 越趋近于 0，表示该产业越接近于完全竞争市场状态；HHI 越接近于 1，表示该产业越接近于完全垄断市场状态。当某一产业内所有的企业规模相同时，HHI 值为 $1/N$。在实际应用中，通常会将 HHI 数值乘以 10 000，若 $HHI>$ 1 800，则该市场被视为是高度集中的市场；若 $1\,000 \leqslant HHI \leqslant 1\,800$，则该市场被视为是适度集中的市场；若 $HHI<1\,000$，则该市场被视为是集中度较低的市场。HHI 对规模较大的前几家企业市场份额的变化特别灵敏，因此该指标在市场集中度研究中常被作为能够反映产业内企业规模分布的指标而广泛应用。

（2）熵指数（entropy index，EI）。熵指数也简称 E 指数，其计算公式为：

$$EI = \sum_{i=1}^{N} s_i \log \frac{1}{s_i} \tag{2.5}$$

其中，s_i 表示第 i 位企业的市场占有率，与 HHI 中的含义相同。EI 越大，说明市场集中程度越接近于垄断和寡占；反之，EI 越小，说明市场集中程度越接近于完全竞争状态。

案例 2—2

我国银行业市场结构及其演变

我国银行业的市场结构随着经济体制从计划经济向市场经济的转变而不断变化，经历了从典型的完全垄断市场到集中度不断下降的市场结构变化过程。1979 年以前，在计划经济体制下，中国人民银行是我国唯一一家银行，因此，1979 年以前我国银行业属于完全垄断行业。从 1979 年到 1984 年，中国银行、中国农业银行、中国工商银行、中国建设银行四家专业银行相继成立，打破了中国人民银行对金融业务的完全垄断，形成了寡头垄断市场结构。从 1984 年至今，国有四大银行不断改革，同时银行业放松限制，一些股份制商业银行相继成立，外资银行不断进入，我国银行业的市场集中度不断下降，市场结构也在不断变化。

银行业市场结构是指构成市场主体的各银行之间在数量、规模、份额和产品质量等方面的相互关系以及由此决定的竞争形式，其实质上反映的是银行业的市场竞争与垄断程度。本案例只从市场集中度这一方面来分析银行业市场结构的变化。

银行业市场份额是指某个银行业务量在银行业全部业务量中所占的比重。一般而言，银行业中企业越多，单个企业所占比重越低，即市场份额越小，银行业的竞争程度就越高；反之，银行业中企业越少，单个企业所占比重越大，银行业的垄断程度就越高。在衡量银行业市场份额时，选用银行资产这一指标来计算。

历年统计资料显示，我国的商业银行体系包括 4 家国有商业银行、10 家股份制商业银行和 100 多家城市商业银行①三大类。无论是从市场份额还是从资产规模上看，国有商业银行都占有绝对的主体地位；而股份制商业银行则保持着较快的发展势头；城市商业银行无论从银行规模还是从市场份额上看，都无法与国有商业银行以及股份制商业银行相提并论，并且数据获取难度比较大，因此，研究商业银行市场结构主要以国有商业银行和股份制商业银行为研究对象。

国有商业银行包括中国工商银行、中国银行、中国建设银行和中国农业银行；股份制商业银行包括交通银行、中信实业银行、招商银行、中国民生银行、中国兴业银行、中国光大银行、华夏银行、广东发展银行、深圳发展银行、上海浦东发展银行。这 14 家银行所占的资产份额之和约占我国总体银行业的 90%，足以说明问题。各银行的市场份额见表 2—4。

表 2—4 中的数据显示，1999—2008 年我国四大国有商业银行在资产方面所占市场份额均保持在 70%以上，中国银行业具有明显的垄断特征。但是，国有商业银行的资产市场份额呈现出明显的下降趋势，从 1999 年的 88.08%下降到 2008 年的 72.70%。10 家股份制商业银行的资产市场份额则逐年上升，从 1999 年的 11.92%上升到 2008 年的 27.30%，表明中小商业银行的市场份额逐年扩大、市场竞争力在不断加强。

---

① 城市商业银行本质上属于股份制企业，由于其业务范围的局限，故称为“城市商业银行”。

表 2—4　　中国银行业总资产市场份额表（1999—2008 年）（%）

年份	1999	2000	2001	2002	2003	2004	2005	2006	2007	2008
中国工商银行	29.32	29.51	29.63	28.23	26.99	26.47	25.26	25.21	24.93	23.33
中国银行	21.68	21.49	17.82	17.33	16.62	16.29	15.43	14.88	14.39	14.53
中国建设银行	18.23	18.8	18.88	18.39	18.17	18.23	17.94	18.29	18.94	18.07
中国农业银行	18.85	16.22	17.35	17.75	17.86	18.74	18.65	17.94	15.23	16.77
国有银行合计	88.08	86.02	83.68	81.70	79.64	79.73	77.28	76.32	73.49	72.70
交通银行	4.46	4.66	4.54	4.57	4.75	5.32	5.57	5.77	6.04	6.39
中信实业银行	1.30	1.74	2.06	2.00	2.15	0.41	2.33	2.37	2.9	2.84
招商银行	1.35	1.61	1.83	2.22	2.58	2.81	2.87	3.14	3.76	3.76
中国民生银行	0.30	0.51	0.95	1.47	1.85	2.08	2.18	2.35	2.64	2.51
中国兴业银行	0.41	0.64	0.86	1.06	1.33	1.59	1.86	2.07	2.44	2.44
中国光大银行	1.39	1.54	1.82	1.96	2.02	1.95	2.02	2.02	2.12	2.04
华夏银行	0.51	0.71	0.94	1.06	1.26	1.42	1.39	1.49	1.71	1.75
广东发展银行	1.00	1.1	1.31	1.31	1.54	1.61	1.39	1.29	1.26	1.31
深圳发展银行	0.36	0.50	0.82	0.98	0.98	0.95	0.87	0.87	1.01	1.13
上海浦东发展银行	0.84	0.97	1.19	1.67	1.90	2.13	2.24	2.31	2.63	3.13
股份制商业银行合计	11.92	13.98	16.32	18.30	20.36	20.27	22.72	23.68	26.51	27.30

注：这里列举的 14 家银行的总资产所占市场份额约为我国总体银行业的 90%。因此，将这 14 家银行视为我国的整体银行业，研究这 14 家银行各自的市场份额，来说明银行业的市场结构变化。表中每一家银行的资产市场份额都是该银行资产占 14 家银行总资产的比例。

资料来源：《中国金融年鉴》(2000—2009 年)。

用 CR_n 指标来衡量银行业的集中度。银行业集中度的高低及其变化不仅反映了整个银行体系的市场结构和竞争程度，而且反映了大银行和中小银行在整个银行体系中所处的地位和重要性，刻画了大银行和中小银行之间在对不同企业进行融资方面所进行的分工。CR_n 指数值越大，表明该行业中垄断程度越高。根据表 2—4 中市场占有率的数据，测算中国银行业在资产方面的 CR_4 指标，见表 2—5。

表 2—5　　中国银行业市场集中度表（1999—2008 年）（%）

年份	1999	2000	2001	2002	2003	2004	2005	2006	2007	2008
CR_4	88.08	86.02	83.68	81.70	79.64	79.73	77.28	76.32	73.49	72.70

资料来源：表 2—4。

表 2—5 中的数据显示，1999—2008 年间我国银行业资产的 CR_4 值均保持在 70% 以上，这说明市场主要的垄断力量仍然来自四家国有大银行。从市场集中度的动态变化来看，资产的 CR_4 值呈现明显的下降趋势，由 1999 年的 88.08% 下降到 2008 年的 72.70%。根据贝恩（Bain，1968）基于集中度的市场结构分类标准，随着金融改革的不断深入，中国银行业的市场集中度有所下降，银行业结构逐步由高集中度寡头垄断过渡到一般集中度寡头垄断状态，目前大致处于寡占Ⅲ型的状态。

资料来源：李映萍：《中国银行业结构与经济增长关系的实证研究》，长沙理工大学硕士学位论文，2009；张芳：《中国银行业市场结构与绩效实证研究——基于 14 家商业银行面板数据的分析》，东北财经大学博士学位论文，2011。

案例分析题

1. 我国银行业市场结构变化的原因有哪些?

2. 简述我国银行业的市场结构变化过程。

简要答案

1. 第一，国家政策。第二，市场需求增加。第三，进入障碍降低。

2. 1979 年以前我国银行业是完全垄断的市场结构；从 1979 年到 1984 年，形成了寡头垄断市场结构；从 1984 年至今，我国银行业的市场集中度不断下降，银行业结构逐步由高集中度寡头垄断过渡到一般集中度寡头垄断状态，目前大致处于寡占Ⅲ型的状态。

关键术语

市场结构　　市场集中度　　产品差异化　　进入障碍　　退出障碍

本章思考题

1. 简述市场结构的基本类型。影响市场结构分类的主要因素是什么?

2. 简述进入障碍的形成原因。

3. 简述市场结构的度量方法，其中以集中度来度量市场结构主要有哪几种指标?

4. 绝对集中度指标有哪些优缺点?

简要答案

1. 市场结构的基本类型：完全竞争、完全垄断、垄断竞争和寡头垄断。

影响市场结构分类的主要因素为：市场集中度、产品差异化、进入与退出障碍、市场需求价格弹性、市场需求的增长率和成本构成。

2. 形成进入障碍的因素多种多样，主要归纳为以下几个方面：(1) 规模经济障碍。(2) 资金障碍。(3) 产品差异障碍。(4) 法律政策性障碍。

3. 市场结构的两种度量方法：一是以产品差异程度来度量市场结构，主要指标有需求的交叉价格弹性和供给的交叉价格弹性；二是以集中度来度量市场结构，主要指标有绝对集中度指标（CR_n、集中曲线）、相对集中度指标（洛伦兹曲线、基尼系数）和其他集中度指标（赫芬达尔指数、熵指数）。

4. 优点：简单易行，也是最常用的计算指标，它同时综合反映了企业数目及其分布这两个决定市场结构的重要方面。缺点：只反映了企业规模分布的一个方面，只说明了最大的 n 家企业的总体规模，而忽略了其余企业的规模分布情况，难以反映市场份额和产品差异化程度的变化情况。

主要参考文献

[1] 苏东水. 产业经济学. 北京：高等教育出版社，2010.

[2] 杜朝晖. 产业组织学. 北京：中国人民大学出版社，2010.

[3] 刘家顺，杨洁，孙玉娟. 产业经济学. 北京：中国社会科学出版社，2006.

[4] 杨公朴，夏大慰. 现代产业经济学. 上海：上海财经大学出版社，2005.

[5] 李映萍. 中国银行业结构与经济增长关系的实证研究. 长沙理工大学硕士学位论文，2009.

[6] 王俊豪. 产业经济学. 北京：高等教育出版社，2008.

[7] 肖兴志，张嫚. 产业经济学. 北京：首都经济贸易大学出版社，2007.

[8] 王传荣. 产业经济学. 北京：经济科学出版社，2009.

[9] 韦海鸣. 垄断竞争下的差异化战略. http://www.gxtc.edu.cn.

[10] 张芳. 中国银行业市场结构与绩效实证研究——基于 14 家商业银行面板数据的分析. 东北财经大学博士学位论文，2011.

第三章

完全垄断

内容要点

- 完全垄断的产生原因
- 自然垄断的理论基础、特征与规制模式选择
- 买方垄断的形成机理、衡量指标、经济效应与反垄断规制

第一节 完全垄断的产生原因

建立和维护合法的进入障碍是完全垄断市场存在的根本原因，阻止了其他新企业的进入，继而巩固了独家企业的绝对市场势力。完全垄断市场的形成原因众多，从类型划分上讲，有经济性障碍和政策性障碍之分。经济性障碍主要包括规模经济、原材料的独家占有和专利权；政策性障碍主要指的是政府对某些关乎国计民生的行业加以行政上的限制，只允许行业中存在一个企业来进行生产，继而单个完全垄断企业由于政府的行政干预，垄断了全行业的产品供给。本节分别从规模经济、原材料的独家占有、专利权和行政垄断等四个方面解析完全垄断产生的具体原因。

一、规模经济

"规模经济"也称"规模利益"。根据《新帕尔格雷夫经济学大辞典》的解释，规模经济是指在技术水平一定的前提下，对于某一产品而言，如果企业的平均成本在某些产量范围内呈现下降态势，则意味着规模扩张能够带来额外的收益，此时我们就能够断定该企业存在着规模经济，在图形上具体表现为企业的长期平均成本（*LAC*）曲线的斜率为负的区间，*LAC* 曲线的最低点就是"最小最佳规模"。

如果说一个市场中只有一个企业进行大规模的生产就能够满足整个市场需求，并且企业的生产能力得到充分发挥能使得长期平均成本达到最小，以至于由两家或两家以上的企

业进行生产会造成大量的产能过剩，那么这种由单个企业的规模经济所导致的由单个企业控制整个市场供给的状态，就是由规模经济所引发并保持的“完全垄断”，也可以称为“自然垄断”。在这种状态下，其他企业无法进入该市场，其进入障碍是由巨大的规模经济效应而非人为的因素导致的。在现实的经济中，比如一个城市的电力、天然气和自来水行业等都是由规模经济引发的“完全垄断”（或者“自然垄断”）。

二、原材料的独家占有

从企业的生产过程来讲，当某个产品生产者自身拥有且能够对生产过程中必然涉及的一种或多种要素进行控制时，其他企业难以获得此类生产要素，进而无法组织生产的状况，在经济学上称为“原材料的独家占有”，这种完全垄断原因的形成具有两方面的途径：一是先行优势。如果某个企业率先进入一个行业，从而在某些要素的生产中具有了优势，例如生产技术和生产经营的经验优势，加大了新企业的进入障碍，那么率先进入的企业就能够逐渐实现在该行业的完全垄断地位。二是自然地理优势。假若某个生产者拥有一种或几种生产要素生产的自然地理优势，其他企业无法占据有利的地理位置，从而不能获得有效的原材料供给，进入该行业也就变得异常艰难，而拥有自然地理优势的企业就能够独占和控制原材料的供给，阻止其他企业的进入竞争，从而形成完全垄断的格局。比如在某段时间内，南非德比尔斯公司控制了非洲大多数的钻石矿产资源，世界上已知镍矿储量的近90%的控制权掌握在加拿大国际镍公司手中，等等。

三、专利权

专利权是企业拥有的排他性使用某种专利的权利。专利具有新颖性、创造性和实用性，专利垄断可以简单理解为企业以专利的名义行使垄断的权利。专利制度对推动技术创新发挥了重要作用，但是却造就了垄断先进技术的行业巨头。如果一个企业拥有生产某种产品的专利权，那么其他企业就无法进入该市场进行生产，专利的独家享有权使得单个企业拥有生产和经营某种产品的垄断权利，也就是由拥有专利权引发的对某产品的“完全垄断”。事实上，国家之间的专利垄断不得人心，国家一般都不会支持。专利垄断对我国企业产生了较为严重的危害，如中国企业起诉日本企业稀土专利垄断案等。据统计，我国有60%的出口企业遭遇过国外的专利技术障碍，使我国出口额每年损失500亿美元左右。如何应对国外企业的专利垄断，是摆在我国企业面前的一件大事。面对专利垄断，我国企业应当努力加强自主创新，积极申请专利，寻求行业协会和政府的支持。

四、行政垄断

“行政垄断”是中国经济特有的一个概念，是由来源于市场以外、与市场生产和运行法则没有直接关系的约束力构成的一定市场条件下的完全垄断现象，具体包括两种类型：“政府垄断”和“政府授予垄断”。政府垄断指的是政府直接行使某些产品的垄断经营权利（日常生活中最常见的例子是政企合一体制条件下某些特殊产品或者服务的专营、专卖行为，如邮政专营、烟草专卖和酒类专卖等），这类完全垄断是政府机关合法的垄断现象，随着市场经济的发展，政府垄断必然会产生一些变化，具体可以通过修改《中华人民共和国烟草专卖法》、《中华人民共和国邮政法》等来解决这类问题。政府授予垄断指的是政府基于国家经济安全或行业发展需要等方面的考虑，将某种产品或者服务的排他性经营权赋予某个企业，其行为主体是政府及其所属部门，通常采用发放经营许可证的方式使得某市场具有控制新企业进入的能力，保持单个企业运转，实现完全垄断的市场结构形式。

行政垄断从行为主体对行为客体的作用方式上看，主要体现在排除、支配和妨碍等三个方面：（1）排除，在一定的地域范围内，使得某些企业主体的日常经营难以进行下去。（2）支配，直接约束和限制企业主体的经营决策权。（3）妨碍，行政垄断对公平竞争可能会带来不良的影响。行政垄断从表现形式上看主要体现在地区垄断、部门垄断和行政性强制行为等三个方面：（1）地区垄断，政府及其职能部门通过违法行政构建市场壁垒的行为。（2）部门垄断，为了维护本行业的切身利益而滥用行政权力来排除和限制竞争的行为。（3）行政性强制行为，通过强制企业购买或出售某些产品，或者通过拒绝给予行政许可证的方式迫使他人购买和消费指定产品的行为。行政垄断有合法和违法之分，而中国的反垄断法在对待行政垄断时，不应当将行政垄断列入反垄断法的豁免性规定范围内，况且行政垄断行业本身关系着国家大计和民生安危，反垄断的方向和步伐应与国家改革发展的步调一致。

案例 3—1

斯维尔公司诉广东省教育厅行政垄断案

作为中国首例行政垄断行政诉讼案，一直备受业界的高度关注。2015 年 5 月 28 日，斯维尔公司诉广东省教育厅行政垄断案在广东省高级人民法院进行二审公开审理。对于此案的审理，广东省高级人民法院显然非常重视，采取了向社会公开现场直播庭审的方式进行，十多家媒体获准现场旁听了该案的庭审审理。

2014 年 4 月 22 日，斯维尔公司状告广东省教育厅滥用行政职权，涉嫌违反《中华人民共和国反垄断法》（简称《反垄断法》）相关规定。广东省教育厅在 2014 年全国职业院校技能大赛广东省选拔赛“工程造价基本技能赛项”比赛中，指定使用广联达股份软件有限公司（以下简称“广联达公司”）的软件程序，广联达被列为此次诉讼的第三人。2014 年 6 月 26 日，该案在广州市中级人民法院进行一审开庭审理。

2015 年 2 月 2 日，广州市中级人民法院认定省教育厅在“工程造价基本技能赛项”省级比赛中，指定广联达公司软件为独家参赛软件的行为，违反《反垄断法》规定。这是《反垄断法》实施近七年以来，我国首次产生诉行政垄断的司法判决，无疑是我国《反垄断法》实施中具有里程碑意义的事件。一审宣判后，广东省教育厅和第三人广联达公司双双提出上诉请求，要求二审法院确认“指定软件”行为合法有据，不存在违反《反垄断法》的情况。

这起首例行政垄断行政诉讼的二审庭审一开始，就直奔争议主题。经过上诉方和被上诉方双方的认可，主审法官确定将“省教育厅指定广联达软件作为省赛参赛软件的行为是否合法”作为庭审质证和辩论的焦点问题；此外，是否“滥用行政权力”是判断行政垄断的一个关键要件。为此，案件中广东省教育厅是否存在滥用行政权力，引发了教育厅、广联达和斯维尔三方的唇枪舌剑。

本案中涉及的如何认定“行政垄断行为”，以及对“规范性文件、政策”等抽象行政行为是否可以提起反垄断诉讼，都是行政垄断问题中最具争议的焦点。

资料来源：http://www.china.com.cn/legal/2015-05/29/content_35691113.htm。

案例分析题

结合本节对行政垄断的讨论，分析本案中的广东省教育厅的行为是否构成“行政垄断”？简要说明理由。

简要答案

对于行政垄断行为，《反垄断法》明确规定：行政机关和法律、法规授权的具有管理公共事务职能的组织不得滥用行政权力，排除、限制竞争。行政机关和法律、法规授权的具有管理公共事务职能的组织不得滥用行政权力，限定或者变相限定单位或者个人经营、购买、使用其指定的经营者提供的商品。本案中，不能够证明广东省教育厅指定第三人软件为独家软件的行政行为的合法性，原因在于：一方面，2011年，教育部与住房和城乡建设部曾使用多家软件成功举办了当年的工程造价技能全国比赛，全国比赛都能顺利成功举办，一个规模较小的省级比赛使用多家软件更不会成为问题；另一方面，某些参赛院校平时不使用广联达软件，由于指定比赛软件为广联达软件，致使参赛院校为获得好成绩，不得不提前购买广联达软件进行训练，既额外花费金钱，又因为不熟悉的软件而投入了更多的时间和精力。因此，指定软件的做法不具有合理性，广东省教育厅的行为构成行政垄断。

第二节　自然垄断

本节主要介绍完全垄断的一个重要类型——自然垄断，与下一节的买方垄断相区别，本节的自然垄断实质上指的是卖方市场的垄断。本节首先介绍自然垄断的理论基础，然后分析自然垄断的特征，最后对自然垄断产业的各种规制模式进行扼要的介绍。

一、自然垄断的理论基础

西方的自然垄断理论从产生到后期发展大致一共经历了规模经济、范围经济和成本次可加性三个阶段，各自的理论均解释了自然垄断的产生原因和存在基础，推动了社会对自然垄断的理解和认识。

自然垄断是“完全垄断”的一个传统类型，对自然垄断的早期研究主要集中于资源条件汇集在单个企业中，从而无法形成有效的市场竞争格局。传统意义上的自然垄断是与规模经济息息相关的，单一企业在很高的产量范围内能满足两个条件：一是满足整个市场的需求；二是生产的长期平均成本曲线依然处于下降状态，因而我们把由巨大产量范围内的独家企业运行所产生的规模经济引发的垄断形式称为“自然垄断”。然而在现实生活中，企业往往生产多种商品和服务，亦即采取多元化的经营形式。

威廉·杰克·鲍莫尔等1982年对自然垄断的概念进行了重新定义，他们认为“成本劣加性”是自然垄断的最显著特征。他们的理论假设是：某个行业中有 X 个厂商生产 Y 种不同的产品，并且任意一个企业至少能够生产一种或多种产品。假设单一企业生产所有产品的成本小于多个企业分别生产这些产品的总成本，那么这个行业的成本函数是部分可加的；若在所有相关的产量上企业的成本都是部分可加的，那么就有理由认为这个行业属于自然垄断行业。换句话说，即便是平均成本上升，只需单个企业生产所有产品的总成本小于多个企业分别生产这些产品的总成本，而此时单个企业的社会成本依然最小，那么我们就能够认定该行业属于自然垄断行业。由此我们可以看出，企业的平均成本下降是自然垄断的充分不必要条件。该定义实质上是扩大了自然垄断的范畴，亦即传统的自然垄断是“强自然垄断”，而该定义进一步包括了所谓的“弱自然垄断”。

我们以企业只生产一种产品的生产情况为例，用 q_i 代表第 i 个企业的产量，把生产 q_i 所需的总成本表示为 $C(q_i)$。假定所有企业的生产技术水平相同，亦即所有企业具有相同的成本函数。用 n 表示生产相同产品的企业的数目，用 Q 代表整个市场的总需求量，则有：

$$Q = \sum_{i=1}^{n} q_i$$

若 $C(Q) < \sum_{i=1}^{n} C(q_i)$ 成立，则成本函数 $C(Q)$ 满足成本劣加性。学术界关于成本劣加性的研究还包括，沃特森于 1988 年在其专著《企业规制与自然垄断》中认为自然垄断产业的成本函数是：几个企业的联合生产不如单一产品供给者提供相同产量时便宜，亦即向市场提供同样数量的产品时，单个企业能比两个或两个以上的企业更有效率，这与夏基、鲍莫尔等人关于自然垄断特征的观点是一致的。维斯库兹、维纳和哈瑞顿于 1995 年在《规制和反托拉斯经济学》一书中再次强调成本劣加性是定义自然垄断的最好方法，规模经济（平均成本的下降）对于单一产品的自然垄断来说是充分不必要的条件。

二、自然垄断行业的特征分析

一个行业只存在一个厂商的原因在于，自然垄断企业具有网络经济的特征，追求以效率为目标的供求状态，并且巨大的固定资产投资使得自然垄断企业的资产具有专用性以及沉淀性，另外，自然垄断的产品或服务还具有普遍服务的特征。自然垄断企业的具体特征如下：

1. 自然垄断存在的基础是为了追求效率的提高

从自然垄断的理论基础来看，不管是规模经济还是范围经济抑或是成本的次可加性，自然垄断主要取决于经济效率而非其他因素。规模经济意味着生产更多产品时平均固定成本被逐渐摊销，变得越来越小；而范围经济则意味着在追加生产相关新产品和服务时进行联合生产要比单独生产的成本低；成本次可加性则意味着独家垄断经营的总成本小于多家分散经营的成本之和。自然垄断通过以上所述的三种模式，建立在效率目的基础上并且有效地保障了产品供给效率的实现。如果多家企业进行生产不能有效降低生产成本，会导致生产效率的下降，那么整个市场中只存在一家企业进行生产是有效率的。

2. 自然垄断企业生产的产品呈现出网络经济的特征

一方面，很多自然垄断行业在提供产品或服务时会形成一个庞大的网络系统。比如一个城市的电力与热力供应、电信、煤气、自来水和邮政等行业，都属于网络性行业，它们的一个共同特点是必须具备一个完整统一的网络才能提供社会化服务。综观世界各国存在自然垄断的行业，如供水、电力、煤气、热力、电信、铁路和航空等，我们不难发现采取自然垄断经营的行业一般具有网络经济的特征，即依赖一定的产业网络来为市场提供商品和服务。如果没有这些产业网络，那么企业所生产或者提供的商品和服务是无法流转到社会消费领域的。衡量这些产业网络作用的最佳指标是网络上的流量（交通、电力和通信信号等），而网络上的流量将随网络节点的增加而呈几何级数增加。网络节点数量越多，边际投资收益就越大。

另一方面，自然垄断行业在提供服务时，存在一系列的复杂工序。这些工序之间要求相互稳定衔接，即在技术上是连接在一起的。在具体的产业组织上，往往要求全程全网联合作业和统一兼容性。虽然从理论上讲可以将不同阶段的作业交由不同的企业分别完成，但垂直一体化的产业组织往往具有更大的经济效益，以保证供产销的协调，节约市场交易费用，防止机会主义行为给企业带来损失。因此，自然垄断企业生产的产品具有网络经济的特征。

3. 自然垄断企业的资产具有专用性与沉淀性

由于自然垄断行业具有网络性决定了需要对其进行大量的固定资本投资，而大规模的固定资本使用时间长，折旧时间长，其资产专用性较强，因此，固定资本的沉淀性很大。由于自然垄断依赖于网络经济为整个市场提供产品和服务，因此企业在经营自然垄断行业时，要投入大量的资金进行基础产业网络的建设。这些产业网络形成了大规模的固定资本，它们折旧时间长，变现能力较差，从而导致了整个垄断产业存在大量的资本沉淀。另外，由于基础产业网络占有的资产往往具有相应产业或者行业的专用性，所以资金一旦投入就很难收回，所形成的企业资产也难以改为其他用途。

4. 自然垄断企业具有普遍服务性

大多数自然垄断行业的“产品”是居民生活所需要的基本服务，需要保证所提供服务的稳定性、质量的可靠性和可信赖性。供水、电力、煤气、热力、电信、铁路和航空等自然垄断行业所提供的产品都是人们的日常生活必需品，具有日常性与必需性的特征。自然垄断行业通过它们的网络触角将这些日常生活必需资料流转到千家万户，以保持社会生活的稳定与有序。

三、自然垄断的规制模式选择

对自然垄断产业的规制构成了产业经济学研究的一个热点问题，学术界对自然垄断规制模式的选择进行了广泛研究和探讨，并形成了多种自然垄断产业的规制模式。与传统微观经济学的自然垄断理论相比，产业经济学的自然垄断规制将价格规制扩展到激励性规制、特许经营，甚至放松规制等。分析规制模式选择的前提是认清自然垄断产业规制的必要性，因此，我们以自然垄断产业的价格规制为例说明自然垄断产业规制的重要意义，随后对各种规制模式进行简要的评析。

1. 自然垄断产业规制的重要性

自然垄断企业在最大化自身利润时，选取的是 $MR=MC$ 的准则，若依据该准则，则会对消费者福利产生负面影响，因此需要对自然垄断企业采取必要的治理措施以纠正其利润最大化定价所造成的“无谓损失”。以下我们借助图 3—1 说明政府对自然垄断企业采取措施的必要性和产生的相关机理。

图 3—1（a）显示的是不受规制的自然垄断的情况，选择的垄断产量为 Q_M，制定的价格为 P_M，此时由于自然垄断企业满足 $P_M > ATC$，因此获得经济利润。经济利润正好等于市场中的生产者剩余（用深灰色阴影矩形来表示），浅灰色阴影三角形则表示消费者剩余。此时如果规制者对自然垄断企业实施了价格规制——例如设定价格 P_R，满足 $ATC < P_R < P_M$，此时对应的需求量为 Q_R。接下来的问题是，自然垄断企业是否愿意生产该产量？答案是肯定的。如果自然垄断企业所有产品的价格都被规制者限定，那么企业的产量就不会影响市场价格。因此，自然垄断企业会忽略边际收益（MR）曲线，且乐意增加产量满足市场需求，只要其下一单位的产品价格大于 MC，并且在总产量上至少能够实现收支相抵。因此，在价格规制的条件下，垄断者以更低的价格供给更多的产量。

而如果价格被规制的水平使得自然垄断企业亏本运行，那么企业将停产。所以，价格规制必须制定得足够高，使企业能够弥补 ATC。图 3—1（b）表示的是规制者尽可能地压低价格水平，使得 ATC 曲线与 D 需求曲线相交。此时，如果规制价格低于 ATC，企业将亏本经营，所以，P_R^*、Q_R^* 分别表示最优规制价格和自然垄断企业愿意提供的产量，结果是消费者和整个社会都将获利。但在现实生活中，事情没有这么简单。主要问题是，规制者不具有使得价格水平刚好等于需求曲线和平均总成本曲线交点处的价格水平的信息，导致价格要么被规制得过低，要么被规制得过高。并且，受到规制的企业比如公有制企业趋向于向规制者夸大成本并提供质量较差的产品。

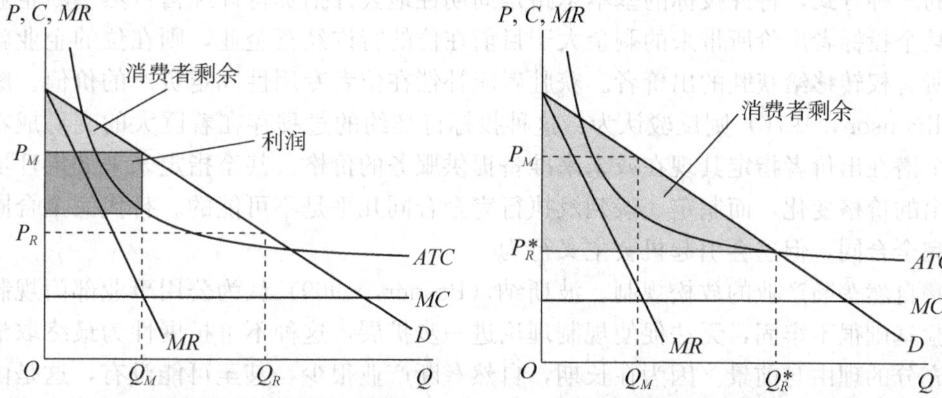

（a）无规制的自然垄断者的总剩余　　（b）有规制的自然垄断者的总剩余

图 3—1　受规制和不受规制的自然垄断

注：在图（a）中，如果自然垄断企业被允许收取价格 P_M，则获得的利润为深灰色面积部分；浅灰色面积表示消费者剩余。若受到规制并且必须收取更低的价格 P_R，则产量由 Q_M 增加到 Q_R，同时也增加了消费者剩余。图（b）表示的是自然垄断企业收取的价格必须等于平均总成本 P_R^* 的情况。产量增加到 Q_R^*，消费者剩余变为现在的整个浅灰色的阴影面积，此时自然垄断企业获得的经济利润为零，这是自然垄断企业至少实现收支相抵的条件下可能实现的最大的消费者剩余，此时的最优规制价格为 P_R^*。

资料来源：保罗·克鲁格曼、罗宾·韦尔斯：《微观经济学》，441 页，北京，中国人民大学出版社，2009。

2. 自然垄断产业规制的模式

由于自然垄断企业具有规模经济、网络经济和资产专用性等特征，因此选择何种规制模式是产业经济学研究治理自然垄断的重要内容。克鲁和克林多佛尔（Crew and Kleindorfer，1986）将自然垄断治理拓展为规制、激励性规制、公有制企业、特许投标和放松规制等形式，这些形式还可被细分为更多的治理方式。

（1）自然垄断企业实行公有制形式。很多国家在解决自然垄断问题上的一个优先选择是实行自然垄断企业的公有制，具体做法是由政府建立起提供公共物品的公共机构并且保护消费者的利益不受损害。从形式上看，公有制企业的优势是自然垄断所产生的成本节约不是由自然垄断企业所有，而是自动由社会整体获得。公有制的自然垄断企业能够以效率优先而非利润最大化为基准来确定产品价格。但在现实中，公有制企业解决自然垄断存在着一些不足之处：第一，公有制企业缺少降低成本和提高产品质量的动力；第二，公有制企业一般主要服务于政治利益，使得整个社会福利不能够实现最大化。在英国等国家，自然垄断的主要组织形式是公有制企业，而规制在美国则占支配地位。美国主要关注的是如何放松规制并改善报酬率规制，而英国等国则关注公有制企业的“私有化”，在私有化过程中建立起新型规制。

（2）自然垄断产业的激励性规制。对自然垄断产业进行规制是治理自然垄断的传统方式，在美国有独立的规制委员会来施加规制政策。但是传统的规制会产生许多问题，报酬率规制会产生“A-J”效应。为了弥补这一不足，洛伯和马盖特、福格桑和凡辛格克鲁、克林多佛尔和萨迪特等人于1979年所提出的激励性规制方案，相对于报酬率规制来说效果要更好。激励性规制理论实质上反映的是信息不对称条件下委托—代理关系的契约设计，规制的设计受到信息结构、不完美规制者等条件的约束。

（3）自然垄断产业的特许投标。德姆塞茨（Demsetz，1968）提出特许投标是治理自然垄断的一种方式，特许投标的基本思路是周期性地公开拍卖特许经营自然垄断企业的权利。若某个投标者出价所带来的剩余大于目前在位的特许经营企业，则在位的企业就要将特许的所有权转移给获胜的出价者。获胜者应补偿在位者专用性固定资产的价值。威廉姆森（Williamson，1976）则反驳认为：这种投标订契约的过程存在着巨大的交易成本，它要求每个潜在出价者指定其现在或未来准备提供服务的价格，甚至指定未来如果环境变化所需做出的价格变化，而制定、谈判及执行完全合同几乎是不可能的。替代完全合同的方法是不完全合同，但这会引起机会主义行为。

（4）自然垄断产业的放松规制。波斯纳（Posner，1969）认为公用事业部门规制的逻辑与经验基础很不牢固，无法促使规制理论进一步扩展，这种不可扩展性为最终取消规制提供了充分的理由与前景。因为在长期，自然垄断产业很少，甚至可能没有，这是由消费者需求与技术变化的步伐所决定的。放松规制是治理自然垄断问题的最后一种替代方式。支持放松规制的主要依据在于：从规模经济与价格规制中所获得的收益相对于规制的无效率而言是非常小的。放松规制主要有不受规制的垄断、自我规制与“伪竞争”等形式，最主要的是不受规制的垄断，这涉及取消现存的价格规制措施。在公用事业部门，这会涉及取消规制任务，尽管一些安全规制、服务标准与环境要求仍要执行；同时也要取消行业的特许经营权，使得不存在法律上的进入障碍。

四、自然垄断与行政垄断的区别

自然垄断与行政垄断的区别比较明显，主要有：（1）产生的原因不同。自然垄断的产生原因主要在于提高经济效率，而行政垄断则是行政机关或者其授权的组织滥用行政权力所造成的。（2）法律性质不同。自然垄断由于其存在相当的积极性，大多数国家在立法上给予其豁免，肯定其合法地位。行政垄断是我国经济体制转轨时期的特殊产物，其本质是借行政权力行市场行为，它违背了依法行政原则，因此是非法的。(3) 影响不同。自然垄断往往带来效率，增加社会总体福利，而行政垄断则不仅容易导致行政腐败的出现，更会造成市场竞争机制的扭曲。

案例 3—2

美国有线电视的两难选择

在美国，对自然垄断的价格规制历史悠久：电力、地方电话服务、自来水和天然气等城市公用事业在很多地区都受到了长时间的规制。有线电视是一个相对来说比较新的行业。地方有线电视很明显是一种自然垄断型的行业，因为架设穿越城镇的电缆线的巨大的固定资本投入与使用有线电视的人数没有关系，因而若存在多于一家的有线电视公司进入，就会造成大量的资源浪费。如果说地方有线电视公司是一个自然垄断者，那么它制定的价格应该受到政府的规制吗？

最开始的时候，美国很多地方政府都认为应当受到规制，实际上有线电视也受到了价格规制。而在 1984 年，美国国会通过了禁止大多数地方政府规制有线电视价格的法律。法律生效以后，出现的一个情况是有线电视费剧增，导致的后果是引起了消费者强烈的不满，最终产生了 1992 年的新法律，再次允许地方政府对有线电视价格进行规制或限制。

那么新的规制成功了吗？按照"基础"有线价格来衡量的话，规制是成功的。在经历过解除规制期间的价格迅速上涨之后，基本服务的成本稳定下来。但是，有线电视的价格规制只被用于"基础服务"，有线电视的经营者可以通过对如家庭电影频道这样额外缴费的频道收取更高的费用，或者在"基础"服务中提供更少的频道，来设法逃避规制。因此，一些怀疑者对规制是否有效存在质疑。有线电视的案例说明制定自然垄断政策比简化模型中的情况要复杂得多，同时也说明有时候政府做出选择是非常困难的。

资料来源：保罗·克鲁格曼、罗宾·韦尔斯：《微观经济学》，442 页，北京，中国人民大学出版社，2009。

案例分析题

1. 结合本章对自然垄断规制模式的讨论，说明我国对"自然垄断"型的社会性公用事业进行规制的模式类型。

2. 简述以美国有线电视为代表的"自然垄断"企业价格规制的困境。

简要答案

1. (1) 激励性规制。激励性规制理论实质上反映的是信息不对称条件下委托—代理关系的契约设计，规制的设计受到信息结构、不完美规制者等条件的约束。(2) 公有制企业。具体做法是由政府建立起提供公共物品的公共机构并且保护消费者的利益不受损害。(3) 特许投标。特许投标的基本思路是周期性地公开拍卖特许经营自然垄断企业的权利。若某个投标者出价所带来的剩余大于目前在位的特许经营企业，则在位的企业就要将特许的所有权转移给获胜的出价者。获胜者应补偿在位者的专用性固定资产的价值。(4) 放松规制。支持放松规制的主要依据在于：从规模经济与价格规制中所获得的收益相对于规制的无效率而言是非常小的。放松规制主要有不受规制的垄断、自我规制与"伪竞争"等形式。

2. 价格规制的核心是协调被规制企业和社会福利之间的矛盾，目的是使得被规制企业能够更加有动力提高效率，从而提高社会福利水平。我国现行的自然垄断行业的价格由政府机构直接或间接制定，缺乏规范性，缺乏科学的成本预测和投资报酬率标准，加之缺乏对价格管理部门进行监督的体系，导致自然垄断行业定价存在随意性大的问题。

第三节 买方垄断

本节主要介绍完全垄断的另外一个重要类型——买方垄断，首先介绍买方垄断势力的形成机理，然后对买方垄断势力的衡量做简要说明，随后分析买方垄断的经济效应，最后对买方垄断的各种规制类型进行扼要的介绍。

通常所讲的垄断指的是卖方市场只存在唯一的企业的情况，比如第二节所讲的自然垄断企业。同时，也会出现买方市场只存在唯一的垄断者的情况，这样的市场称为买方垄断市场。买方垄断的一个很简单的例子是“公司城”，一家单独的企业是唯一的雇主。卖方垄断厂商考虑的是若增加销售量则会降低市场价格水平；相反，买方垄断厂商考虑的是若增加购买则会提高市场价格水平。因此，我们可以看出，买方垄断的购买数量和支付成本将会低于竞争性买方市场。

由于零售业不断呈现出集聚化和不断涌现出大型的零售商，因此学术界日益关注对买方垄断势力的研究。零售商买方垄断势力的影响因素主要包括：零售商的横向或纵向兼并、零售商规模引致的谈判力量和供应商对零售商过度的经济性依赖。而买方垄断的经济效应则主要体现在对消费者和中小型零售商产生负面影响的买方垄断的福利效应和水床效应以及能够产生正面影响的抗衡效应上。治理买方垄断的主要关注点在于零售商的并购行为、纵向限制行为以及滥用相应的经济依赖性。

一、买方垄断势力的形成机理分析

在消费品市场中，商品从生产到最终到达消费者的手中需要经过很多流通环节和交易。具体流程包括原材料供应商——消费品制造商——批发商——零售商——最终消费者等这样一条长长的垂直交易链条，在任何一个阶段都可能出现下游市场利用自身优势市场地位对上游市场施压以使其降低价格的情况，很容易出现所谓的“买方垄断”。学术界对买方垄断没有一致的定义。传统的买方垄断被定义为：市场中只存在唯一的买主，买主迫使生产要素或者投入品的价格低于竞争性的价格，而且具有保持这种低价格水平的能力，这实质上就是“独家买方垄断”。另外，经济合作与发展组织于 1998 年重新定义了买方垄断势力：若某个零售商能够对至少一家供应商采取相关的某项行动，造成该供应商的长期损失在比例上能够显著大于对自己的损失，那么就能够说明该零售商具有了买方垄断势力。该定义强调的是交易双方的讨价还价能力，显示了交易双方之间机会成本的差异。勒纳（Lerner，1934）提出了买方垄断势力的衡量标准是“相对于完全竞争条件下所达到的社会最优的偏离”。布莱尔和哈里森（Blair and Harrison，1993）根据勒纳的方法来衡量买方垄断势力，其中使用的一个替代指标是购买力指数（buying power index，BPI），但由于现实中很少甚至不存在这样的情形，因此他们把买方垄断进一步扩展到买方占主导地位的情况。处于产业链下游的零售商一般是通过纵向一体化和纵向限制等方式来实现买方垄断的，这两种方式也可以分别叫作后向一体化和后向约束（与上游厂商对下游企业的前向一体化与前向约束相对）。

1. 规模、谈判力量与外部选择价值

这里的规模有两层含义：一是反映大型零售商自身竞争实力的经济指标（比如零售商的营业面积、店面数量和销售数量等）；二是对供应商的原材料或者产品的采购数量。规模影响买方势力的原因在于零售商的规模越大，就越能提升大型零售商的外部选择价值（通过增加零售商与供应商的谈判力量），并且越能压低供应商的外部选择价值（规模提高了零售商转换供应商的可能性，大型零售商由于采购数量巨大，因而可以威胁供应商，不再向供应商采购更多的产品，这样必然导致供应商之间存在激烈的竞争，进而增强零售商的买方垄断势力）。

2. 纵向一体化和横向兼并

纵向一体化能够使产业链得到扩展，进而能够降低零售商的采购成本，从而使得潜在进入企业面临着成本上的劣势，由此形成进入障碍。通过纵向一体化，很多市场交易得到内部化，零售商通过与上游的供应商结成利益联盟，能够收获规模经济效应，从而使其规模和市场势力得到很大的提升，进而垄断整个产业链的需求。同时，大型零售商的跨区域甚至跨国的横向兼并也能够使得零售商的市场规模越做越大，极大地促进零售商买方垄断势力的形成。总而言之，纵向一体化和横向兼并很有可能实现零售市场上的买方垄断，消费者在这样的市场结构下获得较低价格水平的唯一途径是减少从零售商手中购买的产品数量。

3. 消费者的需求特征

与供应商相比，由于消费者的偏好往往受到零售商提供产品的影响，所以供应商的产品能否畅销是由零售商决定的，这样就形成了供应商对零售商的一种经济性的依赖，进而导致零售商产生买方势力。波特（Porter，1974）的研究认为，由于零售商是直接与消费者打交道的，零售商能够更加接近消费者，所以相对于产品或服务的供应商来讲，零售商能够对消费者的购买决策产生更重要的影响，从而具有超越供应商的谈判势力，进而形成买方垄断势力。

4. 零售商对供应商施加纵向限制行为

零售商拥有买方垄断势力表明零售商能够控制上游的市场价格，对相关市场主体的行为进行约束，以及瓜分市场利润。这些具体的纵向限制能够保证零售商降低经营成本并且转移经营风险；另外，零售商还能够倡议供应商在零售商之间实施纵向限制，以此达到降低零售商市场竞争的目的。例如，一个具有买方势力的零售商倡导供应商对所有销售该品牌产品的零售商实施转售价格控制的纵向限制，则该零售商实际上是在利用转售价格控制向其他销售同品牌产品的零售商做出价格承诺，引领其他零售商避开低价竞争，该种价格合谋信号的发送最终将弱化下游零售市场的价格竞争，促进所有零售商利润的增加，所以零售商有倡导供应商实施纵向限制的动机。而零售商买方势力的存在使得纵向产业链的利润流向零售商，保证了零售商更具有财力去“贿赂”供应商来实施合乎零售商心意的纵向限制，从而提高了纵向产业链上供应商实施纵向限制行为的可能性。

二、买方垄断势力的衡量

相对于卖方而言，由于统计数据难以获得，买方市场份额和集中度的衡量难以有效进行。若买方市场份额问题能够得到解决，那么我们就能够衡量买方势力。微观经济学的一般理论告诉我们，当产品的购买者没有任何市场势力的时候，其购买的数量决策要满足边际产品价值等于边际要素成本，亦即满足等式 $VMP=MFC$。我们可以很清楚地看出，买方垄断厂商的购买数量要低于完全竞争的水平，进而我们能够计算出两者的偏离，以此来衡量买方垄断的市场势力。勒纳把买方垄断势力指数（BPI）定义为买方垄断偏离完全竞争结果的百分数，亦即：

$$q_i=q \tag{3.1}$$

同时，买方垄断厂商所面临的边际要素成本可以表达为：

$$MFC=p+q\mathrm{d}p(q)/\mathrm{d}q$$

其中，q 表示该要素的购买数量，p 表示该要素的价格，所以能够得到以下计算：

$$BPI=[p+q\mathrm{d}p(q)/\mathrm{d}q-p]/p=q/p\cdot\mathrm{d}p(q)/\mathrm{d}q \tag{3.2}$$

式（3.2）是要素供给弹性的倒数，意味着 $BPI=1/\varepsilon$。这表明，要素的供给弹性越大，买方垄断的市场势力就会越弱。当然在日常生活中，很难找到完全符合买方垄断的市场结构。更普遍的情况可能是，一个具有绝对市场支配地位的厂商，其购买决策将影响要素的价格，另外市场中也存在着竞争性的边缘购买厂商，它们只能服从于支配性厂商所付出的价格水平，它们的购买数量要满足这样的条件：它们对要素的派生需求曲线与该要素市场的价格相等（重合）。为了实现利润最大化的目标，支配性购买厂商根据竞争性边缘购买厂商的行为来做出产量决策。为清晰地表示上述过程，我们利用图 3—2 来作进一步的解释。

在图 3—2 中，竞争性边缘购买厂商的要素需求曲线用 D_f 表示，支配性购买厂商的要素需求曲线用 D_{df} 表示，要素供给曲线用 S 表示。因为竞争性边缘购买厂商只能接受既定的支配性购买厂商制定的价格水平，所以支配性购买厂商的净剩余供给曲线为 $S_r=S-D_f$，支配性购买厂商增加要素购买的边际要素成本是 MFC，位于 S_r 的上方。支配性购买厂商的购买量 Q_{df} 则由 MFC 和 D_{df} 的交点决定，在该购买量的条件下，根据 S_r 可知市场价格是 p，由此可以得到竞争性边缘购买厂商的购买量为 Q_f。供应商的供给数量 $Q=Q_{df}+Q_f$。

以下我们计算支配性购买厂商的 BPI。由于 $Q_{df}=Q-Q_f$，因此可以计算出支配性购买厂商的供给弹性 ε_{df}，对上述式子进行关于 p 的微分可以得到：

$$\mathrm{d}Q_{df}/\mathrm{d}p=\mathrm{d}Q/\mathrm{d}p-\mathrm{d}Q_f/\mathrm{d}p \tag{3.3}$$

等式两边同乘以 p/Q_{df}：

$$\mathrm{d}Q_{df}/\mathrm{d}p\cdot p/Q_{df}=\mathrm{d}Q/\mathrm{d}p\cdot p/Q_{df}-\mathrm{d}Q_f/\mathrm{d}p\cdot p/Q_{df} \tag{3.4}$$

进一步整理得到：

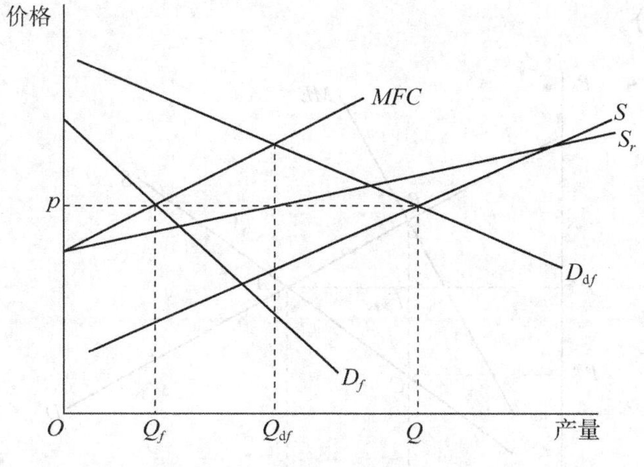

图 3—2　买方垄断势力的衡量

资料来源：刘伟：《反垄断的经济分析》，上海，上海财经大学出版社，2004。

$$dQ_{df}/dp \cdot p/Q_{df}=dQ/dp \cdot p/Q \cdot Q/Q_{df}-dQ_f/dp \cdot p/Q_f \cdot Q_f/Q_{df} \quad (3.5)$$

根据弹性的定义，式（3.5）可以变换为：$\varepsilon_{df}=\varepsilon \cdot Q/Q_{df}+\eta \cdot Q_f/Q_{df}$，其中，$\varepsilon$ 表示市场供给曲线的供给弹性，η 表示竞争性边缘购买厂商的需求弹性，由于支配性购买厂商的市场份额为 $s=Q_{df}/Q$，因而上述式子可以表达为：

$$\varepsilon_{df}=\varepsilon/s+\eta(1-s)/s \quad (3.6)$$

因此，$BPI=1/\varepsilon_{df}=1/[\varepsilon/s+\eta(1-s)/s]=s/[\varepsilon+\eta(1-s)]$。所以，我们能够看出，支配性买者的买方垄断势力指数的大小取决于供给曲线的供给弹性、竞争性边缘购买厂商的需求弹性以及支配性购买厂商的市场份额。从反垄断的角度来看，我们不能只从支配性买者的市场份额出发来认定其对市场会产生不利的影响，而应当同时考虑 ε 和 η 的大小。

三、买方垄断的经济效应分析

大型零售商的买方垄断势力会对社会福利、其他中小型零售商的切身利益产生较为严重的负面影响。同时，买方垄断能够产生中和卖方垄断势力的买方抗衡势力。以下我们详细分析这两种负面效应和具有正面效应的买方抗衡势力。

1. 买方垄断的福利效应

唯一的买方面对大量的具有竞争性的供应商，这种情况称作独家买方垄断。我们利用图 3—3 分析独家买方垄断的经济效应。D 曲线表示买方的边际产品价值，S 表示供给者增加一单位供应的边际成本，ME 表示买方增加一单位商品购买的边际支出。所以，A 点决定了最优价格和数量。另外，因为买方垄断会考虑到如果扩大产品购买数量，将会使得价格提高，所以买方垄断者的边际支出会比商品供给的价格要高一些。这样导致的结果是买方垄断者选择的购买数量 $Q^m<Q^*$（社会最优数量）。由于限制了购买的数量，买方垄断者能够成功地使得价格降低到 P^m 的水平，所以我们可以看出买方垄断的经济效率损失为三角形 ABC 所表示的无谓福利损失，而买方从卖方处获得的额外福利是用矩形

P^*FCP^m表示的部分。

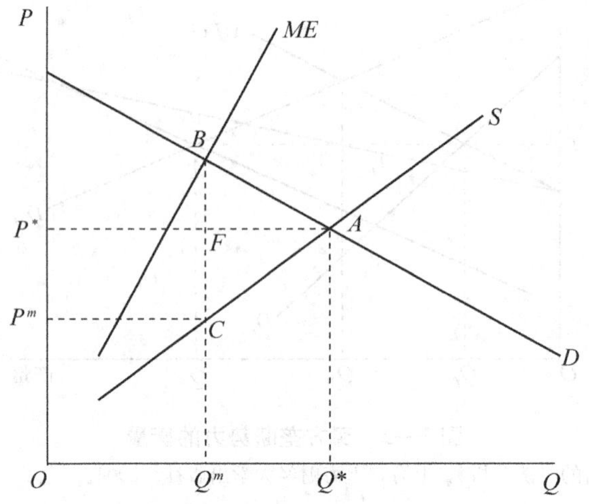

图 3—3　买方垄断的福利分析

资料来源：陈甬军、胡德宝：《中国的买方垄断势力研究》，载《产业经济评论》，2008（4）。

2. 买方垄断的水床效应

在现实的日常生活中，完全垄断的买方市场是极其特殊的，大部分的零售市场基本上表现为完全竞争的市场结构形式，在这种情况下，零售商的买方势力不是内生于市场结构的，而是产生于大型零售商和供应商的谈判势力。借助强大的谈判力量，依靠谈判势力的大型零售商能够以较低的采购价格或者较大的折扣从供应商那里采购原料或产品，在这种情况下，供应商为了稳定自身的利润，必然会对中小型的零售商开出更高的价格，从而恶化了中小型零售商的交易条件，此时就产生了水床效应（waterbed effect）。这反映出中小型零售商的损失被大型零售商所获得，水床效应的具体作用原理能够通过横向和纵向两个途径得以发挥。

从横向来看，如果上游供应商的市场结构保持不变，大型零售商以更低的价格或者折扣从供应商那里购买产品，这种额外的收益能够以更低的零售价格转移给消费者，这个时候大型零售商的市场销量会进一步得到扩张，而中小型零售商的状况则会日益恶化，外部选择价值和市场份额会逐步萎缩。所以，大型零售商由于具有买方垄断势力，不仅使得中小型零售商产生交易条件方面的相对损失，长远来看会造成绝对的损失。

从纵向来看，一方面，大型零售商的买方垄断势力会迫使上游的供应商进行市场结构的调整，大型零售商挤占了整个纵向产业链的大部分利润，当上游供应商发现没有利益可图的时候，就会兼并其他供应商，或者退出市场，导致供应商高度集中，竞争随之降低，进而使得全部的下游零售商的外部选择价值下降。另一方面，由于大型零售商具有很强的谈判优势，即使上游供应商能够出现比较集中的市场结构，它也依然能够得到较低的价格或者相对比较优惠的市场交易条件。

3. 买方垄断的抗衡效应

约翰·肯尼思·加尔布雷斯在 1952 年的专著《美国资本主义：抗衡势力的概念》中提出，治理垄断除了可以利用规制政策和竞争（反垄断）政策外，还可以通过一种垄断势力来中和另外一种垄断势力："具有一定程度垄断势力的卖方可以攫取一定程度的垄断收益。这一事实意味着，该卖方的上下游企业也有提高垄断势力的动力，因为借此它们可以使自己免于被剥削。这也意味着它们这样做有利可图，因为可以分享对手的市场势力收益。通过这种途径，一种市场势力的存在会创造出另外一种市场势力形成的激励，并且中和前一种市场势力。"这种可以中和卖方垄断势力的买方垄断势力被称为"买方抗衡势力"。因此，买方抗衡势力表明买方垄断不仅不具有社会危害性，反而能够产生正向效应，能够对治理卖方垄断产生积极的作用。

四、针对买方垄断的反垄断政策

由于买方垄断对社会福利具有严重的负面影响，并且会产生导致中小型零售商状况恶化的水床效应，对市场竞争产生严重的扰乱，因此，各国的反垄断机构正努力关注买方势力增强这一现象。美国对买方垄断采取相对严格的政策。美国于1936年颁布的《罗宾逊-帕特曼法案》（Robinson-Patman Act）增加了禁止数量折扣和对大型零售商的广告折扣等行为，由此大型零售连锁商的买方垄断行为受到了一定的抑制。里格利（Wrigley，1992）的研究认为，美国零售业集中度的增长速度远远没有英国快。中国的《反垄断法》颁布以后，主要针对的是卖方市场的垄断，而忽略了对买方垄断的治理。因此，对零售商买方势力的反垄断是我国迫切需要解决的一个产业组织问题。从目前来讲，对买方垄断的规制主要是从以下几个方面入手的：

1. 对零售商纵向限制行为的反垄断规制

零售商能够采取非线性定价、通道费、独占地域协议和搭售等途径实施纵向限制行为，针对零售商实行的纵向限制行为，在欧美各国主要采取合理推定原则，亦即分析具体案例中的合理和不合理因素，以此来评价本质上能否损害有效竞争和消费者福利。政府规制机构应当从行为动机、行为发生的条件和行为的可能经济后果入手分析零售商的纵向限制行为。

2. 对零售商并购行为的反垄断规制

零售商通过并购实现增强上游采购市场的买方垄断势力，实质上对于并购行为的反垄断主要是为了对经营者集中进行审查。如果说零售商能够完全垄断区域市场的销售，那么就一定会导致买方垄断势力的产生。在实践中，对零售商并购行为反垄断的执法要点是关注使零售商并购之后产生买方垄断势力的相对规模临界点，如果超过了这个临界点，那么并购之后的零售商就会具有买方垄断势力。

3. 对零售商滥用经济依赖性的反垄断规制

在供应商和销售商这样一个垂直交易体系中，出于规避销售风险的目的，往往会存在供应商对零售商的经济依赖，这构成了零售商产生买方垄断势力的一个很重要的因素。一些研究表明对买方垄断进行规制的时候，应当把"市场支配地位"扩展为"相对经济优势地位"，"相对经济优势地位"反映了大型零售商和供应商之间的交易地位。具体认定的标准是：若交易合同基本由零售商来敲定，同时供应商无法在相关市场找到替代该零售商的对象，这样一来，就能够认定这个零售商具有相对经济优势地位。但是具有相对经济优势地位的零售商不一定就会利用买方垄断势力排除、限制竞争，因此，还需要对其提出的交易条件的合理性进行评判，如果具有相对经济优势地位的零售商没有实施买方垄断的滥用行为，那么同样不能对其进行规制；若采取了滥用行为，那么就需要依照反垄断政策对其买方垄断行为进行严格的规制。

案例3—3

中国电视版权市场的买方垄断

中国传媒业存在买方垄断现象，比如电视节目的版权市场，在电视节目版权市场的交易过程中，对于好的电视节目，卖方强势的情况很多，但占有绝大多数的还是质量一般甚至不好的节目。国家广电总局的数据显示，我国近年来销售与制作的节目比率连50%都不到，很大一部分节目根本没有电视台去购买。因此，对于绝大部分的节目交易来讲，都是属于买方垄断市场。

在中国，电视节目的版权市场可以分为几个层次：第一个层次是全国性的市场，有中央电视台、中国教育台、每个省份的卫视等电视台和上星频道；第二个层次是省际市场，覆盖面是单个省份，是省台的地面频道和省教育台；第三个层次是地级市场，覆盖面是一个地区，包括省会电视台、地级市电视台和地级市教育台；第四个层次是县级市场，主要包括县级电视台和县级教育台。虽然我国于2002年开始推行“三级办电视”，取消县级电视台的独立性，但目前仍然普遍存在县级电视台，存在着很多的购买节目行为。以上介绍的是目前中国电视节目版权交易四个层次的市场。

在除了第一个层次以外的三个层次的市场中，普遍存在着省台（地面频道）、地级台、县级台和各自的教育台。从购买实力和市场份额方面来看，教育台和前者无法相比，因而在实践中，省教育台的节目购买价格比省台地面频道的节目购买价格要高十倍。因此，在这三个层次的市场中每一个市场都有一个强势的电视台，可以叫作独家买方，三个层次的电视节目交易就会出现买方垄断的市场结构，亦即存在买方垄断的现象。

电视台从两个方面来实施买方垄断势力，第一是降低价格。由于电视台拥有垄断地位，因此可以压低电视节目的价格水平，以动漫节目为例子，一分钟投入几千元甚至上万元的动漫节目，地方电视台只需要花几十元钱就可以买到，这导致了许多动漫节目在电视台这个环节获得的收入不到总收入的1/5。例如《神探威威猫》、《蓝猫淘气三千问》这样比较有名气的电视动画片类节目，在最开始的时候是无偿供应给电视台的。从实践上来看，长期存在着销售方对电视台买方垄断势力造成价格水平被压低的行为抱有怨言的情况。第二是控制交易的条件。一是电视台不支付现金，以广告时段代替；二是拖欠付款。电视台以广告时段支付，转嫁了未来的广告经营风险。拖欠付款的具体做法分三步：(1) 签订购买合同后支付一定比例的定金。(2) 收到并验收节目之后支付另外的一部分。(3) 播出之后支付剩余的款项。这三个环节都存在着严重的拖欠行为，造成大量的资金存放在电视台，销售方甚至还需要托关系去讨要，使得销售方利益受到严重损害，这正是由电视版权市场中的买方垄断造成的。

资料来源：张辉峰：《电视版权市场的买方垄断分析》，载《国际新闻界》，2010（2）。

案例分析题

1. 中国电视版权市场买方垄断形成的原因及实施途径是什么？
2. 结合本章对买方垄断的讨论，分析“买方垄断”对中国电视版权市场的影响。如何治理中国电视版权市场的“买方垄断”？

简要答案

1. 在除了第一个层次以外的三个层次的市场中，普遍存在着省台（地面频道）、地级台、县级台和各自的教育台。在实践中，省教育台和省台地面频道的节目购买价格水平能够相差十倍。因此，在这三个层次的市场中每一个市场都有一个强势的电视台，可以叫作独家买方，三个层次的电视节目交易就会出现买方垄断的市场结构，亦即存在买方垄断的现象。中国电视版权市场实施买方垄断的途径主要有两个：一是降低价格；二是拖欠付款。

2. 中国电视版权市场的买方垄断导致节目销售方收益低于正常水平，同时大量的销售方还要支出成本销售广告资源。另外，电视台处于垄断地位，虽然没有主动要求，但销售方还要在日常运作中支付可观的“灰色成本”，尤其是销售节目的“公关成本”等。

治理中国电视版权市场买方垄断主要有两点：一是供给弹性，供给弹性越大，电视台的买方垄断势力就越小，因此，如果能够使得电视节目的供给弹性增大，那么就可以有效解决买方垄断的问题；二是实施限定最低价格的规制，但其局限性在于合理性的认定。

案例 3—4

中国药价上浮背后的医院双向垄断

中国药价虚高已经成为不争的事实，2007 年国家发展和改革委员会（简称国家发改委）的数字与卫生部的结算表明，2005 年和 2006 年医疗机构在药品方面获取的加价额每年在 470 亿元左右，占药品购进额的 42%，加价率实际是 42%，已远远高于国家允许的 15%的加价率。亦即在一盒药的零售价中有 42%是被医院挣去的，这只是明面上的利润。一般情况下，就一盒药而言，医生在开处方时能拿到 30%左右的回扣，在这样一盒药的销售中，医院和医生总共可以赚取零售价的 72%，而剩下的仅有的 28%则涵盖了药厂用于研发、购买原料、生产、设备折旧、销售、配送和员工工资等方面的诸多成本。

“医院在流通零售环节的双向垄断造就了药价上浮。一盒利润 100 元的药，保守估计医院及医生可以拿走 50～60 元，”一位医药界人士说。由此可以清楚地看出，中国的绝大多数药品收益被医院拿走。而在美国药品市场上，医院只占据了 20%左右的市场份额，其余的 80%由药店等零售机构占据。美国连锁药店协会（NACD ）公布的统计数字表明，2004 年每 100 美元药品销售收入中，制药企业获得 76.5 美元，批发商获得 3.4 美元，零售商获得 20.1 美元。由中、美这组数据的巨大差异可以非常清楚地看出我国国内药品市场上医疗机构的强势地位。

医院是流通领域的最大受益者，它有着双向垄断的特性，由于处方药销售占国内整个药品零售额的 80%左右，因此公立医院事实上控制了绝大多数药品的零售业务，这使得国内公立医疗机构成为药品市场上的双向垄断者：面对众多的药厂，医院处于买方垄断地位，因为它控制着 80%以上的终端市场，面对这样一个垄断买方，数量众多的医药工商企业基本没有讨价还价能力，只能满足医院的种种要求。

面对患者，医院同样处于卖方垄断地位，因为它控制着绝大多数处方药的开方权、销售权以及公费医疗与定点医保的资格，面对这样一个垄断卖方，患者更没有什么讨价还价能力，到医院就诊的患者基本也没有选择权，只能从医院买药。因此，药改最核心的关键依然在于对医院体制的改革。只有实施管办分开，形成多元办医格局，让各类医院充分加入到市场竞争中，才能通过竞争调节正常的市场价格的变化。

资料来源：周玉洁、施智梁：《双向垄断造就药价上浮　高药价核心在医院》，载 http://finance.people.com.cn/GB/11931163.html，2010-06-22。

案例分析题

1. 结合本章对买方垄断的讨论，分析中国药品市场为何能够形成“买方垄断”。
2. 买方垄断对中国药价和消费者福利的影响有哪些？如何治理医院的“买方垄断”？

简要答案

1. 由于医院有着双向垄断的特性，处方药销售占国内整个药品零售额的80%左右，因此公立医院事实上控制了绝大多数药品的零售业务，这使得国内公立医疗机构成为药品市场上的双向垄断者：面对众多的药厂，医院处于买方垄断地位，因为它控制着80%以上的终端市场，面对这样一个垄断买方，数量众多的医药工商企业基本没有讨价还价能力，只能满足医院的种种要求。

2. 买方垄断导致中国药价虚高，消费者为此遭受很大的福利损失，2005 年和 2006 年医疗机构在药品方面获取的加价额每年在 470 亿元左右，占药品购进额的 42%，加价率实际是 42%，已远远高于国家允许的 15%的加价率。我国应当从改进和完善药品定价管理入手，规范药品定价行为；坚持和完善药品集中招标采购；实现“医药分离”、“以医养医”制度；加大医疗保险的范围，健全和完善医疗保险制度。

关键术语

完全垄断　　自然垄断　　成本劣加性　　买方垄断　　水床效应　　买方抗衡势力

本章思考题

1. 试分析完全垄断的形成原因及类型。
2. 简述自然垄断理论的演进及规制类型。
3. 简述买方垄断势力产生的原因及决定因素。
4. 简要说明买方垄断的经济效应与相应的反垄断规制政策。

简要答案

1. 由规模经济、原材料的独家占有、专利权和行政垄断等原因引致的一个市场中只有一个厂商的市场结构叫作“完全垄断”。完全垄断势力产生的原因分为经济性和政治性两种，其中行政垄断包括政府垄断和政府授予垄断。

2. 西方的自然垄断理论从产生到后期发展大致一共经历了规模经济、范围经济和成本次可加性三个阶段，各自的理论均解释了自然垄断的产生原因和存在基础，推动了社会对自然垄断的理解和认识。自然垄断产业以追求效率为目标，呈现出显著的网络性特征，资产具有专用性和沉淀性，其产品具有普遍服务性。对自然垄断的规制模式主要包括公有制、激励性规制、特许投标和放松规制等形式。

3. 买方垄断势力产生的原因：(1) 庞大的市场规模、强大的谈判力量与较高的外部选择价值。(2) 纵向一体化和横向兼并。(3) 消费者的需求特征。(4) 零售商对供应商施加纵向限制行为。支配性买者的买方垄断势力指数的大小取决于供给曲线的供给弹性、竞争性边缘购买厂商的需求弹性以及支配性购买厂商的市场份额。

4. 大型零售商的买方垄断势力会对社会福利产生严重的负面影响，对其他中小型零售商的切身利益产生严重的水床效应。同时，买方垄断能够产生中和卖方垄断势力的买方抗衡势力。对买方垄断的反垄断规制主要从三方面进行：(1) 对零售商纵向限制行为的反垄断规制。(2) 对零售商并购行为的反垄断规制。(3) 对零售商滥用经济依赖性的反垄断规制。

主要参考文献

［1］保罗·克鲁格曼，罗宾·韦尔斯. 微观经济学. 北京：中国人民大学出版社，2009.

［2］刘伟. 反垄断的经济分析. 上海：上海财经大学出版社，2004.

［3］张辉峰. 电视版权市场的买方垄断分析. 国际新闻界，2010 (2).

［4］陈甬军，胡德宝. 中国的买方垄断势力研究. 产业经济评论，2008 (4).

［5］程贵孙. 零售商买方势力的成因、经济效应与政府规制. 北京工商大学学报（社会科学版），2010 (1).

［6］吴绪亮，孙康，侯强. 存在治理垄断的第三条道路吗？——买方抗衡势力假说研究的近期突破. 财经问题研究，2008 (6).

［7］程贵孙. 买方势力理论研究评述. 经济学动态，2010 (3).

［8］刘志彪，王国生. 论用户垄断. 经济研究，2000 (10).

［9］周晓艳，汪德华. 西方产业组织理论买方垄断势力衡量方法的述评. 产业经济研究，2006 (2).

［10］罗宾·巴德，迈克尔·帕金. 微观经济学原理. 北京：中国人民大学出版社，2004.

第四章

寡头垄断

内容要点

- 非合作寡头垄断模型的基本内容
- 非合作寡头垄断模型之间的比较与应用
- 卡特尔的形成机理与稳定性
- 重复博弈与默契合谋的机制

第一节　古诺模型

古诺模型是早期的经典非合作寡头垄断模型，由法国数理经济学家古诺于 1838 年在《财富理论的数学原理研究》一书中提出，被称为分析寡头垄断理论的出发点。古诺模型最初是研究只有两个寡头企业的简单模型，也被称为“古诺双寡头模型”，后来被推广到寡头企业数量为三个或三个以上的模型。狭义的古诺模型一般是指静态的古诺模型，所谓静态与动态分别指的是寡头同时行动与有次序地行动。古诺模型是一种数量竞争模型，也就是说在竞争中企业采取策略来确定自身产品的产量，而价格则是由市场均衡确定的。

一、静态的古诺模型

静态的古诺模型中的“静态”二字指的是寡头企业同时行动来选择产量。

1. 模型基本假设

第一，市场上只有两个企业 A 和 B 进行生产活动，没有其他企业的进入，两个企业同时选择产量来进行竞争并且只进行一次竞争。

第二，企业 A 和 B 生产和销售的产品是同质的。

第三，两个企业的边际成本相等且保持不变，没有固定成本。

第四，两个企业共同面临的市场需求曲线是线性的，并且两个企业都准确地了解市场需求曲线。

第五，企业没有生产能力限制，即企业可以无限地生产。

2. 模型均衡求解

下面求解古诺模型的均衡。设企业 A、B 的利润分别为 π_A、π_B，产量分别为 q_A、q_B，边际成本均为 c，市场需求曲线为 $p=a-bQ(a>0,\ b>0,\ a>c)$，市场需求量 $Q=q_A+q_B$。

将企业 A、B 的产量代入市场需求曲线可以得到产品的市场价格为：

$$p=a-bQ=a-bq_A-bq_B \tag{4.1}$$

则企业 A 的利润函数为：

$$\pi_A(q_A)=(p-c)q_A=(a-bq_A-bq_B-c)q_A \tag{4.2}$$

同理，企业 B 的利润函数为：

$$\pi_B(q_B)=(p-c)q_B=(a-bq_A-bq_B-c)q_B \tag{4.3}$$

当企业利润最大化时，利润函数的一阶导数均等于零，即为下式：

$$\begin{cases}\dfrac{d\pi_A}{dq_A}=a-2bq_A-bq_B-c=0\\ \dfrac{d\pi_B}{dq_B}=a-2bq_B-bq_A-c=0\end{cases} \tag{4.4}$$

从而可以得到企业 A 和企业 B 的最优产量分别为：

$$q_A=\frac{1}{2b}(a-c-bq_B)=\frac{a-c}{2b}-\frac{1}{2}q_B \tag{4.5}$$

$$q_B=\frac{1}{2b}(a-c-bq_A)=\frac{a-c}{2b}-\frac{1}{2}q_A \tag{4.6}$$

上面两个式子可以看成是本企业产量对对方企业产量的一种反应，即企业 A 的产量是以企业 B 的产量为自变量的函数 $q_A=R_A(q_B)$，同理，$q_B=R_B(q_A)$，这两个函数被称为最佳反应函数或反应函数，表示本企业在对方企业产量确定的基础上选择的最佳产量水平。由于两个企业是相同的，所以企业 B 的反应函数是企业 A 的反应函数的对称反射函数，用图 4—1 表示。

联立式（4.5）和式（4.6），可得到古诺模型中的均衡解：$q_A^*=q_B^*=\frac{a-c}{3b}$。

将上面的结果代入式（4.1），可得到市场价格：

$$p=a-b\cdot\frac{1}{3}\cdot\frac{a-c}{b}-b\cdot\frac{1}{3}\cdot\frac{a-c}{b}=\frac{a+2c}{3}$$

也就是说，当两个企业的产量都为$\frac{a-c}{3b}$时，两个企业的利润都达到最大化，市场均衡时的总产量为$\frac{2(a-c)}{3b}$，市场均衡价格为$\frac{a+2c}{3}$，两个企业的利润都为$\frac{(a-c)^2}{9b}$。

古诺-纳什均衡具有稳定性。也就是说，如果企业没有在古诺均衡点进行生产，那么

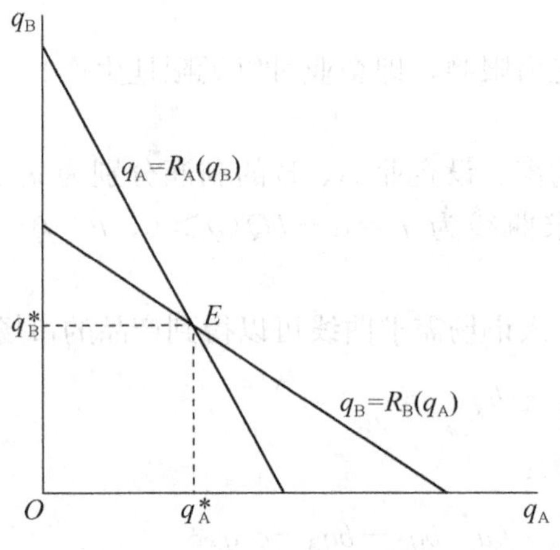

图 4—1　古诺模型中企业的最佳反应函数

它们会自动调整产量直到达到古诺均衡。从古诺均衡的求解过程可以看出，每个企业在给定对方产量的情况下，以利润最大化为目标确定自己的产量。因此，只要对方的产量不变，每个企业就没有激励改变产量，因为这是理性企业选取的最优产量。

3. 多企业的古诺均衡

上面的古诺模型分析了市场中存在双寡头的情况，下面考虑市场中存在多个企业时的古诺均衡。市场中有 $n(n>2)$ 个完全相同的企业，并且这些企业符合古诺模型的假设条件。设企业 i 的利润为 $\pi_i(i=1, 2, \cdots, n)$，产量为 $q_1=q_2=\cdots=q_n=q$，每个企业的边际成本均为 c，市场需求曲线为 $p=a-bQ(a>0, b>0, a>c)$，市场总需求量 $Q=n\cdot q_i=n\cdot q$。

对于企业 i 来说，它的利润函数为：

$$\pi_i(q_i)=(p-c)q_i=[a-b(n-1)q-bq_i-c]q_i \tag{4.7}$$

当企业 i 的利润最大化时，它的利润函数的一阶导数等于零，即：

$$a-c-b(n-1)q-2bq_i=0 \tag{4.8}$$

由于 $q_i=q$，所以得到每个企业的产量为 $q_i=q=\dfrac{a-c}{b(n+1)}$。

由于 $\dfrac{a-c}{b}$ 是在价格等于边际成本时的市场总需求量，为了分析的方便，现将这一特殊产量定义为：$S=\dfrac{a-c}{b}$，从而每个企业的均衡产量为：

$$q_i^*=\frac{S}{n+1} \tag{4.9}$$

进而可得到在均衡情况下的价格水平为：

$$p_i^*=c+\frac{b\cdot S}{n+1} \tag{4.10}$$

从式（4.9）和式（4.10）可以看出，在市场需求量一定的情况下，每个企业的产量会随着企业数量的增加而减少。同时，均衡价格也逐渐趋近于边际成本。

通过对双寡头古诺模型和多企业古诺模型的比较，可以得到如下结论：

第一，当行业中企业数目增加时，每个企业的产出水平会下降，但行业的总产出水平会提高。

第二，随着行业中企业数目的不断增加，价格水平会降低，并向边际成本趋近。当企业数目非常多，达到正无穷时，相当于完全竞争市场，则价格会等于边际成本。

第三，随着行业中企业数目的不断增加，消费者剩余会增加，消费者的境况会有所改善，但企业的境况会不断恶化。

二、动态的古诺模型

动态的古诺模型又被称为斯塔克尔伯格模型，它由德国经济学家海因里希·冯·斯塔克尔伯格于1934年提出。由于在这个模型中一个企业的行动先于另一个企业的行动，所以这个模型也被称为“领导者—跟随者模型”。斯塔克尔伯格模型建立在古诺模型的基础上，是古诺模型的一种推广，这是由于该模型将古诺模型动态化，引入了企业行动的顺序问题。

1. 模型基本假设

第一，市场上只有企业A和B进行生产活动，没有其他企业的进入，企业A（领导企业）先选择产量，企业B（跟随企业）观察到企业A的产量后再选择自己的产量。

第二，企业A和B生产和销售的产品是同质的。

第三，两个企业的边际成本相等且保持不变，没有固定成本。

第四，两个企业共同面临的市场需求曲线是线性的，并且准确地了解市场需求曲线。

第五，企业没有生产能力限制，即企业可以无限地生产。

从上面的假设可见，斯塔克尔伯格模型与古诺模型在假设上的区别是第一个假设，斯塔克尔伯格模型将古诺模型动态化，引入了企业行动的先后顺序。因此，斯塔克尔伯格模型与古诺模型相比，它的均衡解有所不同。

2. 模型均衡求解

为了方便与上述静态的古诺模型进行比较分析，同样地，设企业A、B的利润分别为π_A、π_B，产量分别为q_A、q_B，边际成本均为c，市场需求曲线为$p=a-bQ(a>0,\ b>0,\ a>c)$，市场需求量$Q=q_A+q_B$。假设寡头企业A是领导企业，寡头企业B是跟随企业。领导企业A会首先决定其产出水平，随后，跟随企业在观察到领导企业A的产量的基础上选择其最优产出水平，从而实现自身利润最大化。需要指出的是，由于信息是完全的，企业A知道企业B的利润函数，因此也知道企业B的最优反应函数。即领导企业A知道如果自己将产出水平设为q_A，跟随企业B会用最优反应函数$q_B=R_B(q_A)$来选择其最优产出水平。由于该模型是一个动态博弈，所以对于产量的决策需要运用逆向归纳法进行分析。首先分析跟随企业的反应函数，然后领导企业会在其决策过程中对这个反应函数予以考虑，最终推导出领导企业的最优产量决策。

将企业A、B的产量代入市场需求曲线可以得到产品的市场价格为：

$$p=a-bQ=a-bq_A-bq_B \tag{4.11}$$

逆向归纳法是从动态博弈的最后一步往回推，以求解动态博弈的均衡结果。因此，这里首先分析跟随企业B的决策。由于企业B是先观察到企业A的产量，所以企业B将企业A的产量q_A作为已知的常数，则企业B的利润为自身产量的函数：

$$\pi_B(q_B)=(p-c)q_B=(a-bq_A-bq_B-c)q_B \tag{4.12}$$

为了使利润最大，对利润函数求导，使得利润函数的一阶导数等于零，从而可得下式：

$$\frac{d\pi_B}{dq_B}=a-bq_A-2bq_B-c=0 \tag{4.13}$$

解得企业B的最优反应函数为：

$$q_B=\frac{1}{2b}(a-bq_A-c) \tag{4.14}$$

接下来分析博弈的第一阶段，即企业A的产量如何选择，企业A的利润函数为

$$\pi_A(q_A)=(p-c)q_A=(a-bq_A-bq_B-c)\cdot q_A \tag{4.15}$$

将式（4.14）代入式（4.15）中，可得到下式：

$$\pi_A(q_A)=\left[a-bq_A-b\frac{1}{2b}(a-bq_A-c)-c\right]\cdot q_A=\frac{1}{2}\cdot q_A\cdot(a-bq_A-c) \tag{4.16}$$

对领导企业A的利润函数求导，使得利润函数的一阶条件等于零，可得到下式：

$$\frac{d\pi_A}{dq_A}=\frac{1}{2}(a-2bq_A-c)=0 \tag{4.17}$$

从而，可以解得领导企业A的最优产量：

$$q_A^*=\frac{a-c}{2b} \tag{4.18}$$

将领导企业A的最优产量代入式（4.14）中，可得到跟随企业B的最优产量：

$$q_B^*=\frac{a-c}{4b} \tag{4.19}$$

所以，在斯塔克尔伯格模型中市场的总产量为：

$$Q=q_A^*+q_B^*=\frac{a-c}{2b}+\frac{a-c}{4b}=\frac{3(a-c)}{4b}$$

市场价格为：

$$p=a-bQ=a-b\cdot\frac{3(a-c)}{4b}=\frac{a+3c}{4} \tag{4.20}$$

同时，还可以求得领导企业A和跟随企业B的利润额，其中领导企业A的利润额为：

$$\pi_A=(p-c)q_A=\left(\frac{a+3c}{4}-c\right)\frac{a-c}{2b}=\frac{(a-c)^2}{8b} \tag{4.21}$$

跟随企业B的利润额为：

$$\pi_B=(p-c)q_B=\left(\frac{a+3c}{4}-c\right)\frac{a-c}{4b}=\frac{(a-c)^2}{16b} \tag{4.22}$$

则行业内的利润总额为：

$$\pi=\pi_A+\pi_B=\frac{(a-c)^2}{8b}+\frac{(a-c)^2}{16b}=\frac{3(a-c)^2}{16b} \tag{4.23}$$

另外，可以求得斯塔克尔伯格模型中的消费者剩余为：

$$CS=\frac{1}{2}\cdot(a-p)\cdot Q=\frac{1}{2}\cdot\left(a-\frac{a+3c}{4}\right)\cdot\frac{3(a-c)}{4b}=\frac{9(a-c)^2}{32b} \tag{4.24}$$

以上的推导也可以用图形进行分析，如图 4—2 所示，D 表示市场需求曲线，Dr 为领导企业的剩余需求曲线，MRr 为领导企业的剩余边际收益曲线，这种分析过程与古诺模型相似，这里不再赘述。

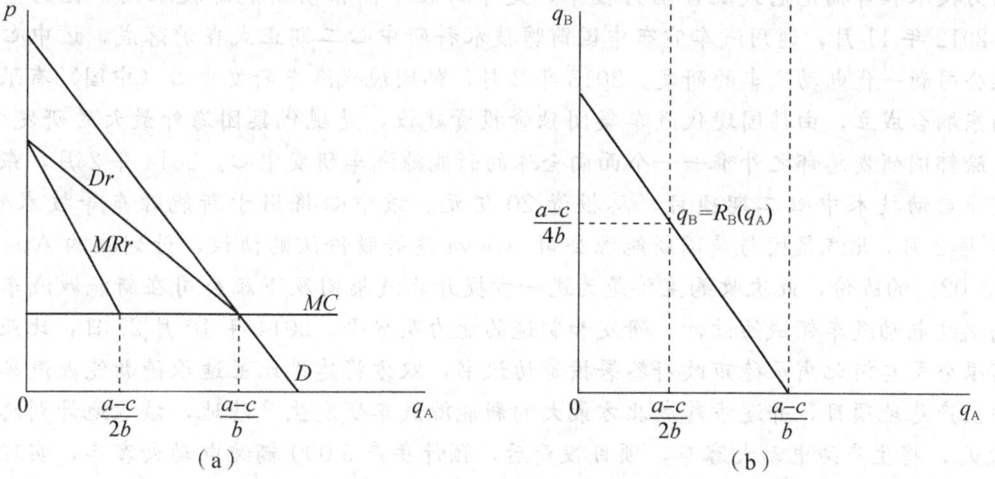

图 4—2 斯塔克尔伯格模型

案例 4—1

中国汽车产业的产能扩张

李晓钟、张小蒂通过对中国汽车市场 1998—2008 年相关数据的分析，发现中国汽车市场的集中度逐年提高，他们认为 1998—2000 年的中国汽车市场属于竞争型市场结构，2001 年属于低集中寡占型市场结构，而 2002—2008 年属于中下集中寡占型市场结构。中国机械工业联合会、中国汽车工业协会发布的“2014 年中国汽车工业 30 强”榜单显示：排名第一的是上海汽车集团，营业收入达到 11 614 亿元，成为机械、汽车行业首家万亿元企业；一汽、东风汽车、北汽分别以营业收入 6 218 亿元、4 829 亿元、3 116 亿元位列 2～4位；广汽、长安汽车和华晨汽车位列 5～7 位，营业收入均在 1 500 亿元以上。

自 2001 年开始，跨国车企和国内自主品牌车企就开始了产能扩张的较量，并且这一趋势在近几年仍在继续。2014 年 4 月 23 日，北汽宣布将独立投资 280 亿元，在重庆江津新建新能源和特种汽车生产基地，到 2017 年，该基地全面投产后，其总产值将达到 400

亿元。2014 年 6 月 12 日，上海大众宁波基地扩建项目正式开工，此次扩建总投资 150 亿元，投产后每年将新增 30 万辆轿车和 10 万辆商务车的产能。截至 2014 年 6 月上海大众宁波项目已经建成 30 万辆产能，到 2016 年，上海大众宁波基地产能将达到 70 万辆，而上海大众总产能将超过 200 万辆。2014 年 6 月 18 日，广汽菲亚特广州工厂正式奠基，该工厂总投资超过 42.3 亿元，设计产能 16 万辆，预计 2016 年竣工投产。2014 年 6 月 26 日，北汽福田华南最大整车工厂在佛山奠基，其中一期规划建设年产 24 万辆的皮卡和 SUV 工厂，预计 2015 年底前投产。2014 年 7 月 7 日，一汽大众宣布将分别在青岛、天津建立华东、华北两个新的生产基地，大众对新工厂的投资额为 20 亿欧元。2014 年 8 月 18 日，上海通用沈阳北盛基地三期项目投产，新工厂拥有 30 万辆整车及 45 万台发动机的年产能，上海通用在沈阳的整车生产能力将提升至 50 万辆。

自 2011 年起，各大车企已经开始布局新兴的新能源汽车市场。2011 年 4 月在江苏常熟投入运营的丰田汽车研发中心（中国）有限公司，重点研发应用于全球及中国市场的混合动力技术和外插充电式混合动力技术，是丰田在中国推动新能源技术国产化的重要基地。2012 年 11 月，通用汽车宣布中国前瞻技术科研中心二期正式在沪落成，该中心将带动该公司新一代电动汽车的研发。2013 年 2 月，韩国现代汽车研发中心（中国）有限公司在山东烟台成立，由韩国现代汽车集团独资投资建设，是现代集团海外最大的研发中心，也是除韩国研发总部之外唯一一个面向全球的新能源汽车研发中心。2014 年 2 月，东风汽车宣布启动技术中心二期项目，总投资 20 亿元。该中心将用于新能源车等技术研发。2014 年 2 月，北汽集团与美国新能源公司 Atieva 签署股份认购协议，计划收购 Atieva 公司 25.02%的股份，此次收购主要是为进一步提升北汽集团及下属公司在新能源汽车尤其是高端纯电动汽车领域的设计、研发和制造的能力及水平。2014 年 10 月 27 日，比亚迪股份有限公司与河北省承德市政府签署投资协议书，双方将建设比亚迪承德新能源汽车及零部件生产基地项目，并逐步建成北方最大的新能源汽车研发生产基地，该基地计划总投资 20 亿元，将生产纯电动大客车，项目投产后，预计年产 5 000 辆纯电动大客车，实现年产值 100 亿元。2014 年 11 月，现代汽车集团公布新能源汽车中长期战略，以打造全球第二大环保汽车品牌为目标，计划到 2020 年将现有 7 款环保车型扩充至 22 款，环保车销量有望从 2014 年的 220 万辆增加到 640 万辆。

资料来源：李晓钟、张小蒂：《中国汽车产业市场结构与市场绩效研究》，载《中国工业经济》，2011 (3)；《2014 车企新建厂一览》，载《新闻晨报（上海）》，2014-10-22；《在华车企竞相“触电” 借力新能源突围》，载《南方都市报（深圳）》，2014-03-03。

案例分析题

汽车产业内的竞争是否符合古诺模型的假设？有哪些区别？如何运用古诺模型分析？国内汽车产业竞争的趋势是什么？

简要答案：

不完全符合。区别有：汽车产业内各家企业生产的汽车产品不是同质的，可能面临新企业的进入，企业具有生产能力的限制。虽然不完全符合古诺模型的假设，但汽车企业之间的生产能力竞争可以看作是古诺数量竞争。国内汽车产业竞争从产能的竞争逐步走向汽车新技术的竞争，各大汽车企业竞相建立研发中心，不断加大研发投入，攻占新兴的新能源汽车市场。

第二节 伯川德模型

伯川德模型是一种价格竞争模型，各企业在市场中通过选择价格进行竞争，企业在确定价格后，在这个价格水平上销售尽可能多的产品。伯川德模型是由法国数学家约瑟夫·伯川德于 1883 年提出的。

一、同质产品的伯川德模型

1. 同质产品的静态伯川德模型

(1) 模型基本假设。

第一，市场上只有企业 A 和 B 进行生产活动，没有其他企业的进入，两企业同时选择价格来进行竞争并且只进行一次竞争。

第二，企业 A 和 B 生产和销售的产品是同质的。

第三，两企业之间没有任何正式或非正式的串谋行为，即两企业彼此之间是非合作的。

第四，两个企业的边际成本相等且保持不变，没有固定成本。

第五，企业没有生产能力限制，即企业可以无限地生产。

(2) 模型均衡求解。

为了方便与前面的模型相比较，仍假设企业 A、B 的利润分别为 π_A、π_B，价格分别为 p_A、p_B，边际成本均为 c，市场需求曲线为 $Q=a-bp(a>0, b>0)$。

首先需要推导企业的利润函数。在这里，假设当两个企业的价格水平相等时，所获得的利润相等，即二者平分整个市场。如果一个企业所定的价格低于对手，则价格低的企业可以得到整个市场需求。现以企业 B 为例进行分析，其利润函数为：

$$\pi_B(p_A,p_B)=\begin{cases}(p_B-c)(a-bp_B), & 0<c<p_B<p_A\\ \dfrac{1}{2}(p_B-c)(a-bp_B), & 0<c<p_B=p_A\\ 0, & 0<p_A<p_B\end{cases} \tag{4.25}$$

对于企业 A 的利润函数，情况是相似的。

两个企业同时非合作地选择价格，这就意味着每个企业在选择价格的时候看不到对手的价格，只能推测对手的定价。伯川德均衡是一对价格（p_A^*，p_B^*），在这个价格组合下，每个企业在给定对方的价格下不会改变自身的定价，且保证利润最大化。从企业的利润函数可以看出任何高于边际成本的价格即 $p_i>c(i=A、B)$ 都是不能维持的，均衡解为 $p_A^*=p_B^*=c$，即两个企业都按照边际成本定价。这个均衡解的证明可以通过反证法来实现。

不妨假设均衡解为 $p_A^*=p_B^*>c$。此时两个企业平分整个市场需求，都获得正的利润 $\pi_A^*=\dfrac{1}{2}(p_A^*-c)(a-bp_A^*)$。然而这个解并不是稳定的，因为如果企业 A 略微降价到 $\tilde{p}_A=p_A^*-\varepsilon$（$\varepsilon$ 是一个"非常小"的正数），那么企业 A 就会占有整个市场且将利润提高到 $\tilde{\pi}_A=$

$(p_A^* - \varepsilon - c)$ $[a - b(p_A^* - \varepsilon)]$。显然有 $\tilde{\pi}_A > \pi_A^*$，因此企业 A 在利润激励下偏离 p_A^*。同理，企业 B 也有降价的动机，进而偏离 p_B^*，使得 $\widetilde{p}_B = \widetilde{p}_A - \varepsilon$。那么如此下去，两个企业交替降低价格，直到 $p_A^* = p_B^* = c$，此时两个企业都没有降价的激励，都获得零利润。同理可证其他的情况也不存在均衡，如 $p_A^* > p_B^* = c$，$p_B^* > p_A^* = c$，$p_A^* > p_B^* > c$，$p_B^* > p_A^* > c$ 的情况。

2. 伯川德悖论

伯川德模型的结论是两个企业都按边际成本定价，并且都没有获得利润。这个结论告诉我们，即使只有两个企业的寡头垄断，也足以恢复竞争，这也被称为伯川德悖论。因为模型假设两个寡头企业没有任何正式或非正式的串谋行为，因此无法操纵价格来从市场力量中获得利润。

伯川德悖论可通过去掉该模型三个至关重要的假定来解决，也可通过选择关于定价行为更加现实的假定来实现。具体而言，伯川德悖论的解决方法包括：

（1）生产能力约束。第一种解决方法由埃奇沃斯给出，这一方法考虑的是生产能力的约束。在伯川德模型中，企业可以通过制定低于对手价格的策略来获得整个市场。但是，如果考虑生产能力的限制，也就是说如果单个企业没有足够的生产能力来满足全社会的需求，那么此时另一个企业对于剩余的社会需求就可以收取超过边际成本的价格。因此，当存在生产能力约束时，伯川德模型的均衡将呈现不同的结果。

（2）动态竞争。第二种解决方法是在模型中引入时间维度，加入动态因素。伯川德模型假定企业只在一个时期展开竞争，不存在多时期的竞争，因此不存在惩罚和报复。但事实上，削价带来的一个可能后果就是对手将价格制定得更低以伺报复，从而引发价格战。从动态竞争的角度考虑，当企业考虑到对手报复的可能性时，它会将降价带来的短期收益（增加市场份额带来的收益）与长期中由于价格战而带来的损失进行比较。所以，两个企业可能会在 $p_A = p_B > c$ 的某一点达成协议，形成合谋。

（3）产品差异化。第三种解决方法有赖于去掉关于产品同质性的假定，而采用产品差异化的假定。在伯川德模型中，由于两个企业生产相同的、可完全替代的产品，所以消费者只从要价最低的企业那里购买。但是如果它们生产不同的产品，或者生产同一产品，但是在服务上或者地理位置上存在差异，那么两个企业就可以制定不同的价格，可以制定高于边际成本的价格。下面介绍产品差异化时的伯川德模型。

二、异质产品的伯川德模型

1. 异质产品的静态伯川德模型

除了将产品同质假设改成异质外，其他基本假设条件与同质产品的伯川德模型假设相同。由于产品异质性的引入，企业不再能够通过降低价格获得整个市场需求。假设企业 A、B 的利润分别为 π_A、π_B，价格分别为 p_A、p_B，为了模型的简便，设两个企业的生产成本均为零，两个企业面临的市场需求曲线 $q_A = a - p_A + p_B$，$q_B = a - p_B + p_A$。

对于企业 A，它的利润函数为：

$$\pi_A(p_A) = p_A q_A = p_A(a - p_A + p_B) \tag{4.26}$$

同理，由于两企业是相同的，所以企业 B 的利润函数为：

$$\pi_{\mathrm{B}}(p_{\mathrm{B}})=p_{\mathrm{B}}q_{\mathrm{B}}=p_{\mathrm{B}}(a-p_{\mathrm{B}}+p_{\mathrm{A}}) \tag{4.27}$$

当二者利润最大化时，二者利润函数的一阶导数均等于零，即为下式：

$$\begin{cases}\dfrac{\mathrm{d}\pi_{\mathrm{A}}}{\mathrm{d}q_{\mathrm{A}}}=a+p_{\mathrm{B}}-2p_{\mathrm{A}}=0\\ \dfrac{\mathrm{d}\pi_{\mathrm{B}}}{\mathrm{d}q_{\mathrm{B}}}=a+p_{\mathrm{A}}-2p_{\mathrm{B}}=0\end{cases} \tag{4.28}$$

从而可以得到企业 A 和企业 B 的最优价格为：$p_{\mathrm{A}}^{*}=p_{\mathrm{B}}^{*}=a$。

所以，两个企业的产量为：$q_{\mathrm{A}}^{*}=q_{\mathrm{B}}^{*}=a$；两个企业的利润为：$\pi_{\mathrm{A}}^{*}=\pi_{\mathrm{B}}^{*}=a^{2}$。

2. 异质产品的动态伯川德模型

动态的伯川德模型引入了企业制定价格的先后顺序。动态伯川德模型与斯塔克尔伯格模型相似，区别是在动态的伯川德模型中，领导企业先宣布其价格决策，而不是产量决策。但是，在宣布其价格决策之前，领导企业仍然要充分考虑跟随企业对此做出的反应。因此，在分析动态的伯川德模型时，必须与分析斯塔克尔伯格模型一样，遵循逆向归纳法，首先分析跟随企业对领导企业定价的反应，然后再分析领导企业的最优价格决策。

（1）模型基本假设。

第一，市场上只有企业 A 和 B 进行生产活动，没有其他企业的进入，企业 A（领导企业）先制定价格，企业 B（跟随企业）观察到企业 A 的价格后再选择自己产品的价格。

第二，企业 A 和 B 生产和销售的产品是异质的。

第三，两个企业的生产成本均为零。

第四，两个企业共同面临的市场需求曲线是线性的，并且准确地了解市场需求曲线。

第五，企业没有生产能力限制，即企业可以无限地生产。

（2）模型均衡求解。

为了方便与前面的模型相比较，仍假设企业 A、B 的利润分别为 π_{A}、π_{B}，价格分别为 p_{A}、p_{B}，市场需求曲线为 $q_{\mathrm{A}}=a-p_{\mathrm{A}}+p_{\mathrm{B}}$，$q_{\mathrm{B}}=a-p_{\mathrm{B}}+p_{\mathrm{A}}$，其中 $a>0$。

运用逆向归纳法求解均衡，首先考虑博弈的第二阶段，考虑企业 B 的价格决策。由于企业 B 是先观察到企业 A 的价格，所以企业 B 将企业 A 的价格 p_{A} 作为已知的常数，则企业 B 的利润为自身价格的函数：

$$\pi_{\mathrm{B}}(p_{\mathrm{B}})=p_{\mathrm{B}}q_{\mathrm{B}}=p_{\mathrm{B}}(a-p_{\mathrm{B}}+p_{\mathrm{A}}) \tag{4.29}$$

为了使利润最大，对利润函数求导，使得利润函数的一阶导数等于零，所以可得下式：

$$\frac{\mathrm{d}\pi_{\mathrm{B}}}{\mathrm{d}q_{\mathrm{B}}}=a+p_{\mathrm{A}}-2p_{\mathrm{B}}=0 \tag{4.30}$$

由式（4.30）可得企业 B 的最优反应函数为：

$$p_{\mathrm{B}}=\frac{a+p_{\mathrm{A}}}{2} \tag{4.31}$$

接下来分析博弈的第一阶段，即企业 A 的价格如何选择，企业 A 的利润函数为：

$$\pi_A(p_A)=p_A q_A=p_A(a-p_A+p_B) \tag{4.32}$$

将式（4.31）代入式（4.32）中，可得：

$$\pi_A(p_A)=p_A(a-p_A+\frac{a+p_A}{2})=\frac{3a}{2}p_A-\frac{p_A^2}{2} \tag{4.33}$$

对领导企业A的利润函数求导，使得利润函数的一阶导数等于零，可得：

$$\frac{d\pi_A}{dq_A}=\frac{3a}{2}-p_A=0 \tag{4.34}$$

从而可得领导企业A的最优价格：$p_A^*=\frac{3a}{2}$，代入企业B的反应函数式（4.30）可得 $p_B^*=\frac{5a}{4}$。

所以，两个企业的产量分别为：$q_A^*=a-p_A+p_B=\frac{3a}{4}$，$q_B^*=a-p_B+p_A=\frac{5a}{4}$。

同时，还可以求得领导企业A和跟随企业B的利润额，其中领导企业A的利润为：$\pi_A^*=p_A^* q_A^*=\frac{9a^2}{8}$，跟随企业B的利润为：$\pi_B^*=p_B^* q_B^*=\frac{25a^2}{16}$，则行业内的利润总额为：$\pi^*=\pi_A^*+\pi_B^*=\frac{43a^2}{16}$。

三、古诺模型与伯川德模型的比较

1. 数量竞争与价格竞争

就模型本身而言，伯川德双寡头模型和古诺模型是很相像的，但是这两个模型的结论却截然不同。伯川德模型的解是一个关于价格的纳什均衡，而不是一个关于产量的纳什均衡。在古诺模型中，市场价格可以自由变动，企业选择的是产量。在伯川德模型中，企业选择的是价格，在这个价格水平上企业销售尽可能多的产品。

在古诺模型中，企业之间进行的是数量竞争。对于生产相同产品、无生产能力约束的两家企业，双寡头垄断价格低于完全垄断的价格，但是高于完全竞争的价格，可见在这种市场结构中，企业具有一定的市场力量，但由于非合作寡头之间的竞争，因此每家企业并不能完全控制市场价格。随着市场中企业的增多，企业的市场力量逐渐减弱，均衡价格也逐渐趋近于边际成本，市场趋于完全竞争市场，消费者的境况会有所改善，但企业的境况会不断恶化。在伯川德模型中，企业之间进行的是价格竞争。均衡价格等于边际生产成本，企业并不具有市场力量，即两个企业之间的竞争就足以使价格降到完全竞争的价格水平。可见，在伯川德模型中，均衡结果更有效率，价格更低，产量更多。那么哪个模型更符合实际呢？

古诺模型中的数量竞争可以看作是生产能力的选择。因为对于一些产业来说，在较长一段时期内必须选择一定的生产能力。对于现实中的企业来说，既要进行价格决策，又要进行生产能力和产量决策。古诺模型和伯川德模型的关键区别在于决策（生产能力、产量或者价格）的时间段不同。如果相对于价格决策而言，生产能力和产量决策是长期决策，即调整产量和生产能力要比调整价格困难，那么企业就应该先决定生产能力和产量，再决定价格。此时古诺模型较符合实际。相反，如果相对于价格决策，产量决策是短期决策，即调整产量比调整价格容易，那么企业就应该先决定价格，再决定产量。这个时候，伯川德模型较为适合。在现实生活中，大部分产业的生产能力和产量一般是长期变量，而价格是短期变量，比如农业、工业（钢铁、汽车）等产业。此时古诺模型比较接近该产业的竞争状况。而在某些特殊的行业，如软件业、保险业和银行业，产量的调整要比价格的调整更快。此时伯川德模型更符合实际情况。总的来说，如果企业的生产能力和产量难以调整，那么古诺模型更符合双寡头垄断的竞争状况；如果企业的生产能力和产量易于调整，那么伯川德模型就更符合双寡头垄断的竞争状况。

因此，古诺模型和伯川德模型不应被看作是对于给定市场竞争后果而做出互相矛盾预测的对立模型。毕竟，大多数企业常常是进行价格竞争的。确切地说，模型需要与市场的成本结构相匹配。伯川德模型可能更适合具有平稳边际成本的行业，而古诺模型对于具有急剧上升的边际成本的行业可能更好一些。数量竞争更一般地被看作是选择规模的竞争，企业对规模的选择决定着它的成本函数，从而决定着价格竞争的条件。

2. 先动优势与后动优势

先动优势与后动优势的比较来自斯塔克尔伯格模型和异质产品的动态伯川德模型之间的比较。这种差异可以通过比较分析两个模型的结果来得到。

（1）先动优势。

先动优势指的是模型中先采取行动的得益会比后采取行动的得益大的情况。这里比较的是古诺模型和斯塔克尔伯格模型的结果。为了区分两个模型的变量，对古诺模型的变量上标标注字母 c，对斯塔克尔伯格模型的变量上标标注字母 s。表 4—1 列出了古诺模型与斯塔克尔伯格模型结果的比较，从中可以看出斯塔克尔伯格模型中领导企业的产量比古诺模型中企业的产量大，领导企业的利润也更多，而跟随企业的产量比古诺模型中企业的产量小，利润更少。可见斯塔克尔伯格模型中的领导企业具有先动优势。这是因为在斯塔克尔伯格模型中，领导企业先确定了比古诺均衡产量大的产量，获得了更多的利润。而跟随企业在确定产量时，面对已经确定的领导企业的产量，它必须制定少于古诺均衡产量的决策，因为这个产量是理性企业最大化自身利润的产量。如果跟随企业确定的产量大于这个产量，那么它就会获得更少的利润。领导企业正是明确了解跟随企业会别无选择地减少产量，所以就利用了先制定产量决策的优势。

表 4—1　　古诺模型与斯塔克尔伯格模型的结果比较

	古诺模型		斯塔克尔伯格模型		古诺模型		斯塔克尔伯格模型
总产量	$q^c=\frac{2(a-c)}{3b}$	$<$	$q^s=\frac{3(a-c)}{4b}$	企业 A 的产量	$q_A^c=\frac{a-c}{3b}$	$<$	$q_A^s=\frac{a-c}{2b}$
总利润	$\pi^c=\frac{2(a-c)^2}{9b}$	$>$	$\pi^s=\frac{3(a-c)^2}{16b}$	企业 B 的产量	$q_B^c=\frac{a-c}{3b}$	$>$	$q_B^s=\frac{a-c}{4b}$
均衡价格	$p^c=\frac{a+2c}{3}$	$>$	$p^s=\frac{a+3c}{4}$	企业 A 的利润	$\pi_A^c=\frac{(a-c)^2}{9b}$	$<$	$\pi_A^s=\frac{(a-c)^2}{8b}$
消费者剩余	$cs^c=\frac{2(a-c)^2}{9b}$	$<$	$cs^s=\frac{9(a-c)^2}{32b}$	企业 B 的利润	$\pi_B^c=\frac{(a-c)^2}{9b}$	$>$	$\pi_B^s=\frac{(a-c)^2}{16b}$

（2）后动优势。

中国有句古话“先下手为强”，指的就是先动优势。但是先行动的一方不一定总是获得更多的好处，有些时候后行动的收益要大于先行动的收益，这就是后动优势。后动优势指的是模型中后采取行动的得益会比先采取行动的得益大的情况。这里比较的是异质产品的静态和动态伯川德模型的结果。为了区分两个模型的变量，对异质产品静态伯川德模型的变量上标标注字母 b，对异质产品动态伯川德模型的变量上标标注字母 d。表 4—2 列出了异质产品伯川德静态与动态模型结果的比较，从中可以看出异质产品动态伯川德模型中领导企业和跟随企业的价格比静态模型中的都要高，并且利润也更多。但是动态模型中跟随企业制定的价格低于领导企业并且获得更多的利润，可见，跟随企业获得了后动优势。这是因为跟随企业在观察到领导企业制定的价格后，制定了比领导企业低的价格从而获得了更多的市场份额。

表 4—2　　异质产品伯川德静态与动态模型的结果比较

	异质产品静态伯川德模型		异质产品动态伯川德模型		异质产品静态伯川德模型		异质产品动态伯川德模型
总产量	$q^b=2a$	=	$q^d=2a$	企业 A 的价格	$p_A^b=a$	<	$p_A^d=\frac{3a}{2}$
总利润	$\pi^b=2a^2$	<	$\pi^d=\frac{43a^2}{16}$	企业 B 的价格	$p_B^b=a$	<	$p_B^d=\frac{5a}{4}$
企业 A 的利润	$\pi_A^b=a^2$	<	$\pi_A^d=\frac{9a^2}{8}$	企业 A 的产量	$q_A^b=a$	>	$q_A^d=\frac{3a}{4}$
企业 B 的利润	$\pi_B^b=a^2$	<	$\pi_B^d=\frac{25a^2}{16}$	企业 B 的产量	$q_B^b=a$	<	$q_B^d=\frac{5a}{4}$

（3）先动优势与后动优势的比较。

为什么动态数量竞争和动态价格竞争会产生先动优势和后动优势的区别？这一部分内容主要解决这个问题。

双寡头垄断的许多特点依赖于反应曲线的斜率。我们先回顾斯塔克尔伯格模型和异质产品动态伯川德模型。在斯塔克尔伯格模型中，跟随企业 B 对领导企业 A 的反应函数为 $q_B=\frac{1}{2b}(a-bq_A-c)$；在异质产品动态伯川德模型中，跟随企业 B 对领导企业 A 的反应函数为 $p_B=\frac{a+p_A}{2}$。从上面两个模型的反应函数可以看出数量竞争模型反应函数的斜率为负，我们称 q_A 和 q_B 是战略替代；而价格竞争模型反应函数斜率为正，我们称 p_A 和 p_B 是战略互补。企业之间的产量是战略替代的，这是因为如果企业 A 增加产量，此时如果企业 B 也增加产量则会减少自身的利润，因此企业 B 会减少产量使得自身利润最大化。企业之间的价格是战略互补的，这是因为如果企业 A 提高价格，则企业 B 发现提高自身的价格会获利更多，因此企业 B 也会提高价格。是战略替代还是战略互补决定了动态模型中是先动的一方获得优势还是后动的一方获得优势。

案例4—2

家电零售业：国美与苏宁之争

2014年底，国美电器、苏宁电器分别发布了2014年年报。国美2014年营业收入为603.6亿元，净利润为12.8亿元，而苏宁电器年报显示其2014年实现营业收入1 089亿元，净利润为8.66亿元。家电零售行业竞争如此激烈，双方实力均不容小觑。在连锁门店方面，2014年底国美总计店面数达到1 688家，而苏宁在中国内地、中国香港和澳门地区、日本市场共拥有连锁店1 696家。

就国美而言，发展初期的战略基本可以形容为单一的门店数量扩张。在前黄光裕时代，国美的战略是快跑，在全国范围内快速扩张，大举并购。2006年10月国美无条件收购永乐，使永乐成为其全资子公司；2007年12月，国美以36.5亿元全面托管大中电器；2009年，国美入主三联商社。虽然苏宁在前期也有一个大规模的门店扩张阶段，但与国美相比，表现一直不那么明显，门店扩张的速度一直低于国美。苏宁孙为民认为，"企业的策略是受制于领导人决策的，不论竞争对手如何，苏宁会坚持'后台'优先发展策略"。后台优先，即与快速门店扩张相对应，注重供应链、组织架构等整体配套能力建设。

家电零售业的价格竞争激烈，无论是传统节日"5·1"、"10·1"，还是近几年火爆的促销节日"6·18"、"双11"、"双12"等，价格战一轮接一轮地打响。随着电子商务的发展，自2011年开始，国美苏宁的战火已蔓延至网上。2011年2月，苏宁网上销售平台"苏宁易购"开始独立化运作，在一年的上线期间，销售规模已经达到了20亿元。2010年11月国美收购了库巴电器网。2011年4月，国美集团宣布旗下电子商务网站"国美电器网上商城"全新上线，2011年5月国美又宣布与支付宝达成战略合作关系，全力进军电子商务领域。

中国家电零售行业的竞争发展目前来看可以分为三个阶段：第一个阶段是门店数量的竞争，第二个阶段是门店质量和价格的竞争，第三个阶段将是全方位的竞争。就目前行业发展的态势来看，家电零售业已经全面进入行业竞争的第三个阶段。从比拼低价向服务竞争升级，意味着家电连锁巨头的盈利模式正在发生变化。转变的背后，苏宁和国美已由线下实体店加快转向线上线下融合的O2O模式（O2O即Online To Offline，也即将线下商务的机会与互联网结合在了一起，让互联网成为线下交易的前台）。实现O2O模式的重要环节就是物流系统，国美与苏宁都分别成立了独立的物流公司，并在不断优化物流服务。在线下的门店体验方面，国美与苏宁也在不断优化升级，结合智能终端等设备，从传统的销售商品转向提高消费者的用户体验。

资料来源：柏粪：《国美、苏宁品牌暗战》，载《销售与市场（管理版）》，2011（3）；江海：《国美、苏宁进军网上商城 价格战战火蔓延至网上》，载《中国经营报》，2011-05-18；王珍：《"老对手"再战O2O 苏宁国美物流战升级》，载《第一财经日报》，2015-05-29。

案例分析题

国美和苏宁展开的竞争有哪些类型？具体的竞争手段有哪些？为什么竞争的趋势是全方位的竞争？

简要答案

竞争类型有数量竞争、价格竞争和服务竞争。具体的竞争手段有：店铺的扩张，价格促销战，网络营销，物流竞赛，提升门店用户体验。未来的竞争趋势是全方位的、全渠道的竞争，这是因为家电零售业的产品基本是同质的，为了获得利润空间，必须通过全方位的竞争获得正的利润。比如通过售后服务、优化物流系统、提高门店用户体验等给予产品更多附加值，使自身产品形成一定的差异化等。

第三节　卡特尔的均衡分析

寡头垄断分为两大类：一类是合作寡头垄断，另一类是非合作寡头垄断。合作寡头垄断是指寡头垄断企业在进行定价或者选择产量时考虑其他企业的行为，并且为了避免激烈的竞争而采取合作或者勾结的行为，即各寡头垄断企业通过公开串谋订立协议的方式或者采取暗中勾结的方式，联合起来制定价格，并限制行业的总产量。在前面两节中，我们论述了两个经典的非合作寡头模型——古诺模型和伯川德模型。在这两个寡头模型中，企业之间是竞争的关系，每个企业竞争的目标是企业自身利润最大化，而没有考虑其他企业的利润。在一个非合作寡头垄断的市场中，竞争的结果是企业既无法实现个体利润最大化，也无法实现集体利润最大化。当企业经过反复的重复博弈，意识到这一竞争的均衡结果时，企业就有动机联合起来限制产量，维持产品价格，以获取更高的利润。于是，合作寡头垄断的形式——默契合谋（串谋）自然而然地产生。典型的合作寡头垄断的例子是卡特尔组织，如欧佩克（OPEC）等，其通过合谋价格或产量来实现固定价格和限制产量的垄断目的。

一、卡特尔的形成原理

卡特尔是独立的生产企业通过明确的协议共同确定产品价格和产量，以获取超额利润的一种合作性组织。即在同一行业内，由生产相同或者相似产品的一些寡头企业进行联合以限制产量进而提高产品价格的组织，这是一种公开的、正式的勾结。建立卡特尔的主要目的是尽可能地使企业各自实现利润最大化，避免寡头企业因彼此间的竞争而减少各自的利润。因为在同一行业内，如果某一企业首先降低价格以扩大自己的市场销售范围，其他企业为保持原有的市场销售范围也会降低价格，一旦这种情况发生，就会使行业内所有企业的利益受损。如石油输出国组织欧佩克曾采取固定价格和限制产量的方法提高世界石油价格，使各成员国获取超额利润。卡特尔经常是以国际组织的形式存在的，因此，在通常情况下单独某一个国家的反垄断法是不能限制它的存在与发展的。

由于古诺方法已经成为分析不完全竞争市场的基本框架，因此我们仍然沿用第一节的古诺模型来分析合作寡头卡特尔的形成原理。为了简化起见，我们对古诺模型赋值。令边际成本 $c=40$，市场需求曲线 $p=100-Q$。根据古诺模型的纳什均衡解，得 $q_A^*=q_B^*=20$，$\pi_A=\pi_B=400$，$p=60$。

假设在古诺模型中，两个企业联合起来进行产量决策，则两企业合作形成垄断企业的边际收益曲线是：$MR=100-2Q$，联合企业为了实现利润最大化，将产量设定在边际收益等于边际成本的数量上，即 $100-2Q=c$，解得利润最大化的垄断产量为 $Q^*=30$。通过将产量制定在使边际收益等于边际成本的水平，合作企业使其利润达到最大化。这时的垄断产量是 30，垄断价格是 70，垄断利润是 $\pi_A+\pi_B=900$。

显然，两企业合作时的垄断产量 30，低于两企业竞争时的古诺均衡产量（为了突出非合作寡头垄断的竞争性，古诺均衡产量也被称为竞争产量）之和 40；两企业合作时的垄断价格 70，高于古诺均衡价格 60；两企业合作时的垄断利润 900，高于两企业竞争时的总利润 800。这是寡头合作的典型特征，也是寡头合作受反垄断制约的依据所在。两企业合作时的垄断产量低于古诺均衡产量的原因是企业联合起来之后，追求的是行业利润最大化，而不是自身利润最大化。

古诺均衡产量高于垄断产量的根本原因是，当企业 A 考虑增加其产量时，它考虑的只是产量的增加会如何影响 π_A，而忽视了对 π_B 的影响。因此，追求个体利润最大化的古诺均衡产量，往往无法实现合作时的集体利润最大化，也无法真正实现自身利润的最大化，只有两企业合作时的垄断产量才能同时实现个体利润和集体利润的最大化。垄断产量的存在使得寡头之间有动机进行合作，这也是卡特尔形成的经济学原理。国际上出现的卡特尔基本上是寡头垄断企业之间为了限制产量、提高产品价格而形成的联盟组织。

二、卡特尔的稳定性

卡特尔为实现高额利润而形成，但卡特尔成员内部经常为瓜分共同利润而发生争执，从而影响了卡特尔组织的稳定性。换言之，通常卡特尔组织有效存在的时间不长，当成员之间的意见发生分歧或者出现欺骗行为时，卡特尔组织就可能面临瓦解。

1. 卡特尔成员违约行为分析

可用图 4—3 来说明卡特尔成员的违约问题。

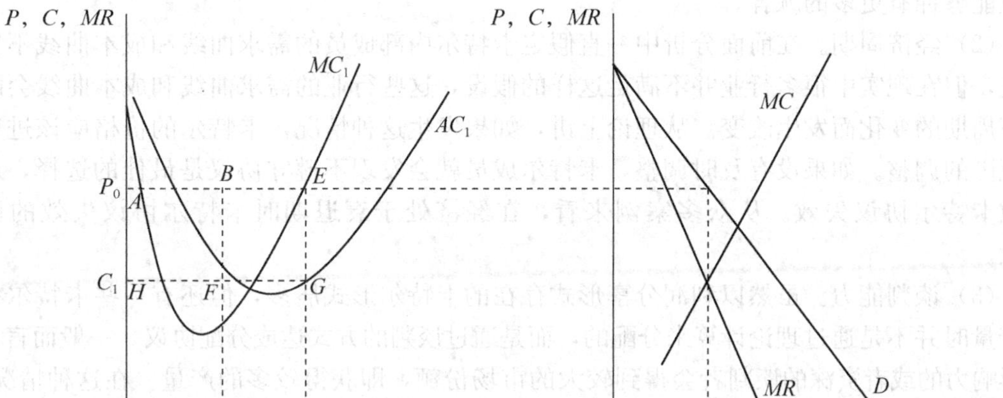

图 4—3 卡特尔成员违约分析

图 4—3（b）表示的是整个行业的情况，即 D 为行业的需求曲线，MC 为卡特尔组织的边际成本曲线（其为各卡特尔成员的边际成本曲线的水平加总），MR 为卡特尔组织的边际收益曲线。由于卡特尔组织要实现整体利润最大化，根据利润最大化原则会将价格水平定为 P_0。图 4—3（a）所表示的是卡特尔组织中某一个企业的成本情况，假设这个企业

得到卡特尔组织分配的产量 OQ_0，则按照协议这个企业应在 P_0 的价格水平下，生产 OQ_0 的产量。如果此时这个企业的平均总成本为 C_1，那么其利润为四边形 $ABFH$ 的面积。

现在考虑企业违约的情况。假设这个企业违约，不按协议规定的产量进行生产，而其他企业仍按规定进行生产。在这种情况下，该企业仍以既定价格 P_0 进行产品销售，只是产量扩大到 OQ_1，则此时企业的利润在原有基础上又增加了四边形 $BEGF$ 的面积，即为四边形 $AEGH$ 的面积。

卡特尔成员经常受到利润的驱使或者因为对其他卡特尔成员的不信任，而最终做出违反协议的决策。事实上，只有每个卡特尔成员都遵守协议，才能保证整体利润最大化。但是，由于卡特尔内部成员互相不信任，担心如果自己选择遵守协议的决策而其他企业违约，那么就会使自己的利益受损，所以卡特尔成员都选择暗中增加产量或者降低价格的方案，最终导致卡特尔组织瓦解。

2. 影响卡特尔稳定性的因素

正如在上面内容中所提到的，卡特尔分配产量的方法不能保证所有企业都实现自身利润最大化，只有少数企业能在边际成本等于边际收益处进行生产，而其他企业为了增加自己的利润，就会暗中增加产量或者降低价格，导致原有的卡特尔协议最终失效。具体而言，影响卡特尔稳定性的因素主要包括以下几个方面：

（1）企业自身因素。卡特尔各成员所达成的协议是一种妥协协议，各寡头企业担心彼此之间的激烈竞争会使自身利益受损，从而签订限制产量、维持产品价格的卡特尔协议。一旦企业自身情况发生变化，如企业原有的生产能力、产品质量、销售能力以及服务水平等降低并低于其他成员，企业就会产生违约冲动。这一点很容易理解，如果企业提供的产品或者服务类型相同，并且在市场索取相同的价格，必定是产品质量好或者服务水平高的企业能够拥有更多的顾客。

（2）经济周期。在前面分析中一直假定卡特尔内部成员的需求曲线和成本曲线不发生改变，但在现实中很多行业并不满足这样的假设，这些行业的需求曲线和成本曲线会随着经济周期的变化而发生改变。从理论上讲，如果发生这种情况，卡特尔的价格应该进行一定范围的调整。如果没有及时调整，卡特尔成员就会发现不遵守协议是最佳的选择，从而导致卡特尔协议失效。从众多案例来看，在经济处于衰退期时卡特尔协议失效的比率较大。

（3）谈判能力。虽然以利润分享形式存在的卡特尔形式居多，但还有一些卡特尔在分配产量时并不是通过理论计算来分配的，而是通过谈判的方式达成分配协议。一般而言，具有影响力的或者资深的谈判者会得到较大的市场份额，即获得较多的产量。在这种情况下，获得较少市场份额的企业就不太可能按协议进行生产，卡特尔协议就很难被有效地执行。

（4）处罚力度。一般而言，卡特尔协议是不受法律保护的。如果对违反协议的企业的处罚力度不大，那么就会导致卡特尔成员经常发生因对协议不满意而违约的情况。

3. 维持卡特尔稳定性的必要条件

由于卡特尔成员存在违约的动机，所以并不是每个卡特尔组织都能稳定持续下去。一般而言，卡特尔组织稳定存在需要满足以下三个必要条件：

（1）卡特尔组织需要具有绝对的市场优势，能够有效地控制绝大部分市场供应量。与此同时，卡特尔成员必须有能力满足这种产品的绝大部分市场需求。即在行业中非卡特尔成员的数量很少，其占有的市场份额也较少。卡特尔组织几乎不存在来自外界竞争的压力。

（2）卡特尔组织所生产的产品缺乏需求弹性。从经济学理论中我们知道，影响需求弹性的主要因素是市场中可替代产品的多少。如果一种产品的需求弹性较大，则这种产品在市场中的替代品数量就会很多；相反，如果一种产品的需求弹性较小，则这种产品在市场中的替代品数量就会很少。卡特尔组织若要获得成功，所生产的产品需求弹性必须较小，因为如果需求量对价格的反应过于敏感，那么卡特尔组织就难以维持高价，最终导致卡特尔协议的失效。

（3）卡特尔成员间的信息流动较好。如果企业间的信息传播工作做得比较好，如定期公布卡特尔内部成员的价格表，那么就会使卡特尔成员受到一定的制约，从而促使各成员较好地遵守协议，进而促进卡特尔的成功。

案例 4—3

南非的钻石卡特尔

1888 年，南非的英国殖民领袖、狂热的理想主义者塞西尔·罗兹（Cecil Rhodes）和他的同伴们创立了德比尔斯公司。19 世纪末，德比尔斯公司购买了南非所有的钻石矿，由于全球的钻石开采主要集中在南非，因而使得德比尔斯公司能够控制钻石在国际市场上的流量。20 世纪 80 年代，全球 90%左右的钻石都是由德比尔斯公司控制的中央销售组织（CSO）所销售。“钻石恒久远，一颗永留传”，这句德比尔斯公司的广告语已使钻石走入了寻常百姓家，也使德比尔斯成为钻石的代言词。虽然受到国际金融危机等因素的影响，2009 年 CSO 的钻石销售量下降至 40%，但 CSO 对世界钻石市场的控制力度却没有减弱。

CSO 是一个国际钻石卡特尔，德比尔斯公司正是通过控制 CSO 实现了对国际钻石产业的垄断。每年 CSO 都会邀请世界上最富裕和最有声望的 300 名钻石经销商参加在伦敦舰队街一个办公室举行的会议。会议期间，300 名经销商将被告知钻石的价格，但基本不允许讨价还价。事实上，如果有哪位经销商进行了讨价还价，后果是他以后不会再次受到邀请。正是通过 CSO 的合谋协议，德比尔斯公司成为一个有效的垄断者。它控制了提供给全世界钻石经销商的钻石批发量，并且还能有效控制每年提供销售的钻石数量。德比尔斯公司真正做到了一个垄断者所期望的——限制产量，把价格提高到完全竞争的价格水平以上。在 2001 年，在美国法院提起了一系列的法律诉讼，声称德比尔斯公司“非法垄断钻石供应，密谋修改、提高和控制钻石价格，并发布虚假和误导性广告”。德比尔斯公司进行了多次上诉，2012 年美国最高法院否认了其最终上诉申请，以 2.95 亿美元的罚款，下达了“禁止从事任何违反联邦法律和国家反垄断法的行为”的裁决。

资料来源：肯尼思·W·克拉克森、罗杰·勒鲁瓦·米勒：《产业组织：理论、证据和公共政策》，上海，三联书店，1989。

案例分析题

在形成一项强有力的卡特尔协议中，为什么德比尔斯公司一直是成功的？请分析其中的原因。

简要答案

这是因为德比尔斯公司作为钻石卡特尔的核心，几乎掌握着绝对的控制权。钻石销售可以看成是重复博弈，因此可以在违反协议的后一期对违反者进行处罚。

案例 4—4

日本十二家企业实施汽车零部件和轴承价格垄断

2014 年 8 月 20 日，中国国家发展和改革委员会对日本住友等八家零部件企业的价格垄断行为依法处罚 8.319 6 亿元，对日本精工等四家轴承企业的价格垄断行为依法处罚 4.034 4 亿元，合计罚款 12.354 亿元。

经查实，2000 年 1 月至 2010 年 2 月，日立、电装、爱三、三菱电机、三叶、矢崎、古河、住友等八家日本汽车零部件生产企业为减少竞争，以最有利的价格得到汽车制造商的零部件订单，在日本频繁进行双边或多边会谈，互相协商价格，多次达成订单报价协议并予实施。价格协商涉及中国市场并且获得订单的产品包括起动机、交流发电机、节气阀体、线束等 13 种。经过价格协商的零部件用于本田、丰田、日产、铃木、福特等品牌的 20 多种车型。截至 2013 年底，当事人经价格协商后获得的与中国市场相关的多数订单仍在供货。

2000 年至 2011 年 6 月，不二越、精工、捷太格特、NTN 等四家轴承生产企业在日本组织召开亚洲研究会，在上海组织召开出口市场会议，讨论亚洲地区及中国市场的轴承涨价方针、涨价时机和幅度，交流涨价实施情况。当事人在中国境内销售轴承时，依据亚洲研究会、出口市场会议共同协商的价格或互相交换的涨价信息，实施了涨价行为。

汽车零部件价格垄断案的处罚决定为：一、对第一家主动报告达成垄断协议有关情况并提供重要证据的日立，免除处罚。二、对第二家主动报告达成垄断协议有关情况并提供重要证据的电装，处上一年度销售额 4%的罚款，计 1.505 6 亿元。三、对只协商过一种产品的矢崎、古河和住友，处上一年度销售额 6%的罚款，分别计 2.410 8 亿元、3 456 万元和 2.904 亿元。四、对协商过两种以上产品的爱三、三菱电机和三叶，处上一年度销售额 8%的罚款，分别计 2 976 万元、4 488 万元和 4 072 万元。

轴承价格垄断案的处罚决定为：一、对第一家主动报告达成垄断协议有关情况并提供重要证据的不二越，免除处罚。二、对第二家主动报告有关情况并提交涉及中国市场所有证据和销售数据的精工，处上一年度销售额 4%的罚款，计 1.749 2 亿元。三、对 2006 年 9 月退出亚洲研究会但继续参加中国出口市场会议的 NTN 公司，处上一年度销售额 6%的罚款，计 1.191 6 亿元。四、对提议专门针对中国市场召开出口市场会议的捷太格特，处上一年度销售额 8%的罚款，计 1.093 6 亿元。

同时，涉案企业均提出了整改措施：一是立即根据中国法律对销售政策和销售行为进行整改；二是对公司全体成员进行反垄断培训，确保员工行为符合中国法律要求；三是采取实际行动，消除过去违法行为的后果，主动维护竞争秩序，并惠及消费者。

国家发展和改革委员会将对本次调查过程中发现的其他违法线索继续深入开展调查，确保公平执法，维护公平的市场竞争秩序，保护经营者和消费者的合法权益，为经济社会发展创造良好环境。

资料来源：《日本十二家企业实施汽车零部件和轴承价格垄断被国家发展改革委罚款12.35亿元》，载国家发展和改革委员会价格监督检查与反垄断局，http://jjs.ndrc.gov.cn/gzdt/201408/t20140820_622756.html，2015-06-30。

案例分析题

日本住友等八家零部件企业进行合谋的方式是什么？影响是什么？

简要答案

日本住友等八家零部件企业通过进行双边或多边会谈，互相协商价格，多次达成订单报价协议并予实施。

八家汽车零部件企业和四家轴承企业涉嫌达成并实施了汽车零部件、轴承的价格垄断协议，违反了我国《反垄断法》的规定，排除、限制了市场竞争，不正当地影响了我国汽车零部件及整车、轴承的价格，损害了下游制造商的合法权益和我国消费者的利益。在两个案件中，当事人多次达成并实施价格垄断协议，违法行为持续时间超过10年，违法情节严重，国家发展和改革委员会依法予以从重处罚，同时对主动提供重要证据的相关当事人适用了《反垄断法》减轻或免除处罚的条款。

第四节　重复博弈和默契合谋

非合作寡头垄断分析假定竞争是一次性的。实际上，由于耐久性投资、技术知识和进入障碍等原因，诸企业之间往往能够形成相对稳定的长期竞争关系。在生产同类产品的寡头垄断市场，企业会逐渐认识到它们之间的相对依存性，因而能够不必实行明显的合作而维持其垄断。由于潜在的残酷价格战的威胁使得企业没有动机采取主动降价的策略来破坏合作，因此，寡头垄断企业能够以一种纯粹非合作的方式进行勾结，被称为“默契合谋”，或者“串谋”。由于默契合谋具有隐蔽性的特点，难以受到反垄断法的规制，因此，经济学界主要关注能够支持默契合谋并能使企业达到垄断产出地步的策略性分析。下面继续以古诺模型为例，研究默契合谋的形成原理。

一、默契合谋的形成原理

根据上一节的例子，古诺均衡解是每个企业产量是20，利润是400。如果每个企业都生产垄断产量15，那么每个企业的利润是450。显然，古诺均衡解所反映的非合作寡头竞争市场的共同产量过多。在预期对方提供20单位产量的情况下，每个企业提供20单位的产量是最优的。因此，任何一个企业都没有动机主动改变古诺均衡解。若是所有企业都能够找到一个方法协调并共同降低其产量，那么每一个企业的利润都会增加。因此寡头企业通过协调产量而追求更高利润正是合谋的目的所在。

在现实中，两个企业会存续很长时间，并且在存续时期内会不断做出产量决策，相当于重复古诺博弈 $T+1$ 次，这里 T 可以是无限次，这样的博弈被称为重复博弈或超级博弈。由于是重复博弈，因此需要将时间参数加入到上一节的古诺模型中。令 q_{it} 表示企业 i 在 t 时期（$t=0, 1, \cdots, T$）的产量，假设企业 $i(i=\text{A}, \text{B})$ 的利润为 $\pi_i(q_{\text{A}t}, q_{\text{B}t})$，则利润的现行贴现值为：

$$\sum_{t=0}^{T}\delta^t\pi_i(q_{At},q_{Bt}) \tag{4.35}$$

其中 δ（δ 接近于1代表企业对未来没有信心，或者是价格变化较快）是贴现因子。在每个时期 t，两个企业同时选择它们的产量 q_{At}、q_{Bt}，并且两个企业在时期 t 的产量选择依赖于其以前的产量，即产量 q_{it} 的策略选择依赖于历史：

$$H_t=(q_{A0},q_{B0},\cdots,q_{At-1},q_{Bt-1}) \tag{4.36}$$

1. 有限次重复古诺博弈

有限次重复古诺博弈指的是 t 为有限次时的古诺模型。采用逆向归纳法，讨论在博弈的历史 H_t 给定之后，每个企业在最后时期 T 如何选择产量。由于先期的产量不影响 T 时期的利润，因此各企业在其对手产量给定的情况下，应该选择使其利润 $\pi_i(q_{AT}, q_{BT})$ 最大化的产量。因此，对任何历史情况来说，这时的均衡产量和原来的古诺均衡一样，即：

$$q_{AT}=q_{BT}=\frac{a-c}{3b} \tag{4.37}$$

继续考虑 $T-1$ 时期的均衡产量。由于在 T 时期的产量选择不依赖于 $T-1$ 时期的产量和利润，因此各企业相当于将 $T-1$ 时期的产量选择看成与最后时期 T 一样。于是在 $T-1$时期，各企业仍然选择古诺均衡产量，即：

$$q_{A(T-1)}=q_{B(T-1)}=\frac{a-c}{3b} \tag{4.38}$$

依此类推，$T+1$ 期产量博弈的结果是一次性古诺均衡重复 $T+1$ 次。因此，有限次重复古诺博弈的均衡结果和原博弈没有区别，动态因素对该模型没有贡献。从理论上讲，有限次重复古诺博弈的纳什均衡对于理解企业如何保持联合利润最大化这样的合谋结果并无多大的帮助。

2. 无限次重复古诺博弈

无限次重复古诺博弈指的是 t 为无限次时的古诺模型。其特点是博弈没有最后一次，而是一直持续下去。显然，无限次重复博弈是不能采用逆向归纳法来求解的。通过分析可以发现，该博弈有多个均衡。第一个均衡是有限次古诺博弈的均衡。当每个企业在任何时期 t 都选择古诺均衡产量，而不去考虑 t 以前的博弈历史时，其竞争对手只有选择古诺均衡产量才能保证自己的利润最大化，故有限次古诺博弈的均衡也是无限次古诺博弈的一个均衡。

第二个均衡是使得两个企业的总体利润最大化的垄断产量 q^m。若一个企业在 t 以前各时期都选择 q^m，则该企业在 t 时期将继续选择 q^m。否则，其他企业将采取报复性的触发策略，从 t 时期之后永远选择竞争产量，因为一次的背离将使合作终止。若是贴现因子 δ 足够高，则 q^m 就构成了一个均衡产量。在选择 q^m 时，各企业在每个时期都将获得一半的垄断利润。而若背离这个产量，则企业在整个背离期间能获得最大利润 π_m，但随后该企业将永远只有零利润。因此，如果下式

$$\frac{\pi_m}{2}(1+\delta+\delta^2+\cdots)\geqslant\pi_m \tag{4.39}$$

成立，则容易推导出，满足上式的条件是贴现因子 $\delta \geqslant \frac{1}{2}$。当 $\delta > \frac{1}{2}$ 时，任何一个在竞争产量与垄断产量之间的产量都可以成为均衡产量，即任何在 0 和 π_m 之间的利润，都能够成为均衡利润。

上述结果是默契合谋的形式化。如果一个企业增加其产量，那么它将在整个背离时期得利，但它破坏了以后时期的合谋，导致所有企业回归到“残酷产量”，它们永远采取“残酷产量”——古诺均衡产量，这显然是一个均衡。鉴于无限次重复博弈具有长期性的特点，因此寡头垄断企业能够默契达成可以赚取的利润比古诺均衡时的利润更多的合谋产量，即合谋是通过一个纯粹不合作的机制实现的。

二、默契合谋的稳定性

由于公开的合作寡头垄断受到各国反垄断法的制约，因此合作寡头垄断多以非合作性默契合谋的形式出现。非合作性默契合谋是指产业内的企业独立、自愿地联合起来限制产出和维持价格。产业经济学主要分析非合作性默契合谋的稳定性问题和限制性产出的福利后果。如前所述，在只有少数企业的寡头市场上必然会导致企业默契合谋，并导致价格高于竞争水平。

施蒂格勒认为，由于企业难以发现彼此的背叛行为，每个企业都有动机暗中降价以扩大自己的产量，同时希望其他企业遵守限制性产量协议，这样默契合谋就会瓦解。即使在一个市场集中度较高的市场，合谋也难以维持。随着重复博弈的发展，人们发现了施蒂格勒的局限性，其分析仅适用于一次性博弈。在重复博弈中，每个企业都面临着对于短期利润与长期利润的权衡，即它眼下这一期的不合作会导致对手下一期的不合作。每个企业都可以通过放弃自己的合作来有效地惩罚对手的不合作，用自己的合作来回报对手的合作。当双方相互合作的利润超过相互不合作的利润时，就出现了建立和维持一种相互合作局面的激励。

张伯伦认为阻碍默契合谋的因素一是观察的滞后。默契合谋的形成机制在于报复性威胁的存在。只有在得知行业中某些成员有背离行为时，报复才能实施。在一些行业中，企业的价格容易被竞争对手了解；在另外一些行业中，价格可能在某种程度上被故意隐瞒起来。例如，在企业将产品专卖给少数的大买主时，企业往往与每一位买主进行特别的交易，其他竞争对手只能滞后观察到（可以从市场份额的角度推测到）。由于报复被推迟，对削价企业来讲，成本不高，因而默契合谋难以持续。二是成本的差异，它导致默契合谋难以持续。若是寡头垄断企业的边际成本差异较大，那么它们对垄断价格就会有不同的偏好，低边际成本意味着低垄断价格，导致低边际成本企业比高边际成本企业更有动机背叛合谋价格。另外还有一些其他的因素使得默契合谋难以形成。例如，企业还可能按照品质、地域和流通渠道等提供差异化产品，从而导致价格合谋变得困难。

案例 4—5

中国彩电价格联盟

2000 年 6 月，康佳、TCL、海信、创维、厦华、乐华、金星、熊猫和西湖等 9 家国内彩电骨干企业召开了“中国彩电企业峰会”，正式签订停止价格战协议，并组建行业联盟。该联盟达成了各类彩电产品的最低限价协议，并成立了联合巡视小组，相互监督协议的执行。中国彩电价格联盟是国内较早出现的卡特尔，其产生过程验证了无名氏定理。经过

2000 年前后的多次彩电价格大战，峰会成员企业均认识到过度的价格竞争只会给整体彩电行业造成损害，影响彩电行业的科技投入和发展后劲。特别是，在彩电原材料成本不断上涨的情况下，彩电价格一降再降，已使整个行业跌至危险边缘。在此背景下，9 家彩电企业自发组织成立“中国彩电价格联盟”。

该联盟由于受到阻碍默契合谋的诸多因素的影响而很快瓦解。一是联盟的限价条款违反了《中华人民共和国价格法》（2000 年中国的《反垄断法》还没有出台）中关于相互串通，操纵市场价格，损害其他经营者或者消费者的合法权益属不正当价格行为的条款，从而受到国家发改委的调查；二是联盟内各企业成本的差异导致合谋难以持续。首先是领头企业长虹为了清除库存，采取降价策略，破坏了限价条款，随后引发了新一轮的价格战。

2005 年 5 月 28 日，在中国电子视像行业协会的召集下，8 家彩电骨干企业高层到会捧场、TCL 做东的彩电峰会在北京隆重召开。经过连年恶性竞争、结下无数“江湖恩怨”的中国彩电企业，终于在时隔 5 年之后，再次结起了国内彩电的全行业联盟。致力于在专利、技术标准、国内市场、国外市场四方面展开试探性合作。经过了被国家有关部门判为“非法”的 2000 年彩电峰会，这一次彩电企业明显成熟了许多。在成立技术标准、知识产权、国际市场与国内市场四个专业协调工作委员会的同时，与会企业均十分避讳谈及“价格联盟”的字眼。但实际上，联合起来向下游零售商要求合理价格，仍是此次峰会的重要议题之一。虽然在共同的困境面前，中国彩电企业坐到了一起，但峰会毕竟并不具有真正的约束力，大家只能靠自觉、观念和道德修养来维系彼此的关系。此次峰会后企业都表示出台了具有约束性章程的计划，但还没有一个具体的时间表。

2006 年 9 月，又一个彩电价格联盟形成：创维、康佳、海信、长虹、TCL 和新科等多家国产彩电企业达成共识，无论家电连锁企业如何强硬，在“10・1”期间绝对不参与亏本销售的价格战，宁愿断货也不能让 32 英寸和 37 英寸液晶电视分别出现低于 4 999 元和 7 999 元的价格。但仅仅一周之后苏宁电器就在上海宣布，目前已经有数款 32 英寸和 37 英寸的国产液晶电视突破这一价格防线，其中就有上述几家彩电企业的特供机型。国产彩电价格联盟又一次名存实亡。

2011 年 5 月，长虹、海信、TCL 三家智能终端龙头企业按照“自愿、平等、合作”的原则在深圳发起中国智能多媒体终端技术联盟，分别在北京、青岛设有研发测试中心。该联盟致力于推进智能多媒体技术应用程序商店、互联互通、操作系统等核心规范标准的制定，从而推进整个产业的规范和快速发展。

2012 年 4 月，中国智能多媒体终端技术联盟发布中国首个智能电视操作系统标准；2012 年 8 月，中国智能多媒体终端技术联盟创业者俱乐部成立，中国智能多媒体终端技术联盟已经在构建统一行业标准、打造智能电视应用生态系统上取得了一定的成果。2013 年 1 月，全球领先的半导体知识产权（IP）提供商 ARM 加盟中国智能多媒体终端技术联盟，ARM 的加入使中国智能多媒体终端技术联盟成员的产业链布局更加完整，促进产业链最上游和最下游在中国智能多媒体终端技术联盟的大平台上更加充分地合作，共同为构建中国智能多媒体终端产业的统一行业技术标准和打造更加完善繁荣的智能终端生态系统努力。

资料来源：李晓蕾、侯雪莲：《彩电联盟前途仍未卜》，载《中国经营报》，2005-06-06；张彦君：《浅析中国彩电业价格联盟的破裂——博弈论角度》，载《金融经济》，2008（22）；张利、田彩华：《中国智能多媒体联盟成立　长虹或加速彩电业重新洗牌》，载《经济视点报》，2011-05-26。

案例分析题

中国彩电价格联盟多次瓦解的原因是什么？中国彩电业从价格联盟走向技术联盟的原因何在？

简要答案

价格联盟瓦解的原因有：价格联盟中的企业通过违反卡特尔协议而降价是有利可图的，每家企业的成本有差异，因此低成本的企业具有降价的激励；对于违约的企业没有构成威胁的惩罚；违反了《中华人民共和国价格法》，因此受到发改委的调查。由于价格联盟不可维持，中国彩电业走向技术联盟。技术创新具有互补性、规模经济效应和协调效应，企业实行技术联盟有利于技术创新。彩电业通过技术联盟建立起中国企业自己的技术标准，给消费者和开发者带来品牌和技术保障。

关键术语

非合作寡头垄断　古诺模型　斯塔克尔伯格模型　伯川德模型　卡特尔
无限次重复博弈　默契合谋

本章思考题

1. 为什么古诺均衡是稳定的（为什么在均衡点上企业没有激励去改变自己的产量）？假设不存在企业之间的合谋，为什么企业没有将产量确定在合谋情况下的产量水平？

2. 在斯塔克尔伯格模型中，为什么先确定产量的企业具有先动优势？

3. 数量竞争和价格竞争哪个更接近于现实？

4. 市场上有两个企业且为古诺竞争者，给定市场反需求函数为 $P(Q)=70-Q$，其中 $Q=q_1+q_2$。企业的成本函数为 $C(q_i)=10q_i(i=1, 2)$。

（1）推导出两个企业的反应函数。

（2）计算古诺均衡状态下每个企业的产量和利润，并求出市场均衡价格。

（3）如果企业 1 先确定产量，企业 2 后确定产量，在这种情况下，用斯塔克尔伯格模型求两个企业的均衡价格、均衡产量和利润水平。

5. 假设在一个双寡头企业市场中，边际成本等于 0，并假设两个寡头企业进行价格竞争，二者之间不存在勾结。两个企业的需求曲线分别为：

$$q_1=20-p_1+p_2$$
$$q_2=20+p_1-p_2$$

（1）如果两个企业同时定价，求伯川德均衡时的价格和产量。

（2）如果企业 1 首先确定价格，企业 2 后确定价格，则每个企业的价格和产量各为多少？利润水平各为多少？

6. 为什么卡特尔是不稳定的？什么原因可能导致卡特尔的解体？

7. 一次性古诺博弈与有限次古诺博弈对默契合谋的影响如何？

8. 为什么无限次伯川德博弈能够促使寡头垄断企业进行默契合谋？

简要答案

1.（1）在古诺均衡的求解过程中，每个企业在对方的产量给定的情况下，以利润最大化为目标确定自己的产量。因此，只要对手的产量不变，每个企业就没有激励改变产量，因为这是理性的企业选取的最优产量。

（2）在没有正式的有约束力的合谋的情况下，企业发现很难形成默契合谋。这是因为合谋情况下的总产量要小于非合谋古诺均衡产量，每个企业的产量也更少。如果其中一个企业降低产量到合谋的产量水平上，那么对于另一个企业来说就有激励增加产量，从而获得更多的利润，而这么做的代价就是牺牲另一个降低产量的企业的利润。因此企业没有激励采取合谋时的均衡产量水平。

2. 在斯塔克尔伯格模型中，领导企业先确定了比古诺均衡产量大的产量，获得了更多的利润。而跟随企业在确定产量时，面对已经确定的领导企业的产量，必须制定少于古诺均衡产量的产量决策，因为这个产量是理性企业最大化自身利润的产量。如果跟随企业确定的产量大于这个产量，那么它就会获得更少的利润。领导企业正是了解了跟随企业会别无选择地减少产量，所以它就利用了先制定产量决策的优势。

3. 对于现实中的企业来说，它既要进行价格决策，又要进行生产能力和产量决策。古诺模型和伯川德模型的关键区别在于每种决策（生产能力、产量或者价格）的时间段不同。如果相对于价格决策而言，生产能力和产量决策是长期决策，即调整产量和生产能力要比调整价格困难，那么企业就应该先决定生产能力和产量，再决定价格。此时古诺模型较符合实际。相反，如果相对于价格决策，产量决策是短期决策，即调整产量比调整价格容易，那么企业就应该先决定价格，再决定产量。这个时候，伯川德模型较为适合。在现实生活中，大部分产业的生产能力和产量一般是长期变量，而价格是短期变量，比如农业、工业（钢铁、汽车）等产业。此时古诺模型比较接近该产业的竞争状况。而在某些特殊的行业，如软件业、保险业和银行业，产量的调整要比价格的调整更快。此时伯川德模型更符合实际情况。

4.（1）对于企业1：$\pi_1=(70-q_1-q_2)q_1-10q_1$，使企业1利润函数的一阶导数等于零，得到：$60-q_2-2q_1=0$，从而得到企业1的反应函数：$q_1=30-\dfrac{q_2}{2}$，因为两个企业是相同的，所以企业2的反应函数是：$q_2=30-\dfrac{q_1}{2}$。

（2）联立两个企业的反应函数得到古诺均衡产量 $q_1^*=q_2^*=20$，均衡利润 $\pi_1^*=\pi_2^*=(70-q_1-q_2)q_1-10q_1=400$，市场均衡价格 $P^*=70-q_1-q_2=30$。

（3）运用逆向归纳法，先考虑企业2利润最大化时的产量决策，$\pi_2=(70-q_1-q_2)q_2-10q_2$，使企业2利润函数的一阶导数等于零，得到 $q_2=30-\dfrac{q_1}{2}$。再考虑企业1，将企业2的反应函数代入企业1的利润函数中得到 $\pi_1=\left(70-q_1-30+\dfrac{q_1}{2}\right)q_1-10q_1$，使企业1利润函数的一阶导数等于零，得到 $q_1^*=30$，代入企业 2 的反应函数，得到 $q_2^*=15$，此时两个企业的利润分别为 $\pi_1^*=450$，$\pi_2^*=225$，均衡价格为 $P^*=25$。

5. (1) 对于企业 1，它的利润函数为 $\pi_1=p_1q_1=p_1(20-p_1+p_2)$，使企业 1 利润函数的一阶导数等于零，得到 $p_1=10+\frac{p_2}{2}$，同理 $p_2=10+\frac{p_1}{2}$。联立两个企业的反应函数得到均衡价格 $p_1^*=p_2^*=20$，从而 $q_1^*=q_2^*=20$。

(2) 运用逆向归纳法，先考虑企业 2 利润最大化时的价格决策，$\pi_2=p_2q_2=p_2(20+p_1-p_2)$，使企业 2 利润函数的一阶导数等于零，得到 $p_2=10+\frac{p_1}{2}$。再考虑企业 1，将企业 2 的反应函数代入企业 1 的利润函数中得到 $\pi_1=p_1q_1=p_1\left(20-p_1+10+\frac{p_1}{2}\right)$，使企业 1 利润函数的一阶导数等于零，得到 $p_1^*=30$，代入企业 2 的反应函数，得到 $p_2^*=25$。此时两个企业的均衡产量 $q_1^*=15$，$q_2^*=25$，两个企业的利润 $\pi_1^*=450$，$\pi_2^*=625$。

6. 导致卡特尔瓦解的原因有：第一，潜在进入者的威胁。一旦卡特尔把价格维持在较高的水平，就会吸引新企业进入这个市场，而新企业进入后，可以通过降价扩大市场份额，此时卡特尔要想继续维持原来的高价就很不容易了。第二，卡特尔内部成员所具有的欺骗动机。这是一个典型的“囚徒困境”，若其他企业的生产数量和价格都不变，那么一个成员企业偷偷地增加产量将会获得额外的巨大好处，这会激励成员企业偷偷增加产量。如果每个成员企业都偷偷增加产量，显然市场总供给会大量增加，市场价格必然下降，卡特尔限产提价的努力将瓦解。如果卡特尔不能有效解决这个问题，那么最终将导致卡特尔的解体。此外，随着各国政府反垄断法的实施，卡特尔也可能因为违反了政府法律而被迫解体，也正因为如此，许多卡特尔都是国际性卡特尔，以规避国内的反垄断法。另外，影响卡特尔稳定性的因素还有外界因素的变化、经济周期、谈判能力和处罚力度，这些因素的变化也可能导致卡特尔的解体。

7. 一次性古诺博弈假定寡头企业间的竞争是一次性的。在一次性博弈中，企业间是竞争关系，每个企业竞争的目标是企业自身利润最大化，而没有考虑其他企业的利润。因此，在一次性古诺博弈中，寡头企业竞争的结果是企业既无法实现个体利润最大化，也无法实现集体利润最大化。在一次性古诺博弈中，由于企业难以发现彼此的背叛行为，每个企业都有动机暗中降价以扩大自己的产量，同时希望其他企业遵守限制性产量协议，这样默契合谋就会瓦解。即使在一个市场集中度较高的市场，合谋也难以维持。

由于耐久性投资、技术知识和进入障碍等原因，诸寡头企业之间往往能够形成相对稳定的长期竞争关系，即重复博弈。由于有限次重复博弈是短期的，有明确的结束时间，其结果是一次性古诺均衡重复 $T+1$ 次（参见本章第四节的内容），因此，有限次重复古诺博弈的均衡结果和原博弈没有区别，动态因素对该模型没有贡献。从理论上讲，有限次重复古诺博弈的纳什均衡对于理解企业如何保持联合利润最大化这样的合谋结果并无多大的帮助。

8. 由于无限次重复博弈没有明确的结束期限，具有长期性的特点，因此寡头垄断企业会逐渐认识到它们之间的相对依存性，可以不必实行明显的合作而维持其垄断。首先，企业有动机联合起来限制产量，维持产品价格，以获取更高的利润；其次，由于未来潜在的残酷价格战的威胁使得企业没有动机采取主动降价的策略来破坏合作，因此，寡头垄断企业之间能够以一种纯粹非合作的方式进行默契合谋。

主要参考文献

［1］艾里克·拉斯缪森. 博弈与信息——博弈论概论（第二版）. 北京：北京大学出版社、生活·读书·新知三联书店，2003.

［2］哈尔·瓦里安. 微观经济学（高级教程）（第三版）. 北京：经济科学出版社，1997.

［3］克里斯汀·蒙特，丹尼尔·塞拉. 博弈论与经济学. 北京：经济管理出版社，2005.

［4］李志明，柯旭清. 产业组织理论. 北京：清华大学出版社，2004.

［5］刘志迎. 产业经济学教学辅导书. 北京：科学出版社，2008.

［6］普拉伊特·K·杜塔. 策略与博弈——理论及实践. 上海：上海财经大学出版社，2005.

［7］让·梯若尔. 产业组织理论. 北京：中国人民大学出版社，2015.

［8］王则柯，李杰. 博弈论教程. 北京：中国人民大学出版社，2010.

［9］吴汉洪. 产业组织理论（研究生教学用书）. 北京：中国人民大学出版社，2008.

［10］肖兴志，张嫚. 产业经济学. 北京：首都经济贸易大学出版社，2007.

［11］W·吉帕·维斯库斯等. 反垄断与管制经济学. 北京：机械工业出版社，2004.

第五章

垄断竞争与产品差异

内容要点

- 垄断竞争
- 差异产品
- 霍特林区位模型
- 塞洛普圆周模型

第一节 垄断竞争

在第四章中讨论寡头垄断的市场结构时，通常假定企业生产同质产品，而在现实中，产品通常是异质的，即从消费者的角度来看，不同企业的产品、不同的品牌是不能完全替代的。在古诺模型中，企业生产同质产品，产量竞争导致价格下降，因此企业数量的增加会提高消费者福利。但如果产品是有差异的，那么除了更低的价格，消费者还可以获得多样化的产品。垄断竞争模型即考虑这种影响。

垄断竞争是混合了竞争和垄断两种因素的市场结构类型，以产品差异为关键特征。在垄断竞争的市场结构中，企业能够自由地进入和退出，有无数的卖者，这与完全竞争市场相同。但是每家企业生产的产品都是独一无二的，因此又具有一定的定价能力，兼具垄断的特征。以服装店为例，在一个大型商圈里有多个购物中心，每个中心里有上百家服装店，几百家商店在很多方面都互相竞争。但是，任何一家商店都因为其地理位置和独特的风格、款式和材质等面临着一条向下倾斜的需求曲线。每个商家都能够凭此而提价，同时不会损失掉所有的顾客。但每家商店又不足以成为垄断者，产品之间具有替代性，提价会促使部分消费者选择产品较为类似或者距离较远的其他商店。

一、垄断竞争的均衡分析

在寡头垄断模型中，企业的数量是由政府、现有企业或者其他力量外生决定的，而在垄断竞争的市场中，企业可以自由进入。而产品多样化使得每个企业都面临着向下倾斜的需求曲线，并且只要有利可图，企业具有将价格提高到边际成本之上的市场势力。因此，在短期内，垄断竞争企业可以与寡头垄断企业一样实现正的利润。图 5—1 显示了企业利润最大化的选择，均衡产量为 Q_{SR}，此时边际成本 MC 等于边际收益 MR，阴影部分为利润。在垄断竞争的市场中，企业可以自由进入，在利润的吸引下，新企业会不断进入，直到产业的利润为零。图 5—2 显示了在长期均衡中，企业的均衡产量为 Q_{LR}，此时均衡的利润为零。

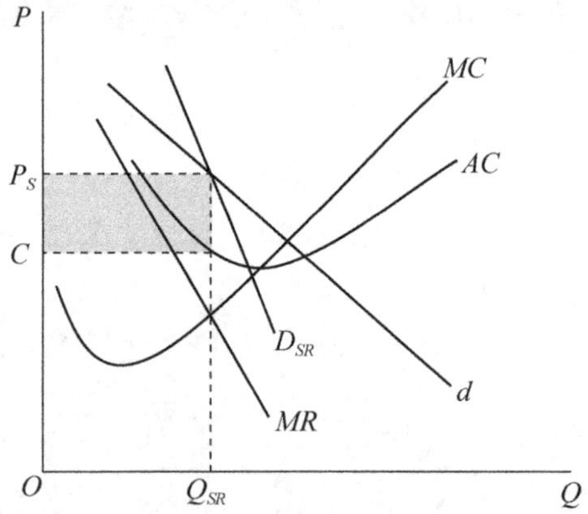

图 5—1　垄断竞争条件下企业的短期均衡

从图 5—2 中可以看到垄断竞争企业的长期均衡与完全竞争企业的长期均衡有些不同：在完全竞争条件下，需求曲线为水平线，企业的均衡产量 Q^* 位于长期平均成本的最低点；而在垄断竞争条件下，企业面对的需求曲线是向右下方倾斜的，因此均衡的产量 Q_{LR} 出现在长期平均成本最低点的左侧。$Q_{LR} < Q^*$，二者之间的产量差额称为“过剩的企业生产能力”。

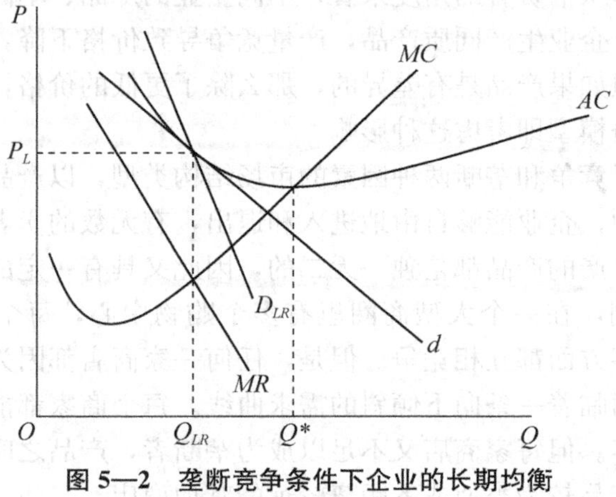

图 5—2　垄断竞争条件下企业的长期均衡

需要注意的是，垄断竞争企业面临着两条需求曲线，跟随需求曲线和非跟随需求曲线（又称客观需求曲线和主观需求曲线）。如图 5—3 所示，跟随需求曲线 D 表示竞争对手会根据价格的变化做出反应。假设市场中有 n 个企业，需求曲线为等比例需求曲线，即每个企业在每一个价格上都占有市场总需求量的 $1/n$。因为有一个企业降价的话，其他企业也会采取降价措施，所以其中任何一个企业都不能通过降价以增加市场份额，在这种情况下，降价只会使总产量增加。非跟随需求曲线 d 表示当某个企业改变价格时，其他企业不随之变化，可以理解为企业主观意愿的需求曲线。当价格下降时，市场新增加的需求来源于新增加的消费者和从别的企业那里吸引而来的消费者两部分，其市场份额是增加的，因此非跟随需求曲线 d 比跟随需求曲线 D 的需求弹性更大。

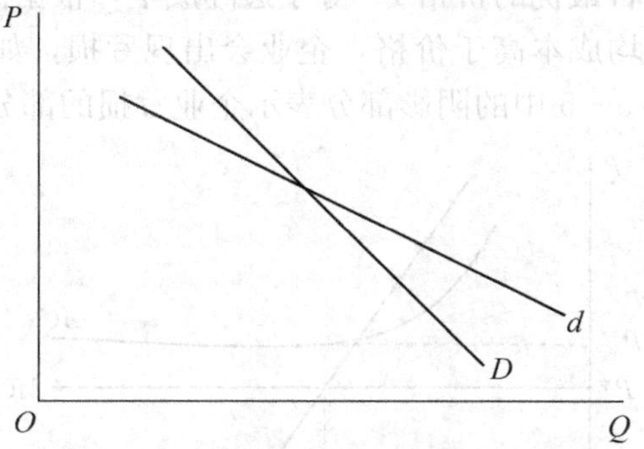

图 5—3　垄断竞争企业的需求曲线

在垄断竞争市场中，均衡的实现过程是非跟随需求曲线沿着跟随需求曲线滑动的调整过程。以短期均衡为例，图 5—4 描述垄断竞争市场中某一个企业的生产情况，假设 D 曲线为等比例需求曲线。初始点为跟随需求曲线 D 与非跟随需求曲线 d 的交点 A，对应的产量为 Q_1，价格为 P_1，单个企业的产量低于利润最大化的产量。此时该企业认为其他企业不会对自己的价格变化做出反应，希望通过将产量增加到 Q_2，收取价格 P_2，以获得最大化的利润。但是，对于这个产业来说，价格在 P_2 时，单个企业的产量只能达到 Q_3。单个企业的非跟随需求曲线 d 需要向下调整，直到 D 曲线和 d 曲线的交点正好与 MR 曲线和 MC 曲线的交点位于一条垂直线上，即图 5—4 中 d' 的位置。

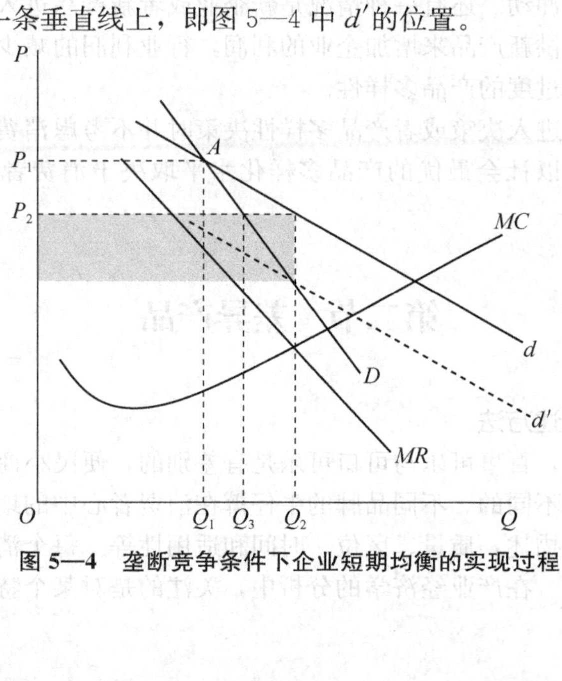

图 5—4　垄断竞争条件下企业短期均衡的实现过程

二、垄断竞争的福利分析

首先考虑一个不存在产品差异的垄断竞争市场，前面提到向下倾斜的需求曲线是由差异化造成的，而如果一个行业具有高固定成本，足以控制企业的进入数量，那么需求曲线同样是向下倾斜的。固定成本下降会降低企业的总成本，由于总收益恒定，所以企业的利润会上升。竞争能够促进价格的下降，当固定成本趋近于0时，将有足够多的企业进入，这时垄断竞争市场就变成完全竞争市场，从而使得价格等于边际成本。垄断竞争市场中价格高于边际成本，所以均衡的产量必然小于社会最优的产量。如图5—5所示，假设边际成本MC不变，对社会而言最优的价格P^*等于边际成本，根据需求曲线，Q^*为社会最优产出。在这一价格下，平均成本高于价格，企业会出现亏损，如果需要企业留在产业中，政府就必须提供补贴。图5—5中的阴影部分表示企业亏损的部分，$F=Q^*(P_{AC}-P^*)$。

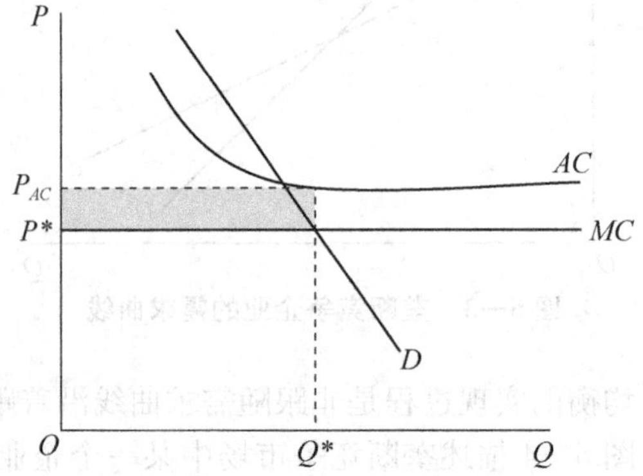

图5—5　垄断竞争市场中产出不足的情况

而对存在产品差异的垄断竞争市场进行福利分析需要衡量两个方面的问题——价格和差异化。与无差异垄断竞争的福利效果一样，价格仍然高于边际成本。而产品的多样性有可能过多，也有可能不足。例如，由于容易忽视自身决策对其他企业的影响，垄断竞争的企业有提供过多产品的冲动。还有一种情况是新企业或者新产品进入市场，降低了行业利润，而新进入者通过提供新产品来增加企业的利润，行业利润的减少额小于部分企业利润的增加额，所以导致了过度的产品多样性。

此外，企业在做出进入决策或者产品多样性决策时并不考虑消费者福利，而企业利润与消费者福利相反，所以社会最优的产品多样化水平取决于消费者剩余和企业利润两个部分。

第二节　差异产品

一、差异产品的描述方法

对某些消费者而言，百事可乐与可口可乐是有差别的，便民小商店与市中心大型超市里的同一品牌牛奶也是不同的。不同品牌的牛仔裤在消费者心中的地位也有所差别。一种商品可以用一组特性来描述：质量、区位、时间和适用性等。每个消费者都能够根据这些特性来对商品进行排序。在产业经济学的分析中，关注的是对某个特性以及特定偏好的描述，通常分为三种方法。

1. 纵向差异法

在纵向差异的产品集合中，所有消费者对产品的大多数特性组合的排序是一致的，或者说偏好次序是一致的，质量是一个典型的例子。大多数人认为质量越高越好。质量是决定一种产品能否占领市场的主要因素，它包括产品性能的稳定性、耐用性等。当然，因为会受到价格以及维护费用的影响，消费者仍然可能购买质量不是最好的产品。在相同价位下，消费者能够做出一个自然的排序。除了质量，服务上的差异也属于纵向差异。

2. 横向差异法

横向差异法与消费者个人的偏好有关，每个人的偏好是不同的，最明显的例子就是颜色。在汽车、服装、文具和鞋包等商品的选择上，颜色往往是一个非常重要的因素。另一个典型例子是地点，相同的商品在附近的商店和市中心的超市都有出售，但不同的消费者有着不同的偏好。在这种横向差异的情况下，不存在优劣之分，只与消费者的个人偏好或者区位有关。霍特林区位模型即用来描述这一横向差异的情形。

3. 特性差异法

特性差异法试图将产品定义为某种或某些特性的组合，根据消费者对特性的需求进行区分。例如，消费者在购买灯泡时，只关心灯泡的瓦数；冰淇淋和奶茶在甜度、温度等方面存在差异；白酒可以根据酒精浓度被划分为高度酒和低度酒。这种划分方法的标准是商品特性，对待每个特性都有一条表达数量的轴，每一种产品都可以根据其特性在数轴上定位。

二、差异产品的福利

从社会总福利最大化的角度考虑，选择一组最优的价格与质量（或者选择数量与质量，两种选择是等价的），满足消费者剩余与生产成本之间的差额最大。但是，企业关心的是利润而不是社会总福利，在追求利润最大化目标的影响下，企业提供的产品质量和种类有可能过多，也有可能不足。

1. 质量

首先举一个质量供给不足的例子，如果消费者对产品的质量有着较大的偏好，则会直接导致边际购买者对质量的边际支付意愿小于其他购买者，此时，对质量的平均评价超过边际评价，垄断者的质量供给是不足的。

再举一个质量供给过度的例子，考虑这样的情况，消费者享用该商品，同时也享用附加在该商品上的一些额外服务。当消费者对商品的支付意愿较低时，这些服务就显得“过度”。例如，音乐厅的主要功能是上演音乐会，同时也提供介绍音乐和演奏者的书籍。低收入阶层由于消费水平、教育水平以及生活环境等因素的限制，在音乐欣赏消费方面所获得的效用一般较低，从免费的介绍书籍等额外服务中获得的效用比较高；而高收入阶层往往是在音乐欣赏消费方面获得高效用的消费群体，他们的消费能力更高，甚至因为受到过专业的训练，对免费书籍中介绍的音乐和演奏者了如指掌，这些书籍也就对其失去了效用。对于这样的偏好情况，边际消费者比购买该商品的普通消费者对质量的评价更高，此时，质量或者服务是超额供给的。

2. 种类

垄断企业的多样化选择与社会最优的产品多样化相比会如何？第一节中关于垄断竞争

的福利描述中提到，产品的多样性有可能不足，也有可能过多。下面进一步考虑对垄断者的后果和社会总福利后果进行比较的例子。

假设有这样一种生产方案，垄断者要么生产一种产品，要么不生产。由于创造一种新产品的厂商一般不可能获得这种产品产生的所有总剩余，所以从社会总福利角度考虑，生产是最优的，但是对垄断者而言，却没有足够的激励进行生产。这是因为即使企业收取了垄断价格，垄断者也无法获得消费者剩余，在垄断条件下产品仍然太少。

当垄断者可以制造几种商品时，情况就会有所不同，即倾向于生产太多的多样化产品。假设垄断者能生产两种商品，这两种商品是替代品。企业对商品 1 收取的价格高于生产该商品的边际成本，对商品 1 的垄断势力使得商品 2 的需求函数向上移动。这可能使生产商品 2 有利可图。如果垄断者在商品 1 的市场上收取社会最优的竞争性价格，这样就无利可图。此时企业进行的产品差异化超出了社会最优的水平。

案例 5—1

国家发展和改革委员会对高通公司垄断行为责令整改并罚款 60.88 亿元

2015 年 2 月 9 日，国家发展和改革委员会对高通公司滥用市场支配地位实施排除、限制竞争的垄断行为依法做出处理，责令高通公司停止相关违法行为，处 2013 年度我国市场销售额 8%的罚款，计 60.88 亿元。

2013 年 11 月，国家发展和改革委员会根据举报启动了对高通公司的反垄断调查。在调查过程中，国家发展和改革委员会对数十家国内外手机生产企业和基带芯片制造企业进行了深入调查，获取了高通公司实施价格垄断等行为的相关证据，充分听取了高通公司的陈述和申辩意见，并就高通公司相关行为构成我国《反垄断法》禁止的滥用市场支配地位行为进行了研究论证。

经调查取证和分析论证，高通公司在 CDMA、WCDMA、LTE 无线通信标准必要专利许可市场和基带芯片市场具有市场支配地位，实施了以下滥用市场支配地位的行为：

一是收取不公平的高价专利许可费。高通公司对我国企业进行专利许可时拒绝提供专利清单，过期专利一直包含在专利组合中并收取许可费。同时，高通公司要求我国被许可人将持有的相关专利向其进行免费反向许可，拒绝在许可费中抵扣反向许可的专利价值或提供其他对价。此外，对于曾被迫接受非标准必要专利一揽子许可的我国被许可人，高通公司在坚持较高许可费率的同时，按整机批发净售价收取专利许可费。这些因素的结合导致许可费过高。

二是没有正当理由搭售非无线通信标准必要专利许可。在专利许可中，高通公司不将性质不同的无线通信标准必要专利与非无线通信标准必要专利进行区分并分别对外许可，而是利用在无线通信标准必要专利许可市场的支配地位，没有正当理由对非无线通信标准必要专利许可进行搭售，我国部分被许可人被迫从高通公司获得非无线通信标准必要专利许可。

三是在基带芯片销售中附加不合理条件。高通公司将签订和不挑战专利许可协议作为我国被许可人获得其基带芯片供应的条件。如果潜在被许可人未签订包含了以上不合理条款的专利许可协议，或者被许可人就专利许可协议产生争议并提起诉讼，高通公司均拒绝供应基带芯片。由于高通公司在基带芯片市场具有市场支配地位，我国被许可人对其基带芯片高度依赖，高通公司在基带芯片销售时附加不合理条件，使我国被许可人被迫接受不公平、不合理的专利许可条件。

高通公司的上述行为排除、限制了市场竞争，阻碍和抑制了技术创新和发展，损害了消费者利益，违反了我国《反垄断法》关于禁止具有市场支配地位的经营者以不公平的高价销售商品、没有正当理由搭售商品和在交易时附加不合理交易条件的规定。

在反垄断调查过程中，高通公司能够配合调查，主动提出了一揽子整改措施。这些整改措施针对高通公司对某些无线标准必要专利的许可，包括：(1) 对为在我国境内使用而销售的手机，按整机批发净售价的65%收取专利许可费；(2) 向我国被许可人进行专利许可时，将提供专利清单，不得对过期专利收取许可费；(3) 不要求我国被许可人将专利进行免费反向许可；(4) 在进行无线标准必要专利许可时，不得没有正当理由搭售非无线通信标准必要专利许可；(5) 销售基带芯片时不要求我国被许可人签订包含不合理条件的许可协议，不将不挑战专利许可协议作为向我国被许可人供应基带芯片的条件。高通提交的一揽子整改措施满足了国家发展和改革委员会决定和整改的要求。高通公司同时表示，将继续加大在我国的投资，谋求更好的发展。国家发展和改革委员会对高通公司在我国持续投资表示欢迎，并支持高通公司对使用其受到专利保护的技术收取合理的专利费。

由于高通公司滥用市场支配地位实施垄断行为的性质严重，程度深，持续时间长，国家发展和改革委员会在责令高通公司停止违法行为的同时，依法对高通公司处以2013年度在我国市场销售额8%的罚款。此次反垄断执法制止了高通公司的垄断行为，维护了市场公平竞争秩序，保护了消费者的利益。

资料来源：http://jjs.ndrc.gov.cn/gzdt/201408/t20140820_622756.html，2015-07-01。

案例分析题

从产品差异化的角度分析高通公司滥用市场支配地位对消费者福利有何影响？

简要答案

高通公司收取不公平的高价专利许可费会提高我国公司的成本。我国被许可人对其基带芯片高度依赖，而高通公司将签订和不挑战专利许可协议作为我国被许可人获得其基带芯片供应的条件，使得我国被许可人被迫接受不公平、不合理的专利许可条件。高通公司的这些行为阻碍和抑制了技术创新和发展，降低了产品差异化程度，损害了消费者福利。

高通公司没有正当理由搭售非无线通信标准必要专利许可，侵害了我国公司选择差异产品的权利。

第三节　差异产品与区位模型

消费者认为与其他品牌的产品相比，某些品牌是更为接近的替代品，相近替代品之间要比非相近替代品之间的产品竞争激烈。模型中的刻画方法是将其排列在一条数轴上，距离越远，产品的差异就越大；距离越近，产品的差异就越小，竞争也就越激烈。区位模型就是从消费者的角度将每个企业的产品用空间地理位置进行定位，以此来表示产品特性。例如，当产品具有地理位置的横向差异时，商店离消费者居住的距离越远，消费者的购买成本就越高。企业只会对临近的消费者具有市场势力，这源自消费者偏好于在最近的企业购买产品。区位模型中的霍特林区位模型和塞洛普圆周模型是两个最重要的垄断竞争模型。

一、霍特林区位模型

霍特林于1929年提出霍特林区位模型，描述了企业的选址和定价行为。在这个模型中，产品间的差异采用横向差异法，通过商店的地理位置来区分。通常情况下，因为交通费用的问题，大多数消费者会偏好于在较近的地方购买产品。霍特林区位模型中描述的产品只在地理位置这一个维度上存在差异，但也可以对其进行扩展，用来描述具有多个维度差异的产品，参见兰开斯特（Lancaster，1966，1971，1979）的研究。

1. 消费者的选择

假设居民的住宅均匀分布在一条东西走向的街道上，每户居民每天都消费1斤鲜牛奶，这条街道上有两个出售相同品牌鲜牛奶的商店，对消费者而言，在这两个商店购买牛奶的唯一差别就是从住宅到商店的距离。消费者偏好于在离家最近的商店购买鲜牛奶。

如图5—6所示，街道的长度为L米，商店A位于距街道最西端的a米处，商店B位于距街道最东端的b米处，每户居民每天消费1斤鲜牛奶的开销是c元。假定每户居民购买鲜牛奶的交通费用是每米t元。因此，一个理性的消费者考虑到交通成本，决定在总成本最低的商店购买鲜牛奶。设居民i的位置如图5—6所示，距商店A为x米，距商店B为y米。若x小于y，且两个商店的鲜牛奶价格相同，则理性的居民将会选择去总成本较低的商店A购买。当居民的住宅恰好位于两个商店中间时，即x等于y，商店A与商店B的鲜牛奶对其无差异，则这户居民不会刻意选择去哪个商店购买鲜牛奶。

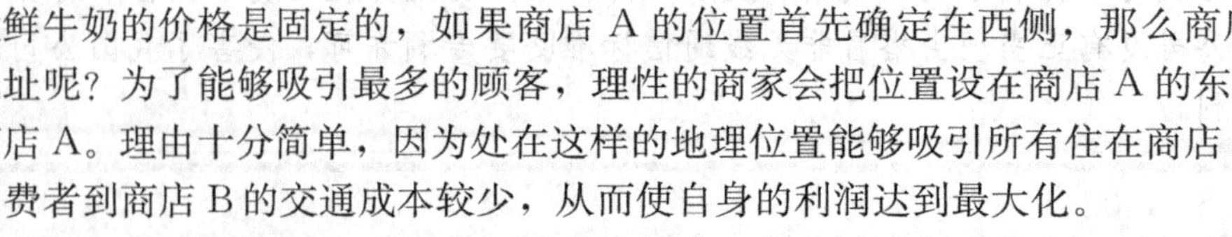

图5—6 霍特林区位模型

假设鲜牛奶的价格是固定的，如果商店A的位置首先确定在西侧，那么商店B应该在哪里选址呢？为了能够吸引最多的顾客，理性的商家会把位置设在商店A的东侧，并十分靠近商店A。理由十分简单，因为处在这样的地理位置能够吸引所有住在商店A东侧的居民，消费者到商店B的交通成本较少，从而使自身的利润达到最大化。

现在放松假设，假设商店A也可以自由选择自己的位置，并且搬家不需要花费额外的成本。在两个商店都可以自由选址的情况下，每个商店的选址决策都需要考虑另一个商店的反应。继续上一段的分析，在商店A发现商店B占领了除了本店西侧外的所有市场之后，商店A会做出搬家的决定，经营位置选在商店B的东侧，且距离很近，此时两个商店的市场格局恰好发生翻转。商店A获得了原来属于商店B的位于街道东侧的大部分市场。在这样的选址博弈持续进行之后，会得到一个均衡的位置，那就是两个商店都位于街道的中间。因此，在鲜牛奶价格给定、搬家成本为零的情况下，两个商店的位置可以确定。这种均衡是霍特林区位模型中的纳什均衡，即当任何一个商店位于其均衡位置时，都不会愿意改变其经营位置。

如果价格不同，会出现什么情况？如果两个商店中间有一段距离，其中一个商店的鲜牛奶价格较便宜，那么自然有部分顾客愿意花费一定的交通成本来购买更便宜的鲜牛奶，但是对一些顾客而言，到出售便宜鲜牛奶的商店所付出的交通成本大于优惠的价格，他们仍然会继续在原商店消费，直到优惠的幅度大于交通成本。

2. 霍特林区位模型的纳什均衡

假设两个商店在进行价格博弈，可以与之前讲述的伯川德竞争模型相联系，卖者决定价格，消费者选择卖者。不妨先简化假设，两个商店分别位于街道的两端，街道长度为 1。鲜牛奶的价格分别为 P_A 和 P_B，住在 X 点的居民到商店 A 购买鲜牛奶的交通成本为 tX，则总成本为 $C_A=P_A+tX$，而到商店 B 购买鲜牛奶的总成本为 $C_B=P_B+t(1-X)$。当这两个总成本相等时，对于居民而言到哪个商店购买鲜牛奶就没有区别，即图 5—7 中的 X 这一点。

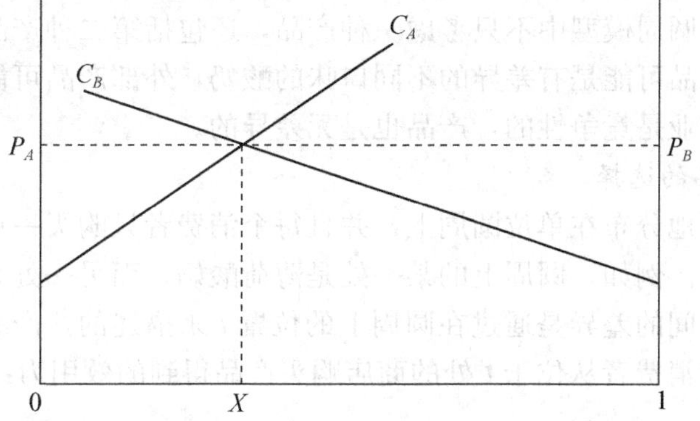

图 5—7　霍特林区位模型

根据 $C_A=C_B$，能够得到 $X=\frac{1}{2t}[(P_B-P_A)+t]$，如图 5—7 所示，居住在 X 左侧的居民会选择到商店 A 购买，而在其右侧的居民会选择到商店 B 购买。假设居民是均匀分布的，那么商店 A 的需求可以用 X 来表示，商店 B 的需求则用 $1-X$ 来表示。两个商店的需求函数分别为：$Q_A=\frac{1}{2t}[(P_B-P_A)+t]$，$Q_B=1-\frac{1}{2t}[(P_B-P_A)+t]$。通过对利润函数一阶求导，可以计算出两个商店出售鲜牛奶的最优价格为 $P_A^*=P_B^*=t$，则两个商店所获得的最大利润为 $\pi_A^*=\pi_B^*=\frac{t}{2}$。此时，两个商店都没有动机再改变价格，互为最优反应，从而找到了均衡价格。两个企业各自得到一半的市场份额。

从这个简化的霍特林区位模型可以发现，交通成本决定了商店的最优价格，因为在这个计算模型中，产品差异完全由消费者所处的地理位置引起。交通成本决定了商店的垄断力量，当交通成本提高到一定程度时，商店甚至可以将价格定在垄断价格水平上，这就能够解释为什么位于偏远山区的杂货店可以称为“垄断”，这是因为附近的城镇里虽然有众多商店，但因为距离遥远，交通成本十分高，并不能构成山区里那家杂货店的竞争者。

需要注意的是，当商店可以无成本地任意改变其经营位置时，霍特林区位模型是不存在价格均衡的。只有当两个商店的位置分开足够远时，同一产品的霍特林价格均衡才真正由一阶条件决定。否则，距离中心位置较远的商店有可能把价格降得足够低而获得绝大多数消费者以取得较高利润。如果其中一个商店采取降价行为，那么这个商店就有可能将其他商店驱逐出市场而占据整个市场，从而就会产生不稳定性，自然就不会存在均衡价格。下面要介绍的塞洛普圆周模型能够弥补这一缺陷。

二、塞洛普圆周模型

塞洛普圆周模型是对霍特林区位模型的扩展，从而解决了可以无成本改变经营位置的霍特林区位模型没有均衡解的问题。与霍特林区位模型研究产品差异化相比，塞洛普圆周模型具有以下特点：

第一，在塞洛普圆周模型中，企业和消费者不再处于一条线段上，而是位于圆周上。事实上，当把一个圆周无限扩大时，可以认为这是一条没有终点的直线。霍特林区位模型正是由于存在终点而无法确定均衡，而无终点的圆周模型能克服这种缺陷。

第二，在塞洛普圆周模型中不只考虑一种产品，还包括第二种产品或者外部产品。例如，位于圆周上的产品可能是有差异的不同口味的酸奶，外部产品可能是无差异的巧克力蛋糕，而这个蛋糕产业是竞争性的，产品也是无差异的。

1. 消费者对产品的选择

假设消费者均匀地分布在单位圆周上，并且每个消费者只购买一单位的产品。t^* 代表消费者最偏好的产品。例如，圆周上的某一处是薄荷酸奶，而另一处是草莓酸奶，两者之间是红枣酸奶，产品间的差异是通过在圆周上的位置 t 来描述的。产品差异越大，用圆周表示的距离就越大。消费者从位于 t 处的商店购买产品得到的效用为：

$$U(t,t^*)=u-c|t-t^*| \tag{5.1}$$

其中，u 表示消费者能获得的最大效用水平，即在圆周的 t^* 位置获得；$|t-t^*|$ 表示消费者所处的位置与其最偏好商店位置的距离；c 表示 t 产品与最喜欢的产品发生偏离所引起的效用损失比率。

下面用图 5—8 表示消费者的效用函数，在这里可以联想微积分的处理方法，当圆周无限放大时，某一段曲线可以被看成线段。这在微积分中可以用来求面积，而在塞洛普圆周模型中有助于简化分析，在图中一部分圆周被放大成了线段。如图 5—8 所示，消费者在 $t=t^*+\frac{u}{c}$ 和 $t=t^*-\frac{u}{c}$ 两处的效用水平等于零，而消费者在 $t=t^*$ 处购买产品所获得的效用水平最高。

理性的消费者会追求消费者剩余最大化，用模型表示的消费者剩余即从 t 产品中获得的效用与价格之间的差额为 $[U(t_i,\ t^*)-p_i]$。比如，消费者最喜欢的是红枣酸奶，但是薄荷酸奶的价格是红枣酸奶的一半，则该消费者很可能选择购买薄荷酸奶。因为购买薄荷酸奶带来的效用损失可能低于更便宜价格带来的收益，因此，最优的选择是价格与效用组合的最大化。

假设在塞洛普圆周模型中存在外部产品（蛋糕），设消费者从蛋糕这种外部产品中能

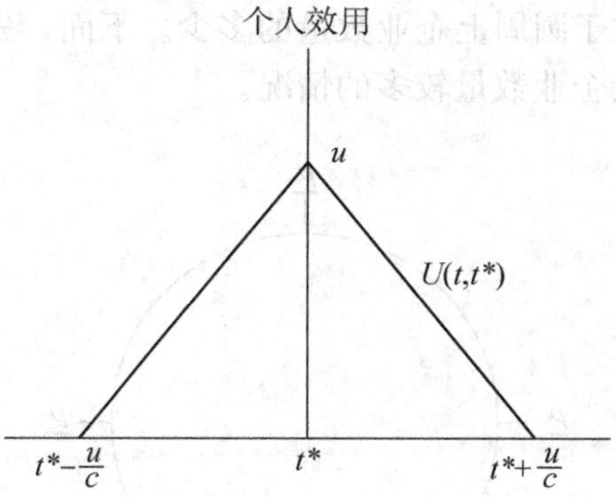

图 5—8 消费者的效用函数

够获得的消费者剩余为$\underline{u}$。如果消费者从最偏好的产品（酸奶）中获得的消费者剩余大于$\underline{u}$，则消费者只会购买酸奶这种圆周上的产品，用公式表示为：

$$\max_i[U(t_i, t^*)-p_i]\geqslant\underline{u} \tag{5.2}$$

其中，不等式左边表示消费者购买最偏好产品所获得的消费者剩余，不等式右边表示消费者购买外部产品所获得的消费者剩余。同时消费者在圆周上购买产品所能获得的最大消费者剩余可以表示为：

$$u-p^*\geqslant\underline{u} \tag{5.3}$$

式（5.3）表明，消费者在t^*处的商店，以p^*的价格购买最偏好的产品，获得了最大的效用水平。换句话说，当这种效用水平与消费者从外部产品中所能够获得的消费者剩余$\underline{u}$的差额大于所支付的产品价格时，消费者才愿意购买这一产品。因此，消费者为其最偏好的产品支付的保留价格表示为：

$$v=u-\underline{u} \tag{5.4}$$

若将式（5.2）两边同时减去$\underline{u}$，并用式（5.1）代替$U(t, t^*)$，则消费者在圆周上购买产品应满足的条件是最优购买产生的净剩余，即最偏好的产品产生的剩余减去外部产品产生的剩余大于零，可以表示为：

$$\max_i[v-c|t_i-t^*|-p_i]\geqslant 0 \tag{5.5}$$

2. 企业的行为

塞洛普圆周模型的对称均衡解取决于企业的具体位置以及企业所设定的价格。在其他条件保持不变的条件下，每个企业都想与距离其最近的竞争对手离得尽可能远。因为在这种情况下企业可以对其周围的消费者有较大的市场支配力量，这对企业获利起着积极作用。由于每个企业都想尽量远离其他企业，结果，每两个企业之间的距离将趋向于一致。如果在单位圆周上分布着n个企业，则两个企业间的距离均为$1/n$。

在确定了圆周上各企业的定位问题后，下面考虑企业的定价问题。如图 5—9 所示，有四个企业均匀分布在圆周上，假设位于圆周底部的企业将价格定在p水平，距离其最近的两个企业将价格定在$\underline{p}$水平，第四个企业的定价也是$\underline{p}$，在这种情况下，处于圆周底部企业的价格水平将取决于位于圆周上企业数量的多少。下面，先讨论圆周上企业数量较少的情况，然后再讨论圆周上企业数量较多的情况。

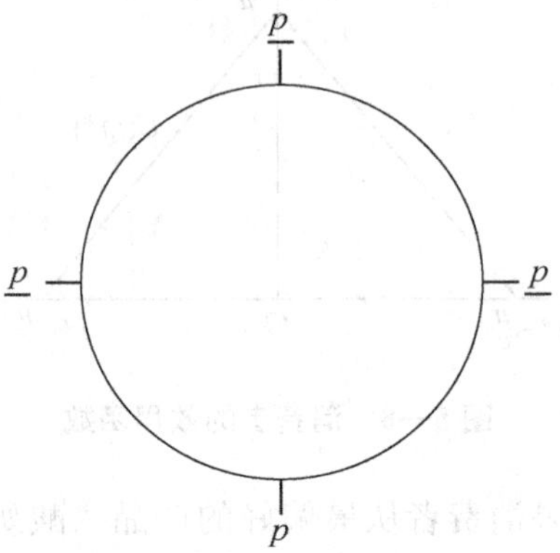

图 5—9　圆周市场

3. 垄断范围

一般而言，如果位于圆周上的企业数量较少，则每个企业在其附近的领域内就会有一定的垄断力量。在这种情况下，企业之间就不可能因为同一个消费者而展开竞争。每个产品都是区域垄断的，企业向净剩余为正的所有消费者出售产品，也就是说，每个具有垄断力量的企业仅向那些从位于圆周上的产品中获得的剩余大于从外部产品中获得的剩余的消费者出售。

设某个企业位于 t 处，产品价格水平为 p，则一个与此企业的距离为 $x=|t-t^*|$ 的消费者愿意购买此企业产品的条件（这一条件满足式（5.5））是消费者的净剩余为正，用公式表达为：

$$v-cx-p\geqslant 0 \tag{5.6}$$

从而可以得到消费者愿意购买此企业所提供产品的最大距离为：

$$x_m=\frac{v-p}{c} \tag{5.7}$$

这个最大距离的决定如图 5—10 所示。在图 5—10 中，纵轴代表消费者从产品中所获得的净剩余，横轴代表消费者与其最偏好的企业之间的距离 x。消费者距离其最偏好的企业越远，消费者的净剩余就会越小；相反，消费者距离其最偏好的企业越近，消费者的净剩余就会越大。特殊地，当 $x=x_m$ 时，消费者从该企业购买产品所获得的净剩余等于零，即在这种情况下，消费者对是否购买这种产品是无所谓的。

企业能够控制位于其两侧 x_m 范围内的所有消费者，即长为 $2x_m$ 范围的消费者。如果在圆周上均匀分布了 L 个消费者，则此时垄断企业的垄断需求为 $2x_mL$，如果用式（5.7）代替 x_m，则垄断企业的需求函数可表示为：

$$q_m=2x_mL=\frac{2L}{c}(v-p) \tag{5.8}$$

如式（5.8）所示，如果价格上升 1 元，则垄断企业的需求量会降低 $2L/c$。如果价格

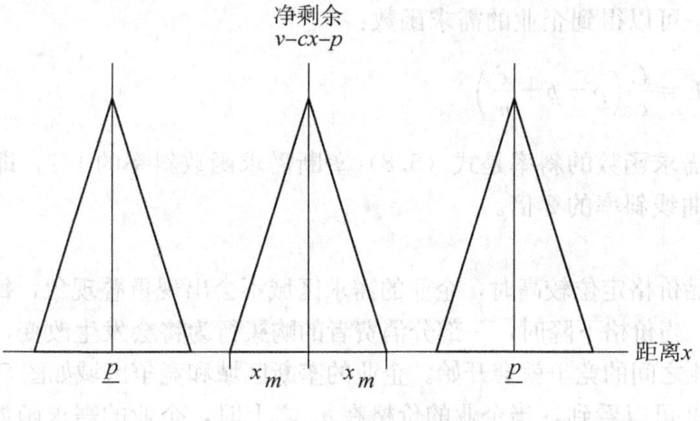

图 5—10　垄断市场范围

等于最偏好这一产品的消费者的保留价格，则企业的销售量会降低到零。

4. 竞争区域

如果位于圆周上的企业数量较多，则必然会导致企业间的距离很近，在这种情况下，企业之间很可能为同一个消费者而展开竞争。由于企业之间的竞争比较激烈，所以每个企业在确定自己的产品价格时都需要考虑竞争对手的价格水平。并且，企业不像上面分析的那样具有区域垄断力量，在竞争的情况下，企业不能控制其两侧的消费者，因为一部分消费者可以转向离其最近的两个企业。

现在借助图 5—11 来分析企业的定价问题。假设某个企业与其邻近企业的距离为 $1/n$，邻近企业所设定的价格为$\underline{p}$。如果企业可以控制其两侧 x_c 范围内的消费者，则位于 $x=x_c$ 处的消费者从该企业和距离其最近的竞争企业处购买产品所获得的效用相同时应满足如下条件：

$$v-cx_c-p=v-c\left(\frac{1}{n}-x_c\right)-\underline{p} \tag{5.9}$$

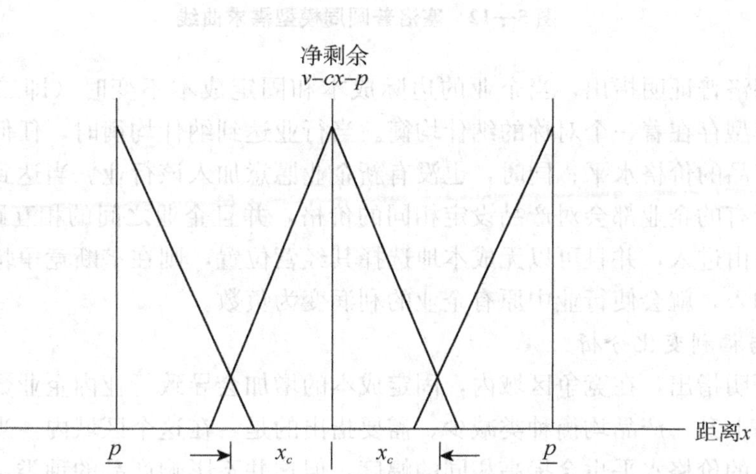

图 5—11　竞争市场区域

通过求解式（5.9），可以得到 $x_c=\frac{1}{2c}\left(\underline{p}-p+\frac{c}{n}\right)$，又因为竞争企业的需求数量为

$q_c = 2x_c L$，因此，可以得到企业的需求函数：

$$q_c = 2x_c L = \frac{L}{c}\left(\underline{p} - p + \frac{c}{n}\right) \tag{5.10}$$

企业的竞争需求函数的斜率是式（5.8）垄断需求函数斜率的1/2，即垄断需求曲线的斜率是竞争需求曲线斜率的2倍。

5. 均衡分析

当企业的产品价格定位较高时，企业的需求区域不会出现重叠现象，每个企业在其周围地区都是垄断者。当价格下降时，一部分消费者的购买行为将会发生改变，企业的需求区域会发生重叠，企业之间的竞争就会开始。企业的垄断区域和竞争区域如图5—12所示。

通过图5—12可以看到，当企业的价格在$\underline{p}_m$之上时，企业的需求函数是垄断性的，即消费者一般不会购买其他企业的产品；当企业的价格在$\underline{p}_m$之下时，企业的需求函数是竞争性的，即消费者很可能购买其他企业的产品，这时企业就需要与其最邻近的企业进行竞争。

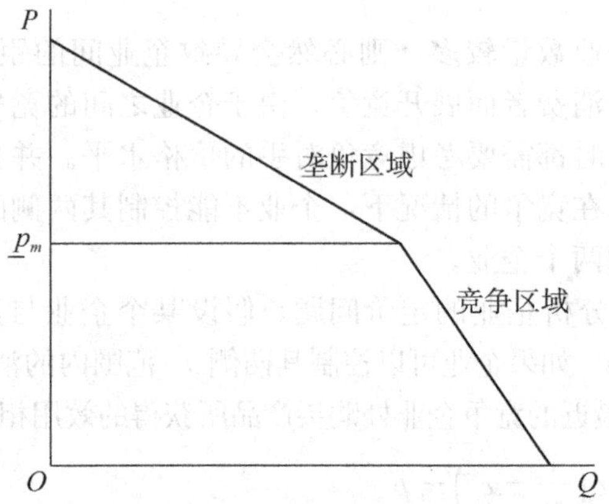

图5—12 塞洛普圆周模型需求曲线

另外，塞洛普证明指出，当企业的边际成本和固定成本不变时（即二者均为常数），塞洛普圆周模型存在着一个对称的纳什均衡。当行业达到纳什均衡时，任何一个企业都不愿改变自己产品的价格水平；同时，也没有新企业愿意加入该行业。当达到这种均衡状态时，行业中所有的企业都会对产品设定相同的价格，并且企业之间的相互距离为$1/n$。如果企业可以自由进入，并且可以无成本地选择其经营位置，则在垄断竞争均衡市场中，只要有新企业加入，就会使行业中原有企业的利润变为负数。

6. 成本与福利变化分析

塞洛普证明指出，在竞争区域内，固定成本的增加会导致行业内企业数量的减少，企业产品的价格上升，产品均衡种类减少。需要指出的是，在这个区域内，当固定边际成本增加时，产品的价格水平也会提高相同的幅度，但这并不影响产品的种类，即产品均衡种类保持不变。

在图5—12中的拐点$\underline{p}_m$处，无论是固定成本增加还是边际成本增加，都会减少行业内企业的数量，同时产品的价格会下降。所以，当经济处于这种状态时，增加企业的税收成本会使产品价格降低，并使产品的种类减少。同时，塞洛普还指出，在不考虑税收的情况下，社会福利仍然会增加。

对于塞洛普圆周模型中的福利问题，塞洛普证明指出，企业产品的最优均衡种类既少于垄断性均衡状态下的产品种类，也少于竞争性均衡状态下的产品种类。如果行业内的企业数量较少，则固定成本的节约将会大于产品高价所带来的损失。

另外，塞洛普也指出，如果假定政府唯一的规制政策是控制进入，那么最优进入政策有两种：其一是自由进入；其二是限制进入，从而使每一个企业都拥有一个完全垄断的市场份额。

案例 5—2

可口可乐公司收购中国汇源公司案

中华人民共和国商务部收到美国可口可乐公司（简称可口可乐公司）与中国汇源果汁集团有限公司（简称中国汇源公司）的经营者集中反垄断申报，根据《反垄断法》第三十条，现公告如下：

一、立案和审查过程。2008 年 9 月 18 日，可口可乐公司向商务部递交了申报材料。9 月 25 日、10 月 9 日、10 月 16 日和 11 月 19 日，可口可乐公司根据商务部要求对申报材料进行了补充。11 月 20 日，商务部认为可口可乐公司提交的申报材料达到了《反垄断法》第二十三条规定的标准，对此项申报进行立案审查，并通知了可口可乐公司。由于此项集中规模较大、影响复杂，2008 年 12 月 20 日，初步阶段审查工作结束后，商务部决定实施进一步的审查，书面通知了可口可乐公司。在进一步审查过程中，商务部对集中造成的各种影响进行了评估，并于 2009 年 3 月 20 日前完成了审查工作。

二、审查内容。根据《反垄断法》第二十七条，商务部从如下几个方面对此项经营者集中进行了全面审查：

（一）参与集中的经营者在相关市场的市场份额及其对市场的控制力；

（二）相关市场的市场集中度；

（三）经营者集中对市场进入、技术进步的影响；

（四）经营者集中对消费者和其他有关经营者的影响；

（五）经营者集中对国民经济发展的影响；

（六）汇源品牌对果汁饮料市场竞争产生的影响。

三、审查工作。立案后，商务部对此项申报依法进行了审查，对申报材料进行了认真核实，对此项申报涉及的重要问题进行了深入分析，并通过书面征求意见、论证会、座谈会、听证会、实地调查、委托调查以及约谈当事人等方式，先后征求了相关政府部门、相关行业协会、果汁饮料企业、上游果汁浓缩汁供应商、下游果汁饮料销售商、集中交易双方、可口可乐公司中方合作伙伴以及相关法律、经济和农业专家等方面的意见。

四、竞争问题。审查工作结束后，商务部依法对此项集中进行了全面评估，确认集中将产生如下不利影响：

1. 集中完成后，可口可乐公司有能力将其在碳酸软饮料市场上的支配地位传导到果汁饮料市场，对现有果汁饮料企业产生排除、限制竞争的效果，进而损害饮料消费者的合法权益。

2. 品牌是影响饮料市场有效竞争的关键因素，集中完成后，可口可乐公司通过控制“美汁源”和“汇源”两个知名果汁品牌，对果汁市场的控制力将明显增强，加之其在碳酸饮料市场已有的支配地位以及相应的传导效应，集中将使潜在竞争对手进入果汁饮料市场的障碍明显提高。

3. 集中挤压了国内中小型果汁企业的生存空间，抑制了国内企业在果汁饮料市场参与竞争和自主创新的能力，对中国果汁饮料市场有效竞争格局造成不良影响，不利于中国果汁行业的持续健康发展。

五、附加限制性条件的商谈。为了减少审查中发现的不利影响，商务部与可口可乐公司就附加限制性条件进行了商谈。商谈中，商务部就审查中发现的问题，要求可口可乐公司提出可行解决方案。可口可乐公司对商务部提出的问题表述了自己的看法，并先后提出了初步解决方案及其修改方案。经过评估，商务部认为可口可乐公司针对影响竞争问题提出的救济方案，仍不能有效减少此项集中产生的不利影响。

六、审查决定。鉴于上述原因，根据《反垄断法》第二十八条和第二十九条，商务部认为，此项经营者集中具有排除、限制竞争的效果，将对中国果汁饮料市场的有效竞争和果汁产业的健康发展产生不利影响。鉴于参与集中的经营者没有提供充足的证据证明集中对竞争产生的有利影响明显大于不利影响或者符合社会公共利益，在规定的时间内，可口可乐公司也没有提出可行的减少不利影响的解决方案，因此，决定禁止此项经营者集中。

本决定自公告之日起生效。

中华人民共和国商务部

二〇〇九年三月十八日

资料来源：中华人民共和国商务部公告 2009 年第 22 号《商务部关于禁止可口可乐公司收购中国汇源公司审查决定的公告》。

案例分析题

从产品差异化的角度思考可口可乐公司收购中国汇源公司案。

简要答案

每个品牌都位于特征空间中，并在这一空间和临近空间争夺消费者。如果一个公司拥有了足够多的外围品牌，那么其他企业可能就难以争取到足够多的消费者。也就是说，一个企业可利用差异化来提高行业进入壁垒，从而达到阻止新企业进入的效果。

案例 5—3

苹果公司的发展战略

2011 年 10 月 5 日，苹果公司联合创始人史蒂夫·乔布斯（Steve Jobs）在苹果公司最新产品 iPhone 4s 发布一天后以 56 岁的盛年离开人世。乔布斯的一生恰好经历了信息技术（IT）产业发展的繁荣时期。20 世纪 80—90 年代是个百家争鸣的“战国时代”，IBM、英特尔、AMD、Cyrix、NVIDIA、ATI、SIS、VIA、希捷、西部数据、迈拓、三星、现代、微软、Adobe、Lotus、Macromedia、Corel、惠普、康柏、戴尔、东芝、联想、华硕、广达和鸿海等公司共同创造了个人电脑的繁华盛世。

但在欣欣向荣的IT产业背后，人们也发现了物种单一性的弊端，操作系统只能选择Windows，CPU则是赛扬、奔腾、酷睿，当然幸好还有AMD，显卡只有两家。戴尔和联想除了品牌不一样之外，没有什么区别。IT江湖由微软和英特尔把持，消费者有着一种并不愉悦的心理感受：被迫升级和审美疲劳。

苹果公司在促进IT产业多样性成长方面的贡献首屈一指，MAC操作系统由苹果公司独自研发，其优雅、稳定、安全、简洁的特性有别于以往的所有产品。有意思的是，苹果公司联合了昔日的对头IBM和半导体巨头摩托罗拉组成了POWER PC联盟，研发生产精简指令集的POWER系列CPU。操作系统的非主流和具有不同架构的CPU，使人们发现苹果电脑除了漂亮外，还很安全，世界上99%的病毒在苹果操作系统上都不会运行。这种集操作系统、应用软件、硬件设计和外观设计于一体的苹果电脑获得了良好的用户体验，漂亮的外表和优雅的操作系统、简洁易用的应用软件一脉相承。这与运行着Windows操作系统的戴尔或联想电脑完全不同。

乔布斯在1997年回归苹果公司，网络时代和娱乐经济为苹果公司的成功提供了不可缺少的良机，iMac、iPod、iTunes、iPhone等令世人惊叹的产品和服务横空出世。iPod、iTunes让消费者享受到网络音乐的销售、下载，音乐的随身携带、播放，简单、优雅的操作界面，精致、美丽的音乐盒子，打造了全程的用户体验。iPhone更是成为21世纪的智能移动终端，而不仅仅是一个手机，创造了上市74天狂卖100万台、6个月销售400万台、上市半年占据美国智能手机28%的份额的业绩，仅次于RIM黑莓的41%的骄人业绩，这一切还是在仅捆绑一家运营商的前提下创造的。在品牌咨询公司Interbrand发布的“2011年全球最佳品牌”百强榜单中，苹果公司首次进入前10名，排名第8名，品牌价值为334.9亿美元。而2010年排名第8的诺基亚则跌出前10，位居第14名，品牌价值为250.7亿美元。

案例分析题

结合本章内容分析苹果公司成功的原因以及其对IT产业的贡献。

简要答案

产品差异化是苹果公司成功的重要原因。

苹果公司的存在推动了IT产业的多样化进程，为消费者提供了更多可供选择的差异化产品。

关键术语

产品差异化　垄断竞争　霍特林区位模型　塞洛普圆周模型

本章思考题

1. 在垄断竞争市场中，企业在短期能够获得超额利润，但在长期不能保持其超额利润。与寡头垄断市场相比较，分析其中的原因。

2. 如果某垄断竞争企业的跟随需求曲线与非跟随需求曲线在100美元处相交，则这时该企业的产品价格能否在120美元的水平上达到均衡？为什么？

3. 简述塞洛普圆周模型与霍特林区位模型的关系，并分析塞洛普圆周模型均衡的存在性。

简要答案

1. 在寡头垄断模型中，企业的数量是由政府、现有企业或者其他力量外生决定的，而在垄断竞争市场中，企业可以自由进入。产品多样化使得每个企业都面临着向下倾斜的需求曲线，并且只要有利可图，企业具有将价格提高到边际成本之上的市场势力。因此，在短期，垄断竞争企业可以与寡头垄断企业一样实现正的利润。由于在垄断竞争的市场中，企业可以自由进入，因此在利润的吸引下，新企业会不断进入，直到产业的利润为零。参见图5—1与图5—2。

2. 不会。单个企业的非跟随需求曲线会沿着跟随需求曲线逐步调整，直到跟随需求曲线和非跟随需求曲线的交点正好与*MR*曲线和*MC*曲线的交点位于一条垂直线上。

3. 塞洛普圆周模型是对霍特林区位模型的修正。在塞洛普圆周模型中，企业和消费者均位于圆周上，由于圆周没有终点，所以，在塞洛普圆周模型中存在着均衡。

主要参考文献

[1] Lancaster, K. J. "A New Approach to Consumer Theory", *Journal of Political Economy*, 1966, 74 (1).

[2] Lancaster, K. J. *Consumer Demand: A New Approach*. NY: Columbia University Press, 1971.

[3] Lancaster, K. J. *Variety, Equity, and Efficiency*. NY: Columbia University Press, 1979.

[4] 丹尼斯·卡尔顿，杰弗里·佩罗夫．现代产业组织．上海：上海三联书店、上海人民出版社，1998.

[5] 让·梯若尔．产业组织理论．北京：中国人民大学出版社，2015.

[6] 张伯仑．垄断竞争理论．北京：生活·读书·新知三联书店，1958.

[7] 杰克·赫舒拉发，阿米亥·格雷泽，大卫·赫舒拉发．价格理论及其应用．北京：机械工业出版社，2009.

[8] 苏东水．产业经济学．北京：高等教育出版社，2005.

[9] 李春吉，孟晓宏．中国经济波动——基于新凯恩斯主义垄断竞争模型的分析．经济研究，2006 (10).

[10] 于良春，鞠源．垄断与竞争：中国银行业的改革和发展．经济研究，1999 (8).

第六章

企业并购

内容要点

- 并购的含义与类型
- 并购的动机与福利分析
- 威廉姆森的福利权衡模型

企业并购是资本集中的一种形式，包括兼并和收购两个方面。兼并是指两家或两家以上的企业合并成一家企业；收购是指一家企业通过取得另一家企业的大部分资产或股份而获得对另一家企业的控制权。兼并和收购的区别在于法律形式不同，兼并是两个或两个以上的法人合并成一个法人；收购不改变原法人的地位，只是企业控制权的转移。国际上习惯将兼并和收购合在一起使用，统称为并购。从并购双方所处行业的相互关系来划分，并购主要有三种类型：横向并购、纵向并购和混合并购。

第一节　横向并购

一、横向并购的含义与动机

横向并购是指同一市场范围内生产或销售同类产品的相关企业之间的并购。换言之，横向并购是竞争者之间的并购。企业实施横向并购的动机主要有以下几个方面：

1. 实现规模经济

实现规模经济是企业实施横向并购的主要动机之一，横向并购可以帮助企业实现规模经济，从而降低生产成本，提高利润。例如，横向并购可以扩大企业的生产规模，增加产量，有利于分摊固定成本，降低平均成本；随着企业规模的扩大，企业的实力不断增强，企业可以以更低的折扣购买原材料，以更低的成本筹集到经营所需的资金。

2. 增强市场支配力和竞争力

企业通过横向并购可以增强市场支配力和竞争力，从而达到获利的目的。虽然这样做可能会损害社会福利，但有时企业这样做是为了更好地适应外部环境。例如，当产品需求下降造成生产能力过剩时，同行业的企业间有可能采取削价的方式进行竞争。在这种情况下，两家或多家企业通过横向并购的方式可以有效地控制局面，防止价格大幅度下跌。发展中国家的企业可以通过横向并购的方式应对来自大型跨国企业的竞争。

3. 获得管理协同效应

管理协同效应指的是两个管理效率不同的企业实施横向并购后，新企业的管理能力要高于并购前两企业的管理能力之和，管理协同效应的本质是合理配置管理资源。当一家企业拥有高效率的管理团队，其管理能力超过了该企业的日常管理需要时，它可以通过并购管理效率较低的企业，充分利用其过剩的管理资源，提高低效率企业的管理水平，从而促进整体社会福利的提升。

4. 管理者自身利益最大化

在现代企业制度中，企业的所有权和经营权是相互分离的，企业管理者与企业所有者的目标有时会相背离。企业所有者更关心利润，而企业管理者更关心自己的权利、薪酬、声望和社会地位。企业管理者在进行决策时会从自身利益最大化的角度出发。横向并购会扩大企业规模，提高企业的发展速度，而管理者的薪酬、权利、声望和社会地位与企业的规模以及发展速度密切相关。横向并购即使不能增加企业利润，管理者从自身利益最大化的角度出发也会实施并购。

二、横向并购对市场结构与社会福利的影响

作为历史上最早出现的并购方式，横向并购对市场结构与社会福利的影响既有积极的一面，也有消极的一面。

1. 横向并购的正效应

（1）获得规模经济，降低生产成本。企业通过横向并购可获得规模经济效应。横向并购获得规模经济的前提条件是该行业的确存在规模经济，且并购前企业的运营规模在规模经济水平之下。通过横向并购来扩大企业规模，企业可以获得规模经济效应，从而导致成本降低、利润增加。但这种规模经济存在一个临界点，如果超过该点，企业继续扩大规模，便会处于规模不经济阶段。

（2）提高资源配置效率。由于同一产业内不同企业的生产成本往往不同，因此企业可以通过横向并购提高资源配置的效率。如果一家企业通过横向并购而控制了多家企业，那么该企业可以关闭其中效率较低的企业，即将低效率企业的资源转移到高效率企业中去，从而使资源配置得到优化。对于那些面临需求衰退的产业来说，横向并购能够消除产业内过剩的生产能力。

2. 横向并购的负效应

（1）增强市场势力。企业之间的横向并购可能使并购后的企业获得市场势力，限制竞争，损害消费者的福利。这种市场势力主要表现在提高产品的价格以及控制产品的产量等方面。与企业之间的串谋协议相比，横向并购一般会对社会福利产生更为严重的后果。这主要是因为串谋企业的内部经常会出现欺骗或背叛行为，而这种欺骗行为会促进竞争。横

向并购不会出现欺骗行为。如果企业通过横向并购取得了足够大的市场份额，那么并购后的企业就可能滥用市场势力，减少产量，提高价格。从这个角度来讲，横向并购会减弱市场竞争，损害消费者的福利。

（2）有利于企业之间达成串谋协议。生产相同产品的企业，出于共同的盈利动机，有可能达成串谋协议，限制产量，提高价格，以增加利润。一方面，横向并购提高了市场集中度，减少了行业中相互竞争的企业数量，有利于同行业的企业间达成串谋协议。行业中企业数量越少，串谋就越容易成功。另一方面，横向并购有可能造成市场高度集中，在这种情况下，行业内市场份额位居前列的几家大企业可以独立行动而不顾其他小企业的反应，小企业会不得不根据大企业的行为来调整自己的战略，从而达成一个非正式的串谋。

（3）提高行业的进入障碍。横向并购之所以会提高行业的进入障碍，主要是因为横向并购企业形成了较大的生产规模，具备绝对成本优势，并且有雄厚资金作为保障，这使得在位企业可以采取一些策略阻止新企业进入，例如在位企业可以采用掠夺性定价策略来驱逐竞争对手。

3. 威廉姆森的福利权衡模型

一方面，横向并购使企业获得了规模经济效益，降低了生产成本，提高了效率；另一方面，横向并购提高了企业的市场份额，增强了企业的市场势力，从而导致产量降低、价格上升、消费者福利受损。威廉姆森（Williamson）的福利权衡模型综合分析了并购带来的成本节约和福利损失。威廉姆森的权衡模型应用了新古典经济学的局部均衡理论并继承了哈伯格（Harberger）早期的垄断福利损失的分析传统，我们可以借助图 6—1 来说明其原理。

在图 6—1 中，D 是市场需求曲线，C 是企业的平均成本曲线和边际成本曲线。为了便于说明，这里假设需求曲线为直线并且平均成本和边际成本均为常数。同时假定并购前市场处于完全竞争状态，企业在价格等于边际成本的情况下生产。一方面，横向并购使企业获得了规模经济，从而降低了生产成本，企业的平均成本由 C_1 下降到 C_2；另一方面，企业规模的扩大造成了一定的市场势力，从而导致价格由 P_1 上升到 P_2，产量从 Q_1 下降到 Q_2。图中的阴影部分面积 S_1 和 S_2 分别表示横向并购产生的成本节约和福利损失，其中 S_1 表示企业实现规模经济而带来的成本节约；S_2 表示产品价格上升导致消费者剩余减少而造成的福利损失。具体的计算公式为：

$$S_1=(C_1-C_2)Q_2=\Delta C\times Q_2$$

$$S_2=\frac{1}{2}(P_2-P_1)(Q_1-Q_2)=\frac{1}{2}\Delta P\times\Delta Q$$

$$S_1-S_2=\Delta C\times Q_2-\frac{1}{2}\Delta P\times\Delta Q$$

由于横向并购对社会的影响是双方面的，既有益处又有弊端，所以判断横向并购对社会总福利的影响，需要综合比较横向并购带来的成本节约和福利损失。如果成本节约大于福利损失，那么横向并购的社会总福利为正；相反，如果成本节约小于福利损失，那么横向并购的社会总福利为负。该模型是理论的一个缩影，如果进行实证分析，需要获得很多相关的数据，如价格水平提高幅度、产量水平下降幅度以及需求价格弹性等。此外还有其他一些需要考虑的因素。例如，并购所导致的成本节约只限于并购企业，而并购所导致的价格上升会对整个行业产生影响，因此需要对整个行业的福利损失与并购企业的成本节约进行比较。并购所带来的市场势力降低了企业创新的动力，并购还可能对收入分配产生不利的影响。尽管这个模型不能全面地解释并购对社会福利的影响，但是该模型为研究企业的并购行为提供了一种分析思路。该模型所反映的思想不仅适用于横向并购，同时适用于纵向并购和混合并购。

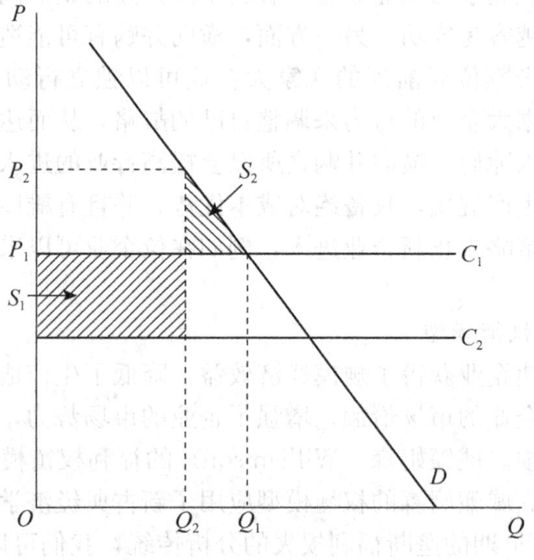

图 6—1　并购的福利分析

案例 6—1

联想并购 IBM 公司的 PC 业务部门

北京时间 2004 年 12 月 8 日，联想集团宣布并购 IBM 公司的个人计算机（PC）业务部门，包括 IBM 全球的台式电脑和笔记本电脑业务。联想获得 IBM 在日本和美国的两个研发中心以及相关知识产权，同时联想还获得了 IBM 遍布全球 160 多个国家的销售网络以及在为期五年的时间里使用“IBM”和“Think”品牌的权利。并购交易完成后，联想成为继戴尔和惠普之后的全球第三大 PC 厂商，成为进入世界 500 强的高科技制造企业。

20 世纪 90 年代，联想在中国 PC 市场独领风骚。但是进入 2000 年以后，随着国内市场的开放，戴尔、惠普等国际厂商的进入以及方正、同方等国内品牌的激烈竞争，联想的 PC 业务发展空间受到限制。对于联想而言，寻找新的发展道路势在必行。通过自有资金扩大规模的方式尽管稳健，但需要一定的时间，因此并购成为发展 PC 业务的首选。从 2001 年开始，联想一直尝试着走国际化道路。联想先后在美国、英国、荷兰、法国和德国等国家建立了海外营销渠道。联想试图将产品销往北美和欧洲市场，但是它发现：要想在强手如林的北美、欧洲市场推广自己的品牌，所耗成本极高而且组建渠道相当困难。2004 年 3 月，联想正式成为国际奥委会全球合作伙伴，能够以奥运顶级赞助商的身份在全球 200 多个国家和地区开展市场营销。但是，联想必须具备足够广泛的营销网络，才能充分享受自己的权利。因此，并购国际知名企业成为联想拓展海外业务的首选。

联想与IBM的PC业务存在着很强的互补性：(1) IBM的PC业务遍布全世界，而联想以前的PC业务则集中在中国。(2) IBM最好的产品是高端笔记本，联想最好的产品是台式机。(3) IBM的服务对象是高端客户，而联想拥有广大的中端和低端客户。(4) IBM在PC技术研发方面具有雄厚的实力并积累了大量相关的知识产权。联想具有大规模的生产与制造管理能力，以及成本控制能力。通过并购IBM，联想得到了许多宝贵的资产，主要包括高端品牌、核心技术、销售网络和管理团队等。

联想的并购行为提升了其管理层在业界的影响力。2005年12月《中国企业家》杂志公布了"2005年度中国企业领袖"名单，联想控股总裁柳传志排名第一。同年美国《财富》杂志评出的"2005年最具影响力的25位商业领袖"中，联想集团首席执行官杨元庆排名第21位。联想并购IBM的PC部门后，其与芯片制造商（Intel和AMD）和软件制造商（微软）之间的谈判能力大大增强了，此次并购也改变了PC行业的竞争格局，进一步优化了PC行业的产业结构。

资料来源：吴勇、谭力文：《联想并购IBM PC的动机、整合与启示》，载《经济管理》，2006 (2)。

案例分析题

1. 联想并购IBM公司PC部门属于哪一种并购类型？
2. 联想并购IBM公司PC部门的动机是什么？

简要答案

1. 联想并购IBM公司PC部门属于横向并购。
2. 联想并购IBM公司PC部门的主要动机是扩大海外市场，提升自身竞争力。

案例6—2

商务部附加限制性条件批准联发科技并购开曼晨星

联发科技股份有限公司（以下简称联发科技）与开曼晨星半导体公司（以下简称开曼晨星）均为芯片设计企业，联发科技欲采取换股的方式吸收合并开曼晨星100%的股权。

一、相关市场

本交易所涉相关商品市场为液晶电视主控芯片市场。商务部在考察全球液晶电视主控芯片市场的同时，重点分析了中国市场的情况。

二、并购对市场结构的影响

此项并购所涉行业属于高新技术产业，进入该行业需要相应知识产权和设计经验。因产品研发设计的前期投入成本高、时间长，没有相关设计经验和知识产权的企业难以进入市场。目前除联发科技和开曼晨星之外，其他市场参与者市场份额都较小，新进入者不多。

交易前，中国液晶电视主控芯片市场的集中度指数（HHI）为4 533，市场集中度很高；交易后HHI为6 500，增量值（ΔHHI）为1967。本交易显著改变了中国液晶电视主控芯片的市场结构。

三、并购对社会福利的影响

（一）并购消除了主要竞争对手。

联发科技与开曼晨星均是液晶电视主控芯片的主要供应商，两者的产品可比性强，客户重叠度高。交易前，开曼晨星与联发科技在相关市场中分别处于第一与第二的位置，双方在液晶电视主控芯片的创新、服务和价格等方面具有相互制约的能力。

（二）并购增强了收购方的市场支配地位。

在全球液晶电视主控芯片市场，开曼晨星的市场份额为43.6%，联发科技的市场份额为17.5%，交易双方合计市场份额为61%左右。在中国大陆液晶电视主控芯片市场，开曼晨星的市场份额为65%，联发科技的市场份额为15%，交易双方合计市场份额为80%。其他液晶电视主控芯片供应商难以对其形成有效的竞争制约。

（三）并购使客户对芯片供应商的选择受到限制。

在中国市场，液晶电视主控芯片供应商与电视机厂商相互依存，双方需要密切合作，共同进行产品定位和技术磨合。目前中国六大电视机厂商均把并购双方作为主要芯片供应商，对联发科技和开曼晨星均存在一定的依赖。本交易完成后，电视机厂商对芯片供应商的选择将受到限制。

（四）行业特征及发展趋势弱化了并购对竞争的不利影响。

液晶电视主控芯片市场竞争格局不稳定。该产品更新换代较快，生命周期较短。智能电视芯片的推广进程日益加快，具有综合研发实力的芯片设计企业未来有能力参与市场竞争。

本交易完成后，以联发科技和开曼晨星为供货商的电视机厂商，可能会寻求其他竞争者作为供货商，客户选择范围的扩大为规模较小的竞争者成长为实力较强的竞争者提供了机会。

四、附加限制性条件的商谈与审查决定

综合以上分析，商务部认为，尽管行业特征和发展趋势可以相对弱化此项并购对竞争的不利影响，但此项并购在短期内对中国液晶电视主控芯片市场仍具有排除、限制竞争的效果，可能表现为提高芯片价格、减少研发投入或延缓新产品的推出速度、降低客户服务水平等。商务部向申报方指出了此项并购的排除、限制竞争的效果，并就如何减少其不利影响进行了多轮商谈。经评估，商务部认为，并购双方于2013年8月15日向商务部提交的《联发科技收购开曼晨星100%股权交易的救济承诺方案》能够有效减少此项并购对竞争产生的不利影响。商务部决定基于双方提交的救济方案附加限制性条件批准此项并购。

资料来源：中华人民共和国商务部公告2013年第61号《关于附加限制性条件批准联发科技股份有限公司吸收合并开曼晨星半导体公司经营者集中反垄断审查决定的公告》。

案例分析题

结合本章内容分析联发科技并购开曼晨星对市场结构与社会福利的影响。

简要答案

此项并购提高了中国液晶电视主控芯片市场的集中度，改变了中国液晶电视主控芯片的市场结构。

此项并购消除了主要竞争对手，增强了收购方的市场支配地位。而且由于并购双方均是上游电视机厂商的主要供货商，上游的电视机厂商对芯片供应商的选择受到限制。虽然行业特征和发展趋势可以相对弱化此项并购对竞争的不利影响，但此项并购在短期内对中国液晶电视主控芯片市场仍具有排除、限制竞争的效果，可能表现为提高芯片价格、减少研发投入或延缓新产品的推出速度、降低客户服务水平等。

第二节　纵向并购

一、纵向并购的含义与动机

纵向并购是指生产或经营过程中具有前后关联的企业之间的并购。与纵向并购含义相近的概念是纵向一体化，二者经常混用。纵向一体化有两层含义：一是指企业组织结构的状态，即企业在产品生产或销售各个阶段的延伸程度；二是指企业的行为，即企业通过纵向并购进入相关生产或销售阶段的行为。换言之，纵向一体化是纵向并购的目的和结果，纵向并购是实现纵向一体化的主要途径。纵向并购包括前向并购和后向并购两种类型。前向并购是指企业并购处于其下游的企业，即企业并购对其所生产的产品进行深加工或销售的企业，如制造企业并购其批发商或零售商；后向并购是指企业并购处于其上游的企业，即企业并购为其提供生产原料的企业，如汽车生产商并购其零部件供应商。企业实施纵向并购的动机主要有以下几个方面：

1. 降低交易成本

现代企业理论认为企业实施纵向并购的动机在于降低交易成本。市场和企业是资源配置的两种相互替代的方式。企业与其上下游企业进行市场交易时，存在着较高的交易成本。这些成本主要包括签订合同、监督合同的履行以及针对外部事件不断地修订合同的成本等。当市场交易成本大于企业内部的行政管理成本时，企业会通过纵向并购的方式将原先的市场交易关系转变为企业内部的协作关系，从而降低交易成本。导致交易成本较高的原因有以下几个方面：(1) 信息不完全。在信息不完全的情况下，机会主义行为会使企业之间产生交易成本。机会主义行为是指人的“伺机牟利”的倾向，这是“经济人”的基本行为特征。(2) 合约的不完备。人的有限理性特征和市场交易过程的不确定性决定了在现实生活中很难签订一个非常完备的合约。任何一个合约都无法囊括所有可能发生的偶然事件，当市场条件发生改变时，交易双方均有实施机会主义行为的倾向。(3) 资产专用性。资产专用性是指资产在经济活动中所形成的专门性用途，即某一资产是为一个或少数几个特定的买者或使用者所特别生产或提供的。纵向并购能够消除或减少由于资产专用性而导致的机会主义行为。

2. 提高企业的控制能力

企业可以通过纵向并购将关键性的投入产出关系纳入企业的控制范围内，因此纵向并购可以提高企业的控制能力，具体表现为纵向并购可以实现企业对原材料和销售渠道的控制。企业实施纵向并购后能够保证原材料的供应，特别是一些比较短缺的资源和原材料的供应及其价格的稳定。企业实施纵向并购后，能够控制产品的销售，避免了销售环节上的威胁。纵向并购往往具有连锁效应，如果行业内一家企业率先实行了纵向一体化，即使不存在明显的经济效益，其竞争对手出于防卫也会实行纵向一体化。

3. 获得范围经济

纵向并购可以使企业获得范围经济，提高效率。范围经济是指两种或两种以上的产品结合在一起生产或销售的成本要小于分别生产每一种产品的成本之和。在钢铁、石油等行业的生产过程中，将前后向的生产环节垂直集中在一个企业内部，实行一体化生产可以获得范围经济。例如，如果钢铁生产企业制成钢锭，将其冷却后再运送到铸造企业，铸造企业需要将钢锭重新加热后再进行深加工。若上述两个企业实行一体化生产，既可以节约运输成本，又可以节约重复加热的能源成本。此外，范围经济还表现为对工程管理及质量管理费用的节约，以及通过合理的工厂布局节约企业的工厂建设投资等。

4. 增强或消除市场势力

纵向并购可以增强市场势力。例如，在某一竞争性的行业中，某一关键生产要素的供应商是垄断的，该要素供应商可以通过前向并购的方式将其市场势力延伸至下游企业，以获取更多的利润。该竞争性行业中的某家企业也可以通过后向一体化并购该行业唯一的原料供应商来增强自己的市场势力，获取更多的利润。纵向并购也可以消除市场势力。例如，在某一竞争性的行业中，某一关键生产要素的供应商是垄断的，该竞争行业中的企业可以通过后向一体化的方式消除供应商的市场势力。

5. 实行价格歧视

一个在中间产品市场上具有垄断地位的厂商可以通过价格歧视的方式获得更多的利润。实行价格歧视的条件是不同的下游厂商对该中间产品的需求弹性不同，同时还须阻止下游厂商间的套利行为，即阻止低价获得中间产品的下游厂商将其转卖给面对高价中间产品的下游厂商。企业可以通过并购具有较高价格弹性的下游厂商来有效地避免其向低弹性下游厂商的转卖行为，并对低弹性的下游厂商实行第三类价格歧视。

二、纵向并购对市场结构与社会福利的影响

纵向并购对市场结构与社会福利的影响是双向的。

1. 纵向并购的正效应

（1）纵向并购可以节约生产成本和交易成本，纠正市场失灵。纵向并购可以使企业获得范围经济，从而节约生产成本，提高经济效率。另外，纵向并购将企业间的市场交易转变为企业内部的交换，不仅节约了交易成本，而且有助于将外部性内部化，纠正市场失灵问题。

（2）纵向并购可以解决双重加价问题。如果一个垄断性生产厂商通过一个垄断性零售商向最终消费者提供产品，生产厂商与零售商为实现各自利润的最大化，会分别在生产与零售两个环节收取高于边际生产成本的价格，由此便出现了双重加价问题。

借助一个简单的双边垄断模型来说明双重加价的原理。假设产品的市场反需求函数为 $p=a-q$，p 和 q 分别表示产品的零售价格和销售量。a 反映了市场的规模。用 c 表示生产厂商的边际成本，为了保证企业的产量大于零，必须满足条件 $c<a$。在不考虑零售成本的情况下，零售商的边际成本即为其支付的单位产品的批发价格。首先由生产厂商制定单位产品的批发价 ω，然后由零售商制定最终的零售价格 p。下面用逆向归纳法求解该问题的均衡解。

首先讨论非一体化的情况。此时，零售商的利润为：

$$\pi_D=(a-q-\omega)q$$

由利润最大化的一阶条件可以求出零售价格和销售量分别为：

$$p=\frac{a+\omega}{2}，q=\frac{a-\omega}{2}$$

基于零售商的产品需求，求解生产厂商的利润最大化问题。

$$\max \pi_P=(\omega-c)\frac{a-\omega}{2}$$

产品的最优批发价格为：

$$\omega=\frac{a+c}{2}$$

进一步得出产品的最终零售价格为：

$$p^{NI}=\frac{3a+c}{4}$$

行业的利润为：

$$\prod{}^{NI}=\pi_P+\pi_D=\frac{(a-c)^2}{8}+\frac{(a-c)^2}{16}=\frac{3(a-c)^2}{16}$$

接下来，考虑纵向一体化的情况。一体化企业同时承担产品的生产与销售，其单位产品的成本为 c。求解一体化企业的利润最大化问题：

$$\max_q[(a-q-c)q]$$

可以得到一体化的情况下产品的最终零售价格与行业利润分别为：

$$p^I=\frac{a+c}{2},\prod{}^I=\frac{(a-c)^2}{4}$$

对比上述两种情况下的产品零售价格和行业利润，不难发现，与非一体化的情况相比，在纵向一体化的情况下，不仅消费者负担的零售价格更低，而且企业的利润水平更高。其主要原因是，在纵向一体化的情况下，二者之间的交易被内部化，纵向一体化可以避免产品批发环节的价格扭曲，并因此而降低产品的零售价格，同时企业境况亦得到改善。

纵向并购不仅可以解决连续垄断造成的双重加价问题，而且在上游市场或者下游市场是不完全竞争的情况下，纵向并购亦会产生同样的效果。需要注意的是，如果生产厂商与（或）零售商是完全竞争的企业，那么双重加价的问题就不复存在了。

2. 纵向并购的负效应

（1）纵向并购会提高行业的进入障碍。纵向并购对行业进入障碍的影响主要体现在以下两个方面。第一，实行纵向一体化的企业可以通过控制关键性的生产要素来阻止其他企业进入。例如，如果某一地区生产牛奶的企业控制了当地全部的奶源，那么有意向进入此行业的新企业在当地就很难获得奶源，而从其他地方获得奶源需要支付高额的运输成本和保存成本，因此新企业很难与实行一体化的在位企业进行竞争。第二，如果某种产品的生产过程是高度一体化的，那么试图进入该产品市场的新企业就必须在多个生产阶段同时进入。例如，如果发动机生产企业控制了全部的销售环节，那么试图进入发动机生产行业的新企业还必须在发动机的销售环节上站住脚。

（2）纵向并购可能会产生杠杆效应，企业可以通过纵向并购，将其在一个市场中拥有的垄断势力延伸到其他市场中。例如一个在投入品市场上具有垄断势力的企业通过一体化进入最终产品市场，该企业可以提高投入品的价格，使其在最终产品市场上的竞争对手面临高价购进、低价售出的“双重挤压”，在竞争中处于不利地位。比如在原料市场上具备横向市场势力的企业实行前向一体化后，若该企业既生产原料出售给其他下游企业，同时又利用该原料生产下游产品，那么该企业就可以利用纵向一体化的优势，采取“交叉补贴”的策略，即在提高原材料价格的同时降低下游产品的价格。这样一来，独立的下游生产企业就会受到原料高价和产品低价的“双重挤压”，受到致命的打击。这方面的一个非常典型的例子是美国铝生产巨头阿尔科（Alcoa）公司的案例。阿尔科公司在铝锭市场上具备垄断势力，铝锭是生产其他铝制品的原材料。阿尔科公司将一部分铝锭出售给独立的铝制品加工企业，将另一部分铝锭留作原料自己加工铝制品。阿尔科公司在上游提高铝锭的价格，同时在下游降低铝制品的价格。这样一来，独立的铝制品加工企业就会受到原料高价、产品低价的“双重挤压”。而阿尔科公司虽然在下游铝制品的经营上有损失，却可以从上游铝锭的高价销售上得到补偿。

案例 6—3

潍柴动力并购湘火炬

2007 年 4 月 13 日，中国商务部批准潍柴动力股份有限公司（简称“潍柴动力”）以换股的方式并购湘火炬集团股份有限公司（简称“湘火炬”）。潍柴动力并购湘火炬是中国重型汽车领域规模较大的并购案。

潍柴动力股份有限公司是中国大功率高速柴油机的主要制造商之一，产品广泛应用于重型汽车、大客车、工程机械、农用机械以及发电、排灌和船舶动力等领域。其前身潍坊柴油机厂创建于 1946 年。2002 年潍坊柴油机厂发起成立山东潍柴动力股份有限公司。2003 年 3 月 12 日，山东潍柴动力股份有限公司变更为潍柴动力股份有限公司。2004 年 3 月 11 日潍柴动力股份有限公司于中国香港联合交易所上市，成为中国内地第一家在香港主板上市的内燃机企业。

湘火炬是由始建于 1961 年的株洲火花塞厂于 1993 年进行股份制改造而来的，同年 12 月“湘火炬”股票在深圳证券交易所挂牌上市。湘火炬是一家以汽车整车和零部件为核心业务、跨地区、跨国境的大型上市公司，拥有汽车整车、汽车零部件、机电产品进出口三大产业平台，是中国重要的重型车生产基地、中国最大的军用越野车生产基地、中国齿轮行业最大的研发与生产基地、中国最大的重型商用车轿厂商、中国最大的火花塞生产基地、中国最大的活塞销生产厂家、中国排名第二的汽车空调压缩机生产厂家、中国汽车刹车系统的最大出口商和美国汽车刹车系统的最大进口商。

潍柴动力的主要客户为国内重型汽车和工程机械等制造商，但从长远来看其业务发展因市场容量的局限性而受到限制。潍柴动力与其大股东中国重型汽车有限公司——也是其最大的重型汽车业务客户——由于种种原因而存在严重战略分歧，亟须寻找可靠的重型汽车整车公司作为依托，规避战略发展风险。

2004年4月湘火炬因当时的大股东新疆德隆资金链断裂而发生危机，中国华融资产管理公司受政府委托接管德隆股权，代位行使第一大股东的职权。然而，托管只能暂时解决稳定问题，已投资的项目需要资金跟进，后续发展成了大问题。各控股子公司基于自身利益的考虑，存在脱离湘火炬的风险，因此，湘火炬需要尽快找到合适的新股东接替托管。

潍柴动力换股并购湘火炬是一次典型的强强联合，湘火炬擅长资本运作和产业整合，潍柴动力善于战略单元的管理运作，并购后的公司产业结构和产品结构趋于合理。此次并购帮助潍柴动力形成了完整的产业链。通过并购湘火炬，潍柴动力将经营范围从单一的发动机业务扩展到重型汽车、重型汽车车桥、变速箱、汽车电子业务等，拥有了重型汽车行业最优秀的动力集成，形成了国内最完整的整车及零部件产业链，实现了规模经济和范围经济效应。通过产业整合，潍柴动力的大马力发动机和湘火炬旗下的法士特变速箱、汉德车桥等资产将构成优质的重卡资源黄金产业链。

此次并购提升了潍柴动力在国内市场上的地位。2007年上半年，并购后的潍柴动力在重型汽车动力市场的占有率为33.4%，同比增加6.4%，市场份额第一；在5吨以上装载机动力市场的占有率为82.4%。并购湘火炬后的潍柴动力将成为中国最具竞争力的汽车零部件产业集团。

资料来源：夏菊华：《潍柴动力与湘火炬并购整合研究》，中南大学硕士学位论文，2007。

案例分析题

1. 潍柴动力并购湘火炬属于哪一种并购类型？
2. 潍柴动力并购湘火炬的动机是什么？

简要答案

1. 潍柴动力并购湘火炬属于纵向并购。
2. 潍柴动力并购湘火炬的主要动机是形成完整的重型汽车产业链，实现规模经济、范围经济，提高企业竞争力。

案例6—4

商务部附加限制性条件批准科力远、丰田中国、PEVE、新中源、丰田通商设立合营企业

一、案件基本情况介绍

湖南科力远新能源股份有限公司（以下简称科力远）于1998年在中国长沙设立，是上海证券交易所的上市公司。科力远的主要业务为储能材料、蓄电池、电动汽车能量包及其延伸产品的研发、生产和销售。

丰田汽车（中国）投资有限公司（以下简称丰田中国）于2001年在北京设立，为日本丰田汽车株式会社（以下简称丰田）的全资子公司。丰田是目前全球最大的汽车制造商。在中国，丰田分别与第一汽车集团和广州汽车集团合作，已在天津、广州、成都、长春合资建立了6个整车工厂和4个发动机工厂，推出了包括混合动力车“普锐斯”在内的15款车型。同时，丰田也涉足汽车融资、信息技术、房地产等行业。

Primearth EV Energy 株式会社（以下简称 PEVE）于 1996 年在日本冈崎市设立，是丰田和日本松下电器产业株式会社（以下简称松下）的合营企业，丰田持有其 80.5%的股份。PEVE 是丰田及本田混合动力汽车用镍氢电池组的供应商。

常熟新中源创业投资有限公司（以下简称新中源）和丰田通商株式会社（以下简称丰田通商）为本案的共同出资方，对拟设立合营企业没有控制权。新中源的主要业务为投资与资产管理。丰田通商是综合性贸易公司，业务涉及工业原材料、农业产品和高新科技等领域。

科力远、丰田中国、PEVE、新中源和丰田通商拟在江苏设立名为"科力美汽车动力电池有限公司"（以下简称科力美）的合营企业，各方相对应的股权比例分别为 40%、5%、41%、10%和 4%。科力美计划于 2016 年正式投产，将利用 PEVE 的相关技术和专利从事车用镍氢电池模块和电池组的生产，并销售给新中源丰田汽车能源系统有限公司（该公司是丰田、丰田中国、PEVE 和新中源于 2013 年 11 月设立的生产车用镍氢电池组系统的公司）。

二、相关市场

（一）相关商品市场。

本案相关商品市场为车用镍氢电池和混合动力汽车市场。

镍氢电池是指利用金属镍和氢离子的化学反应进行充放电的电池。镍氢电池主要分为车用电池及普通电池。车用镍氢电池主要用于混合动力汽车，普通电池用于消费性电子产品、玩具等。两种产品在电池规格、安全性、稳定性、使用寿命等方面具有明显差异，不存在替代关系。此外，虽然目前有少量混合动力车型尝试使用锂电池，但尚未形成市场规模。因镍氢电池技术成熟、安全性好、价格低，目前约 95%的混合动力汽车使用的是镍氢电池。因此，本案将车用镍氢电池作为独立相关商品市场进行考察。

混合动力汽车是指同时具备传统内燃机驱动系统和电力驱动系统的汽车，通过对发动机的优化使用和部分能量的回收利用，能够达到节约燃料和减少排放的目的。目前混合动力汽车的售价约为同级别普通汽车的两倍，相关技术比普通汽车更加复杂。因此，本案将混合动力汽车作为独立相关商品市场进行考察。

（二）相关地域市场。

全球车用镍氢电池制造商只有日本的 PEVE 和松下、美国的江森自控和中国的科力远等少数几家，车用镍氢电池的供应和采购基本都是在全球范围内开展的。因此将车用镍氢电池的地域市场界定为全球市场。

对于汽车整车市场，根据中国目前的外资政策，国外汽车厂商进入中国市场必须采取合资企业的方式，同时中国对直接进口汽车征收较高的关税和消费税。因此将混合动力汽车的地域市场界定为中国市场。

三、竞争分析

（一）车用镍氢电池市场为高度集中市场，交易后市场竞争受到削弱。

目前，全球车用镍氢电池市场的行业集中度高，PEVE、松下、科力远以及江森自控四家公司的市场集中度（CR_4）高达 97%，几乎垄断了全球车用镍氢电池的供应。其中，松下又是 PEVE 的股东，持有其 19.5%的股份。此次 PEVE 和科力远共同设立合营企业，使 PEVE、松下、科力远全球三大车用镍氢电池生产商之间具有不同程度的共同利益，将减弱三者之间的竞争意愿，产生限制竞争的效果。

从市场进入角度来看，车用镍氢电池行业面临着较高的技术壁垒，其他企业若进行独立研发，需支出高昂的研发成本。同时，该行业规模经济效应较强，建设车用镍氢电池生产线需要较高的成本投入。短期内难有新的竞争者进入该行业。

（二）交易后丰田对混合动力汽车产业链的控制力进一步加强，可能对中国混合动力汽车企业产生封锁效应。

丰田中国在中国混合动力汽车市场占据80.3%的市场份额，PEVE在全球车用镍氢电池市场占有66.4%的市场份额，均具有很强的市场控制力。两方面优势结合在一起，将进一步增强丰田对混合动力汽车产业链的控制力。

尤其值得关注的是，按照本次交易的协议，合营企业将通过新中源丰田汽车能源系统有限公司间接向丰田中国供货，若向其他第三方供货，则需要董事会批准。根据拟设合营企业的股权结构安排，丰田一方（包括丰田中国和PEVE）有能力否决任何对外销售的提案。因此，如果丰田一方有意愿，将有能力使合营企业成为只向丰田中国一家企业供货的供应商。

上述协议安排与丰田对混合动力汽车产业链的控制力结合在一起，将对中国其他正从事或拟从事混合动力汽车业务的汽车制造商产生封锁效应，使其难以获得高质量的电池配套，对中国混合动力汽车行业的未来发展产生不利影响。

四、附加限制性条件的商谈与审查决定

综上分析，本交易将削弱车用镍氢电池市场的竞争，阻碍下游混合动力汽车制造商获取车用镍氢电池，可能会对车用镍氢电池市场和混合动力汽车市场产生排除、限制竞争的影响。商务部与申报方就如何解决上述竞争问题进行了多轮商谈。2014 年 6 月 25 日，申报方提交了最终解决方案。经过评估，商务部认为，该解决方案可以减少此项并购对竞争造成的不利影响。鉴于此项并购可能会对全球车用镍氢电池市场和中国混合动力汽车市场产生排除、限制竞争的效果，商务部决定附加限制性条件批准此项并购。

资料来源：中华人民共和国商务部公告 2014 年第 49 号《商务部关于附加限制性条件批准科力远、丰田中国、PEVE、新中源、丰田通商拟设立合营企业案经营者集中反垄断审查决定的公告》。

案例分析题

结合本章内容分析科力远、丰田中国、PEVE、新中源、丰田通商设立合营企业对社会福利的影响。

简要答案

目前，全球车用镍氢电池市场的行业集中度高，PEVE、松下、科力远以及江森自控四家公司几乎垄断了全球车用镍氢电池的供应。其中，松下又是PEVE的股东。此次PEVE和科力远共同设立合营企业，将削弱PEVE、松下、科力远全球三大车用镍氢电池生产商之间的竞争意愿，产生限制竞争的效果。

丰田中国在中国混合动力汽车市场占据极高的市场份额，PEVE在全球车用镍氢电池市场亦占有很高的市场份额，双方在各自市场均具有很强的市场势力。若将两方面优势相结合，会进一步增强丰田对混合动力汽车产业链的控制力。而且按照本次并购的协议，合营企业将通过新中源丰田汽车能源系统有限公司间接向丰田中国供货，若向其他第三方供货，则需要董事会批准。丰田一方（包括丰田中国和PEVE）有能力否决任何对外销售的提案。并购完成后丰田有能力使合营企业成为只向丰田中国一家企业供货的供应商。上述协议安排与丰田对混合动力汽车产业链的控制力结合在一起，可能会对中国其他正从事或拟从事混合动力汽车业务的汽车制造商产生封锁效应，使其难以获得高质量的电池配套，对中国混合动力汽车行业的未来发展可能会产生不利影响。

第三节　混合并购

一、混合并购的含义与动机

混合并购是指生产或销售不同产品或服务的企业之间的并购，即在生产或经营过程中无直接联系的企业之间的并购。参与混合并购的企业分别属于不同的行业、生产不同的产品并且不存在生产工艺上的关联关系。混合并购分为产品扩张型、市场扩张型和纯混合型三种。产品扩张型混合并购是指产品功能相互联系的企业间的并购，这种产品功能的联系指的是产品之间的互补关系。例如一个生产牙膏的企业并购一个生产牙刷的企业就属于产品扩张型混合并购。市场扩张型混合并购是指从事相同的生产经营活动，但是所处的市场区域不同或者所面临的顾客群体不同的企业之间的并购。它与横向并购的主要区别在于市场区域或客户群体不同。例如，两个不同城市的连锁超市之间的并购就属于市场扩张型混合并购。纯混合型并购是指生产经营活动上无任何联系的企业间的并购。混合并购与多样化经营的含义相近，两者经常混用。多样化经营是混合并购的目的和结果，混合并购是实现多样化经营的主要途径。同混合并购的三种类型相对应，多样化经营也分为产品扩张型多样化、市场扩张型多样化和纯混合型多样化三种类型。企业实施混合并购的动机主要有以下几个方面：

1. 分散经营风险

企业在生产经营过程中面临着一定的风险，而混合并购能够降低经营风险。例如，一些行业可能对国家的宏观经济政策、外界环境变化等因素比较敏感，在这种情况下，对于只涉足一个行业的企业来说，其利润的波动性比较大，不利于其长期发展。实施混合并购，可以将企业的业务分散到不同的行业中，降低经营风险，避免利润的大幅度波动。

2. 获得范围经济

企业联合生产经营几种相关的产品，这些产品就可以共享某些生产要素或者生产技术。企业同时生产这些产品可以节约生产成本，获得范围经济。例如，炼油企业同时生产汽油、柴油和沥青等产品可以获得范围经济。范围经济所带来的成本节约主要来源于共同的生产投入，例如使用相同的原材料和半成品原料、使用相同的机器设备以及采用相同的生产加工工艺等。

3. 提高资产的利用效率

如果一些非专用的资产在企业内部没有得到充分利用，或者根据企业的经营状况无法得到充分利用，那么提高这部分资产的利用效率会给企业带来更多的收益。提高资产利用效率的方式有两种：一是将闲置的资产通过市场出售或租赁给其他企业；二是通过混合并购的方式自己留用这些资产。当市场上的交易成本（寻找交易伙伴、进行交易合同谈判、拟定交易合同以及监督合同的执行等）较高时，企业会选择通过混合并购的方式提高资产的利用效率。具体情况包括以下几种：第一，提高固定资产的使用效率，将固定成本分摊到尽可能多的产品或者服务上。第二，某些商品的需求具有季节性，生产经营互补性季节产品可以提高资产的利用效率。第三，某些产品的需求具有较高的不确定性，生产多种产品可以弥补需求的不确定性所导致的资产使用效率下降。第四，提高无形资产的使用效率，这些资产主要包括企业家的经营管理经验与才能、企业的信誉以及业已建立的销售网络等。

二、混合并购对市场结构与社会福利的影响

混合并购对市场结构与社会福利的影响是不确定的，在分析混合并购对市场结构与社会福利的影响时，要根据具体情况具体分析。

1. 混合并购与行业的进入障碍

同实行专业化生产的企业相比，实行多样化经营的企业在进入新的市场领域时往往更具备优势。这主要是因为实行多样化经营的企业可以利用原经营领域的优势从资本市场或企业内部筹集资金。同时，实行多样化经营的企业能够在更大程度上承受进入新市场的初期亏损，直到可以盈利为止。从这个角度来讲，混合并购可以有效地降低行业的进入障碍。同时，实行多样化经营企业的进入能够形成一种重要的外部竞争力量，促进原有行业的竞争，降低其垄断程度。当新企业进入某一生产领域时，实行多样化经营的在位企业可以利用生产多个产品的有利条件获得“交叉补贴”（将一种产品或一个部门的利润转移到另外一种产品或另外一个部门）的优势，通过实施阻止进入定价或者掠夺性定价的策略来驱逐竞争对手。从这个角度来讲，混合并购会提高行业的进入障碍，限制竞争，增强垄断。

2. 混合并购与互补产品的销售定价

实行多样化经营的企业所生产的产品之间可能存在互补关系，即产品之间的需求交叉价格弹性为负值。实行专业化经营的企业一般并不直接考虑一种产品的价格变化对另一种产品需求量的影响，而实行多样化经营的企业则会考虑两种产品之间的互补关系，尽量避免一种产品价格上涨对另一种产品造成不利影响。实行多样化经营的企业一般不会提高具有互补关系产品的价格，因为如果两类产品之间的互补关系很密切，一部分产品的提价必然会导致另一部分产品的销售量随之减少，从而降低企业的整体利润。

3. 混合并购与互惠交易

实行多样化经营的企业在选择原材料的供给者时会优先选择购买本企业产品的供应商，即采取“互惠购买”策略。例如，甲公司同时生产电视机和汽车两种产品，而乙公司生产电视机的显像管，同时需要租用汽车。此时，若乙公司租用甲公司的汽车，甲公司就有可能优先购买乙公司生产的电视机显像管，并给予乙公司一定的补偿。这样一来，电视机显像管市场上就有可能出现不公平竞争。施蒂格勒认为，互惠购买行为在竞争市场中不会发生，因为企业可以按照市场价格出售任意数量的产品，没有必要固定交易伙伴。如果

实行公开或非公开串谋的寡头垄断企业之间签订互惠购买协议，那么它们可能采取的降价或欺骗行为有可能会增进社会福利。对于垄断企业来说，互惠购买可以作为价格歧视的一种手段。

4. 混合并购可以节约生产成本

同纵向并购的情况类似，混合并购所导致的生产成本节约亦源于范围经济效应。以产品扩张型的混合并购为例，并购后的企业可以通过整合现有资源，将两种关联产品在原材料采购、销售、营销、生产、研发等各个环节实现资源共享，从而节约生产成本，提高经济效率。

5. 混合并购可能会形成组合力量

该力量可能来自多种品牌所产生的协同效应，获得组合力量的并购方可以通过杠杆效应延伸垄断力量或者限制市场竞争，从而降低社会福利水平。例如处于相邻市场的两家企业并购后，相互关联的市场上的产品可以形成组合，整合后的实体则可能有能力将不同市场上的产品关联起来进行有条件的销售，从而将自己在一个市场上的垄断力量传递到另一个市场，或者通过限制另一市场上的竞争而获利，即产生所谓的杠杆效应。具体方式是并购后的企业从事捆绑销售、搭售或者采取拒绝交易等排他行为，其中最重要的方式是搭售和捆绑销售。

案例 6—5

比亚迪并购秦川汽车

2003 年 1 月 23 日，有着亚太地区“电池大王”称号的民营企业家王传福在中国香港宣布，通过旗下的香港主板上市公司比亚迪股份有限公司，以 2.54 亿港币（约合人民币 2.695 亿元）的价格收购西安秦川汽车有限责任公司 77%的股权。由此，比亚迪正式控股秦川汽车公司。比亚迪成为控股国有汽车企业的第一家民营企业。

在香港主板上市的电池大王比亚迪，是中国最大的二次充电电池生产商，以摩托罗拉为首的众多大型企业的手机电池大多由其贴牌生产。2003 年比亚迪成为仅次于日本三洋的全球第二大手机电池制造商，占全球市场份额的 23%。西安秦川汽车是中国西北地区唯一的一家轿车生产企业。由于出身军工企业，秦川汽车一直饱受资金问题的困扰。

在比亚迪总裁王传福的眼里，比亚迪并购秦川汽车是一个经过深思熟虑的战略。他说：“进军汽车业这个决策，我是非常谨慎的。电池这个行业，很坦率地讲发展空间有限，需要找一个有更大发展空间的行业，但又希望那是一个和电池相关的行业。要找一个玩家少一点的、门槛高一点的、竞争程度相对低一点的行业进入。想来想去，只有汽车。”王传福清晰地看到了中国的汽车业潜藏着的巨大的发展潜力。

电池大王比亚迪入主汽车，很明显意在构建一个汽车电池产业化的平台，抢占电动汽车的发展先机。能源和环保是未来汽车业发展的方向，世界各国和各大汽车生产巨头都不惜投入巨资进行科技攻关。比亚迪将自己的主业和汽车业结合起来发展电动汽车，是极具发展眼光的战略举动。实际上，电动汽车的发展很大程度上卡在了电池技术上：一次充电的行车里程、电池使用寿命、电池回收的环保处理等。在王传福自己看来：“我原来是做手机电池的，现在只不过是做一个大一点儿的电池把它装在汽车上罢了。”

收购秦川汽车后，比亚迪采取了一系列举动：2003 年 5 月 15 日，秦川汽车公司正式更名为“比亚迪汽车有限公司”；同年 8 月，比亚迪股份有限公司与西安高新技术产业开发区、陕西省投资集团签订了投资 20 亿元合资组建汽车企业的合同。比亚迪自从入主秦川汽车之后，在国内率先进行电动汽车的研发制造。比亚迪在 2003 年投入巨资在上海建立了汽车研发中心，主要承担电动汽车和新款轿车的研发任务，此后每年都投入大量的人力、设备、资金进行电动汽车技术的研发。

比亚迪解决了电动汽车的一系列关键性技术难题，掌握了许多达到世界领先水平的电动车领域的核心技术，比亚迪已成为中国乃至全球电动汽车行业的领跑者。在“十二五”规划中，中国政府将新能源汽车列为了七大战略性新兴产业之一，并将重点扶持其发展。这无疑为比亚迪新能源汽车的发展带来了新的利好。

资料来源：顾卫平、任胜刚：《比亚迪并购秦川的战略之辩》，载《中外管理》，2004（6）。

案例分析题

1. 比亚迪并购秦川汽车属于哪一种并购类型？
2. 比亚迪并购秦川汽车的动机是什么？

简要答案

1. 比亚迪并购秦川汽车属于混合并购。
2. 比亚迪并购秦川汽车的主要动机是构建汽车电池产业化平台，抢占电动汽车的发展先机。

案例 6—6

商务部附加限制性条件批准默克收购安智

一、案件基本情况

收购方：默克公司（以下简称默克）于 1995 年 7 月在德国达姆施塔特注册成立，在法兰克福证券交易所上市。默克主要从事生物制药产品、生命科学仪器和特种化工产品的生产与销售。被收购方：安智电子材料公司（以下简称安智）于 2010 年 10 月在卢森堡注册成立，并在伦敦证券交易所上市。安智主要从事用于电子产品的特种化工材料的生产与销售。2013 年 12 月 20 日，默克发出公告，计划以公开要约的方式收购安智全部已发行及将发行的股本。交易后，安智将从伦敦证券交易所退市，成为默克间接控制的全资子公司。

二、相关市场

（一）相关商品市场。

平板显示器是一种使用液晶显示技术或其他替代技术生产的薄屏显示器，由前板、液晶和背板组成。默克和安智分别生产液晶和光刻胶。液晶是平板显示器前板和背板之间实现照明功能的原材料，光刻胶是制造背板电子电路的原材料，二者为互补关系，构成相邻市场。从需求替代性角度来说，液晶、光刻胶无法被其他材料替代，分别构成单独的商品市场。

（二）相关地域市场。

液晶和光刻胶在全球范围内生产和销售，运输成本在整个产品价格中所占的比例较低，不存在进口障碍。因此，相关地域市场为全球，同时考察对中国市场的影响。

三、竞争分析

商务部对相关市场份额、市场控制力、市场进入等因素进行了评估，认为本次交易完成后，默克具有利用相邻产品关系将液晶和光刻胶进行捆绑销售或交叉补贴的能力，可能损害市场竞争：

（一）合并后企业具备捆绑销售的能力。默克在全球液晶市场的份额超过60%，在中国液晶市场的份额超过70%；安智在全球光刻胶市场的份额约为35%，在中国光刻胶市场的份额超过50%。本次交易完成后，默克成为同时供应液晶和光刻胶两种产品的最大供应商，而其他竞争者只能单独供应一种产品且产量有限。若默克将液晶和光刻胶进行捆绑销售，可通过交叉补贴的方式降低捆绑销售产品的价格，扩大销售额，增加利润。

（二）合并后企业可能损害市场竞争。鉴于交易双方市场份额高，而同行竞争者数量少，且市场份额小，无法对合并后企业形成足够的竞争压力，也不具备抗衡捆绑销售的条件和能力，在与默克的竞争中处于劣势，因而竞争者会受到排挤甚至退出市场。在合并后企业达到扩大市场份额、增强市场控制力、排挤同行竞争者的目的后，下游客户选择供应商的空间缩小，议价能力减弱，难以对合并后企业的单方提价行为形成制衡。因此，合并后企业可能通过捆绑销售、交叉补贴损害相关市场竞争。

（三）相关市场存在较高进入壁垒。在液晶市场，默克拥有3 500多项专利，部分专利构成实质性壁垒，同行竞争者和市场新进入者短期内难以突破。同时，下游客户对光刻胶供应商的技术测试认证周期可能长达2～3年，在实践中几乎不会转换至没有市场销售实绩的光刻胶供应商。调查表明，难以有新的市场进入者。

四、附加限制性条件的商谈与审查决定

商务部向申报方指出了此项并购可能产生的竞争问题，并就如何减少其不利影响进行了多轮商谈。经评估，商务部认为，默克于2014年4月25日向商务部提交的救济方案能够减少此项并购对竞争产生的不利影响。根据默克向商务部做出的承诺，商务部决定附加限制性条件批准此项并购。

资料来源：中华人民共和国商务部公告2014年第30号《关于附加限制性条件批准默克公司收购安智电子材料公司案经营者集中反垄断审查决定的公告》。

案例分析题

结合本章内容分析默克公司收购安智电子材料公司对社会福利的影响。

简要答案

本次交易完成后，默克成为同时供应液晶和光刻胶两种产品的最大供应商，而其他竞争者只能单独供应一种产品且产量有限。若默克将液晶和光刻胶进行捆绑销售，可通过交叉补贴的方式降低捆绑销售产品的价格，扩大销售额，增加利润。由于同行竞争者数量少，且市场份额小，无法对合并后企业形成足够的竞争压力，也不具备抗衡捆绑销售的条件和能力，在与默克的竞争中将处于劣势，因而竞争者很有可能受到排挤甚至退出市场。在合并后企业市场控制力增强，且同行竞争者受到排挤的情况下，下游客户的选择范围缩小，议价能力减弱，难以对合并后企业的单方提价行为形成制衡。从这个角度来看，合并后企业的捆绑销售与交叉补贴行为可能会损害市场竞争，降低社会福利。

关键术语

企业并购　横向并购　纵向并购　混合并购　纵向一体化　多样化经营

本章思考题

1. 并购的含义是什么？并购有哪些类型？
2. 威廉姆森的福利权衡模型的基本内容是什么？
3. 企业实施横向并购的动机是什么？横向并购对市场结构和社会福利有哪些影响？
4. 企业实施纵向并购的动机是什么？纵向并购对市场结构和社会福利有哪些影响？
5. 企业实施混合并购的动机是什么？混合并购对市场结构和社会福利有哪些影响？

简要答案

1. 企业并购是资本集中的一种形式，包括兼并和收购两个方面。兼并是指两家或两家以上的企业合并成一家企业；收购是指一家企业通过取得另一家企业的大部分资产或股份而获得对另一家企业的控制权。兼并和收购统称为并购。从并购双方所处行业的相互关系来划分，并购主要有三种类型：横向并购、纵向并购和混合并购。

2. 威廉姆森的福利权衡模型综合分析了并购带来的成本节约和福利损失。一方面，横向并购使企业获得了规模经济效益，降低了生产成本，提高了效率；另一方面，横向并购增强了企业的市场势力，从而导致产量降低、价格上升、消费者福利受损。由于横向并购对社会的影响是双方面的，所以判断横向并购对社会总福利的影响，需要综合比较横向并购带来的成本节约和福利损失。如果成本节约大于福利损失，那么横向并购的社会总福利为正；相反，如果成本节约小于福利损失，那么横向并购的社会总福利为负。

3. 企业实施横向并购的动机主要有以下几个方面：获得规模经济、增强市场支配力和竞争力、获得管理协同效应以及实现管理者自身利益最大化。横向并购对市场结构与社会福利的影响既有积极的一面，也有消极的一面。横向并购的正效应主要有：获得规模经济，降低生产成本；提高资源配置效率。横向并购的负效应主要有：增强市场势力；有利于企业之间达成串谋协议；提高行业的进入障碍。

4. 企业实施纵向并购的动机主要有以下几个方面：降低交易成本、提高企业的控制能力、获得范围经济、增强或消除市场势力和实行价格歧视。纵向并购对市场结构与社会福利的影响是双向的。纵向并购的正效应表现为：纵向并购可以使企业获得范围经济，提高效率；纵向并购可以节约生产成本和交易成本，纠正市场失灵问题；纵向并购可以解决双重加价问题。纵向并购的负效应表现为：纵向并购会提高行业的进入障碍；纵向并购可能会产生杠杆效应，企业可以通过纵向并购，将其在一个市场中拥有的垄断势力延伸到其他市场中。

5. 企业实施混合并购的动机主要有以下几个方面：分散经营风险、获得范围经济以及提高资产的利用效率。混合并购对市场结构与社会福利的影响要根据具体情况具体分析。实行多样化经营的企业在进入新的市场领域时往往更具备优势。从这个角度来讲，混合并购可以有效地降低行业的进入障碍。当新企业进入某一生产领域时，实行多样化经营的在位企业可以利用生产多个产品的有利条件来驱逐竞争对手。从这个角度来讲，混合并购会提高行业的进入障碍。实行多样化经营的企业在进行产品定价时会考虑多种产品之间的互补关系，尽量避免一种产品价格上涨对另一种产品造成不利影响。实行多样化经营的企业在选择原材料的供给者时会优先选择购买本企业产品的供应商，即采取“互惠购买”策略。混合并购可以产生范围经济效应，节约生产成本。混合并购可能会形成组合力量，获得组合力量的并购方可以通过杠杆效应延伸垄断力量或者限制市场竞争，从而降低社会福利水平。

主要参考文献

[1] 于立，王询．当代西方产业组织学．大连：东北财经大学出版社，1996.

[2] 肖兴志，张嫚．产业经济学．北京：首都经济贸易大学出版社，2007.

[3] 王俊豪．产业经济学．北京：高等教育出版社，2008.

[4] 杜朝晖．产业组织理论．北京：中国人民大学出版社，2010.

[5] 丹尼斯·W·卡尔顿，杰弗里·M·佩洛夫．现代产业组织（第四版）．北京：中国人民大学出版社，2009.

[6] 刘志彪．现代产业经济学（第二版）．北京：高等教育出版社，2009.

[7] 唐·M·沃德曼，伊丽莎白·J·詹森．产业组织：理论与实践（第3版）．北京：机械工业出版社，2009.

[8] 骆品亮．产业组织学．上海：复旦大学出版社，2005.

[9] W·基普·维斯库斯，小约瑟夫·E·哈林顿，约翰·M·弗农．反垄断与管制经济学（第四版）．北京：中国人民大学出版社，2010.

[10] 刘伟．反垄断的经济分析．上海：上海财经大学出版社，2004.

[11] 李长英．产业组织理论与应用．北京：中国人民大学出版社，2011.

[12] 于立，吴绪亮．产业组织与反垄断法．大连：东北财经大学出版社，2008.

[13] 林恩·佩波尔，丹·理查兹，乔治·诺曼．产业组织：现代理论与实践（第四版）．北京：中国人民大学出版社，2014.

[14] 美国律师协会反垄断分会．合并与收购：理解反垄断问题．北京：北京大学出版社，2012.

第七章

进入与退出

内容要点

- 进入与进入障碍
- 退出与退出障碍
- 进入与退出障碍的测度
- 进退无障碍理论

第一节　进入与进入障碍

一、进入

市场经济中存在着竞争，企业的进入和退出是一种普遍的市场活动。无论是潜在竞争企业的进入，还是在位企业的退出，市场中企业的数量始终保持一个稳定状态，基本维持着一种动态均衡。

1. 进入的含义

所谓进入，简单来讲是指某市场或行业中出现新的企业，即企业开始生产或提供某一特定市场上原有产品或服务的替代品。在自由竞争市场结构中，决定企业是否进入某一行业最关键的因素是利润，行业中的利润是企业进入新领域的经济激励。除此之外，影响企业进入的因素还有很多，比如政策性因素等。对于一些关乎国计民生的行业，在位企业可能已经处于一种亏损状态，但为了实现产品或服务供应的稳定性，政府依然会鼓励企业进入。衡量进入的要素主要有两个：其一是进入的程度，主要体现在市场份额的变化上，可以用新进入企业所占市场份额减去退出企业所占市场份额来衡量；其二是进入的速度，即进入一旦发生，企业以什么样的速度进入。

2. 进入的方式

企业做出进入市场的决定后，就要面临进入方式的选择问题。从进入企业采用技术的角度来看，进入方式有模仿进入和创新进入两种。模仿进入往往发生在生产技术较成熟、进入障碍较少以及消费者需求较稳定的市场。模仿进入是进入企业通过复制在位企业的产品或服务，以较低的价格或提供其他附加服务等手段进入市场。而创新进入则是指进入企业利用先进的理念和生产技术，通过市场竞争，为客户提供新的产品或服务，从而进入市场。通过创新进入的方式，企业为市场提供了具有差异化的产品或服务，从而拓宽了竞争领域和市场范围。从进入者创立企业方式的角度来看，进入方式分为全新进入、购并和内部发展三种类型。全新进入是指在没有任何基础和积累的条件下，企业白手起家，一切从零开始，进入某市场或行业。这种进入方式将面临很多不确定性和风险。购并是企业发展过程中所采取的一种扩张行为，是通过购买或兼并等手段将原本分散于不同企业的生产要素集中到一个企业中来。购并是一种重要的企业进入方式，通过购并，高效率企业替代了低效率企业，实现了资源在企业间的有效转移。而内部发展是企业通过多样化经营的方式进入，最大限度地发掘和利用闲置生产资源。可以看出，不同的进入方式具有各自不同的特点和适用性，因此，选择进入方式需要考虑到企业的自身状况以及面临的外部环境。进入者可以根据自身偏好有选择地采用某种特定的进入方式，亦可以综合性地同时采用多种进入方式，而后者往往发生得更普遍。①

3. 进入时机的选择

当进入者决定进入新的市场或行业时，无论采取何种进入方式，一般都需要考虑选择合理的进入时机。对企业进入时机的把握，需要结合产品生命发展周期不同阶段的特点。产品生命周期是指产品从进入市场开始，到最终退出市场为止所经历的整个生命循环过程。一般来说，产品生命周期通常有四个阶段：投入期、成长期、成熟期以及衰退期。对企业来说，这四个阶段并没有十分清晰的界限，但每一个阶段都有比较显著的特点，进入者应当据此做出合理的进入决策。在投入期，产品处于开发阶段，这时进入者相对较少，进入者所面临的竞争并不激烈，但作为一种全新的产品类型，消费者对其并不十分了解，偶尔会有消费者购买，因此进入者需要克服未来不确定性所带来的风险。在产品的成长期，由于产品特性基本趋于稳定，消费者已经熟悉，并进行大量购买，在位企业的销售额处于上升阶段，利润不断增加。由于行业内存在可观的利润，潜在进入企业跃跃欲试并纷纷进入，市场竞争加剧。此时的在位企业可能会对进入者采取报复行为。产品成熟期的特点是市场趋于饱和，潜在消费者变得稀缺，企业的销售额趋于平稳或开始下降，为了获得更多利润，在位企业对新进入者设立严格的进入障碍，在位企业之间的竞争亦更加激烈，产品价格降低，广告和促销费用激增，企业利润不断下降。在产品的衰退期，随着技术的发展和产品的更新，市场上会涌现出大量的替代产品，消费者的消费习惯亦逐渐转变，对原有产品的需求被新的替代品所取代，原产品的销售额和利润迅速下降，此时已不适合潜在进入企业进入。作为营利性企业，进入者追求的目标是生产利润，通过对产品生命周期各阶段的特征进行分析，有助于潜在进入企业做出理性的进入决策。

二、进入障碍

关于进入障碍的内涵，学者们分别从不同的角度进行了界定。施蒂格勒从生产成本的

① 参见杨蕙馨：《企业的进入退出与产业组织政策》，上海，上海三联书店、上海人民出版社，2000。

角度进行分析，认为进入障碍是一种成本，这种成本是仅由进入企业承担而在位企业无须承担的成本。克拉克森亦给出了一个类似的概念，认为进入障碍是由寻求进入某个行业的企业所承担的成本，而该行业中的在位企业则不用承担。由此可见，以上学者均认为进入障碍是一种非对称性成本，这种非对称性导致进入企业与在位企业相比需要多承担一定的生产成本。学者冯·维茨塞克亦认为，进入障碍是一种生产成本，其必然是由进入一个行业的企业承担，而不是由已处于该行业的企业承担，并且从社会的角度看，这意味着资源配置的扭曲。由这个定义可以看出，冯·维茨塞克把福利效果分析引入了进入障碍的定义之中。除了从生产成本的角度来界定进入障碍以外，亦有一些学者从其他角度进行界定。如贝恩认为，进入障碍是某一产业中在位企业相对于进入企业所具有的优势。① 这些优势表现为在位企业能够把价格长久地保持在竞争性价格水平之上，并且不会招致新企业进入。因此，只要能够满足这样的条件或因素，都可以构成进入障碍。色罗普认为在位企业为了免受潜在竞争企业的进入威胁，可以有目的地采取排他性行动，从而将潜在竞争者排斥在市场或行业之外。其主要强调的是具有“策略性”的进入障碍，策略性进入障碍逐渐成为学者们研究的关注点。综上所述，进入障碍可被理解为新企业进入特定市场时所面临的一系列障碍，既包括新企业比在位企业多承担的生产成本，也包括在位企业能够阻止新企业进入的各种有利条件。

潜在进入者的进入障碍主要分为三类：结构性进入障碍、策略性进入障碍以及政策和法律进入障碍。

1. 结构性进入障碍

结构性进入障碍属于行业本身的特性，即进入某行业时所遇到的阻碍以及克服这些阻碍所导致的成本提高，其主要是由企业的供给技术条件和需求偏好特点造成的。结构性进入障碍主要有规模经济障碍、绝对成本优势障碍、必要资本量障碍、产品差异障碍以及网络效应障碍等。

（1）规模经济障碍。规模经济要求企业选择最优规模进行生产以降低生产成本。企业若想获得最大收益，需要努力使自身的规模达到有效经济规模水平。而在市场容量一定的前提下，在位企业通过长期的成长和发展，可能已经达到了有效经济规模，这样，潜在进入企业在进入该行业前就会面临选择的困难：如果进入企业以低于最小经济规模的产量水平进入，则由于无法实现规模经济，其成本与在位企业相比是偏高的，进入企业处于竞争劣势；如果进入企业以最小经济规模的产量水平进入，则进入后市场中的产量总和将超过最大市场容量，导致产品价格降低至平均成本以下，进入企业面临亏损。因此，规模经济便成为进入障碍的一个重要因素，可以用图 7—1 来表示规模经济障碍。

在图 7—1 中，平均成本曲线描绘了最小经济规模（MES）为 Q_2 单位的行业，假设该行业内的现有企业经过多年的努力都已经达到或超过了最小经济规模，其平均成本为 AC_{MES}；而新企业进入行业之初，其生产能力为 Q_1 单位，远远没有达到最小经济规模，其平均成本为 AC_M。因此新企业和现有企业相比，其成本差异为 AC_M-AC_{MES}，新企业因为进入初期无法实现规模经济而具有较高成本，竞争力较低，从而形成规模经济障碍。

（2）绝对成本优势障碍。无论产量怎样变化，在位企业都能以比新进入企业低的单位

① Bain, J. S. *Barriers to New Competition*. Cambridge, Mass: Harvard University Press, 1956.

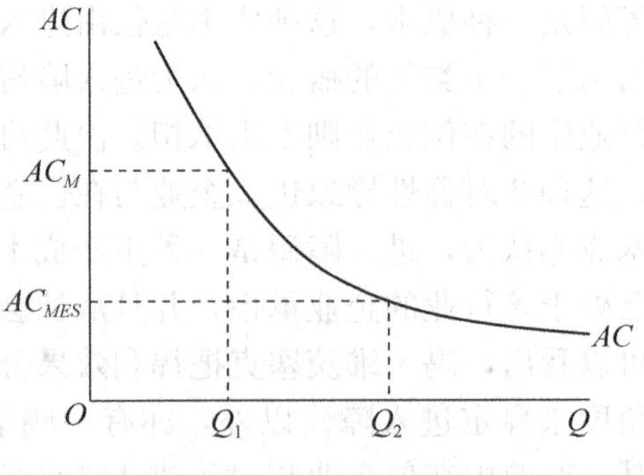

图 7—1　规模经济障碍

成本从事生产经营活动，这样新企业在竞争中将处于不利地位，或者说在位企业具有绝对成本优势。绝对成本优势产生于在位企业通过稳定经营和规模生产所积累的低成本融资渠道、优越的管理经验以及先进的科研技术等。绝对成本优势障碍使在位企业与潜在进入企业之间在生产成本方面存在显著的差距，可以用图 7—2 来表示在位企业的绝对成本优势。

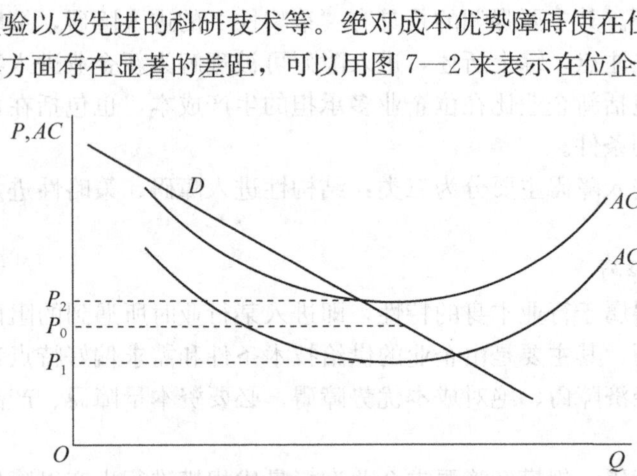

图 7—2　绝对成本优势障碍

在图 7—2 中，AC_1 表示在位企业的平均成本，AC_2 表示新进入企业的平均成本，P_2 表示新进入企业的最低平均成本，P_1 表示在位企业的最低平均成本，D 表示市场需求曲线。若在位企业在 P_1 和 P_2 之间定价，则在位企业将有利可图，而进入企业面临亏损，这样在位企业的绝对成本优势就可以将潜在进入企业阻止在市场之外。

在位企业单位成本比潜在进入企业低，从而形成进入障碍的原因主要有：第一，在位企业可以通过专利保护等对先进的生产技术实施控制。第二，原材料的供应是稀缺的，新进入企业需要设法到距离更远的地方获取，或者需要支付更高的购买价格。第三，与在位企业相比，新进入企业不可能以同等条件获得相应的生产要素资源，比如优秀的人才、资本等。第四，在位企业的销售服务网络已经初具规模，新进入企业若想建立类似的网络系统，需要支付高额成本。

（3）必要资本量障碍。必要资本量是指潜在进入企业为进入特定市场而必须投入的最低限度的资本量。不同行业在技术、生产以及销售等业务领域是不相同的，其所需的必要资本量亦存在差异。比如要建设年产钢 1 000 万吨的焦铁、炼钢连续化生产工厂，需要数千亿元的资金；同样，从国内制药产业的情况来分析，本土制药企业的必要资本量为 1 亿元。可以看出，进入的难易程度和必要资本量是成正比的。因此，必要资本量的巨额化成为进入障碍的一个因素。必要资本量障碍与规模经济障碍比较相似，不同之处在于：必要资本量障碍强调的是筹资难易的问题，而规模经济障碍更关注企业可能获得的市场份额与降低平均成本之间的矛盾。

(4) 产品差异障碍。产品差异障碍来源于消费者对某种特定产品的偏好与忠诚，指的是在同一产业中，不同企业生产的同种产品会在质量、款式、价格、性能和售后服务等方面存在差异，这些差异可以将偏好不同的消费者区分开来，最终导致产品间不能够完全替代。消费者对特定产品的偏好是在长期的消费经历中培养出来的，是通过反复对比和体验累积起来的，这种偏好通过企业的广告宣传活动以及商标法、专利法和知识产权法等被进一步强化。在产品差异化程度高的产业中，在位企业经过长期的生产经营活动，已经建立了良好的信誉和声望，致使消费者对其产品产生了依赖性。在市场容量一定的情况下，潜在进入企业若想进入该行业，必然需要和在位企业争夺客户，因此就必须投入大量的资本用于广告宣传和开拓市场等活动，这种策略亦需要长时期持续下去，其间必然会花费巨额资金或成本。因此，产品差异也是形成进入障碍的因素之一。

(5) 网络效应障碍。网络效应或网络外部性是指消费的外部性，即消费者的效用水平将随着购买某种商品的消费者数量的增加而提高，从而增加了消费者对该商品的需求。卡兹和夏皮罗（Katz and Shapiro，1985）将网络效应分为直接的网络效应和间接的网络效应两种。直接的网络效应是指因某一特定产品用户数量的增加而直接导致的网络价值增大，有学者也把它看作是消费者的规模经济，如通信网络（电话、传真机、在线服务）是典型的直接网络效应的例子。而间接的网络效应是指随着某一产品使用者数量的增加，该产品的互补品数量增多、价格降低，比如计算机的硬、软件设备，当消费者对某种特定的计算机的需求增加时，相应的计算机软件企业将增加对配套软件的生产和供应，使软件的数量和种类增加，质量提高，价格下降。

在具有网络效应的行业中，在位企业相对于潜在进入企业在用户基数上具有显著的优势，使得潜在进入企业很难赢得客户的支持。因此，用户基数的不对称就成为网络市场上的进入障碍。潜在进入者要想成功进入该行业，关键是要使新网络和旧网络实现互联互通，使产品在技术上相互兼容，以共享用户基数。

在间接的网络效应中，在位企业经过长时间的经营，其硬件产品可能有大量的配套产品，在正反馈效应的作用下，在位企业与潜在进入企业在辅助产品上的数量差异会迅速扩大，市场竞争的结果是在位企业的主导地位再次加强，从而增加了潜在进入企业生存的困难。此外，实现消费者向新产品的转移，必然会产生较高的转移成本，这些都是潜在进入企业难以克服的进入障碍。

2. 策略性进入障碍

策略性进入障碍主要是指在位企业的行为，即在位企业为了阻止潜在进入企业进入特定市场或行业而主动采取的策略性行为，最终使潜在进入者相信一旦进入便会遭到在位企业的报复，在位企业采取这种行为的最主要的目的就是阻止潜在进入者或驱逐竞争对手。这种威胁必须使潜在进入企业认为这种行为是可信的，比如形成过剩生产能力。策略性进入障碍与结构性进入障碍不同，结构性进入障碍大多侧重于其本身客观存在的因素，而策略性进入障碍多与主观性因素相关。根据在位企业的策略性行为影响未来利润预期的方式不同，可以把策略性进入障碍分为影响未来成本结构的进入阻止、影响未来需求结构的进入阻止以及影响潜在进入者信念的进入阻止三种类型。

（1）影响未来成本结构的进入阻止。在位者利用策略性行为影响企业的成本结构，通过自身的地位优势和市场操控手段来排斥竞争对手，使其陷入成本劣势。在位企业可以充分利用这种成本不对称性，使进入企业在竞争中遭受损失，从而退出市场，或者选择不愿进入。该策略性行为主要有两种类型：

第一，降低自己未来成本的策略。在位企业与潜在进入企业相比，具有天然的成本优势。由于在位企业长期的经营活动，其在生产过程中积累了丰富的经验，企业的生产效率较高，生产的平均成本较低，这被称作是一种学习效应，广泛地存在于诸多产业当中。学习效应与生产过程的复杂程度呈现出正向相关性，在位企业可以充分利用学习效应所带来的成本优势，实施策略性行为阻止进入。如果这种成本优势足够大，超过了潜在进入企业所能承受的强度，则潜在进入企业就会选择放弃进入努力。享有这种成本优势需要花费学习时间，对于潜在进入企业来说不易在短期内获得，这样，在位企业通过长期经营和经验积累而建立起来的成本优势，成为一种阻止潜在进入企业的策略性行为。

第二，提高对手未来成本的策略。在位企业通常会采取策略性行为，提高竞争对手的成本，从而使自身拥有成本优势，最终实现进入阻止或排斥竞争对手的目的。这些策略性行为主要有利润挤压、提高要素价格和利用政府规制等。利润挤压是纵向一体化企业通常采取的策略性行为，实施纵向一体化的在位企业通过直接操纵产品批发价格和零售价格的手段，或者掌握产品关键投入资源和销售渠道的方式，努力挤压特定产品从生产到销售等各环节的利润空间，使潜在进入企业望而却步，最终放弃进入该行业，或使竞争对手从无利可图的行业领域中退出。比如在位企业实施价格操纵，蓄意提高上游原材料产品的价格，使潜在进入者相信进入是无利可图的；或者在位企业故意压低下游市场上产品的零售价格，这类似于驱逐性定价，竞争对手将因无利可图而选择退出市场。提高要素价格是提高对手成本的一种重要手段，在位企业在市场中占有主导地位，当潜在进入企业打算进入时，在位企业可以利用其主导地位控制各种生产要素的价格，提高进入者的进入成本，使其一开始便处于不利地位。比如在位企业利用其雄厚的实力，支付给员工更多报酬，从而提高整个行业的工资水平，竞争对手因担负高昂的成本而处于竞争的劣势。① 利用政府规制亦是在位企业提高对手成本的一种方式。在位企业在竞争中具有较强的市场势力，可以充分利用其在位优势对规制者进行游说，使规制者制定有利于在位企业的规制政策，从而迫使竞争对手陷入不利境地。

（2）影响未来需求结构的进入阻止。在位企业不仅可以通过影响未来成本结构的策略性行为获得竞争优势，而且可以通过影响未来需求结构的手段阻止潜在进入，以加强自身的市场势力。影响未来需求结构的策略性行为是指在位企业通过强化消费者对其产品的偏好和忠诚度，来实现未来消费者对其产品的需求。如果潜在进入者通过对市场需求的考察和预测，确信进入后市场需求份额不足以弥补其投入的成本，那么潜在进入行为便不会发生。影响未来需求结构的进入阻止的策略性行为主要有以下几种：

---

① O. E. Williamson. "Wage Rates as A Barrier to Entry: The Pennington Case", *Quarterly Journal of Economics*, 1968, 82 (1), pp. 85-116.

第一，形成过剩生产能力。在位企业设置过剩生产能力主要有两个目的：其一，由于产品需求具有弹性，因此适当规模的过剩生产能力可以用来平衡市场需求波动，比如在市场需求旺盛时，企业可以利用过剩生产能力，满足市场中的产品供应不足。其二，阻止潜在进入企业的进入。过剩生产能力是一种可置信的威胁，在位企业通过形成过剩生产能力，使潜在进入者确信，一旦发现其进入，在位企业就会动用过剩生产能力进行生产，结果就是市场中的产品供给大于需求，价格下降，这样，进入不仅无利可图，甚至有可能蒙受损失。潜在进入者若能理性地认识到博弈的后果，便不会做出进入决定。

第二，产品渗透策略。在位企业通过多种途径和手段，将自己的品牌或产品渗透到每一个细分市场，以抢占有限的市场需求空间，从而起到排挤潜在进入企业的目的。在位企业可以通过技术研发、生产多样性产品、打造过硬品牌、提供优质的客户服务等来赢得细分市场。

第三，提高转换成本。转换成本（switching cost）是指消费者从某种产品或服务的享用转移到另一种产品或服务的享用所产生的一次性成本。转换成本不只体现在经济方面，亦包含时间、情感、精力和习惯等多方面的内容，它是潜在进入者需要克服的重要进入障碍。要实现顾客从一种产品或服务向另一种产品或服务的转换并非易事，即便消费者对当前的产品或服务并不十分满意，但由于转换成本的存在，消费者也会三思而行。转换成本主要有学习成本、优惠折扣和附加价值损失、情感和心理成本以及交易成本等。转换成本降低了用户的需求弹性，限制了其转移的自由。在位企业通过广告宣传等策略，让消费者体验其产品或服务的特殊性和不可替代性，以增强顾客的依赖感和忠诚度，而潜在进入企业必然需要花费大量的额外成本才能够吸引顾客，并实现其偏好的转移。

第四，签订长期合约。在位企业为了长期锁定消费者的需求，会积极与消费者签订长期性合约，消费者如果擅自转向其他产品供应者，则需要支付一定的违约金，该策略性行为通常适用于产品需求较为集中的情况。潜在进入者欲实现现存市场中消费者向自己产品的转移，必然需要降低其所提供产品的价格，以使消费者节省的成本足以弥补其支付的违约金，而潜在进入者往往不具备允许制定低价的成本优势，因此，在位企业通过签订长期合约便可以把潜在进入者排斥在外。

(3) 影响潜在进入者信念的进入阻止。在位企业的策略性行为能否达到预期的目的，关键在于其是否可以成功地对潜在进入企业的收益预期产生影响。影响潜在进入者收入预期的方式主要有两种：一种是在位企业能否影响到市场的成本结构和需求结构，前面已经对这种方式进行了详细分析；另一种便是对潜在进入者未来信念的影响，也就是说，在不影响到未来市场的成本结构和需求结构的前提下，仅仅对潜在进入者关于未来收益预期的信念产生影响。

在潜在进入企业和在位企业的动态博弈过程中，在位企业经过长期的经营，已经积累了丰富的经验，这主要反映在对市场信息的洞悉和把握上。对于潜在进入企业来说，即使其进入前已经做了大量的市场调研和考察，也总是存在难以观测到的变量，比如在位企业的成本信息、市场容量、消费者偏好以及未来产品的需求与价格等。由于存在信息不对称，潜在进入者处于信息劣势。考虑到这一点，在位企业可能会采取策略性行为，利用在位优势，向潜在进入企业散播和传递虚假信息，或者凭借其操纵信息的能力影响潜在进入者对信息的推断，使潜在进入者做出有利于在位企业的决定。在位企业通过影响潜在进入者判断信息的能力，来影响其对未来收益的预期，从而动摇其进入市场的信念。在位企业具有信息优势和先动优势，可以有效地利用信息不对称，实现对潜在进入企业的进入阻止。

3. 政策和法律进入障碍

除了结构性进入障碍和策略性进入障碍以外，政府在调节资源分配和干预经济活动中所制定的法律或政策措施，对潜在进入企业的市场进入亦形成障碍。比如政府为了实现有效竞争而实施的特许经营以及许可证制度，为鼓励技术创新而设立的专利制度和知识产权保护制度，以及差别性税收或补贴政策等。

三、较低进入障碍下汇源集团的策略性行为①

进入障碍是在位企业为获取长期稳定的超额利润而主动采取的各种策略性行为的集合，进而迫使潜在进入企业难以进入特定行业。本部分以汇源集团和饮料产业为研究对象，重点分析了较低进入障碍下企业的策略性行为，最终指出产品策略是饮料产业中企业获得超额利润的优势策略。

1. 事件描述

2009 年初，出于反垄断的原因，政府对可口可乐入主汇源一事并未发放通行证，至此准备近一年的并购工作全面停摆。这一结果对汇源集团产生了重大冲击，2009 年上半年财务数据显示，汇源果汁（01886. HK）销售额为 8.8 亿元人民币，同比去年的 12.94 亿元下降 32%；上半年净利润由去年同期的 3.67 亿元锐减至 6 674.4 万元，减少幅度高达 81.8%；汇源果汁上半年营业收入下跌 32.0%，平均售价下降 7.8%。面对如此状况，多家券商将其评级从“持有”下调至“卖出”。为了能够尽快挽回损失，汇源集团从多个领域对其企业战略进行调整，实施了更大规模的扩张。

2. 进入障碍分析

哈佛学派认为，构成产业进入障碍的因素主要有企业生产的规模经济性、必要资本存量、绝对成本费用和产品差异化等，可从这些因素入手对饮料产业的进入障碍进行分析：

第一，规模经济性。随着技术生产力的不断提升，饮料产业中的企业普遍达到了规模经济的生产水平，因此规模经济并未在饮料产业造成进入障碍。芝加哥学派认为造成规模经济性的因素对产业内外所有企业均是一样的，不存在任何非对称因素，因此可认为在中国饮料产业中，因规模经济而产生的进入障碍是较低的，甚至可以被忽略。

第二，必要资本存量。必要资本存量指的是企业进入市场所必需的资本投入，必要资本量越大，企业进入的难度就越大，进入障碍就越高。饮料产业属于传统产业，对于产业中的企业来说，因技术而产生的资本需求不高，建造新厂或更新产品流水线对于企业一年的营业额来说并非巨额开销，因此必要资本存量并不构成饮料产业的进入障碍。

第三，绝对成本费用。绝对成本费用是指在位企业在任何产量水平下的平均成本均低于潜在进入企业，主要源于几个方面的优势：首先，在位企业对专利和专业生产技术的控制和绝对垄断；其次，在位企业对高质量或低成本投入品供应渠道的控制；再次，在位企业对产品销售渠道的控制；最后，潜在进入企业在筹集资金时需要支付更多的融资成本。

① 参见李庆华：《较低进入障碍下企业策略性行为研究——基于汇源集团的案例分析》，载《现代商贸工业》，2010（17）。

饮料产业属于非耐用品消费产业，其技术和专利外溢性较强，基本上不存在垄断性技术，在原材料产品供应方面，汇源集团与可口可乐、统一、康师傅和娃哈哈等集团相差无几。2009 年 9 月 29 日，汇源集团获得了中国银行北京分行 50 亿元的授信额度，以及融资、资金管理等一系列全方位式金融服务，这表明融资成本对汇源集团来说并不高，因此绝对成本费用在中国饮料产业不足以构成进入障碍。

第四，产品差异化。植草益认为非耐用消费品产业的产品差异化程度较高，因为这类产业的产品大多具有较短的生命周期，企业需要投入大量的广告宣传以影响消费者的主观偏好和消费习惯，以扩大自身的市场占有率，从而无形中扩大了产品差异化程度，强化了产业的进入障碍。娃哈哈、康师傅等大的饮料集团每年都要支付庞大的广告开支，使得中国饮料产业的产品差异化程度一直维持在中等水平，因此中国饮料产业因产品差异化而造成的进入障碍较高。

3．策略性行为分析

在位企业的策略性行为主要有掠夺性定价策略、企业产品策略以及纵向一体化策略等，通过对汇源集团近年来的策略性行为进行分析，可以总结出企业行为的实施动因，即主要是为了在中国饮料产业获取长期、稳定的超额利润，提高饮料产业的进入障碍，阻止潜在进入企业的进入，或给予产业内竞争对手压力，压缩其利润空间。汇源集团策略性行为的核心旨在提高整个饮料产业的进入障碍，通过扩大产品差异化程度来实现策略性壁垒的设置。同时，为了释放具有足够可信度的掠夺性威胁，汇源集团也进行了大量的资产投资，拓展了产品线以建设品类齐全的大型饮料企业，因此，产品策略依然是汇源集团的核心策略性行为。

四、进入对市场绩效的影响

进入以及进入障碍可以影响到市场绩效和社会福利状况，进入对市场绩效的影响主要表现在两个方面：一是进入对价格与利润的影响，二是进入对生产效率与创新的影响。企业进入市场的过程，实质上是资源重新分配的过程，从长期来看，进入障碍对资源分配具有双重效应。

1．进入对价格与利润的影响

进入会导致价格的降低和利润的减少，这种作用主要体现在两个层面：第一，利润是企业追逐的目标，在市场活动中，当产品的价格高于完全竞争水平时，潜在进入企业便会在利润的驱动下争先恐后地进入市场，为了争夺市场份额，潜在进入者通常会采取首先降价的策略与在位企业展开竞争。在市场容量保持稳定的条件下，在位企业为了捍卫原本属于自己的市场空间，会同潜在进入企业进行激烈的价格大战，最终导致市场价格和利润的下降。第二，退一步讲，即便进入并未真实发生，只要在位企业预计到潜在进入发生的可能性，就会采取主动降低价格的策略，使潜在进入者相信进入是无利可图的，从而打消进入的念头。这种情况最有可能发生在沉没成本不高、产品差异和绝对成本优势不明显的市场。这与可竞争性市场类似，进退障碍较低，即便市场中仅存在一家在位企业，考虑到严重的潜在进入威胁，该市场也仍然具有竞争性，在位者很难赚取高额利润。

2．进入对生产效率与创新的影响

在位企业拥有市场势力，可以通过制定较高的产品价格来获得高额利润，在潜在竞争因素缺乏的条件下，其更愿意并有能力维持既得地位，而没有改变现状的动机，甚至不惜忍受一定程度的X非效率（X-inefficiency）。企业进入或潜在进入威胁从某种意义上可以改变在位企业效率低下的状况，潜在竞争可以使在位企业产生危机感，迫使其从“安于现状”的惰性中走出来，积极应对竞争威胁，提高产品或服务的质量，改善生产效率。这种理论为自然垄断产业的政府规制提供了思路，一些在位垄断企业缺乏生产效率，为了打破其一家独大的垄断局面，政府应该鼓励新的市场主体进入到未被法律禁止的领域或生产环节。由于新进入企业无法与在位垄断企业展开公平竞争，为了避免在位垄断企业利用市场势力将新进入企业扼杀在摇篮之中，政府应当采取非对称性规制政策，加强对新进入企业的鼓励和帮助。[①] 通过新企业的进入可以达到促进有效竞争的目的，只有存在竞争威胁，在位企业才会提高经营管理水平、改善产品或服务质量，原有的X非效率才能有所改观，消费者的福利才会增加。

另外，进入对创新行为也有促进作用。创新最早是由美国经济学家熊彼特在《经济发展理论》一书中提出的。熊彼特认为促进创新的因素有许多，比如使用新的生产方法、改良或开发产品、开拓新市场以及创建新的产业组织等。当然创新需要投入大规模的人力、物力和财力，对于在位企业来讲，其拥有用于研发的雄厚实力，但由于这样或那样的原因，其缺乏实践创新的动力。当进入行为或潜在竞争存在时，迫于竞争或潜在竞争的威胁，在位企业不得不进行创新，以维持其在市场中的优势地位。

3. 进入障碍的福利效应

从长期来看，进入障碍对社会福利具有双重效应。一方面，进入障碍可能造成社会福利的减少。若想了解进入障碍对社会福利的负面效应，需要结合垄断来加以分析，因为进入障碍是与垄断力量相联系的。对于一个行业来说，进入障碍越强，潜在竞争企业进入越困难，产业中的企业数量就越少，产生垄断的可能性就越大。反之，进入障碍越弱，就越不易形成垄断。因此，进入障碍限制了新企业的进入，使市场中企业的数目难以增加，从而造成产品供给数量的减少和价格的提高，产业集中度亦会提高，加强了在位企业的市场势力，市场结构趋向于垄断，而正是垄断造成了社会福利的减损。另一方面，从某种意义上讲，一定程度的进入障碍亦可以提高资源配置的效率，主要体现在以下几个方面：规模经济障碍限制了那些低效率企业进入市场，保证了稀缺资源在规模经济状态下进行分配和生产；进入障碍限制了低水平的重复建设，避免了资源浪费；在一定约束条件下，资源配置成本与资源转移频率之间存在正向相关性，进入障碍确保了原有市场中企业生产和经营活动的稳定性，从而减少了资源转移频率，提高了资源配置的效率。

五、进入障碍的经验证据

一般认为，农业、建筑业、批发和零售业、服务业是容易进入的。相比而言，在一些制造业、采矿业和某些受限制的行业（公用事业和一些保险业）里，进入就比较困难。

贝恩（Bain，1956）运用多行业的截面分析方法对进入障碍进行了详细分析，见表7—1。从该表可以看出，产品差异化是最重要的进入障碍，其次是必要资本量。同时也可以看出，汽车、拖拉机、打印机行业的规模经济障碍很高，其他7个行业的规模经济障碍

① 参见王俊豪：《政府管制经济学导论——基本理论及其在政府管制实践中的应用》，北京，商务印书馆，2001。

较高；除了铜、石膏制品、钢铁行业以外，绝对成本优势障碍在大多数行业较低；汽车、钢铁、卷烟、石油精炼、拖拉机、金属容器行业的必要资本量障碍也很高。

表 7—1　　贝恩估计的 20 个行业的进入障碍

行业	规模经济	产品差异化	绝对成本优势	必要资本量
汽车	3	3	1	3
罐装食品	1	1～2	1	1
水泥	2	1	1	2
卷烟	1	3	1	3
铜	—	1	3	—
农用机械	2	1～3	1	—
面粉	1	1～2	1	0
自来水笔	—	1～3	1	1
石膏制品	—	1	3	1
酒类	1	3	1	2
肉类加工	1	1	1	1
石油精炼	2	2	1	3
人造纤维	2	1	1	2
制鞋	2	1～2	1	0
肥皂	2	2	1	2
钢铁	2	1	3	3
轮胎	1	2	1	2
拖拉机	3	3	1	3
打印机	3	3	1	—
金属容器	—	2	1	3

注："3"代表很高的进入障碍，"2"代表较高的进入障碍，"1"代表较低的进入障碍。

贝恩对三种进入障碍的判断标准是：当在位企业能把价格提高到比竞争水平高 10%，而又不会引起潜在进入者进入时，则该行业存在很高的进入障碍；如果在位企业能把价格提高到比竞争水平高 7%而没有潜在进入者进入时，则该行业存在较高的进入障碍；较低的进入障碍的标准是在位企业能把价格提高到比竞争水平高 4%以内。贝恩估计的 20 个行业的总进入障碍程度见表 7—2。

表 7—2　　贝恩估计的 20 个行业的总进入障碍程度

进入障碍很高的行业：汽车、卷烟、酒类、拖拉机、打印机
进入障碍较高的行业：铜、农用机械、石油精炼、制鞋、肥皂、钢铁
进入障碍较低的行业：罐装食品、水泥、面粉、石膏制品、自来水笔、肉类加工、金属容器、人造纤维、轮胎

杨国标（Guobiao Yang，1998）以德尔·奥尔模型①为基础，利用中国 40 个行业的

① 德尔·奥尔（参见 Dale Orr. "The Determination of Entry：A Study of the Canadian Manufacturing Industries"，*The Review of Economics and Statistics*，1974）利用加拿大 1963—1967 年 71 个行业的相关数据分析了有关进入障碍的变量，认为必要资本量、广告密度和高集中度是最重要的进入障碍，其次是研发密度和行业风险。

相关数据对进入障碍进行了实证分析，实证结果显示：中国具有高进入障碍的行业包括石油天然气开采业、烟草加工业、机床加工业、食品工业、电力行业等 9 个行业；具有中等进入障碍的行业包括化工业、医药业、电子通信设备制造业等 15 个行业；具有低进入障碍的行业包括服装业、仪器仪表业、塑料业、家具业等 16 个行业。由于中国存在严重的重复建设和过度竞争问题，大部分行业存在没能实现规模经济、市场效率低下的问题，因此，他认为保持适度的进入障碍对提高中国的市场绩效是有益的。

案例 7—1

传媒业的进入门槛

传媒业是一个高门槛的产业，首先表现在进入该产业需要大量的资本投入上。在西方发达国家，传媒业已经形成规模庞大的产业，激烈的竞争使传媒业必须做大做强，传媒业竞争所需要的大量投资构成了一种进入壁垒。如果投资达不到所需要的强度，前期的市场投资将不可收回；而且传媒业的发展需要客户具有极强的品牌忠诚度，消除受众对原有传媒的品牌忠诚度也需要投入大量的时间和财力。所以，对传媒的投资是一个足量长期的投资，只有拥有足够财力的大型公司才有资格进入这一产业。比如，法国维旺迪环球的前身是一家水务公司，2000 年 10 月，维旺迪兼并加拿大西格拉姆公司以及 Canal Plus，所涉金额为 340 亿美元。维旺迪从此改名为维旺迪环球，一举进入传媒业，形成当时世界第二大传媒集团。自 20 世纪 80 年代日本索尼公司以 34 亿美元买下美国的哥伦比亚电影公司而加速了传媒业的“合并狂潮”以来，公司之间动辄上百亿美元的兼并和收购就接连不断。2002 年，历史悠久的《财富》杂志一年一度的“全球最受赞赏公司排行榜”抬高了门槛，将参加评选公司的年收入从 30 亿美元提高到了 80 亿美元，这实际上也从一个侧面说明，传媒业的进入资本壁垒增高。另外，作为高度依赖新技术的产业，传媒业必须时时跟踪最新技术，这也使得产业成本提高。例如，铺设有线电缆的造价可以达到每英里 50 万美元，而且通常要运作 5～7 年才能盈利，新公司要开展这方面的业务，代价非常高；比如 Discovery（探索）频道一个小时的制作费是 80 万～400 万美元，一个节目可以做三四年。

资料来源：李欣：《传媒业进入壁垒分析》，载《中国广播电视学刊》，2010（4）。

案例分析题

1. 根据材料分析传媒业中存在着哪些进入障碍。
2. 应当采取怎样的措施克服传媒业中的进入障碍？

简要答案

1. 传媒业是一种高门槛的产业，进入该产业需要大量的资本投入，要想做大做强，传媒业竞争所需要的大量投资构成了一种进入障碍。因此，从材料来看，传媒业中存在着必要资本量障碍，必要资本量是指潜在进入企业为进入特定市场所必须投入的最低限度的资本量。

2. 可以从进入障碍对社会福利的影响的角度考虑，从政府和企业两个方面进行论述。

第二节 退出与退出障碍

一、退出

在市场竞争活动中，有进入就必然存在着退出，退出和进入一样都是资源配置的方式。并非所有企业进入市场后都能成功地经营下去，市场机制作用的发挥本身就是一个优胜劣汰的选择过程。退出就是企业从原来的生产和经营领域中退出来，不再充当特定产品或服务的供应者。与衡量进入的要素一样，退出某一市场或行业亦可以从两个方面进行度量：一是退出的程度，主要体现在同一时间内退出者放弃的市场份额上；二是退出的速度，即退出一旦发生，其离开的速度如何，究竟是迅速地完全退出，还是生产规模和市场份额的逐步缩减。

与进入类似，企业退出亦存在着多种不同的方式，主要可分为三类：一是全部退出，指企业丧失生产经营能力，一次性全部清算和出售所有资产，关闭原有企业，停止产品生产和经营业务。这种退出方式代价高昂，因为资产的专用性限制了其在二手市场上的出售价格，沉没成本较高，通常难以收回。除非是迫不得已，一般来说，企业不会首先主动采取这种退出方式。二是逐步退出，逐步退出是一种有计划的退出方式，亦是企业遭遇困境时的一种理性选择。当企业经营出现问题时，企业逐步暂停或终止对不景气业务领域的投资，及时变卖资产并迅速回笼资金，同时考虑重新投资于那些发展前景广阔的新业务领域。这种退出方式相对缓和并富有计划性，付出的代价相对较低。三是横向兼并，又可称为水平兼并，指的是产业中生产和经营同种或类似产品的企业间的合并。横向兼并的目的主要是扩大生产规模、增加规模收益、提高市场集中度和优化产业结构，但从某种意义上讲，横向兼并削弱了行业退出障碍，减少了在位企业的数量，因此可以把横向兼并作为退出的一种方式。从另一个角度进行分类，退出有积极退出和被迫退出两种。积极退出是指在位企业发现了更好的盈利机会而主动放弃经营原有业务领域，进而转向其他市场从事新的生产或经营活动。被迫退出是指在位企业因经营管理不善或业绩不佳，而从现有业务领域中退出来，或者转移到其他的市场或行业中。

二、退出障碍

在现实经济活动中，如果发现了更好的盈利机会或者面临经营业绩不佳的状况，在位企业需要考虑退出市场。与进入障碍相对应，企业的退出亦受到多种因素的限制，这些制约退出的因素可以被认为是退出障碍。退出障碍是指在位企业在市场前景不好、运行绩效不佳时欲退出某一行业，但受到各种因素的阻挠，资源不能顺利转移出去的状况，即在位企业要退出该行业时所需承担的成本或损失。

企业退出障碍的影响因素主要有以下几种：

1. 资产专用性和沉没成本

不同行业发展所需的生产资料在品质、结构和特性等方面是有差异的，这就决定了资产具有专用性的特点。资产专用性是指一种资产一旦被锁定用于特定用途后便很难再移作他用的性质。当企业破产或退出市场时，这些资产并不容易转卖给其他经营主体，即便能够转产或改作他用，其价值亦必然会大打折扣，甚至可能变为毫无价值的资产，最终导致企业蒙受巨大损失，那些不能被如数收回的资产被称作沉没成本。例如，企业投入巨额资本用以生产某种产品，原本预计能够在一段时期内收回投资，但由于某种原因，企业在投产后不久便决定退出市场，而企业所购置的厂房、生产设备等专用性资产若能够按照原价成功转卖，则并不会因沉没成本而形成退出障碍，但如果不能在二手资产市场上出售或者按出售价格只能小部分地收回投资，那么这种未能如数收回的资产损失便构成了沉没成本。对企业来说，沉没成本是一种资产的净损失，其大小与资产专用性程度成正比关系。资产专用性越强，沉没成本就越大，较大的沉没成本导致资产清算价值缩水，转移成本提高，因而退出障碍就越大，企业退出就越困难。

2. 固定成本

固定成本形成的退出障碍主要包括几个方面：产生了违约成本，若企业准备从市场中退出，其必然会停止生产活动，这样就需要撕毁原来和其他关联企业签订的购买或销售合同，这种违约行为将遭到相应的惩罚，违约方需支付违约金；产生了职工解雇费用成本，企业退出市场就要解雇员工，在此种情况下，雇佣关系的解除纯属企业的单方行为，需要支付给被解雇者退职金、解雇工资，有时还得支付员工改行所需的培训费用等；提高了融资成本，企业被迫退出市场反映了企业发展前景的暗淡，这种不佳的企业状况增加了企业转移到其他市场或产业领域后的融资难度，致使企业信用等级降低，融资困难加大等。

3. 联合生产问题

由于存在联合生产问题，即便企业在某种业务领域的生产经营活动并不成功，作为企业整体也不能采取退出策略。所谓联合生产是指企业不只生产单一产品，而是通过一体化或扩大规模的方式同时生产相关或连带产品的情况。比如，在精炼石油行业中，以石油为基本原料，同时生产汽油、煤油、重油等多种联合产品。即使其中某种产品如汽油的市场需求显著下降，也很难减少重油的产量。因此，由于联合生产问题的存在，即使生产某种产品的市场存在严重萎缩，整个企业也难以轻易退出。

4. 信息障碍

企业管理者不会因某个业务领域的经营失败而立即退出市场，他们明白令经营失败的业务从市场中退出，虽然从经济或资源配置的角度考虑的确是合理的，但并不具备可行性。因为企业的多项业务之间是相互关联的，可能存在着某种共用资产，或者具有相关联的内部定价策略，一旦管理者做出决策，令经营失败的业务退出市场，就有可能导致失败信息的公开，这会造成公司机密的泄露，这些都构成了企业退出时所面临的信息障碍。

5. 感情和心理障碍

从企业管理层的角度来看，企业准备从某个业务领域退出，往往被认为是企业陷入了经营管理不善的被动局面，这暗示着企业竞争活动的失败和企业认同感的放弃，作为决策者，即便经营困难，也不愿做出比较明智的退出决定。

6. 政策和法规障碍

政策和法规方面的障碍是从政府规制的角度来说的，是指为了维持特定产品或服务供应的稳定性，政府部门对特定行业制定法律或行政法规，限制企业任意退出市场。从这个层面来讲，政府的规制措施以及法律政策等亦可以构成退出障碍。例如，对于自然垄断产业，为了保证一定程度的竞争，提高产业的生产效率，需要相当数量的小企业同时存在，但与自然垄断产业相比，小企业竞争实力不强，在竞争中处于劣势并有可能被迫退出，政府为了阻止在位垄断企业对小企业的排挤，需要采取一系列的不对称规制措施，给予小企业相应的援助或优惠政策，以支持和鼓励其发展，避免或限制其任意退出市场。

三、退出障碍的福利效应

企业进入和退出是竞争性市场的重要特征，也是优化资源配置的有效方式。一般认为，退出障碍的福利效应是负面的，退出障碍的存在会使市场在资源配置过程中的作用被弱化，退出障碍限制了企业横向兼并或重组，从而直接导致产业结构优化调整的步伐受阻，不利于规模经济和有效竞争的实现，最终有损于资源的配置效率和生产效率。比如，同一行业内有众多企业参与竞争，由于市场容量有限，为了更多地抢占市场份额和获取利润，企业间必然会展开激烈竞争，市场价格不断降低。由于退出障碍的存在，生产要素的流动受到限制，企业长期处于低利润甚至是亏损状态却仍然继续生产，不愿退出市场。产业中的退出障碍阻止了资源和生产要素从低效率企业向高效率企业的转移，无益于经济效率的提高。

案例 7—2

奥克斯集团退出汽车业步履维艰

2005 年 3 月 24 日，宁波奥克斯集团宣布退出汽车业。事实上，早在该年年初，奥克斯集团高层就已经决定叫停汽车项目，只不过没有正式对外披露而已。樊成伟的手机停机了，他是奥克斯汽车销售公司副总经理，这个销售公司不设总经理，他是一把手。此前拨通樊成伟手机时，作为为数寥寥的“留守人员”的他正忙于和经销商接洽，结清相应款项。2005 年年初，奥克斯集团董事长郑坚江主持董事会会议，神情低落地宣布将分步骤撤出汽车业务，并成立了由樊成伟牵头的善后小组。话音未落，奥克斯汽车研究院即被撤销，占地 1 000 亩的奥克斯汽车基地也处于撂荒闲置状态。退出遵循“先易后难”的原则悄然推进。在宣布退出前的一年时间里，奥克斯汽车在全国发展了 120 多家经销商，到 2005 年 3 月初，绝大部分经销商接获奥克斯退出的内部消息，随即以平静心态与宁波方面进行款项交割。位于北京亚运村汽车交易市场附近的奥克斯汽车专卖店已经摘牌。集团花了 5 000 万元并购的沈阳双马轻型车制造有限公司，如何处理？这要比安抚几百个经销商难得多，变卖难度极大，买家难寻，谁会买下这样一个“烂摊子”？在奥克斯集团宣布退出汽车业后的短短一年时间里，集团用 5 000 万元购得的 95%的股份已缩水不少，股份清退是奥克斯面临的最大难题。种种迹象表明，宣布退出以后，奥克斯集团要为寻觅买主而多方奔波。

资料来源：http://www.cnad.com/html/Article/2006/0106/20060106103605744448.shtml。

案例分析题

1. 奥克斯集团退出市场遇到的最严重的障碍是什么？
2. 请结合材料分析退出障碍的社会福利效应。

简要答案

1. 奥克斯集团宣布退出汽车业，留下了一个无人问津的“烂摊子”，研究基地撂荒闲置，股份缩水。由此可见，奥克斯集团退出市场遇到的最严重的障碍是资产专用性和沉没成本障碍。

2. 一般认为，退出障碍的福利效应是负面的。从材料可以看出，奥克斯集团宣布退出汽车业后，留下了一个“烂摊子”，为寻觅买主而多方奔波。由于退出障碍的存在，资源的流动受到限制，企业无法顺利退出；退出障碍的存在会使市场在资源配置过程中的作用被弱化，从而直接导致产业结构优化调整的步伐受阻，不利于规模经济和有效竞争的实现，最终有损于资源的配置效率和生产效率。

第三节　进入与退出障碍的测度

一、进入障碍的测度

进入障碍的测度方法主要为：价格扭曲率测度法、产业超额利润测度法以及其他测度方法。一般来说，某一行业的进入障碍越高，新企业进入就越困难，行业内企业数量也就越少，从而越容易产生垄断，而垄断则会导致价格偏离竞争水平，产生超额利润。

1. 价格扭曲率测度法

价格扭曲率测度法是以垄断价格扭曲竞争价格的程度来衡量进入障碍高低的一种方法，用图 7—3 描述如下。

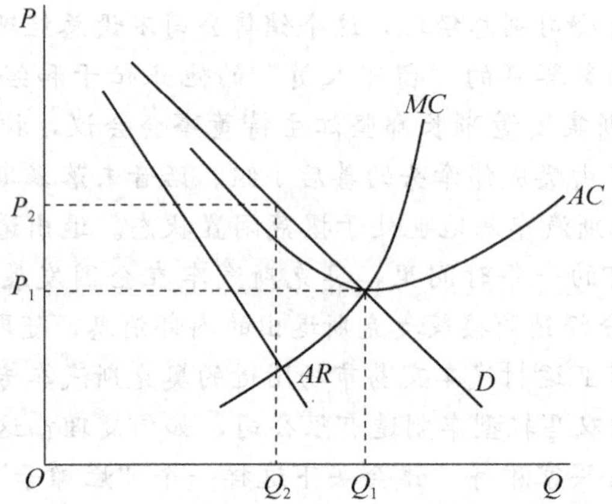

图 7—3　以价格扭曲率度量的进入障碍

在图 7—3 中，假定某行业在高进入障碍下只有一个垄断者，它的平均成本曲线为 AC 曲线，在短期内，利润最大化的产出为 Q_2，价格为 P_2，P_1 为不存在进入障碍条件下的价格，它由边际成本曲线和需求曲线的交点决定，同时也是平均成本的最低点。如果潜在进入者面临的进入障碍为零，那么垄断者就被迫接受价格 P_1。因此进入障碍的高低可用长期情况下垄断者能够接受的竞争价格以上的溢价来衡量。如果把行业价格扭曲率定义为垄断价格与竞争价格的差额同竞争价格的比率，则价格扭曲率为：

$$R=\frac{P_2-P_1}{P_1}=\frac{\Delta P}{P_1}$$

其中，R 为价格扭曲率，R 值越大，价格扭曲程度就越大，表明进入障碍越高。

2. 产业超额利润测度法

在运用价格扭曲率测度进入障碍时，可能会遇到无法确定竞争价格 P_1 的情况，而有关产业长期平均成本的数据是比较容易得到的。

假设 LAC 为产业的长期平均成本，P 为产业的产品价格，则可用产业超额利润测度法来测度进入障碍。令 R_π 为产业超额利润率，则产业超额利润率为：

$$R_\pi=\frac{P-LAC}{LAC}$$

R_π 值越大，超额利润率就越高，表明进入障碍越高。

但是，运用价格扭曲率和产业超额利润率两个指标来测度进入障碍是有前提条件的：首先企业具有完全定价的权利，排除国家行政法规的干预以及政府的价格规制；其次在运用上述两个指标测度进入障碍时，应排除产品差异化、地理分布、风险等因素。

3. 其他测度方法

进入障碍会影响行业内企业数量的增加，尤其是对小规模企业的进入会产生很强的阻力，因此可以用“企业数目法”和“企业规模比重法”来衡量进入障碍的高低。

企业数目法是根据企业数目的多少来确定不同行业进入障碍高低的测度方法。企业数量少的行业一般进入障碍比较高，相反，企业数量众多的行业进入障碍就比较低。但这种方法只适用于规模相当行业间进入障碍的比较。

企业规模比重法是根据企业规模大、中、小分别占该行业全部企业数的比重，来判断行业进入障碍高低的一种方法。其理论基础是进入障碍会对中小企业产生较大的阻碍作用，因此中小企业所占比重越小，该行业的进入障碍就越高，反之，则越低。

二、退出障碍的测度

退出障碍可以用生产能力过剩率和行业中的亏损企业率两种方法进行测度。

1. 生产能力过剩率

在正常情况下，大多数行业的生产能力利用率应该在70%～80%以上，即生产能力过剩率应该保持在20%～30%以下。如果某一行业的生产能力过剩率高于30%，则意味着该行业中有相当一部分企业开工不足。如果不存在退出障碍，则这些企业应该考虑退出该行业而去投资其他行业。但是由于退出障碍的存在，即使企业的生产设备在相当程度上处于闲置状态，企业也无法退出该行业。因此，可以通过生产能力过剩率这一指标来衡量退出障碍的高低，即生产能力过剩率越高，退出障碍就越高。

2. 亏损企业率

造成企业亏损的原因是多方面的：某行业属于夕阳行业，市场需求缩减；行业内企业过于“拥挤”，造成过度竞争；政府对企业实行严格的价格规制，限制企业的高价政策等。在市场经济条件下，企业不能长期处于亏损状态，否则就要破产倒闭。这客观上会促使亏损企业退出原有行业而去投资利润较高的行业，但由于各种退出障碍的存在，企业即使亏损，也不能从行业中退出。市场竞争是一个优胜劣汰的过程，每一个行业都会存在亏损企业，但在退出障碍不高的情况下，亏损企业与该行业企业总数的比率就不会很高。如果某一行业的亏损企业率较高，必然存在较高的退出障碍。因此，可以用亏损企业率来度量行业的退出障碍，即某一行业的企业亏损率越高，该行业的退出障碍就越高。

三、进入障碍与退出障碍的产业差异

根据进入障碍和退出障碍或高或低两种情况，不同行业的进入和退出状况便有四种组合关系，如表 7—3 所示。

第一，易进易出——进入、退出障碍均低，包括文教体育用品业、饮料制造业、食品加工业、印刷业等。

第二，易进难出——进入障碍低、退出障碍高，包括机械工业、化学工业、纺织工业等。

第三，易出难进——进入障碍高、退出障碍低。

第四，难进难出——进入、退出障碍均高，包括石油、天然气采选业，烟草加工业，煤炭工业等。

表 7—3　　进入、退出障碍与收益的关系

		退出障碍	
		低	高
进入障碍	低	收益低但很稳定	收益低、风险大
	高	收益高而且很稳定	收益高、风险大

从表 7—3 可见，易进易出的行业只能获得较低的收益但却很稳定，易进难出的行业虽然也能够获得收益，但是风险比较大，难进难出行业的收益高同时风险也很高，最后易出难进的行业能够获得高而稳定的收益，但这种方式是否为一种合理的方式亦不可一概而论。这种易出难进的方式存在两面性，某些行业天然具有竞争性，提高进入与退出障碍不利于行业的发展，并且当进入障碍高到一定程度时就容易形成垄断。因此，通过提高进入障碍、降低退出障碍来改善产业组织状况，只能说是一种相对合理的政策。

当涉及具体的行业分析时，应该结合中国的实际情况，分析具体行业的进入、退出障碍以及障碍形成的原因，并提出相应的措施来适度提高或降低进入、退出障碍。

第四节　进退无障碍理论

20 世纪 70 年代末，美国等主要发达资本主义国家经济陷入“滞胀”危机，这直接引发了理论界对凯恩斯主义的反思。美国在世界经济中的地位受到挑战，其一些产业的国际竞争力明显减弱，针对进入规制所引起的不公平以及规制制度本身是否有效率的问题，产生了许多质疑和批评。批评的焦点并非对国家干预的全盘否定，而是主张重新考虑政府和市场的作用。同样在这一时期，科学的发展和技术的进步在很大程度上改变着传统自然垄断产业的边界，这导致政府在电信、电力、运输等产业领域进行规制的依据逐步淡化，这

无疑给政府规制提出了新的难题。针对当时的经济环境，英、美等西方国家普遍实施了放松规制的政策，这些都为进退无障碍理论的产生创造了背景。

一、进退无障碍理论的基本内容

1982年，鲍莫尔（Baumol）、潘扎尔（Panzar）和威利格（Willig）等人开创性地出版了著作《进退无障碍市场和产业结构理论》，标志着进退无障碍理论的诞生。该著作重点阐述了完全进退无障碍市场以及沉没成本等核心概念，指出进退无障碍是相对于完全竞争而提出的一种理想化的市场状态，是完全竞争理论的延伸和发展。所谓的进退无障碍指的是一种特殊的市场条件，企业进入或退出某个市场或行业是完全自由的，并且没有任何损失和代价。实际上，进退无障碍是完全竞争概念的推广和具体化。进退无障碍理论的提出，为分析资源优化配置提供了崭新的视角，逐步成为正统产业组织理论研究的重要组成部分，该理论在争议中不断地完善和发展，并为政府部门制定公共政策提供了依据。

进退无障碍理论提出了一种理想化的市场状态，其假设前提有三个：第一，完全自由的进入是不存在任何约束和限制的，新进入企业可以迅速代替在位企业进行生产。第二，企业进入能够在在位企业做出回应之前便已完成。第三，与进入的情况一样，退出也是绝对自由的，即企业可以不负担任何沉没成本而自由地退出市场。这三个假设条件是十分严格的，一旦被完全满足，其所得到的结论与现实就将存在很大的差异。在进退无障碍的市场条件下，潜在竞争压力能够产生与市场中真实竞争对手存在时一样的效果。即由于市场中潜在竞争的存在，在位企业将感到一种竞争压力，被迫降低生产成本，不断进行产品和服务的创新，增加产品的多样性，扩大生产规模，不断提高生产效率。由进退无障碍理论可知，如果市场进入与退出是完全自由的，则潜在进入企业与在位企业会面临同等的成本和需求条件，这种对称性地位足以使潜在进入企业轻而易举地利用各种策略跟在位企业展开竞争，潜在进入企业可以采取适当的降价策略顺利进入市场，同在位企业竞争，抢占市场份额，即便需要退出市场，亦没有沉没成本的忧虑，这种“打得赢就打，打不赢就跑”的袭击策略使潜在进入企业占据行动的优势，未等在位企业做出还击反应便已经完成退出。由此可见，问题的关键在于进退的难易或者说沉没成本的大小，因此，鲍莫尔指出，沉没成本而非固定成本是判断进退障碍的最重要标准。不在于企业数目的多寡，即使市场中仅有一家垄断性企业，只要沉没成本为零，潜在竞争压力的存在就足以保证该行业的完全可竞争性。因此，由进退无障碍理论可以推出这样的结论，从某种意义上讲，传统的市场结构决定企业行为进而决定经济绩效的逻辑并非总是成立。

进退无障碍理论与经典的完全竞争模型非常相似，甚至人们常常把此理论看成是完全竞争模型的变体，但两者之间存在着显著的差异，最重要的区别表现在进退无障碍理论证明了规模经济本身不会导致市场的低效率，甚至即便是寡头市场，也不必然导致低效率，而这些是完全竞争模型无法解释的。

进退无障碍市场给经济学分析提供了一个有用的参照系，可以用来理解进入和退出障碍。经济学中有个“等待理论”，是指在市场容量有限的条件下，市场中有多个企业进行生产活动，当产品供给大于需求时，价格下降，企业利润减少，但由于退出障碍的影响，企业不能迅速退出。同样地，某行业产品需求增加，进入该行业必然有利可图，但潜在进入企业受进入障碍的影响亦不能够迅速进入。

二、进退无障碍市场的绩效特征

1. 不存在过高的价格和利润

在进退完全无障碍的市场条件下，即便有少数几家大企业存在，或者说即便市场结构具有完全垄断或寡头垄断的性质，亦不可能维持过高的价格和利润。由于企业进退市场完全自由，因此一旦在位企业把价格定得过高，就会诱使潜在进入，去抢占市场份额并获取高额利润。进退高度自由迫使在位企业感到一种前所未有的压力，因此它们不会制定过高的价格，从而也就不会获得过高的利润。

2. 不存在资源配置的无效率

较高的进入障碍将导致在位企业安于现状，甚至甘愿忍受一定程度的X非效率，使在位企业缺乏提高资源配置效率的动机。在进退完全自由的状态下，潜在进入压力将迫使在位企业积极应对竞争威胁，不断提高资源配置效率，改善X非效率处境，同时激励在位企业不断提高管理水平，增加研发投入，加大技术创新的力度。

3. 不存在交叉补贴行为

交叉补贴属于一种定价策略，指的是主导企业利用市场势力所实施的一种阻碍竞争的定价行为，主导企业可以通过其盈利性业务所获收入来弥补其未盈利业务，最终取得整体性盈利的目的。交叉补贴行为是以某一业务领域存在高额利润为前提的，其之所以存在未盈利或亏损业务，可能是因为其想通过低价策略排挤竞争对手，而在进退无障碍假设条件下，在位企业是不存在高额利润的，这就导致交叉补贴行为不能够正常实现。

4. 不存在驱逐性定价行为

驱逐性定价行为是以排挤竞争对手为目的的定价策略，是指在位企业利用市场势力通过牺牲短期利润的方式制定低价（甚至低于其成本价），以吸引消费者，消除竞争对手，目的达到以后便可以独占市场，制定垄断高价，长期性地获得高额利润。根据进退无障碍理论，即使在位企业制定驱逐性低价，一方面，潜在进入企业会因无利可图而放弃进入；另一方面，由于不存在沉没成本，已进入企业会毫发无损地迅速退出市场，因而在位企业的驱逐和排斥目的也会落空。

三、进退无障碍理论的政策意义

完全竞争理论为市场行为分析提供了一个参照基准，作为完全竞争模型变体的进退无障碍理论一经提出，便受到西方国家政府的重视，为政府政策制定提供了强有力的理论支撑。进退无障碍理论所描述的是一种理想化的市场状态，因此现实中并不存在这样一个完全没有进退障碍的市场，据以能够自动解决一切经济问题。同时，该理论亦不能证明所有的反垄断规制措施都是有害的干预行为，从而不能为放松规制和取消反垄断干预提供理论支持。但该理论具有自身的优势，与完全竞争理论相比，它可以为形成有效规制政策提供理论指导。

进退无障碍理论认为规制政策的制定原则是促进可竞争性，具体而言，其首要任务应该是消除妨害可竞争性和损害经济效率的各种进入障碍。需要说明的是，进退无障碍理论对政府规制的态度既不同于极端无干预主义，亦有别于极端干预主义。① 前者认为完全自由的市场是具有效率且无所不能的，不需要任何形式的规制或反垄断干预；后者则认为政府对具有垄断性质的市场结构进行规制是合理而且必要的。但进退无障碍理论认为，只要满足进退完全没有障碍的条件，即便结构性市场势力存在，经济活动也依然是有效率的。因此，进退无障碍理论的政策意义主要体现在两个方面：

1. 为是否需要政府干预提供指导

完全竞争市场是有效率的，而根据进退无障碍理论，市场运行效率的产生并不必然要求市场结构是完全竞争的，只要能够保证进退市场高度无障碍，没有沉没成本，则即便市场中存在少数几家大企业，即便市场结构是完全垄断或寡头垄断，市场活动也依然是有效率的。因为无论是在何种市场结构下，潜在竞争企业的进入威胁和“打了就跑”的袭击策略，都将迫使在位企业必须采取竞争性行为予以回应。总之，进退无障碍理论中的理想竞争状态可以存在于任何市场结构中。因此，在进退障碍足够低的市场中，政府规制和反垄断政策是不必要的。

2. 合理选择有效的政府干预政策

由进退无障碍理论可知，政府政策干预的重点不在于市场结构形式，而是应该特别重视市场中是否存在充分的潜在竞争压力，这就需要尽可能地减少沉没成本。而现实的情况是，几乎不存在能够完全具备进退无障碍特点的产业类型，那么政府就需要测度特定产业与进退无障碍条件的接近程度，适度调整规制政策，使其努力趋近于进退无障碍市场所要求的条件。因此，政府规制政策应当着眼于尽可能地排除或降低企业进退市场所面临的各种障碍，同时鼓励那些可减少沉没成本的技术创新等。

关键术语

进入　进入障碍　结构性进入障碍　策略性进入障碍　网络效应　转换成本　退出　退出障碍　沉没成本　福利效应　进退无障碍理论

本章思考题

1. 简述进入障碍的内涵与影响因素。
2. 进入对市场绩效的影响如何？
3. 退出障碍有哪些类型？
4. 进入障碍与退出障碍的社会福利效应如何？
5. 如何测度进入障碍与退出障碍？
6. 进退无障碍理论的内涵是什么？在现实中的政策含义是什么？

---

① 参见吴刚：《进退无障碍理论前沿综述》，载《石家庄经济学院学报》，2011（2）。

简要答案

1. 进入障碍可被理解为新企业进入特定市场时所面临的一系列障碍，既包括新企业比在位企业多承担的生产成本，也包括在位企业能够阻止新企业进入的各种有利条件。进入障碍的影响因素主要分为三类：结构性进入障碍、策略性进入障碍以及政策和法律进入障碍。其中，结构性进入障碍包括规模经济障碍、绝对成本优势障碍、必要资本量障碍、产品差异障碍和网络效应障碍等；策略性进入障碍主要包括影响未来成本结构的进入阻止、影响未来需求结构的进入阻止以及影响潜在进入者信念的进入阻止三种类型。

2. 进入对市场绩效的影响主要表现在两个方面：一是进入对价格与利润的影响，二是进入对生产效率与创新的影响。首先，进入会导致价格和利润的减少。其次，进入从某种意义上可以改变在位企业效率低下的状况；同时，进入对创新行为也有促进作用。

3. 退出障碍是指在位企业在市场前景不好、运行绩效不佳时欲退出某一行业，但受到各种因素的阻挠，资源不能顺利转移出去的状况，即在位企业退出该行业时所需承担的成本或损失。退出障碍主要有资产专用性和沉没成本、固定成本、联合生产问题、信息障碍、感情和心理障碍、政策和法规障碍等。

4. 从长期来看，进入障碍对社会福利具有双重效应：一方面，进入障碍可能造成社会福利的减少；另一方面，从某种意义上讲，一定程度的进入障碍亦可以提高资源配置的效率。一般认为，退出障碍的福利效应是负面的，退出障碍的存在会使市场在资源配置过程中的作用被弱化，退出障碍限制了企业横向兼并或重组，从而直接导致产业结构优化调整的步伐受阻，不利于规模经济和有效竞争的实现，最终有损于资源的配置效率和生产效率。

5. 进入障碍的测度方法主要为：价格扭曲率测度法，产业超额利润测度法、企业数目法、企业规模比重法等；而退出障碍的测度方法主要有生产能力过剩率和行业中的亏损企业率。

6. 进退无障碍指的是一种特殊的市场条件，企业进入或退出某个市场或行业是完全自由的，并且没有任何损失和代价，实际上，进退无障碍是完全竞争概念的推广和具体化。进退无障碍理论的政策意义主要体现在：一方面，为是否需要政府干预提供指导；另一方面，为合理选择有效的政府干预政策提供指导。

主要参考文献

[1] Bain, J. S. *Barriers to New Competition*. Cambridge, Mass: Harvard University Press, 1956.

[2] O. E. Williamson. " Wage Rates as A Barrier to Entry: The Pennington Case", *Quarterly Journal of Economics*, 1968, 82 (1): 85-116.

[3] 迈克尔·波特. 竞争战略. 北京：华夏出版社，1999.

[4] 杨蕙馨. 企业的进入退出与产业组织政策. 上海：上海三联书店、上海人民出版社，2000.

[5] 王俊豪. 政府管制经济学导论——基本理论及其在政府管制实践中的应用. 北京：

商务印书馆，2001.

［6］王俊豪. 产业经济学. 北京：高等教育出版社，2008.

［7］肖兴志，张嫚. 产业经济学. 北京：首都经济贸易大学出版社，2007.

［8］臧旭恒，徐向艺，杨蕙馨. 产业经济学. 北京：经济科学出版社，2002.

［9］吴刚. 进退无障碍理论前沿综述. 石家庄经济学院学报，2011（2）.

［10］李欣. 传媒业进入壁垒分析. 中国广播电视学刊，2010（4）.

第八章

定价行为

内容要点

- 驱逐对手定价的成因及结果
- 搭售定价的成因及结果
- 歧视定价的成因及结果
- 拍卖定价的成因及结果

第一节　驱逐对手定价

一、驱逐对手定价的含义与类型

驱逐对手定价（predatory pricing）是指企业为将竞争对手驱逐出市场，不惜减少盈利甚至承担亏损来降低产品价格，迫使竞争对手为留住消费者不得不随之降价，并因无法忍受亏损而最终退出市场。目的达成后，该企业将提高价格并获取垄断利润。这种策略在驱赶现有竞争对手的同时，还可以阻止潜在对手进入。驱逐对手定价根据价格与成本的对比，一般分为掠夺性定价和阻止进入定价两种。前者价格低于成本，后者价格高于成本。

二、掠夺性定价

1. 掠夺性定价的含义与条件

（1）掠夺性定价的含义。

掠夺性定价是指企业将价格制定在成本之下，迫使竞争对手在价格战中收不抵支，不得不退出市场，同时也打消了潜在进入企业进入市场的念头。尽管在此过程中实施掠夺性定价的企业也蒙受了亏损，但重新获得垄断地位后，企业将抬高价格以弥补前期损失，最终获取长期的垄断利润。可见，掠夺性定价是以短期损失为代价来获取长期利益的策略性行为，该行为可以同时达到三种目的：

第一，驱除现有竞争对手。实施掠夺性定价的企业通过发起价格战，使竞争对手被迫将价格同样降至低于成本的水平，致使这些对手无法持续经营，最终只能关闭企业或被有实力的企业兼并。

第二，遏制潜在对手进入。在挤出现存竞争对手的同时，掠夺性定价策略还可以对准备进入市场的企业产生警告效应，即用市场价格低于生产成本的事实表明进入只会带来亏损的结果，使这些潜在进入企业知难而退。

第三，对不合作的小企业形成威慑。在寡头垄断市场中，具有垄断优势的大企业为巩固和提升其市场支配地位，通常对小企业实行产量和价格等方面的控制，如果后者进行反抗，那么掠夺性定价将不失为大企业的一项报复措施。为了避免掠夺性定价为自己带来的损失，小企业只有听从大企业的控制。

(2) 掠夺性定价的条件。

根据掠夺性定价的含义和目的，可知实行该策略需满足以下前提条件：

第一，实施掠夺性定价策略的企业必须能够承受短期损失。由于实施该策略的企业将价格定得低于成本，直到对手退出市场后才能够提高价格，所以在短期内必将遭受相当程度的亏损。只有该企业在亏损期依然能够持续经营而不是同其他对手一样退出市场，掠夺性定价对其而言才是有利可图的。因此，实施该策略的企业通常都是市场中资金实力相对雄厚的大企业。通常情况下，大企业凭借地理分布广泛和产品种类多样的优势来承担局部降价的损失，即通过歧视定价、质量歧视和不同营销区域间的交叉补贴，使在某个区域的损失在其他区域得以弥补。

第二，实施掠夺性定价的企业必须有能力满足低价位水平上的全部市场需求。由于该策略以挤出对手为目的，所以在该企业不增加供给量的情况下，市场必将出现产品供不应求的局面。如果该企业不能满足低价位水平上的全部市场需求，那么多出的需求就会为竞争对手提供生存空间，这种策略也因无法挤出对手而变得不可置信，最终不仅不会帮助企业实现垄断地位和长期盈利，还会使企业因持续的价格战而蒙受无法挽回的损失。所以，企业只有保证供给与需求相等，才能确保长期的垄断地位。

2. 掠夺性定价产生的原因和结果

(1) 实力相当企业实施掠夺性定价的原因和结果。

当垄断竞争市场中存在两个或两个以上实力相当的大企业时，一方实施掠夺性定价将面临很大的失败风险。因为其与竞争对手在生产成本和供给能力上相差无几，所以很难在价格战中获胜。此外，如果市场进入与退出障碍较低，那么即使企业暂时挤出了实力较弱的对手，这些对手也可以在企业提高价格后再次进入市场，所以该策略为企业带来的风险很大。既然在实力相当的对手间展开掠夺性定价很难成功，企业又为何要选择这项策略呢？其目的多半是为了向准备进入的对手发出预警，制造无利可图的表象以遏制其进入的意图。

假设某产品市场由两家企业构成，一家是实施掠夺性定价的企业，另一家是刚进入市场的新企业。由图 8—1 可知两家企业实力相当，即成本函数完全一致。老企业为了将新企业驱逐出市场，将市场价格降至 P^*（低于平均成本 AC）。根据市场需求曲线显示的结果，与 P^* 价格水平相对应的需求量为 q^*。新企业如果不退出市场，那么它的最优生产策略是将产量维持在价格 P^* 与边际成本 MC 相等的点上，即生产 q_0 单位产品。在这种产量水平上，新企业将蒙受区域 A 的损失。与此同时，老企业的最优生产策略则是将产量定在 q_1（等于 q^*-q_0）的水平，以维持 P^* 的价格水平和 q^* 的总产出。老企业的损失将是区域 A 和区域 B 的总和。可见短期内老企业将比新企业承受更大的损失。

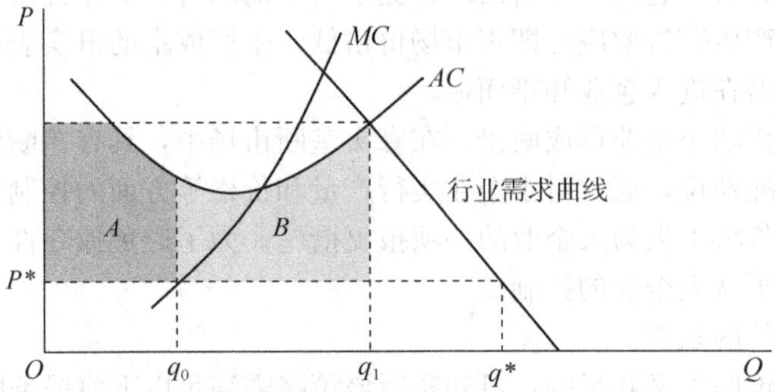

图 8—1 实力相当企业的掠夺性定价模型

由上述推导可知，实力相当企业的掠夺性定价将产生两种可能的影响：第一，如果新企业认为掠夺性定价策略是可置信的，即认为老企业在长期依然坚持这种降价策略，那么它将选择退出市场，老企业将重新获得垄断地位。独占市场后，老企业会将价格升至垄断水平，使前期损失得到弥补并实现长期盈利，而消费者福利则因价格过高而减少。第二，如果新企业认为掠夺性定价策略是不可置信的，即认为这种降价手段只能是短期行为，那么它将选择与老企业在价格战中抗衡到底，直到老企业因无法承受损失而取消降价策略。最终，老企业并没有实现挤占市场和长期盈利的目的，反而承担了无谓的损失；而消费者则从企业间的价格战中获利，即只支付价格 P^* 即可购买到产品。

（2）优势企业实施掠夺性定价的原因和结果。

由于实力相当企业的掠夺性定价具有较大的失败风险，所以实施掠夺性定价策略的企业通常是在市场中占据优势地位的大企业。这类企业之所以实行掠夺性定价，是出于以下优势和动机：一是规模优势。规模较大的企业相比小企业，具有更强的承受损失的能力和筹资能力，所以更适合用持久战来拖垮对手。二是成本优势。大企业通过实现规模经济，使平均成本低于竞争对手的平均成本，在掠夺性低价中承受的损失也较低。此外，这种成本优势可让竞争对手更早地相信大企业能够在价格战中获胜，并早日退出市场。三是先动优势。在位企业通过降低价格和占领低价位条件下的全部市场份额，使准备进入市场的企业难以找到生存空间，从而“先发制人”地阻止了潜在竞争对手的进入。

优势企业的掠夺性定价在短期和长期将产生两种不同的影响（如表 8—1 所示）。在短期，竞相降价一方面加剧了企业的亏损，另一方面又增加了消费者的福利。在长期，由于对手退出市场，企业重获垄断地位，并向消费者索要垄断高价，因此获得了高额的利润；消费者则因支付过高而福利减少。

表 8—1 优势企业掠夺性定价在长短期的不同影响

	短期影响	长期影响
实行掠夺性定价的企业	因价格过低而亏损	因抬高价格而获利
消费者	因减少支出而提高福利	因增加支出而损失福利

三、阻止进入定价

1. 阻止进入定价的含义与条件

(1) 阻止进入定价的含义。

阻止进入定价又称限制性定价，是指垄断或寡头垄断市场中的企业将价格制定在能够使自身利润为正，同时又不会高得引来新企业的水平。由于企业要达到遏制潜在进入者的目的，所以价格将被调整到利润最大化价格水平下，使调整后的价格在潜在进入者看来无利可图，从而打消其进入市场的意图。

(2) 阻止进入定价的条件。

根据阻止进入定价的含义和目的，可知实行该策略需满足三个前提条件：

第一，在位企业制定的价格应低于潜在进入企业的平均成本。潜在进入企业的平均成本与市场价格的差距越大，进入市场后蒙受的损失就越大，进入的结果就越违背其追求利润最大化的初衷。

第二，在位企业应能够满足低价位水平上的足够规模的市场需求。只有当在位企业的供给量能够满足一定规模的需求量时，该策略才能够有效阻止潜在进入企业的进入。如果潜在进入企业坚持进入，那么新出现的产量必将增加产品的供给总量，供给总量的增加又将进一步降低产品的市场价格，致使新企业愈加无利可图。具体而言，在市场需求一定的情况下，潜在进入企业的需求曲线是在位企业的剩余需求曲线，在产量上表现为市场需求量减去在位企业供给量的差值。于是，在位企业为遏制潜在进入企业进入，应通过制定价格使之与剩余需求曲线相对应的点低于潜在进入企业的平均成本曲线。与此同时，在位企业还须使潜在进入企业相信，后者进入市场后，前者不会改变其供给量和定价方式，否则这一策略在后者看来就是不可置信的。值得注意的是，该价格高于在位企业的平均成本，所以在位企业依然能够获得利润。

第三，如果市场上有多家实力相当的大企业，那么只有当这些企业在实行阻止进入定价问题上达成一致时，该策略才会取得预期的效果。

2. 阻止进入定价产生的原因和结果

(1) 实力相当企业实施阻止进入定价的原因和结果。

当在位企业与潜在进入企业实力相当，即二者的成本函数相同时，在位企业实施阻止进入定价同样面临很大的失败风险。因为在位企业与潜在进入企业具有相同的成本函数，所以二者在价格战中获胜的几率相等，在此条件下，阻止进入定价的可置信程度将降低。具体机理表现为，如果在位企业通过降低价格来恐吓与其实力相当的潜在进入企业，那么在后者明确知道其与前者势均力敌的情况下，这种恐吓的短暂性很容易被后者揭穿，对后者的进入行为也就构不成任何威胁。

如上所述，面对实力相当的潜在进入企业，实施阻止进入定价很难成功，那么在位企业又为何要选择这项策略呢？选择这种策略大多发生在信息不对称的情况下，即虽然在位企业与潜在进入企业实力相当，但由于信息不透明，后者对这一事实并不知晓，误以为阻止进入定价是可置信的，以致不敢轻举妄动。于是，在位企业利用信息上的偏差达到了阻止对手进入的目的。

如图 8—2 所示，假定在位企业和潜在进入企业具有相同的平均成本函数。面对准备进入的潜在竞争者，在位企业声称它会在这些竞争者进入市场后，将价格从原先与利润最大化相对应的垄断高价降低至 p_1 水平，并相应地将产量提高至 q_1 水平，从而阻止潜在进入企业进入。之所以选择 p_1 水平的定价，是因为该价格高于在位企业的平均成本，能够为其实现盈利；与此同时，潜在进入企业面临的剩余需求曲线恰好低于或等于它的平均成本曲线，潜在进入企业无利可图。具体而言，潜在进入企业进入后面对的是图中的剩余需求曲线，在产量上表现为市场需求量减去在位企业供给量 q_1 的差值。如果潜在进入企业相信在位企业会长期将产量保持在 q_1 的水平不变，即其面对的剩余需求曲线将长期低于或等于其平均成本曲线，那么它就会相信进入市场只有亏损的结果，其进入的动机也就被打消。于是，在位企业通过制定阻止进入价格策略，有效遏制了潜在对手的进入，并巩固了自己的垄断地位。

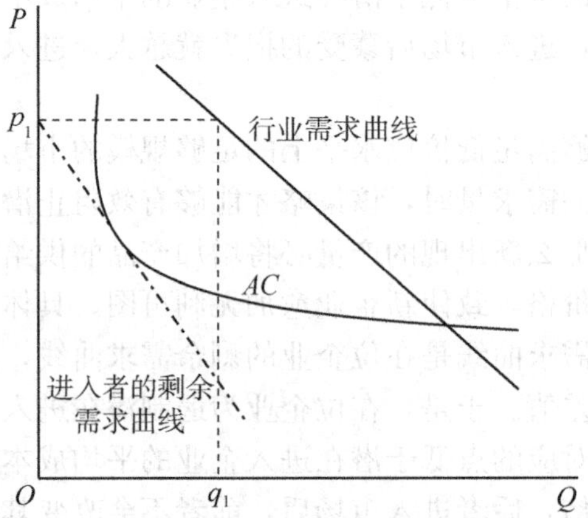

图 8—2　实力相当企业的阻止进入定价

通过上述推理可知，在位企业要想阻止实力相当的潜在对手进入市场，一个关键的前提是使对手确信其产量锁定在 q_1 水平不变。但是，根据古诺模型的结论，在潜在进入企业真正进入市场后，q_1 并不是在位企业的最优选择，所以很难持续不变，产量不变的虚假威胁也就很容易被潜在进入企业识破。这就再次证明了当在位企业和潜在对手实力相当时，前者通过阻止进入定价来控制后者进入市场的动机是很难成功的。

(2) 优势企业实施阻止进入定价的原因和结果。

根据在位企业具体策略的不同，优势企业的阻止进入定价分为先动企业的阻止进入定价、具有成本优势企业的阻止进入定价、动态阻止进入定价三种。

①先动企业实施阻止进入定价的原因和结果。

顾名思义，先动企业的阻止进入定价是指当潜在进入企业尚未进入市场时，在位企业就先行一步将价格定在 p_1，并相应地将产量定在 q_1，让潜在进入企业误以为它将长期实行这样的价格和产量策略。又由于潜在进入企业无法在进入市场前就准确预知其进入后的产量，所以难以预测自身将承受多大的亏损。最终，这种策略性威胁在潜在进入企业看来是可置信的。于是，在位企业利用了这种信息上的不对称，通过市场势力和先发制人操纵了产量与价格，从而使潜在进入企业面对不利的市场环境望而却步。

可见，先动企业实行阻止进入定价的原因是为了提高其策略在潜在对手眼中的可信度。其博弈过程如图 8—3 所示。

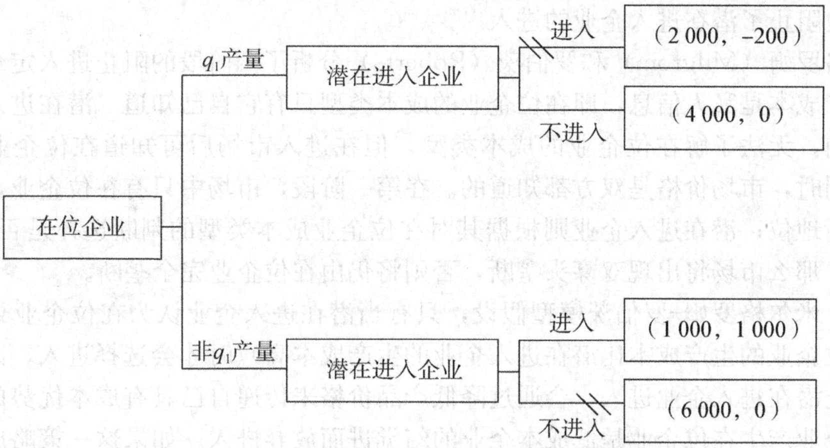

图 8—3　扩展形式的阻止进入定价博弈

图中横线代表在位企业或潜在进入企业的一种策略，方框代表决策点或支付结果。各种支付结果显示在括号中，括号里前一个数值代表在位企业获得的利润，后一个数值代表潜在进入企业获得的利润。在博弈的第一阶段，在位企业已将价格定在 p_1 水平，其决策的对象是产量：要么生产 q_1 单位的产量，要么生产非 q_1 单位的产量。在博弈的第二阶段，潜在进入企业根据在位企业的产量决策，选择是否进入该市场。首先，如果在位企业决定生产 q_1 单位的产品，那么潜在进入企业若选择不进入，它将既不盈利又不亏损；若选择进入，它将预期承受 200 万元的亏损。将两种预期结果作对比可知，潜在进入企业的占优策略是不进入（即“进入”的策略被剔除）。于是，在位企业通过有效阻止对手进入将实现 4 000 万元的垄断盈利。其次，如果在位企业决定生产 q_1 以外单位的产品，那么潜在进入企业若选择不进入，它同样将既不盈利又不亏损；若选择进入，它将获得 1 000 万元的预期利润。因此，它的占优策略是进入（即“不进入”的策略被剔除）。于是，在位企业的盈利将由 6 000 万元降至1 000万元。权衡各种结果可以看出，在第一阶段生产 q_1 单位产品对在位企业而言将产生最优的结果，所以将成为在位企业的首选。换言之，选择生产 q_1 单位产品的策略是子博弈完美纳什均衡解。

②具有成本优势企业实施阻止进入定价的原因和结果。

除先动优势外，成本优势也是在位企业有效阻止潜在进入企业进入的一项重要筹码。在位企业的生产成本越低于潜在进入企业的生产成本，其通过降低价格来阻止对手进入的胜算就越大。也正是这个原因激励了在位企业向潜在进入企业发出自己具有低成本优势的信号，无论该成本优势是否真正存在。在现实中，在位企业与潜在进入企业相比，既可能是成本优势企业，又可能是成本劣势企业，无论在位企业属于何种成本类型，它都要千方百计让潜在进入企业相信自己是成本优势企业。在信息不对称的情况下，潜在进入企业并不知道在位企业的成本类型和实际利润，只能根据在位企业制定的价格来推测它的类型。通常情况下，潜在进入企业会认为价格与在位企业的成本水平呈正比，即高成本的在位企业会制定高价格，低成本的在位企业会制定低价格，如果这一价格低于潜在进入企业的生产成本，那么潜在进入企业会认为该在位企业很可能具有成本优势，自己进入市场后很可能无利可图，进而对市场望而却步。于是，在位企业利用信息不对称和潜在进入企业的心理，巧妙地阻止了潜在进入企业的进入。

米尔格罗姆（Milgrom）和罗伯茨（Roberts）分析了两阶段的阻止进入定价模型。模型假设生产成本是私人信息，即在位企业的成本类型只有它自己知道，潜在进入企业在进入市场之前，无法了解在位企业的成本类型，但在进入市场后可知道在位企业的成本类型。与此同时，市场价格是双方都知道的。在第一阶段，市场中只有在位企业，该企业处于完全垄断地位；潜在进入企业则根据其对在位企业成本类型的判断选择是否进入市场，如果进入，那么市场将出现双寡头垄断，否则将仍由在位企业完全垄断。

此外，米尔格罗姆-罗伯茨模型假设，只有当潜在进入企业认为在位企业处于成本劣势（即在位企业的生产成本比潜在进入企业的生产成本高）时才会选择进入，因此，在位企业为防止潜在进入企业进入，会通过降低产品价格来传递自己具有成本优势的信息，使潜在进入企业产生在位企业是低成本企业的幻觉进而放弃进入。如果这一策略成功达到预期目的，那么在位企业就可以通过收获第二阶段的垄断利润来弥补其在第一阶段因降价而造成的损失。相反，如果在位企业并不具有成本优势，而潜在进入企业又明确知道在位企业有谎称低成本类型的动机并选择进入市场，那么最终的结果将是阻止进入定价失效且在位企业的前期损失无法挽回。由于在位企业知道潜在进入企业对其动机的了解，所以它将根据自己的实际类型做出理性的决策。米尔格罗姆-罗伯茨的研究结果表明，当在位企业具有成本优势时，它在第一阶段将尽可能降低价格，使潜在进入企业慑于进入后的价格战而不敢进入；当在位企业处于成本劣势时，它在第一阶段将保持垄断价格不变，使处于成本优势的潜在进入企业受预期利润吸引而进入市场。

③动态阻止进入定价的原因和结果。

上述两种阻止进入定价均是企业短期性的策略行为，在长期这两种策略将被动态阻止进入定价策略取代。与前面两者不同的是，动态阻止进入定价是企业长期性的阻止进入定价行为，所以这种定价策略不仅要帮助企业阻止潜在进入企业进入，以维持其市场地位，而且要保证企业能够在长期获取相应的利润。

选择动态阻止进入定价的企业通常是在市场中居于价格主导地位的大企业，当该企业处于垄断地位时，它会订立较高的垄断价格，并由此获得较高的利润，这种利润水平不可避免地会吸引潜在进入企业进入市场。但是，由于进入需要准备期，所以潜在进入企业不会迅速进入市场，而是慢慢地与在位企业争夺市场份额，并导致在位企业的利润受到削减。通常情况下，在位企业的垄断利润越高，潜在进入企业快速进入市场的动机就越强。因此，在位企业面临两种选择：一种是在短期制定高价并获取垄断利润，并因新企业的进入而逐渐丧失垄断地位和利润；另一种是长期将价格控制在能够阻止对手进入，但又只能实现较低利润的水平，从而保持其垄断地位。究竟选择哪种策略，取决于在位企业短期利润与长期利润的权衡，最终，在位企业将采取跨时期利润总和最大化的定价策略。揭示在位企业最优定价策略的模型主要有三种，即主导企业模型、团结进入模型和连续进入模型。

首先，主导企业模型表明，当在位企业居于市场主导地位时，其最优定价策略并不是不惜一切代价地将全部小企业都驱逐出市场，即阻止进入价格并非要设在完全阻止进入的水平。原因在于，企业追求的是利润最大化，如果因阻止性的价格过低而使企业遭受到严重的利润损失，那么企业将更青睐以减弱对其他企业的驱除和阻止为代价，获得更高盈利的策略。但是，如果高盈利策略下的价格能够被现存和潜在进入企业以较快速度接受，即它们的生产成本并不比在位企业高出多少，那么在位企业就只有将价格降得更低，才能避免更多对手进入。一般情况下，在位企业将价格下调得越低，潜在进入企业进入的数量就越少，进入的时滞就越长。

其次，团结进入模型表明，如果所有潜在进入企业受预期利润的驱使，在同一时间进入市场，那么在位企业会将价格制定在介于垄断价格和完全阻止进入价格之间的水平，使这些企业降低对进入后利润的预期。之所以称为"团结进入"，是指潜在进入企业进入市场的时间是相同的，预期的利润越大，它们进入的速度就越快。随着在位企业对价格的下调，这些潜在进入企业的预期利润不断降低，进入的信心也将不断受到削弱。此外，多家企业同时进入本身所带来的产量激增也会引起市场价格大幅度下降，所以如果现存的价格水平不能高到保证下调后依然会为新企业带来盈利，那么新企业将不会贸然选择进入市场。所以，面对潜在进入企业的"团结进入"，在位企业即使不将价格调整到完全阻止进入的水平，也同样可以达到遏止潜在进入企业进入的目的。

最后，连续进入模型表明，如果潜在进入企业随着时间的推移陆续地进入市场，那么在位企业的最优定价策略将受到潜在进入企业对价格的敏感性等因素的影响。如果潜在进入企业对价格的敏感性较高，那么在位企业的最优策略是将价格控制在垄断高价和完全阻止进入价格之间，使对手相信利润微薄而放弃进入。相反，如果潜在进入企业对价格的敏感性较低，那么在位企业轻微地降低价格就不会对竞争对手构成威胁，此时最优的策略是在短期索取垄断高价，以此来获取丰厚的垄断利润，随着新企业不断进入，该企业将价格逐渐调整到阻止进入水平之下，使这些新企业因收支不抵而被迫退出市场。待所有对手都被驱逐出市场后，该企业再将价格调升至阻止进入的水平，以防止再有新的企业进入。这一阻止进入价格在数量上等于新企业的生产成本，通常情况下，由于在位企业具有规模优势，所以其生产成本往往低于新企业，于是将价格锁定在阻止进入的水平依然会为其带来盈利。从整个过程来看在位企业是盈利的，尽管在将价格压至阻止进入价格以下的时段内可能会蒙受亏损，但此前通过索取垄断高价而获得的巨额利润以及此后长期的盈利，足以弥补这一时段造成的损失，所以这种先升后降的定价策略对在位企业而言是最优的。

案例 8—1

中国彩电市场的驱逐对手定价

中国彩电产业形成至今，经历了多次大范围的价格战。

1989 年，国内彩电市场陷入低迷，彩电制造企业产品积压严重，居于主导地位的四川长虹电器股份有限公司看准时机，率先将每台彩电降价 350 元，使其他企业损失惨重，进而一跃成为唯一的赢家。20 世纪 90 年代中期，国家实施了大幅度降低进口关税的开放政策，为抵御进口彩电的"入侵"，长虹、TCL 和康佳纷纷大搞促销活动，致使在生产规模、技术水平、资金实力方面处于劣势的彩电企业面临被淘汰的危险。为争夺新的市场份额，广东高路华异军突起，吹响了与老牌企业争夺市场的号角，不仅推出了超低价位产品，而且将专卖店直接开到了这些老牌企业的门口。针对这种情况，康佳、TCL 也展开廉价机型销售，并使二者的市场占有率迅速飙升，但同时也造成全行业的利润减少了约 52

亿元，直接影响到行业整体的技术进步。

2000年年初，国内大型彩电企业成立了彩电价格联盟。不久之后，广州、北京等地的彩电价格不涨反跌。当时的国家发展计划委员会价格处负责人指出，彩电价格联盟违背了《中华人民共和国价格法》，但政府的干预仍旧不能扭转价格战愈演愈烈的态势，仅仅两个月的时间里，彩电产品的价格不断创历史新低，各家企业纷纷陷入越来越深的降价漩涡里。

上述价格战非但没有激发彩电业的生机与活力，反而造成利润不断降级，彩电业面临的挑战也不断升级。

资料来源：http://wenku.baidu.com/view/d8c31444b307e87101f696e1.html。

案例分析题

1. 1989年和20世纪90年代中期出现的两次降价行为在动机上有何异同？

2. 价格战为国内彩电企业带来的影响表现在哪些方面？

简要答案

1. 1989年长虹率先降价的目的是将国内同行企业驱逐出市场。20世纪90年代中期国内主要彩电企业降价则是为了与进入本土的跨国公司相抗衡，从而继续保持本企业在国内市场中的地位。

2. 在市场竞争力方面，价格战增强了具有成本优势的彩电企业的市场势力，削弱了成本处于劣势的彩电企业的竞争力；在利润方面，价格战使彩电企业的利润不断降低。

第二节 搭售定价

一、搭售定价的含义与类型

1. 搭售定价的含义及特征

（1）搭售定价的含义。

搭售定价是指卖方在销售某种产品时，要求买方在购买该产品的同时，必须购买卖方销售的另一种产品，也称为搭售。换言之，只有购买第二种产品，买方才可以买到第一种产品。在这种情况下，买方本意购买的产品称为结卖品（tying product），被迫购买的产品称为搭卖品（tied product）。

（2）搭售定价的特征。

第一，搭售定价可以被理解为一种契约行为，这种契约行为具有强制性，即买方与卖方达成契约并不是完全出于自愿，而是要以购买其不需要的搭卖品为代价来成交，这样才能购买到真正需要的结卖品。

第二，搭售定价广泛存在于产业链的各个环节。这种定价既可以是上游制造商向下游经销商实行的策略，又可以是经销商向消费者实行的策略。

第三，能够实行搭售定价的卖方通常是具有市场支配地位的垄断企业。否则，卖方将无法强制买方去签订这种与其实际需要不符的合同。

2. 搭售定价的类型

(1) 显性搭售和隐性搭售。显性搭售指卖方在销售结卖品时，直接要求买方必须同时购买其提供的搭卖品，这种搭售安排十分明显。隐性搭售指卖方在销售结卖品时，并没有直接要求买方必须同时购买其提供的搭卖品，但是禁止买方从任何其他卖方那里购买这种搭卖品。如果这种搭卖品恰好是结卖品的互补品，即一旦买方对结卖品有需求，就必然对搭卖品也有需求，那么买方在没有其他选择余地的情况下，就只能从同一家卖方那里同时购买两种产品。可见，这种搭售安排相对隐晦，但同样达到了强制买方购买搭卖品的效果。判定隐性搭售存在与否的依据，是看买方购买卖方提供的搭卖品时是否出于自愿，如果有证据证明买方在购买搭卖品时并非出于自愿，而是被卖方强迫的，那么隐性搭售就成立。一个现实的例子是医生在开处方时使用患者辨认不清的字迹，使患者在对药物名称不确知的情况下，无法去其他药店开药，而只能从同一家医院里购买药品。通常情况下，一种药品在医院出售的价格要高于在药店出售的价格，所以从医院购买药品将使消费者剩余减少，可见，这种消费选择必然不是消费者自愿做出的。

(2) 契约式搭售和事实搭售。契约式搭售指卖方以明确的契约来要求买方接受其搭售安排；事实搭售指卖方并不是以出示契约来安排搭售，而是通过一系列事实来实现搭售的目的。仍以医疗市场为例，医生通常在诊断前要求患者必须接受该医院的化验，如果患者向其出示已从其他医院得出的化验结果，并以此为由免去二次检查，那么一些不负责任且又处于垄断地位的医生将有意降低诊断和医疗的质量，甚至拒绝向患者提供治疗，以此来迫使患者再度为化验付出高额的开支。于是，医院成功地将对化验和诊断的销售捆绑在了一起。

(3) 封闭式搭售和开放式搭售。封闭式搭售指无论搭卖品在价格和质量上是否与其他企业生产的同类产品相同，卖方都要求买方只从自家购买。如果买方因搭卖品没有其他同类产品更实惠而拒绝购买，那么卖方将停止向其提供结卖品。开放式搭售则指卖方在提供搭卖品时，能够保证该产品在质量与价格上和其他同类产品保持一致，于是就不存在同种产品间孰优孰劣的问题。通常情况下，这种搭售形成的方式是在契约中注明“特惠路线”条款（preferential routing clauses），即只要卖方提供的搭卖品与竞争对手提供的同类产品在质量和价格上相同，搭卖品就应由卖方优先出售。例如，建筑商在和投资商签订施工合同时，会以相同的质量和售价为前提，要求投资商优先购买自己提供的材料和零件。对投资商而言，这种选择不仅没有影响自身的消费者剩余，而且节约了从其他材料和零件的卖主那里购买所需花费的搜寻和谈判成本；对建筑商而言，这种选择为其带来了更高的利润，而且帮助它占领了生产同种材料和零件的竞争对手的市场份额。

二、搭售定价的原因和结果

1. 搭售定价的原因

(1) 追求杠杆效应。假设一个地区有一家医院和多家药店，医院垄断了诊断服务的市场，但无法垄断药品的销售市场，于是医院将诊断与药品销售两个环节捆绑在一起，这样就可以在垄断诊断市场的同时利用杠杆作用去垄断药品市场。换言之，医院利用其在诊断市场的垄断地位，获取了其在药品市场的垄断地位，进而实现同时独占两个市场的目的。

(2) 阻止潜在进入企业进入市场。如果在位企业对两种产品实施搭售定价，就可能使准备进入任何一个产品市场的潜在进入企业觉得难以进入。例如，某地区的肯德基连锁店推出优惠套餐，将可口可乐与汉堡捆绑在一起，通过使总价格低于两种产品单价之和的方式出售，吸引了大量消费者。如此一来，那些准备进入当地可乐或汉堡市场并单独出售产品的企业就会望而却步。

（3）实施歧视定价。具有价格控制能力的卖方根据消费者所属类型的不同，对同种搭卖品制定不同的价格，从而达到利润最大化的目的。该目的能够达成的一项重要前提是买方无法从其他卖方那里按竞争性价格购买到搭卖品。如KTV俱乐部要求前来K歌的顾客只从俱乐部自己的超市里购买饮料和食品，并对这些饮料和食品制定比外界更高的售价，饮料和食品的档次越高，加价的幅度就越大。如在普通超市仅售1元的矿泉水饮料，在KTV超市售价为5元；而在普通超市售价为5元的果汁，在KTV超市的价格要涨到15～20元。

（4）逃避价格规制。例如长期以来政府对医疗诊断服务实施价格规制，以保证患者不致因诊断费用过高而看不起病。但是，低廉的诊断收入远远满足不了医院的盈利需求，所以医院在提供诊断时往往强行要求患者接受一连串价格不菲的检查，使其在诊断环节因价格规制而失去的盈利在其他环节上得到弥补。

（5）推销滞销商品。这种情况在当前乳制品销售市场中十分常见。由于我国消费者对牛奶的需求起步较晚，消费市场开拓不利，人均饮奶量长期处于低水平，所以市场时常出现滞销现象，而牛奶自身的特点又决定了这种产品不宜长期积压，如果在规定期限内没有销售出去，就会出现变质。因此，企业不得不通过买一赠一的促销手段来吸引消费者，尽可能地降低产品的积压程度。

（6）追求规模经济。当结卖品与搭卖品是互补品时，对二者实行搭售定价可以节约销售成本。例如，销售电脑主机的公司往往同时出售鼠标、键盘和音箱，将四种产品捆绑在一起销售，这样不仅可以节约运输成本，还会因降低价格而吸引更多的消费者。

（7）暗中给予优惠服务。当企业想要吸引更多的消费者而又不招致对手的报复时，搭售定价不失为一项有效的策略。假设某地有两家配镜店，为避免相互之间展开价格战，二者在眼镜的价格上达成了一致。但两家店又都想争取到更多的消费者，于是一家店推出了优惠服务的搭售策略，即消费者在购买眼镜的同时，将得到比另一家店更精准、更完备的验光服务和质量更高的售后服务，从而暗中赢得了更多的市场份额。

（8）保证质量以维护卖方的信誉。例如，医院在向患者提供治疗（尤其是住院治疗）后，会要求患者按规定再次来到医院进行定期复查。之所以实施这种搭配服务（销售），是为了保证治疗和恢复的完整性，使服务的质量达到最高。

2. 搭售定价的结果

（1）从企业自身角度看，搭售定价会实现维护信誉和降低销售风险两种潜在效果。首先，搭售定价可以保证产品质量并维护卖方声誉。如上例中医院在为患者提供治疗服务的同时，还为患者提供定期复查。又如出售高科技产品的企业通常要求消费者同时购买其提供的辅助材料，以保证产品的正常使用。这种搭售能够保证产品的质量和稳定性，对买卖双方均有好处，所以，不应被轻易纳入法律禁止之列。其次，搭售定价可以帮助企业规避销售风险。这种情况在特许经营和独家经营中经常出现。当企业推出一种新产品时，为尽早将之投入市场，往往将新产品与另一种销路很好的产品搭配在一起进行销售。与此同时，为了避免新产品对老产品形成“拖累”，企业会将新产品的价格制定得相对低廉。在这种情况下，如果新产品得到畅销，那么企业就可以赚得很多利润；如果新产品并没有获得预期的市场认可，那么其低廉的价格也不会对老产品造成过多的“拖累”，企业的损失也不会太多。

（2）从市场竞争角度看，搭售定价会形成纵向排斥和横向排斥两种效果。首先，搭售定价将形成纵向排斥效果。如果搭卖品处于结卖品的下游市场，那么支配企业的搭售行为必然会使搭卖品市场的竞争者受到排斥。原因在于，市场对搭卖品的需求是有限的，消费者既然购买了支配企业的搭卖品，就不会再去购买其他竞争企业所生产的同类产品。因此，支配企业通过杠杆作用，削弱了下游市场企业的竞争力。其次，搭售定价将形成横向排斥效果。如果搭卖品与结卖品的生产与使用有着密切的关系，那么支配企业在排斥了搭卖品市场的竞争者并垄断该市场以后，就可以加强其在结卖品市场的支配地位。因为结卖品市场上的竞争者在生产和销售中需要搭卖品，而搭卖品的供应已被支配企业掌控，所以这些竞争者就无法获得充足的供应，因而也就难以在该市场上与支配企业抗衡。在这种情况下，不仅现有竞争者的实力被削弱，潜在竞争者也难以进入结卖品市场，因为它们同样面临着搭卖品供应的问题。综上，搭售行为产生的最终效果是，使搭卖品和结卖品两个市场的有效竞争均受到负面影响。

（3）从消费者福利角度看，搭售定价会产生被迫支出和提高购买效率两种效果。首先，搭售定价可能使消费者被迫购买不需要的产品。如果搭卖品不是消费者所需要的，那么同时购买结卖品和搭卖品，不仅不会比只购买结卖品产生的效用高，而且迫使消费者付出无谓的开支，使其福利水平下降。其次，搭售定价可以提高消费者的购买效率。例如一台完整计算机的出售可以理解为各种零部件的整体搭售，由科斯的企业理论可知，这种整体性的销售会大大降低消费者从不同经销商那里购买各类零件，之后再组装在一起所需要的交易费用，从而提高消费者的购买效率。

案例 8—2

国产乳制品销售陷入搭售怪圈

自 2000 年年初开始，中国乳制品企业不断陷入搭售定价的怪圈。一方面原料奶的生产成本激增使企业面临亏本，另一方面这些企业非但不敢涨价，反而通过买一赠一等方式实行低价促销。在商场中，“搭售”、“买赠”的促销声频繁充斥着乳制品卖区。如 2.43 升装的鲜牛奶赠送 2 盒 100g 装的酸奶；6 盒 100g 装的酸奶赠送 4 盒 100g 装的酸奶；原价 4.9 元的酸奶经“买二赠一”后合每杯仅售 3.3 元，比原价低了 1.6 元；等等。

之所以产生这种如火如荼的搭售怪圈，是因为我国消费者对牛奶的需求起步较晚，消费市场开拓不利，人均饮奶量长期处于低水平，致使市场时常出现滞销现象，而牛奶自身的特点又决定了这种产品不宜长期积压，如果在规定期限内没有销售出去，就会出现变质。因此，企业不得不通过搭售促销的手段来吸引消费者，以尽可能地降低产品的积压程度。

对企业而言，这种行为虽在一定程度上缓解了积压，但也严重削减了利润。根据中国奶业协会的调查，国内乳制品企业 2010 年用于捆绑、搭赠的赠品总价值高达 50 亿元，相当于减少了91%的利润。此外，搭售行为还会在企业间产生多米诺骨牌效应，即一家企业出现搭售，必将引发其他企业纷纷效仿，并将之作为吸引消费者的杀手锏。正如一位乳制品促销员所言："促销无所谓谁先谁后，如果谁家促销了，而你没有促销，那就肯定卖不动！"为了在激烈的价格战中争夺消费者，不仅即将到期的乳制品被作为搭卖品低价出售，就连刚出厂两天的鲜奶也成为搭售的对象。这种愈演愈烈的搭售态势造成乳制品企业利润严重降低。

利润的降低使企业不得不压低对原料奶的购买成本，具体做法如下调原料奶的收购价格、限收压价甚至拖欠奶款等，导致生产原料奶的奶农蒙受了巨大损失。由于我国奶农长期以来饲养分散，各自养殖的规模小，相互间竞争激烈，所以在饲草的进价和原料奶的出价上均没有话语权。一方面，饲草价格的不断上涨抬高了奶农的养殖成本；另一方面，企业对原料奶价格的压制使奶农的生产入不敷出，生产的积极性受到严重挫伤。最终，走投无路的奶农不得不采取两种选择：一是因无力经营而退出市场，如一些奶农将奶牛当做肉牛卖出；二是为增加售出量而向原料奶中兑水，并采取技术手段（如掺入三聚氰胺）通过企业的检测，或干脆将低质奶出售给不规范的小企业，由其加工并包装成与优质奶外形相同的乳制品混入市场。

对于消费者而言，这种搭售行为是一把双刃剑。一方面，搭售大大降低了消费者的购买成本，提高了消费者的经济福利。正是由于这个原因，搭售往往受到多数消费者的欢迎。据调查，在各级城市的一些大超市中，但凡有捆绑销售的乳制品卖区，都会比不举行该活动的乳制品卖区更加热闹。据统计，在南京几家大型超市中有70%以上的消费者会选择捆绑了赠品的乳制品，甚至对各种乳制品偏好相同的消费者索性以赠品来决定购买哪种产品。在消费者的购买观念中，花费同样的开支买到比原来更多的产品，自然是要"拍双手欢迎的"。但另一方面，搭售可能降低所购买产品的整体质量。为达到降低库存的目的，搭卖品中不乏临近有效期限的产品，如果消费者不加留意，最后喝到的很可能是对身体有害的变质奶。

资料来源：http://www.jhnews.com.cn/site1/jhwb/html/2008-07/03/content_500056.htm。

案例分析题

1. 乳制品搭售将为消费者造成哪些影响？

2. 从产业链传导机制的角度分析企业搭售定价将如何影响上游原料奶的质量。

简要答案

1. 乳制品搭售对消费者是一把双刃剑。一方面，搭售大大降低了消费者的购买成本，提高了消费者的经济福利；另一方面，搭售可能降低所购买产品的整体质量。如为了降低库存，企业可能将临近有效期的产品作为搭卖品，如果消费者不加留意，最后喝到的很可能是过期的变质奶。

2. 搭售定价将降低企业的盈利水平，促使企业通过降低原料奶进价来缩减成本，由此造成奶农亏损严重，被迫对原料奶进行稀释掺假，最终导致原料奶质量下降。

第三节　歧视定价

一、歧视定价的含义和类型

1. 歧视定价的含义

歧视定价又称价格歧视，是指具有市场支配地位的企业为了实现利润最大化，对购买同一产品的不同客户实行差别性的定价。这种差别性的定价与产品的生产成本无关，而与客户的类型或购买量有关。

歧视定价要想得到成功实施，至少需要满足三个前提条件：

(1) 企业具有足够的市场支配地位。只有当市场是不完全竞争市场，且企业具有足够的支配地位时，企业面对的需求曲线才是向右下方倾斜的，当它将价格提高到边际成本之上时才不会丧失全部消费者。

(2) 市场可按照消费者在偏好上的差异分割成不同部分。不同消费者对同一产品在偏好上的差异决定了他们对该产品有不同的意愿价格。意愿价格指消费者对某一产品愿意支付的价格，其高低主要受消费者支付能力和购买欲望两种因素的影响。一般情况下，意愿价格随着消费者支付能力和购买欲望的增强而升高，如果企业能够准确了解不同消费者的支付能力和购买欲望，进而掌握其对价格的心理定位，那么它就可以根据定位的不同采取不同的定价。

(3) 不存在套利的空间。如果市场上存在套利空间，即某些购买意愿较低的消费者先以低价购买到产品，再以高价转卖给购买意愿较高的消费者，那么市场可分割的前提条件就会被打破，企业的歧视定价策略就将失灵。所以，若想成功实施该策略，企业必须有能力阻止购买意愿低的消费者将产品转卖给购买意愿高的消费者，将套利空间彻底消除。

2. 歧视定价的类型

根据价格差别的程度，可将歧视定价区分为三个等级，即一级歧视定价、二级歧视定价和三级歧视定价。这三种定价的含义、成因和结果将在后面分别加以介绍。

二、一级歧视定价

1. 一级歧视定价的含义

一级歧视定价又称为完全歧视定价或一级价格歧视，是指对每一单位产品都制定不同的价格。其前提假设是企业充分了解每一位消费者对产品愿意支付的最高价格，能够将价格定在消费者意愿价格的上限，从而获得每位消费者的全部消费者剩余。这是一种极端的情况，对企业掌握信息的能力要求过高，在现实中很少发生。

2. 一级歧视定价产生的原因和结果

歧视定价实施的前提是企业充分掌握每位消费者的支付意愿和支付能力，从而确定并索取每位消费者愿意支付的最高价格。它使得每一产品都以消费者愿意支付的最高价格出售，从而将消费者的剩余全部剥夺。如图 8—4 所示。

在图 8—4 中，第一单位产品出售的价格为 P_0，第二单位产品出售的价格为 P_1，第三单位产品出售的价格为 P_2，最后一单位产品出售的价格等于企业的边际成本，这样消费

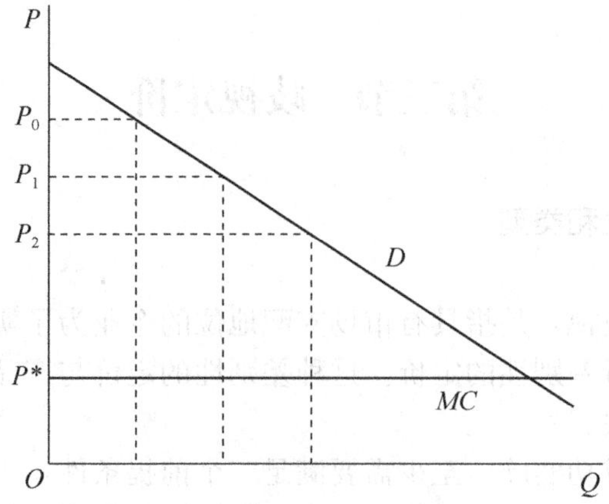

图 8—4　一级歧视定价

者剩余全部归企业所有。

三、二级歧视定价

1. 二级歧视定价的含义

二级歧视定价又称为二级价格歧视，是指企业了解消费者的需求曲线，并将这种需求曲线分为不同部分，对每部分购买量确定一个有别于其他部分的价格。从二级歧视定价的含义可以看出，企业剥夺的已不再是全部消费者剩余，而只是一部分消费者剩余。

2. 二级歧视定价产生的原因和结果

与一级歧视定价相同，二级歧视定价的出现也是由于企业为了最大限度地剥夺消费者剩余。但有别于一级歧视定价，二级歧视定价对企业的信息掌握能力要求相对较低，所以在现实中也比较容易实施。

实施二级歧视定价的重要形式是非线性定价，通常采用两部定价或两段收费。两部定价一部分是固定费用，它是每个消费者无论购买多少都必须支付的部分，用 T_i 表示；而另一部分是变动费用 P，它随购买数量而成比例地变动。假定消费者有如图 8—5 所示的需求曲线 $D(P)$，企业的线性边际成本为 m，如果企业制定一个与购买数量无关的统一价格，那么，价格的最优值为 P^M，这就是前面推导得出的垄断价格，此时边际收益等于边际成本，利润由区域 A 表示。

现在假定企业实行两部定价，则无论 P^* 取何值，企业都会将 T_i 定在购买者所愿意支付的最高价格水平。固定费用的最大值由消费者剩余 $CS(P)$ 决定，如果 $P^M=P^*$，则消费者剩余区域用 B 表示，即 $CS(P)$ 等于 B。

以 $\pi(P)$ 代表企业的变动利润，如果企业按照消费者愿意支付的最高价格确定固定收费，那么其全部利润由下式决定：

$$\Pi(P)=\pi(P)+T_i=\pi(P)+CS(P)$$

也就是说，如果企业能够实行两部定价，则使总利润最大化的（可变）价格就是使总剩余最大化的价格，即有效率的定价。在有效率的定价 $P^*=m$ 时，利润从 A 增加到 $A+B+C$，企业在价格等于边际成本时本无利可图，但现在却可以获得丰厚的固定收费；总

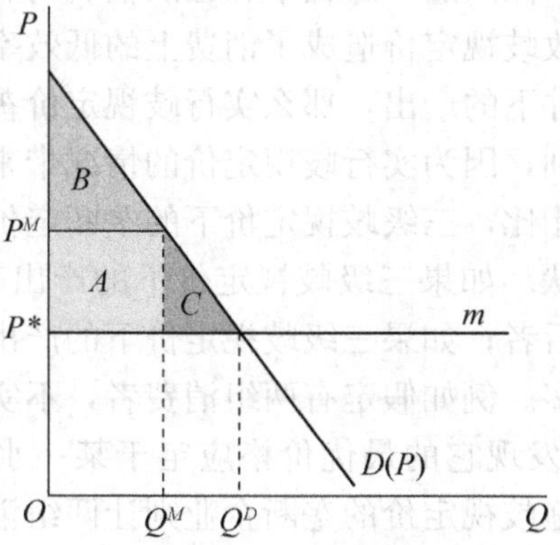

图 8—5 二级歧视定价

剩余从 $A+B$ 增加到 $A+B+C$，销售量增加；消费者总剩余从 B 增加到 $A+B+C$，同时边际价格从垄断价格 P^M 降为边际成本 P^*；消费者净剩余（固定费用）从 B 降为零（垄断者通过固定部分收费夺走了消费者总剩余）。换句话说，实行非线性定价的结果是整体效率提高，此时的总剩余大于统一定价时的总剩余，但消费者福利减少。

四、三级歧视定价

1. 三级歧视定价的含义

三级歧视定价又称为三级价格歧视，是指企业能够分辨顾客属于哪一个群体，并就同一产品对不同组别的消费者收取不同的价格。这里隐含的一个前提条件是不同群体对同一产品的需求价格弹性存在差异。简单地讲，三级歧视定价就是根据消费者的类别及其购买量来定价。

2. 三级歧视定价产生的原因和结果

三级歧视定价出现的原因同样是企业为了尽可能地剥夺消费者剩余。这种定价将产生以下三方面的不利效果：

第一，产出低效率。由于三级价格歧视使价格高于边际成本，所以产量将低于完全竞争状态下的产量，使产能无法得到最大限度的发挥。

第二，交易成本增加。为了避开价格歧视，消费者可能要走访多家企业才能以低价购买产品，这一过程将花费大量的搜寻成本，从另一个方面造成市场效率下降。

第三，消费低效率。由于不同的消费者群体为同一产品支付的单价不同，所以每个消费者群体的边际支付意愿各不相同，导致消费者不能利用进一步交易的机会，从而导致低效率。举例来说，假定不存在套利的可能，市场上只有甲、乙两个消费者。甲为购买第 1 单位的产品愿意支付 11 美元，为购买第 2 单位的产品愿意支付 10 美元，因此他若消费 2 单位的产品，一共愿意支付 21 美元。如果企业向甲索取的单价为 11 美元，那么甲只消费 1 单位。乙为购买第 1 单位的产品愿意支付 8 美元，为购买第 2 单位的产品愿意支付 7 美元，因此他购买 2 单位的产品共愿意支付 15 美元。如果企业向乙索取的单价为 8 美元，那么他就只购买 1 单位。在边际上，甲对产品的赋值高于乙。甲对增加的那 1 单位产品的赋值为 10 美元，而乙对正在消费的第 1 单位的产品仅赋值 8 美元。在这种情形下，如果甲以 9 美元向乙购买乙的 1 单位产品，那么甲和乙的福利均有提高，但是由于没有套利的机会，这项交易不能发生，故歧视定价造成了消费上的低效率。如果歧视垄断条件下的产出等于或低于非歧视垄断条件下的产出，那么实行歧视定价垄断下的社会福利将低于不实行歧视定价垄断下的社会福利，因为实行歧视定价的情况带来了消费上的低效率。

与非歧视下的垄断定价相比，三级歧视定价下的垄断定价在效率与福利上的判断取决于成本曲线和需求曲线的形状。如果三级歧视定价下的产出等于或低于非歧视下的产出，那么前者的福利水平将低于后者；如果三级歧视定价下的产出高于非歧视下的产出，那么前者带来的福利可能比后者多。例如假定有两组消费者，不实施歧视定价的垄断企业根据 $MC=MR$ 的原则来定价，会发现它的最优价格应定于某一水平，这个价格水平将令其中一组消费者放弃购买。而实施歧视定价的垄断企业则让两组消费者都进行购买，从而扩大了产销量，消费者也从中获益。但是，一般说来，哪种类型的垄断能产生更多的福利是个经验问题，如图 8—6、图 8—7 所示。

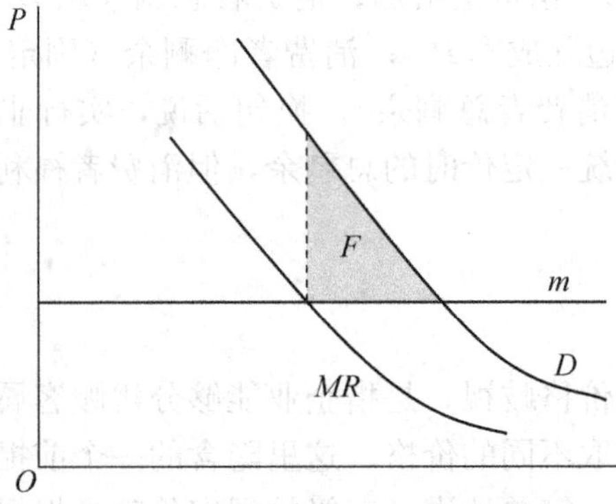

图 8—6　非歧视垄断定价

在图 8—6 中，面积 F 代表边际成本恒为 m 的非歧视垄断情形下的福利净损失。在图 8—7 中，面积 A、B 代表三级歧视定价下的福利净损失。通常难以判断 A、B 两块面积之和是比 F 大还是比 F 小。事实上，也难以判断是三级歧视定价下的产量大还是非歧视垄断情形下的产量大。然而有一点可以明确的是，三级歧视定价越接近于完全歧视定价，它就越有可能得出一个比非歧视垄断定价更富效率的结果。

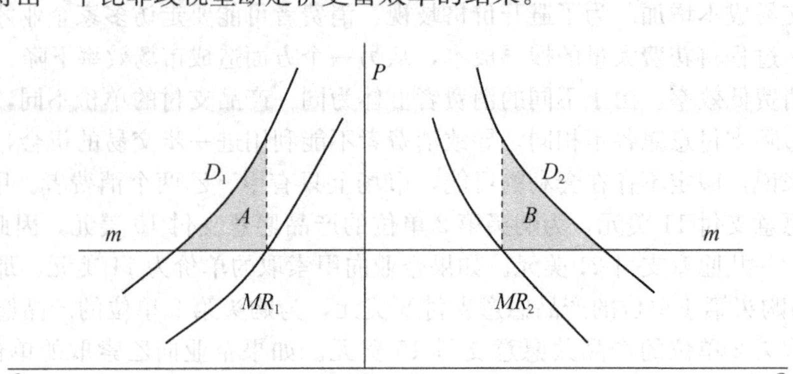

图 8—7　三级歧视定价

案例 8—3

肯德基产品同城不同价

2011 年年初，在中国实行同类产品统一定价的肯德基公司正式宣布，取消 20 多年来的统一定价模式，实施细分差别定价策略。公司相关负责人称，截至 2011 年，这种延续 20 多年的全国统一定价模式已经不能适应日新月异的商业环境。随着近年来国际经济环境的变化，肯德基经营管理成本日益加大，于是仅在 2011 年就连续三次将价格上调；而中国居民消费水平差距的不断拉大，更使其发现了实现价格歧视的商机。于是，肯德基于 2011 年年初启用细分差别定价策略，在不同城市和不同商圈，综合考量每家餐厅的成本、经营管理状况和消费者的消费水平等因素，据此差别化地制定价格。

肯德基表示，启用差别定价策略后，在一些特殊商圈的餐厅里产品价格会略高，而在一些社区地段的餐厅里价格则有可能下调。消费者可根据自身收入水平和支付意愿，选择不同餐厅用餐。为了使定价策略更加“科学和人性”，今后肯德基除划分区域外，还将根据时段的不同进一步细分定价。

资料来源：http://www.cnstock.com/index/gdxw/201110/1634624.htm。

案例分析题

1. 肯德基的歧视定价策略为何能够在同一座城市里成功推行？

2. 根据上述材料，分析肯德基“同城不同价”策略在我国哪类城市中能够得到顺利推行。

简要答案

1. 一座城市包含不同的商圈决定了市场可按照消费者的偏好差异分割成不同部分，又因为不同部分之间套利的可能性较小，所以只要对每家餐厅的成本、经营管理状况和消费者的消费水平做出准确考量，那么，即使在同一座城市里，也同样可以成功地实施差别化定价。

2. 由于歧视定价的实施条件包含市场可分割和套利空间小，所以该策略更适合在居民消费水平差距较大，且不同群体间互动较弱的城市中推行。

第四节 拍卖定价

一、拍卖定价的含义与类型

1. 拍卖定价的含义

拍卖（auction）是以公开竞价的方式将特定产品出售给报价最高的买方。被拍卖的物品一般是稀缺物品，在普通市场上购买不到，所以只能通过拍卖来交易。在交易过程中，卖方追求利润最大化，而买方则追求支出最小化。同其他交易方式的区别在于，拍卖过程中买方不再是价格的接受者，而是价格的主导者。

2. 拍卖定价的类型

维克里（Vickrey）将拍卖分为四类：（1）古典英国式拍卖。（2）古典荷兰式拍卖。

(3) 第一价格密封拍卖。(4) 次价密封拍卖。这四种拍卖的主要区别在于，前两种拍卖都是以公开喊价的方式进行的，其中古典英国式拍卖是提价拍卖，古典荷兰式拍卖是降价拍卖；后两种拍卖则是以密封竞价的方式进行的，其中第一价格密封拍卖以最高报价为交易价格，次价密封拍卖以第二高的报价为交易价格。

二、古典英国式拍卖定价

1. 古典英国式拍卖定价的含义

古典英国式拍卖（English auction）又称提价拍卖（ascending auction），是使用最广泛的拍卖方式。在拍卖中，卖方先宣布起叫价和最低增幅，随后众多买方不断喊出越来越高的买价，直到在规定的时间内再没有人喊出更高的买价为止，最终报价最高的买方将赢得对产品的购买权。这种拍卖方式最早在英国兴起，所以被称为古典英国式拍卖。

2. 古典英国式拍卖定价产生的原因和结果

之所以采用古典英国式拍卖的方式，是因为卖方很难单方面对标的物进行准确估值。而如果采用公开提价的拍卖方式，就可帮助其了解市场行情，进而获得最大限度的收益。所以对于房地产、艺术品、文物等价格高昂的标的物，英国式拍卖对卖方而言不失为一种理想的交易方式。

在古典英国式拍卖中，竞买人遵循由低到高的次序逐次应价竞争，使标的物的价格由最初的起叫价不断刷新上涨。随着报价的攀升，对标的物持购买态度的买方将逐渐减少，直到最后一个买方以最高的出价压倒所有的竞买者才响槌成交。在拍卖的初始阶段，市场对标的物的需求明显超过供给；在拍卖过程中，市场对标的物的供给量始终保持不变，而对标的物的需求量则随着价格的提高不断缩小，直到价格高到使需求量与供给量相等为止，最终市场达到了均衡状态。

三、古典荷兰式拍卖定价

1. 古典荷兰式拍卖定价的含义

古典荷兰式拍卖（Dutch auction）又称降价拍卖，兴起于荷兰的郁金香出口并因此得名。具体方式是拍卖标的物的竞价由高到低依次递减，直到第一个买方愿意接受为止。这种拍卖通常从一个极高的价格开始，如果高得没有买方接受，那么价格就以事先确定的幅度下降，直到有买方表示愿意交易为止。通常情况下，第一个愿意交易的买方就是最终的买方。表面看来整个过程中并没有激烈的竞价场面出现，但事实上竞价是存在的。虽然只有一轮竞价（即第一个愿意交易的买方表示愿意接受当前的价格），但在此前的坐等观望中，所有买方都在考虑同一个问题：如果自己再不成交，那么标的物就可能被别人抢走了。因此这场竞争虽然无声，但同样是持续而激烈的。

2. 古典荷兰式拍卖定价产生的原因和结果

荷兰式拍卖定价之所以被卖方采用，原因在于其同英国式拍卖相比具有两个显著的特点：

第一，荷兰式拍卖会为卖方带来更大的利润。英国式拍卖由于竞价从低向高报，所以买方的报价始终不高于其预期价格，这样即使成交，卖方也难以赚到最大利润；而荷兰式拍卖由于竞价从高向低调，所以只要价格调到估值最高的买家所估量的水平，那么他就会快速成交以避免标的物被其他买方夺走，这就更有可能使卖方实现利润最大化。

第二，荷兰式拍卖成交过程迅速。由于第一轮竞价就是最后一轮竞价，所以荷兰式拍卖的程序比英国式拍卖更为简捷。尤其是当前盛行的表盘式无声拍卖方式，通过机械化和电子化的流程进一步提高了交易的速度。

当然，由于在叫价递减的过程中买方只能采取坐等观望的方式，所以现场竞争气氛没有英国式拍卖热烈。根据以上分析不难得出，与英国式拍卖相比，荷兰式拍卖将使卖方获得更多的生产者剩余，并节省了买卖双方因竞价而产生的交易成本。

四、第一价格密封拍卖

1. 第一价格密封拍卖的含义

与英国式拍卖和荷兰式拍卖公开喊价的方式相反，第一价格密封拍卖（first-price sealed-bid auction）是买方各自独立而秘密地报出竞价，每个买方都不知道其他买方的报价。卖方将买方呈报的竞价按照高低排序，并选出报价最高的买方作为中标者，该中标者将其报价支付给卖方并赢得标的物。

2. 第一价格密封拍卖产生的原因和结果

第一价格密封拍卖在拍卖物品数量方面有一个重要的区别：即有多少物品被拍卖。当只有一个物品被拍卖时，价格以最高叫价确定，拍卖被称为“第一价格”密封拍卖。如果拍卖中有多个拍卖品，密封拍卖就被认为是“歧视性”的，因为获胜者支付的价格可能是不一样的。

实际上，在只有一件物品被拍卖的第一价格密封拍卖中，每个买方递交自己的竞价，而不管其他人的开价。出价最高者获胜并以其开出价格购得该拍卖品。在歧视性拍卖中（不止一件物品被拍卖），密封的竞价被按从高到低的顺序排序，拍卖品依次按出价成交直至拍完为止，而且赢家们一般都支付自己的报价，这些报价往往是不同的。从买方的角度来讲，递交高的出价增大了获胜的可能性，同时如果获胜则降低了获取的利润。预期效用最大化的买方现在必须考虑他们所拥有的关于其他买方可能的出价信息，因此，他们不会使自己的出价等于自己的保留估价，所以第一价格密封拍卖不是一种直接价格披露机制。

效用最大化策略现在取决于每一个买方的风险偏好及其对其他买方估价的预期，这时买方没有占优策略。一个好的策略是使出价略高于市场普遍估价。维克里还指出，如果出价是保留估价的增函数，同时所有买方的风险偏好相同，并对其对手的出价有同样的预期，那么第一价格密封拍卖可以得到帕累托最优的结果。

五、次价密封拍卖

1. 次价密封拍卖的含义

次价密封拍卖又称维克里拍卖或第二价格密封拍卖。在这种拍卖中，买方同样以密封的方式独立出价，中标的同样是出价最高者，但成交价是所有投标价格中的次高价。

2. 次价密封拍卖产生的原因和结果

实行次价密封拍卖将促使每个投标人都以自己的真实报价为最优策略。因为在次价密封拍卖中，当买方获胜时，其实际支付的成交价与其报价完全独立。所以，在买方之间没有串通的条件下，每个买方的最优策略就是按照其对标的物的估价据实竞标。如果买方出价低于他的估值，其中标的几率将降低；如果买方出价高于他的估值，虽然中标的概率升高了，但他很可能做了一场赔本的交易，因为他不能保证实际支付的次价就没有超出估价的可能。通过相互间的博弈，买方最终都将以据实竞价作为自己的占优策略。因此，从理论上讲，次价密封拍卖对卖方而言具有很高的价值。

具体而言，次价密封拍卖会带来以下结果。第一，在很多情况下，由于标的物的买卖双方信息不对称，买方对标的物的估值可能会出现失误，如果估值过高并采用第一价格密封拍卖，那么买方就很容易会蒙受损失，而采用次价密封拍卖就可以避免这种风险。第二，由于在次价密封拍卖中，买方的最优策略就是根据自己对标的物的估值给出报价，所以每个买方在报价时只需将精力用在对标的物的估值上即可，大大节省了虚高的支出，也使社会资源得到了更加合理的配置。

尽管从理论上来讲，次价密封拍卖是一种有效的拍卖机制，但这种拍卖在具体实践中会遇到许多困难，如买方串通降低报价、卖方事先已选定买方而使拍卖形同虚设，等等。

案例 8—4

揭开拍卖师的神秘面纱

2009 年 12 月，南昌新地王以 662 万元/亩的价格被拍卖师“一锤定音”，这些土地之所以能够屡创“天价”，原因之一是一种特殊职业在“推波助澜”——拍卖师。他们站在拍卖台上操控全局，槌起槌落间风光无限。那么，他们的工作究竟是怎样的？拍卖当中又有哪些技巧？为此，记者采访了南昌土地交易中心首席拍卖师宗星雨，让她为大家揭开拍卖师的神秘面纱。

宗星雨告诉记者，拍卖师的成名很大程度上是基于他们所拍卖的物品（拍品）的最后成交价格。土地、工艺品、古董等拍品的成交价格之所以非常高，原因有很多。每件拍卖品都有自己特定的价值、时机，这些都为“天价”创造了机会。当开发商急需土地进行工程建设时，土地价格就会往上飙；当房地产业运转成熟，开发商看好时，地价也会上升。但这块土地到底值多少钱，每个开发商心中都有底线。由于时机不同，开发商承载的底线也不同，如 2009 年 12 月开拍的一块地最后以起始价翻番的价格成交，而在 2008 年这块地却由于起始价在开发商看来过高而造成拍卖失败。

记者了解到，竞拍现场是竞拍者最易受拍卖师“鼓动”的场所，那么无论拍卖什么，拍卖师都应该尽力渲染情绪吗？对此宗星雨给予否定。据介绍，在土地拍卖现场，不能太过渲染加价的情绪，因为拍卖的土地经过了有关部门的评估，是以评估价为起价的。而竞拍土地时，很多开发商也会因为面子等问题，毫无顾忌地举牌加价，如果拍卖师再肆意渲染加价的情绪，导致价位虚高成交，那么最终开发商会因不能承受成交价而毁约，这笔交易便宣告失败。据此，宗星雨向记者透露经验：当现场气氛最紧张时，应调整好松弛度，必要时加点幽默，做到既不冷场又不过分火爆，同时给予开发商必要的提醒，如“价格很高，请慎重加价”等，让他们有相对宽裕的时间考虑。

资料来源：万里庆：《讲述拍卖背后的故事》，载《信息日报》，2009－12－25。

案例分析题

1. 从买方追求成本最小化的角度分析像宗星雨这样的拍卖师是否受竞拍方欢迎。

2. 根据上述材料分析拍卖价格的影响因素有哪些。

简要答案

1. 受欢迎，因为善于调控现场而避免竞拍方出价过高。

2. 拍卖价格的影响因素有市场供求状况、竞拍方的偏好及购买力等。

关键术语

驱逐对手定价　　搭售定价　　歧视定价　　拍卖定价

本章思考题

1. 假设某家老企业生产计算机和同计算机相配的打印机，另有一家新企业只生产打印机。在策略性行为下，老企业增大了新企业的打印机与它的计算机相契合的难度，从而提高了新企业的成本。请结合该例讨论搭售。

2. 假设一家企业有选择地向一些顾客发放优惠券，给予价格折扣。请问企业为什么要对顾客一次购买中可使用多少张优惠券做出限制？

3. 假期到了，大学生要放假回家，如果铁道部坚持价格无歧视，取消学生票半价，结果可想而知。所以说，歧视定价本身也是一种“公平”的市场体现，你是否认同这一结论？

简要答案

1. 该例说明企业运用搭售策略可实现横向排斥。

2. 企业发放优惠券是为了吸引顾客进而争夺市场，但无限制的发放将会增加成本并降低利润，与其垄断初衷背道而驰。

3. 歧视定价是以获取垄断利润为目的的差别定价行为，该行为造成市场垄断程度提高，所以必将导致市场效率下降。实行学生票半价虽然形式上表现为差别定价，但实质上并没有提高铁道部的利润，所以并不属于歧视定价。

主要参考文献

[1] Tirole, J. *The Theory of Industrial Organization*. Cambridge: The MIT Press, 1988.

[2] 金碚. 产业组织经济学. 北京：经济管理出版社，1999.

[3] 杜朝晖. 产业组织理论. 北京：中国人民大学出版社，2010.

[4] 刘志彪. 现代产业经济学（第二版）. 北京：高等教育出版社，2009.

[5] W·吉帕·维斯库斯等. 反垄断与管制经济学. 北京：机械工业出版社，2004.

[6] 保罗·克鲁格曼，罗宾·韦尔斯. 微观经济学. 北京：中国人民大学出版社，2009.

[7] 丹尼斯·W·卡尔顿，杰弗里·M·佩洛夫. 现代产业组织（第 4 版）. 北京：中国人民大学出版社，2009.

[8] 迈克尔·波特. 竞争战略. 北京：华夏出版社，1999.

[9] 王俊豪. 产业经济学. 北京：高等教育出版社，2008.

[10] 肖兴志，张嫚. 产业经济学. 北京：首都经济贸易大学出版社，2007.

[11] 于立，王询. 当代西方产业组织学. 大连：东北财经大学出版社，1996.

[12] 张赞. 零售垄断与竞争政策. 北京：经济管理出版社，2008.

第九章

纵向限制

内容要点

- 纵向限制的含义与类型
- 纵向限制的效率动机与垄断动机
- 转售价格维持的福利效应
- 特许经营的类型与影响

第一节 纵向限制的含义与类型

一、纵向限制的含义

企业可以从事商品或服务一个以上连续的生产或销售阶段的活动，自己提供生产或销售过程中所需要的投入品或服务，被称作纵向一体化（vertical integration）。非纵向一体化的企业则从其他企业购买生产或销售过程中所需要的投入品或服务。前者使用的是企业内的科层命令制度，后者使用的是企业间的市场交易制度。而纵向限制则是交易双方签订的长期的、具有约束力的且不同于单位价格固定的简单合同的合同条款。纵向限制往往以某种方式约束了交易的一方（上游企业或下游企业），但这种约束又没有纵向整合那么严格，因此其性质介于市场与企业二者之间。①

规范地说，纵向限制（vertical restraints），又称为垂直限制或纵向约束，是指处于同一商品或服务的生产或销售的不同阶段上的经营主体之间限制其经营活动的协议。严格而言，纵向限制可以发生在生产或销售过程的任何阶段，但人们更多地关注供应商与销售商（包括批发商和零售商）之间复杂的合约安排关系。纵向限制的例子包括非线性定价、强

---

① 对于纵向限制经济逻辑的有关经济理论和文献评述可参见：谭国富：《纵向约束的经济逻辑》，载《产业经济评论》，2004（12）；郁义鸿、管锡展：《产业链纵向控制与经济规制》，上海，复旦大学出版社，2006。

制购买数量协议、全线强制、转售价格维持、独占地域协议、独家交易、部分独家交易、搭售和拒绝交易等。

二、纵向限制的基本类型

根据现有研究，可以将纵向限制划分为两类，一类是交易双方就交易价格或支付所达成的契约条款，另一类是对交易某一方或双方的权利进行限制的契约条款。下面用表 9—1 来说明基本的纵向限制类型。

表 9—1　　纵向限制的类型

类型	定义	典型产业
转售价格维持 (resale price maintenance)	制造商固定零售价格或者限制最高（低）价	图书、杂志、报纸等
独家分销 (exclusive distribution)	指定分销商服务于特定的地理区域或特定的消费群，前者又称作独占地域协议（exclusive territories）	家电、汽车业等
独家交易 (exclusive dealing)	禁止零售商销售竞争对手的产品	加油站、专卖店等
强制购买数量协议 (quantity forcing)	要求零售商必须完成最低销售额	啤酒业等
非线性定价 (non-linear pricing)	购买中间产品的价格依赖于购买的数量	零售业等
拒绝供应 (refusal to supply)	通过选择性的分销体系来控制分销商的数目	一些品牌的矿泉水批发等
搭售 (tying)	制造商要求购买者在购买投入品 A 的同时，必须购买一定数量的投入品 B	软件产业等
特许经营 (franchise)	特许权人（franchisor）向被特许人（ franchisee）出售已被证明可行的经营方法、商标或品牌等	餐饮业（如麦当劳）等

资料来源：于立、吴绪亮：《产业组织与反垄断法》，大连，东北财经大学出版社，2008。

第二节　纵向限制的经济逻辑

一、市场势力说

处于同一商品或服务的生产或销售的不同阶段上的经营主体之间的所谓的纵向经济关系，一直是经济理论研究领域极具争议的地方。然而，至少有一点是很少有争议的，即只有在生产或销售的一个或数个阶段上存在市场势力时，纵向限制行为才会具有重要的公共政策含义。

如果供应商和销售商都是垄断企业，则每一家都会施加一次垄断加成，消费者将面临两次加成，形成所谓的“双边垄断”。通过构建简单的模型可以证明双边垄断将产生高价格、低产出的结果，不仅是消费者，企业也因双边垄断而遭受损失。与各自垄断的情形相比，如果供应商和销售商实现纵向一体化，那么企业的利润总和会增加，消费者福利也会提高。因此，无论是消费者还是企业，都有动力去实现纵向一体化。当纵向一体化无法实现的时候，上下游企业中拥有市场势力的一方有动力采取纵向限制行为延伸其市场势力，达到与纵向一体化一样的双重加成效果。假设垄断的上游供应商雇用一家垄断的下游企业来销售它的产品，产品面临向下倾斜的需求曲线，由于每家企业在它的每单位成本上都施加了一次垄断加成，因而造成了所谓的双重垄断加成。

连续垄断带来的问题是销售商具有限制产出提高价格的动机。由于销售商加成所得的利润归于销售商而不是供应商，所以供应商不希望它的销售商进一步限制产出或等效地将它的价格提高。供应商需要一个尽可能有效（即最低的销售商加成）的销售体系。尽管纵向一体化在某些情况下优于连续垄断的情形，但是在监督销售点雇员的成本超过其使用独立销售商的成本时，供应商只有依赖独立的销售商而不是自己来销售它们的产品，也就是说企业仍然采用了连续垄断的形式。但是同时供应商希望销售商以最有利于供应商的方式定价和销售，在委托—代理的关系下，委托—代理关系问题则必须通过供应商向销售商施加除要求支付产品批发价格之外的纵向限制来解决。

供应商在进行纵向限制时可以采用强制购买数量协议对销售商实施销售配额，即销售商必须销售的最低数量的产品。有了这种约束后，供应商不必再限制销售商的价格。销售配额吸引销售商通过降低它们的价格来扩大销量。许多汽车交易商和计算机销售商制定销售配额。

供应商的另一种纵向限制策略是采取两部定价，它可以向销售商索取关于产品的一个价格，又索取关于销售产品的权利的第二个价格。例如，供应商向销售商出售特许权即出售产品的权利（经常附上一个品牌名称）以收取特许费。只要有许多潜在的销售商，这一方法总能使供应商赚取的利润与它实行纵向一体化而进入销售领域时赚取的相同。供应商可以招标，出售成为它的产品的唯一销售商的权利，并以合同保证以每单位固定的价格批发产品给销售商，那么销售商愿意支付的最大特许费就是垄断利润。因此，供应商可通过先索取特许费再索取产品的边际成本来获得与纵向一体化相同的效果。

二、市场失灵说

纵向限制是供应商对分销服务市场的不完善之处的反应。市场运行中经常出现交易的外部性问题，由此诱使市场主体搭便车，而纵向限制正是解决搭便车等市场失灵行为的举措。搭便车的形式主要有：

1. 供应商之间的搭便车问题

首先，两个都使用同一家销售商出售其产品的竞争性供应商，如果其中一家供应商展开大规模的广告活动来吸引消费者从销售商处购买它的产品，则第二家供应商就从增加的顾客流中获得了收益，从而第二家供应商搭了第一家供应商的便车。由于搭便车的供应商没有做广告，它的成本比做广告的供应商要低，所以可以将价格定得较低，从而获得更多的收益。

其次，两个都使用同一家销售商出售其产品的竞争性供应商，如果其中一家培训其销售商的维修或销售人员，这种培训成本较高且可应用于其他产品，那么另一家供应商就搭了第一家供应商的便车。搭便车者又一次拥有较低成本并在与支付培训费用的供应商的竞争中胜出。

最后，两个都使用同一家销售商出售其产品的竞争性供应商，如果其中一个供应商向销售商提供潜在顾客名单，那么第二家供应商将从第一家供应商的顾客名单中获益。也就是说第二家供应商又搭了第一家供应商的便车。

总之，供应商依靠相互竞争的独立的销售商销售其产品时，总是希望能够协调或限制这些销售商进行竞争的方式。在协调或限制销售商的同时，其他供应商很容易搭便车，如果不抑制这种搭便车行为，那么供应商就没有了协调、培训、做广告的动机。解决这些问题的办法就是建立一个允许供应商获得它们的销售努力的全部报酬的体系。具体解决方法是运用独家交易手段，以阻止其销售商出售第二家供应商的竞争性产品。

2. 销售商之间的搭便车问题

如果两家销售商销售同一家供应商的产品，其中一家销售商为了销售产品而必须花费大量的销售努力（做广告、设置展示室、培训销售人员、培训采购代理人、保持质量），那么另一家销售商就可能产生搭便车行为。销售商之间搭便车主要表现在以下几个方面：

第一，如果两家销售商销售同一家供应商的产品，假设其中一家销售商为了销售产品而做了大量广告，那么这家销售商便创造了使两家销售商都获益的对这种产品的需求，但另一家销售商却没有付出任何成本。除非有所行动，否则第一家销售商会具有极少的做广告的动机，因为它没有获取广告行为的全部收益。

第二，如果两家销售商销售同一家供应商的产品，假设其中一家耐用商品的销售商（例如汽车、立体声设备及其他用具）花费大量的努力设置大的展示室来展示陈设产品，从而使消费者可挑选最佳样式来满足他们的特殊需求。这样所有的顾客都将去那间展示室来决定购买何种产品，但他们也可从展示室不太精致、存货较少的其他销售商处购买产品。由于另一家销售商的成本较低，所以它便索取比第一家销售商低的价格，这对第一家销售商而言是极为不利的。

第三，销售商中的培训也会存在搭便车现象，此外建立了品牌信誉的销售商在实践中也会被其他销售商搭便车。搭便车使供应商左右为难，如果供应商仅将产品出售给最高品质的销售商，它可能无法获得足够多的销售渠道。如果它将产品出售给每家销售商，最高品质的销售商就可能无法获取对其信誉而言足够多的报酬。

第四，当产品的信誉影响到对产品的总需求时也会产生搭便车现象。例如，对同一品牌产品进行销售的两家销售商，如果一家销售商在品质上弄虚作假，使产品质量低于其他销售商，则品牌的信誉就会下降，进而所有的销售商都会受损。进行欺骗的销售商丧失了信誉，但如果顾客主要依据品牌信誉而非单个销售商的信誉进行消费，则这家进行欺骗的销售商所面临的需求下降就可能会低于销售商成本的下降，从而销售商降低品质而搭乘品牌信誉的便车是有利可图的。

由于搭便车行为的存在减少了销售商推销供应商产品的动机，供应商便使用多种纵向限制来处理搭便车问题。最常见的纵向限制如独占地域协议、拒绝供应以及限制最低价格的转售价格维持协议或供应商代表销售商做广告。

三、公共政策分析

传统的芝加哥学派主张对纵向限制采取不干涉政策。芝加哥学派以新古典经济学的价格理论为基础，以经济效率为标准对市场结构与行为进行分析。对纵向兼并与限制行为的动机和效果，芝加哥学派给出了与哈佛学派大相径庭的解释：芝加哥学派认为企业实行纵向兼并与限制行为的动机是为了提高效率，节约交易成本，垄断动机微乎其微，好比无罪推定；哈佛学派则认定垄断是企业实行纵向兼并与限制行为的主要动机，好比有罪推定。分歧的根源在于二者对市场过程所做的先验假设不同。芝加哥学派假定市场能够有效地发挥作用，在没有政府干预的情况下形成的市场结构是企业效率状况的反映，干预市场结构只能破坏市场机制的有效作用。哈佛学派则认为市场失灵难以通过市场机制自动纠正，需要通过反垄断政策来干预市场结构和行为。

芝加哥学派认为，与市场失灵相联系的任何问题都总是肇始于横向竞争，而非纵向合约安排。纵向限制不会产生额外的垄断租金，换句话说，纵向限制并不能使垄断势力从生产或销售的一个阶段延伸到另一个阶段。

芝加哥学派的观点把纵向关系理解为一个单纯的委托—代理关系，其中零售商只是制造商（委托人）的产品销售的代理人。零售市场被假定为具有完全竞争的种种特征，比如易于进入、有众多的竞争者、商品同质、零转换或搜寻成本等。芝加哥学派认为，如果这些特征部分缺失，制造商可以通过纵向限制来“复制”出完全竞争的条件，比如利用转售价格维持或非线性定价来攫取零售商的经济利润，同时修正下游价格扭曲。芝加哥学派的这种观点被斯坦纳（Steiner，1991）总结为“单阶段模型”（single-stage modelling）。

与之相反的是，以雷伊和梯若尔（Rey and Tirole，1986）为研究起点和典型代表的后芝加哥学派则强调零售商不只是作为制造商的分销机制而存在。后芝加哥学派认为，零售商提供的服务增加了消费者对该产品价值的认可，比如，信息发布、产品展示、库存调整等服务使得需求不再是销售的外生变量；而且，这些服务很可能会形成零售商的固定成本，甚至是沉没成本。因此，零售商通过这些服务“再生出”差别化（甚至是唯一的）产品，从而形成市场势力，这意味着芝加哥学派坚持的完全竞争状态可能达不到。

后芝加哥学派承认不完全竞争可能在连续市场阶段上存在，并运用所谓的“双阶段模型”（dual-stage modelling）来评价制造商与零售商的纵向行为。在这些情况下，制造商与零售商的利益可能会产生分歧，因而二者单独决策而非联合决策会产生外部性。纵向限制正是为了治理这种利益分歧而出现的，其后果要么是市场一方把自己的意志强加给另一方，要么是双方为了共同的利益而达成限制性协议。尽管对于实施纵向限制的各方主体来说，这些限制性协议可能会通过消除外部性而增加制造商和零售商的共同利润，但却不一定是社会最优的选择。企业往往倾向于限制竞争来提高利润，而社会作为整体则偏好更多的竞争。后芝加哥学派的近期研究成果既承认纵向限制可能具有“良性”效应，比如修正下游价格扭曲、优化投资规模和消除可避免的交易成本（比如搜寻成本，由于缔约前后的机会主义行为而产生的成本——逆向选择和道德风险，等等），同时，又指出其可能产生“恶性”效应，包括对新进入者的排挤（这是最常见的批评）和损害在位竞争者之间的品牌内或（和）品牌间竞争。对于“良”、“恶”经常需要权衡，关键在于甄别出何种市场条件会使得“良性”效应超过“恶性”效应（或者相反）。对于政策制定者而言，最核心的问题就是在不完全竞争存在的情况下，如何衡量禁止纵向限制协议的“净效应”。

总体而言，芝加哥学派对纵向限制采取的一律肯定的观点已经越来越不被认同。相对于其他法律而言，反垄断法具有较强的不确定性，而关于纵向限制的违法与合法的界线更加不明确，相应的法律规则和司法实施随着经济状况和经济学理论的发展而变化。因此，世界各国竞争当局对纵向限制的判决大多遵循合理推定原则，经济分析在其中具有不可替代的作用。所谓的合理推定原则，是指在确定某些对竞争的限制比较模糊的行为是否构成垄断，从而是否为违法行为时，必须在慎重考虑企业的行为意图、行为方式以及行为后果等因素后，才能做出判断。只有在企业存在“谋求垄断的意图”，造成对竞争的实质性限制的情况下，其行为才构成违法行为，否则便是合理的行为。合理推定原则给企业的竞争行为留下了很大的活动余地。但同时，如何进行经济分析，正确区分促进竞争的纵向限制和限制竞争的纵向限制，却成了反垄断机构面临的挑战。

结合以上分析，针对纵向限制的反垄断政策通常采取合理推定原则，对每种类型的纵向限制进行具体的经济分析。英国、美国等成熟市场经济国家的反垄断机构在对纵向限制进行经济分析的时候，通常考虑市场结构、企业行为、盈利水平、行为动机和效率抗辩等多种因素。

在进行纵向限制的经济分析时，须从“动机→条件→效应”三个阶段进行考虑，不仅应分析协议当事人所处市场的结构、协议当事人各自在相关市场上的地位，而且应分析限制竞争的动机和效应等。首先，考虑纵向限制的动机是为了提高效率，还是为了试图获取垄断地位和垄断利润。其次，要考察这种纵向限制发生在什么样的条件下，实施纵向限制者是否具有优势地位，所在产业的进退障碍如何，以及信息是否对称和是否完全。最后，即使企业实施纵向限制的动机是试图获取垄断地位和垄断利润，而且它具有优势地位，也还要考察这项限制行为在实施中真正产生了什么样的效应——包括是促进了竞争还是损害了竞争，是提高了社会福利还是降低了社会福利，以及在提高自己福利的同时，是否损害了其他经济主体的利益，即是否为帕累托改善。此外，在进行效应分析时，尤其需要注意市场的动态性。对于那些静态的市场而言，滥用行为往往具有非常严重的后果，应该进行严格的反垄断规制；对于动态的市场，产业增长速度非常快，技术变迁迅猛，纵向限制往往是企业有效率发展的条件，因此应该塑造相对较为宽松的执法环境。通过“动机→条件→效应”的三阶段经济分析，反垄断机构才能较为准确地甄别出何种市场条件下何种纵向限制的“良性”效应会超过“恶性”效应（或者相反），即“净效应”为正（或者为负）。

案例 9—1

高通垄断案行政处罚决定书

根据《中华人民共和国反垄断法》等法律法规，本机关于 2013 年 11 月立案，依法对当事人滥用在 CDMA、WCDMA 和 LTE 无线通信标准必要专利（以下简称无线标准必要专利）许可市场及 CDMA、WCDMA 和 LTE 无线通信终端基带芯片（以下简称基带芯片）市场的支配地位，实施垄断行为进行了调查。本机关的调查情况和处理决定如下：

一、当事人在无线标准必要专利许可市场和基带芯片市场具有市场支配地位（略）

二、当事人滥用市场支配地位的行为

在本案中，考虑到当事人将持有的相关国家和地区的无线标准必要专利进行组合许可，本机关决定调查与中华人民共和国境内市场竞争和消费者利益密切相关的当事人针对无线通信终端在中华人民共和国境内制造时或者在中华人民共和国境内销售时所实施的无线标准必要专利的许可行为和基带芯片销售行为。本机关查明，当事人滥用市场支配地位，实施了《中华人民共和国反垄断法》禁止的垄断行为。具体事实、理由和依据如下：

（一）当事人滥用在无线标准必要专利许可市场的支配地位，收取不公平的高价专利

许可费

1. 对过期无线标准必要专利收取许可费

本机关查明，截至2014年1月1日，在当事人持有的无线标准必要专利中，有部分相关专利已经过期，且包含一定数量的重要无线标准必要专利。CDMA技术于1995年开始商业应用，当事人此前申请的很多核心CDMA无线标准必要专利已经过期，而当事人与被许可人签订的CDMA和WCDMA专利许可协议，均包括相关过期的核心CDMA无线标准必要专利。尽管当事人不断有新的专利加入到专利组合中，但当事人未能提供证据证明新增专利价值与过期无线标准必要专利价值相当。同时，当事人不向被许可人提供专利清单，且与被许可人签订的长期甚至无固定期限的许可协议中约定了一直不变的专利许可费标准。当事人的过期无线标准必要专利包含在对外许可的专利组合中，被许可人未能获得公平协商的机会以避免对当事人的过期专利支付许可费。

以上事实，有《基于专利存续的Qualcomm重要标准必要专利包价值研究报告》、《用户单元许可协议》、《调查询问笔录》和《对国家发改委关注问题的陈述性答复》等材料作为证据。

在本案调查过程中，当事人提出，虽然每年都有一些专利到期，但有更大数量的新专利进入到专利包中，不存在对过期专利收取专利许可费的问题。

本机关认为，不论当事人对外许可的专利组合有无变化，以及是否有新的专利不断加入到专利组合中，当事人进行长期甚至无固定期限许可的同时，不提供专利清单本身都不具有合理性。即使如当事人主张，不断有新的专利加入到专利组合中，并且总体上专利组合中的专利数量有所增加，但专利组合中的专利数量并不必然反映其价值。因此，当事人提出的新增专利能够补充过期专利价值的主张不能得到证实。当事人对新增加的专利是否为被许可人所必需以及是否具有价值均不予评估和明示，不衡量和分析过期专利和新补充专利的价值对比和变化，而以不断有新专利加入专利组合为由，笼统地对专利组合持续多年收取同样的许可费，实际上模糊了被许可人获得专利许可的具体标的，被许可人需要对当事人的过期无线标准必要专利继续支付许可费。

本机关认为，当事人应当给予被许可人公平的机会进行协商，避免对过期专利继续收取专利许可费。

2. 要求被许可人将专利进行免费反向许可

本机关查明，当事人在无线标准必要专利许可中，强迫某些被许可人将持有的相关非无线标准必要专利向当事人进行许可；强迫某些被许可人免费进行反向许可；要求某些被许可人不能就持有的相关专利向当事人及当事人的客户主张权利或者提起诉讼。当事人在某些无线标准必要专利许可谈判中并不实质性地考虑和评估被许可人专利的价值，拒绝向被许可人就反向许可的专利支付合理的对价。

以上事实，有《用户单元许可协议》、《调查询问笔录》、《对国家发改委关注问题的陈述性答复》和被许可人提供的相关材料等作为证据。

在本案调查过程中，当事人就免费获得被许可人的专利反向许可提出三方面理由：一是当事人从被许可人获得专利反向许可是为了保护当事人的业务及基带芯片客户免受专利侵权的困扰；二是当事人要求免费反向许可是与被许可人总体价值交换的一部分；三是许多中国被许可人不拥有在实质价值上能够交换的专利组合。

本机关认为，当事人提出的上述理由不成立，要求被许可人进行专利免费反向许可不公平。当事人向被许可人谋求专利反向许可本身并不违反相关法律，但获得专利反向许可的需求并不是在所有情况下免费获得专利反向许可的理由。当事人获得被许可人专利反向许可应当尊重被许可人的创新成果，对被许可人反向许可的专利价值予以考虑，特别是部分中国被许可人同样持有高价值的专利组合。当事人不能出于保护当事人业务及基带芯片客户免受专利侵权困扰的考虑，而完全否定中国被许可人所持有专利的价值，利用在无线标准必要专利许可市场和基带芯片市场的支配地位，要求被许可人将持有的相关专利向当事人及当事人客户进行免费许可，并限制被许可人就持有的相关专利主张权利或者提起诉讼。当事人未能提供有效证据证明，当事人在专利许可中对某些被许可人反向许可的专利支付了相应的对价。当事人提出的免费反向许可是与被许可人总体价值交换的一部分，缺乏事实和证据支持。因此，根据调查取得的证据，当事人提出的主张与事实不符，不能证明当事人要求专利免费反向许可具有公平性。

本机关认为，当事人利用在无线标准必要专利许可市场的支配地位，强迫被许可人向当事人进行专利免费反向许可，在专利许可费中不抵扣被许可人反向许可的专利价值或者支付其他对价。

此外，在本案调查中，本机关还查明，在当事人对外许可的专利组合中，无线标准必要专利具有核心价值，非无线标准必要专利不必然对所有的无线通信终端具有价值，无线通信终端制造商不必然需要获得当事人的非无线标准必要专利许可。当事人的无线标准必要专利主要涉及无线通信技术，而不涉及无线通信终端的外壳、显示屏、摄像头、麦克风、扬声器、电池、内存和操作系统等。当事人在将无线标准必要专利和非无线标准必要专利进行一揽子许可的同时，以无线通信终端的整机批发净售价作为计算专利许可费的基础。

本机关认为，当事人对外许可的专利组合中包含了具有核心价值的无线标准必要专利和对被许可人价值并不确定的非无线标准必要专利。对于被迫接受当事人一揽子专利许可的被许可人，当事人在坚持较高许可费率的同时，以超出当事人持有的无线标准必要专利覆盖范围的整机批发净售价作为计费基础，显失公平，导致专利许可费过高。

本机关综合分析当事人的上述行为认为，当事人直接或者间接地收取了不公平的高价专利许可费。当事人要求专利免费反向许可，抑制了被许可人进行技术创新的动力，阻碍了无线通信技术的创新和发展，排除、限制了无线通信技术市场的竞争。同时，要求专利免费反向许可使当事人相对其他基带芯片生产商获得了不正当的竞争优势，无线通信终端制造商采购其他基带芯片生产商的产品将会负担更高的知识产权成本，削弱了其他基带芯片生产商的竞争力，损害了市场竞争。当事人收取不公平高价专利许可费增加了无线通信终端制造商的成本，并最终传导到消费终端，损害了消费者的利益。

本机关认定，当事人违反《中华人民共和国反垄断法》第十七条第一款第一项关于禁止具有市场支配地位的经营者以不公平的高价销售商品的规定。

（二）当事人滥用在无线标准必要专利许可市场的支配地位，在无线标准必要专利许可中，没有正当理由搭售非无线标准必要专利许可

本机关查明，无线通信终端制造商必须向无线标准必要专利持有人寻求专利许可，没有其他选择；非无线标准必要专利不是强制实施的专利，无线通信终端制造商可以进行规

避设计，或者根据专利技术的优劣及其他因素，在不同的竞争性替代技术中进行自由选择。因此，非无线标准必要专利与无线标准必要专利性质不同、相互独立，分别对外进行许可并不影响上述两种不同专利的应用和价值。当事人在进行专利许可时，不对无线标准必要专利与非无线标准必要专利进行区分，不向被许可人提供专利清单，而是采取设定单一许可费并进行一揽子许可的方式，将持有的非无线标准必要专利进行搭售许可。

以上事实，有《用户单元许可协议》、《调查询问笔录》、《对国家发改委关注问题的陈述性答复》和被许可人提供的相关材料等作为证据。

在本案调查过程中，当事人就搭售非无线标准必要专利许可行为的合理性，提出三个方面的理由：一是当事人提供了只许可无线标准必要专利的选择，被许可人大多自主选择整体的专利组合；二是无线标准必要专利和非无线标准必要专利很难区分，被许可人只获得无线标准必要专利许可，可能面临诉讼风险；三是搭售非无线标准必要专利许可不会限制市场竞争，被许可人同样可以选择竞争者的技术。

本机关认为，当事人提出的上述理由不成立，在无线标准必要专利许可中搭售非无线标准必要专利许可没有正当理由。根据众多被许可人提供的证据材料，当事人所称一直提供只许可无线标准必要专利的选择与事实不符。本机关在调查中发现，尽管一些被许可人可能会主动选择寻求当事人整体专利组合许可，但部分被许可人为了获得当事人无线标准必要专利许可而不得不接受非无线标准必要专利许可。被许可人是否与当事人签订一揽子专利许可协议，应当在当事人提供无线标准必要专利和非无线标准必要专利清单的前提下，由被许可人自主做出选择。当事人一直拒绝向被许可人提供专利清单，并通常不向被许可人提供只包含无线标准必要专利的许可要约。无线标准必要专利与非无线标准必要专利可以进行区分并分别进行许可，并且通过合同条款在许可协议中对标准必要专利的范围进行界定是一种惯常做法。即使分别提供无线标准必要专利与非无线标准必要专利许可要约需要一定的成本，并可能增加专利许可谈判的复杂性，但这不能构成将与无线标准必要专利性质不同的非无线标准必要专利进行搭售许可的合理理由。

本机关认为，当事人利用在无线标准必要专利许可市场的支配地位，在无线标准必要专利许可中没有正当理由搭售非无线标准必要专利许可。对于非无线标准必要专利，被许可人本可以考量包括侵权和诉讼风险在内的各种因素，自由决定是否寻求以及向哪个专利权人寻求获得许可。由于当事人强制搭售非无线标准必要专利许可，被许可人必须从当事人获得非无线标准必要专利许可并支付许可费，理性的被许可人通常不会额外承担费用进行规避设计或者寻求替代性技术。这使得与当事人持有的非无线标准必要专利具有竞争关系的其他替代性技术失去了参与竞争的机会和可能，严重排除、限制了相关非无线标准必要专利许可市场的竞争，阻碍、抑制了技术创新，最终损害了消费者的利益。

本机关认定，当事人没有正当理由，在无线标准必要专利许可中搭售非无线标准必要专利许可，违反《中华人民共和国反垄断法》第十七条第一款第五项关于禁止具有市场支配地位的经营者没有正当理由搭售商品的规定。

（三）当事人滥用在基带芯片市场的支配地位，在基带芯片销售中附加不合理条件

本机关查明，当事人将签订和不挑战专利许可协议作为被许可人获得当事人基带芯片的条件。如果潜在被许可人未与当事人签订包含不合理许可条件的专利许可协议，当事人则拒绝与该潜在被许可人签订基带芯片销售协议并拒绝向其供应基带芯片；如果已经与当

事人签订专利许可协议的被许可人与当事人就专利许可协议产生争议并提起诉讼，则当事人将停止向该被许可人供应基带芯片。

以上事实，有《用户单元许可协议》、《零部件供应协议》、《调查询问笔录》和《对国家发改委关注问题的陈述性答复》等材料作为证据。

在本案调查过程中，当事人对于将签订和不挑战专利许可协议作为向被许可人供应基带芯片的条件这一事实未予否认，但提出该行为具有合理性。

本机关认为，无线通信终端制造商使用当事人的无线标准必要专利应当支付公平、合理的专利许可费，但当事人在专利许可要约中包含了过期专利收费、要求被许可人进行专利免费反向许可、没有正当理由搭售非无线标准必要专利许可等不合理条件，利用在基带芯片市场的支配地位，以不供应基带芯片相要挟，强迫潜在被许可人签订包含不合理条件的专利许可协议，该行为不具有合理性。同时，被许可人与当事人就专利许可协议产生争议并提起诉讼是被许可人的权利，而当事人基于在基带芯片市场的支配地位，在基带芯片销售中附加不挑战专利许可协议的不合理条件，实质上限制甚至剥夺了被许可人的上述权利，将不挑战专利许可协议作为当事人向被许可人供应基带芯片的前提条件，没有正当理由。

本机关认为，由于当事人在基带芯片市场具有支配地位，潜在的和实际的被许可人对当事人的基带芯片高度依赖，如果当事人拒绝提供基带芯片，则潜在的或者实际的被许可人可能无法进入或者必须退出相关市场，无法有效参与市场竞争。当事人利用在基带芯片市场的支配地位，要求潜在被许可人签订包含不合理条件的许可协议，限制被许可人就专利许可协议提出争议和提起诉讼的权利，将不接受当事人不合理专利许可条件的潜在的或者实际的被许可人排挤出市场，排除、限制了市场竞争。

本机关认定，当事人没有正当理由，在基带芯片销售中附加不合理条件，要求被许可人签订包含不合理条件的专利许可协议，要求被许可人不挑战与当事人签订的专利许可协议，违反《中华人民共和国反垄断法》第十七条第一款第五项关于禁止具有市场支配地位的经营者在交易时附加不合理交易条件的规定。

以上认定只适用于与中华人民共和国境内市场竞争和消费者利益密切相关的当事人针对无线通信终端在中华人民共和国境内制造时或者在中华人民共和国境内销售时所实施的无线标准必要专利的许可行为和基带芯片销售行为。

三、行政处罚依据和决定（略）

国家发展改革委办公厅

2015 年 2 月 9 日

案例分析题

1. 在上述处罚决定书中，高通公司的纵向限制行为有哪些？

2. 判定高通公司行为是否违反《反垄断法》，应考虑哪些方面的因素？

简要答案

1. 高通公司滥用市场支配地位，要求被许可人将专利进行免费反向许可；在无线标准必要专利许可中，没有正当理由搭售非无线标准必要专利许可；在基带芯片销售中附加不合理条件；等等。

2. 应考虑在相关市场是否具有市场支配地位、相关行为是否有其合理性、是否损害市场竞争、是否损坏消费者福利和社会福利。

第三节 转售价格维持

一、转售价格维持的含义与类型

（一）转售价格维持的含义

转售价格维持（resale price maintenance），也称为转售价格限制或垂直价格限制等，在美国的相关法律中被称作"纵向固定价格"，在德国的法律中被称作"纵向价格约束"，在日本的法律中被称作"维持再销售价格"。

转售价格维持，属于反垄断法中限制竞争协议的内容，各国立法对转售价格维持并无明确的定义，对其含义的界定主要见于学者的相关著作中："转售价格维持是指供货商对批发商转售商品的价格做出规定，包括限制最低销售价格或者最高销售价格"，"转售价格维持又称为转售价格限制、垂直价格限制，是指供应商确定销售商（分销商）向客户转售商品的价格的协议"，"转售价格维持又称作限制转售价格、纵向固定价格，是指处于同一产业不同环节上的交易者约定，就供给之商品转售与第三人时，或者第三人再行转售时，应遵守一定的价格。例如上游企业将产品卖给批发商时，同时规定该批发商需以一定价格转卖给销售商，并且规定销售商仅能以特定价格再转售给消费者，如果有违反规定者，则要给予违约金处罚、断绝供应、取消折扣等经济制裁"，等等。

转售价格维持的实质表现为：首先，转售价格维持的当事人应处于同一产业的不同环节，即双方是一种纵向关系。其次，转售价格维持的内容是关于商品转售给第三人时的价格约束。归纳起来，转售价格维持是指处于同一产业不同环节的交易者就供给商品转售给第三人或第三人再行转售时，约定应遵守一定的价格，否则给予违约金处罚、停止供应等制裁。

（二）转售价格维持的类型

根据不同的标准，转售价格维持可作如下分类：

（1）依据交易双方所处的不同环节分为：1）原材料供应商与商品供应商之间的转售价格维持。2）商品供应商与商品销售商之间的转售价格维持。3）商品批发商与商品销售商之间的转售价格维持。

（2）依据分销体系的层级分为：1）卖方利用各种方式对交易对方与第三人加以限制或约定其转售价格。2）卖方除了对交易方限制或约定转售价格外，还要求所有交易方向购买者再转售时维持固定价格，即对再转售价格也进行约束或限制。

（3）依据所维持之价格底线分为：1）维持最低转售价格，即交易方约定商品转售价格不得低于某一价格。2）维持最高转售价格，即交易方约定商品转售价格不得高于某一价格。

在现实经济生活中，可能会发生上游企业要求"固定价格"的行为，即限定转售价格为某一金额，而非某一幅度，未明言其是最低价格还是最高价格。虽然如此，在一般交易行为中，仍可以做出判断其属于最低价格还是最高价格。例如，在有关书籍等出版物的标示价格上，按一般公众的认识都知道其属于最高价格。

二、转售价格维持的经济逻辑

（一）促使销售商为顾客提供更有效的服务

表面上看供应商限制销售商之间的竞争似乎是不理性的。因为较高的转售价格会降低消费者对供应商产品的需求，并且因此而降低其销售收入，所以人们认为供应商总是会鼓励而不是限制其销售商之间的竞争，以便使其产品的转售价格达到最小。然而对于一些产品如汽车、家用电器等，消费者购买的不仅仅是产品本身，而是包括销售商所提供的一揽子服务。如果销售商不维持一个宽敞的存货齐备的展示厅，不配备一支训练有素的销售队伍，不为该产品大量做广告，不提供其他售前售后服务，可能该产品就不能有效地打开市场。由于这些服务提供与否会对该产品的需求产生较大影响，所以供应商需要通过某种方法促使销售商更有效地提高服务水平。如果供应商固定一个最低转售价格，该价格超过了不附加任何服务地转售其产品的成本，但是销售商之间的非价格竞争不受约束，那么，销售商们会自发地启动这种竞争，以便设法尽可能地攫取已被固定的转售价格和分销成本之间的差额。它们会不断地增加服务竞争上的支出，直到分销的边际成本提高到等于转售价格。达到这一点时销售商不会再获得任何垄断利润，但是它们所提供的服务已经提高到供应商所希望的那种水平。而如果供应商不实行转售价格维持，则此类非价格促销服务会由于供应商与销售商的不同利益而很难进行。因此，转售价格维持协议可以促使销售商为顾客提供有效的服务或使产品在销售地区更好地被促销以吸引买主。

（二）防止销售商的机会主义行为

一般供应商都希望销售商增加售前服务以促进需求的增加，同时销售商又不能对此类服务收费，所以供应商只能以降低批发价，从而给予销售商较大的利润为补偿。但是即使供应商降低了批发价，也并非所有的销售商都会按照供应商的要求去提供售前服务，因为总会存在一些投机的销售商，自身不提供或者减少提供这类服务，而去搭其他销售商提供服务的便车，并以略低的价格出售，追求自身利润的最大化。这种机会主义行为的存在将造成提供服务的销售商利润的减少，从而打击这些销售商提供这类服务的积极性，最终危及供应商的利益。因此芝加哥学派认为转售价格维持的出现是供应商针对分销服务市场失灵而做出的正常反应。

通过转售价格维持制度，供应商就可以要求销售商遵守最低转售价格，使得那些不愿意提供服务的投机销售商不再有搭便车的机会，从而激发销售商提供服务的积极性，这既有利于供应商也有利于消费者。

三、转售价格维持的影响

转售价格维持是否限制了竞争，或者说是否减少了社会整体利益，一直是反垄断法理论界争论的焦点。哈佛学派对转售价格维持抱有敌对态度，认为转售价格维持协议是供应商或销售商出于维持其卡特尔组织而设立的，具有反竞争效应。但是芝加哥学派的代表人物特尔泽（Telser，1960）认为，“上游企业之所以主动要求最低转售价格行为，乃是因为此举可以鼓励下游销售者从事商品展示、功能解说、使用方法说明、广告宣传、促销等活动，增加商品的总销售量，从而弥补因价格上涨所可能产生的损失”。

对转售价格维持的竞争与福利效应的分析主要有以下观点：

（一）销售商市场势力说

销售商市场势力指销售商借助于供应商强制、监督所有的销售商遵守最低转售价格，以完成销售商们的合谋行为。一般而言，卡特尔具有不稳定性，因此要形成有效的卡特尔必须具备两个条件：第一，成员要达成协议。第二，成员要遵守协议。而转售价格维持协议一方面使销售商成员无形中定下以相同价格出售产品的协议，另一方面则通过供应商的监督，对不遵守的成员威胁不予供货，使协议得以执行。一般而言，销售商主导的转售价格维持要能成立，销售商必须有一定的市场势力，否则无法说服供应商实行转售价格维持制度，强制提高转售价格。因为转售价格的提高有可能造成销售量的降低，从而降低供应商的利润水平。

从实证角度看，如果供应商产品的分销须经过特定的渠道，如连锁专卖店，由于销售商对供应商具有较大的谈判力，因此销售商完全可能成为转售价格维持制度的倡导者。当销售商之间存在差异时，供应商较容易接受销售商的压力，即使没有正式的销售商卡特尔，依然会采取转售价格维持制度。这样对销售商来说，各家都按照同一价格销售某种产品，其后果基本等同于在它们之间订立了一项横向定价协议，从而削弱或取消了它们之间在价格方面的竞争。

（二）供应商市场势力说

对于转售价格维持能够加强供应商市场势力的说法是最能为经济学家和法学家普遍接受的观点。转售价格维持制度有利于供应商合谋的理由是，供应商成立卡特尔以后，若想削弱卡特尔价格，增加产品的销售量，其所能运用的手段是对销售商公开降低批发价和给予秘密折扣，并要销售商将折扣反映到零售价格上。但是如果产业间有了全面的转售价格维持，供应商便不愿意降低批发价，供应商卡特尔的稳定性便会得到加强。

供应商采取转售价格维持在于供应商可以避免或减少来自销售商的压力，因为如果没有转售价格维持，那么产品的价格就完全由销售商自己决定，一些有效率或自主性较强的销售商就可能为争取更多的市场份额而降低零售价格，而因此失去市场销售量的另一些销售商就会反过来要求供应商降低批发价。如果销售商与供应商之间订立了排他性独家交易协议，那么供应商将面临销售商放弃该供应商而去销售其他品牌的威胁。但是如果供应商成立了卡特尔，同时又有转售价格维持制度，则就可降低来自销售商的压力。因此，在供应商占有优势地位的情况下，转售价格维持协议就巩固了价格卡特尔，从而产生垄断高价，对消费者十分不利。

（三）供应商—销售商双方垄断说

销售商卡特尔理论强调的是销售商提供特别服务的情况，销售商将给所有的供应商相同的强制压力，尤其是那些品牌比较弱的供应商。若采用转售价格维持并辅之独家交易制度，供应商卡特尔便可能成立。不论销售商卡特尔还是供应商卡特尔，都是利用市场势力的运作对抗市场上相对的经营者。但是这种利益冲突不会经常发生。因为在转售价格维持的例子中，往往是供应商和销售商联合起来，增强双方的市场势力，因而对消费者不利。供应商对销售商提出转售价格维持的要求，而销售商则同意不经销其他供应商的产品，从供应商的立场看，这样的安排提高了潜在进入者的成本，从而设置了进入障碍，阻碍了市场上的有效竞争。

因此供应商与销售商增强了相互的市场势力，并相互分配经济利润。从销售商的角度看，其谈判力量取决于它对产品差异化的贡献。转售价格维持最可能发生在销售商对产品有显著的促销能力，或者对产品的差异化贡献很高的时候。销售商对产品差异化的贡献是市场势力的重要来源，因此转售价格维持增加了产品的差异化，从而使供应商和销售商的利益结合在一起，而双方利益结合的结果是抑制了市场上的有效竞争。

此外，相互独立的企业应该享有自主进行生产经营决策的权利，对销售商来说，供应商剥夺它们对商品的定价权就是剥夺这种自主权利以及在销售这种商品时公平竞争的机会。而从提供与商品配套的一揽子服务的角度来讲，有的消费者对某种商品已经很熟悉，需要的售前或售后服务很少，更倾向于以较低的价格购买无附加服务的商品，转售价格维持协议使同一品牌的商品售价相同，就剥夺了消费者对商品价格的选择权。

（四）公共政策

转售价格维持的合法性是一个颇有争议的问题。转售价格维持既不像横向固定价格协议那样具有明显的反竞争性，也不像非价格纵向协议那样对竞争有多种明确的益处。虽然人们越来越多地认识到转售价格维持对市场不利的方面，但是许多国家仍未一概地承认其完全违法。

作为判例法国家，美国对转售价格维持的规制是通过成文法和判例共同完成的。关于转售价格维持的成文法主要来自《谢尔曼法》（1890年），其第1条规定："任何限制州之间或与外国之间的贸易或商业的契约，托拉斯形式或其他形式的联合或共谋，都是非法的。任何人签订上述契约或从事上述联合或共谋，都是严重犯罪。"这是认定转售价格维持违法的成文法依据。

从表面上看，《谢尔曼法》第1条对限制竞争协议一概予以否定，这种理解显然是不现实的。美国法院在司法中通过确定本身违法原则和合理推定原则解决了这一问题，因而这两项原则成为美国反垄断法确定是否构成限制竞争协议的重要规则。所谓本身违法原则是美国法院解释《谢尔曼法》第1条的两种方法之一，它是指某种状态或者行为本身就为法律所禁止，而不再对其进行具体分析，看其是否有利于竞争或者有利于竞争的效果是否大于不利效果。不属于本身违法的限制竞争协议都属于合理推定原则考察的范围，合理推定原则需要进行灵活的调查，一般来说法院要考虑协议的目的是否为良性，即目的是促进竞争还是抑制竞争，以及协议的反竞争后果。如果现在或将来协议促进竞争的好处超过了反竞争的后果，那么该协议将被认为是合理的贸易限制，因而没有触犯《谢尔曼法》第1条；反之，如果反竞争后果超过了其带来的好处，那么该协议将被认为是不合理的限制，是非法的。

虽然各国的法律仍然没有明确规定转售价格维持是否合法，但对维持最低转售价格与维持最高转售价格做了区别对待，而且在实践中一般对维持最低转售价格适用本身违法原则，同时对维持最高转售价格适用合理推定原则，对后者采取比较宽容的态度。在维持最低转售价格问题上，美国反垄断法从1911年宣告其本身违法到20世纪30年代开始许可，再到70年代又将其列为违法，对待维持最低转售价格的态度又回到了起点。现今《谢尔曼法》第1条禁令普遍适用于维持最低转售价格。美国法院对维持最高转售价格的态度经历了从严格禁止到进行合理分析的过程，这是对维持最高转售价格认识更加深入的产物，也代表了美国法院对维持最高转售价格的一种趋势。

第四节　特许经营

一、特许经营的含义与类型

（一）特许经营的含义

特许经营（franchise）是纵向关系中一种十分复杂的制度模式，由于特许经营这个名词适用于各种不同的商业安排，加之本身又很复杂，因此很难得出一个普遍认同的定义。

美国《韦伯斯特新大词典》（1980年版）将其定义为“在特定区域内赋予某人或集团销售某公司产品或提供服务的权利。”国际特许经营协会（IFA）作为美国特许者的组织，明确指出特许经营是一种契约关系，其定义表述如下：特许经营是特许权人与被特许人之间的一种契约关系，对被特许人经营中的特定领域、经营诀窍和培训，特许权人有义务提供或保持持续的兴趣；被特许人的经营活动可以使用特许权人所拥有和控制的共同标记、经营模式和（或）过程，并且被特许人从自己的资源中对其业务进行投资。

欧洲特许经营协会（European Franchise Federation）对特许经营的定义则强调了特许权人与被特许人之间的合作关系，其定义如下：特许经营是指一种营销产品和（或）服务和（或）技术的体系基于在法律和财务上分离和独立的当事人——特许权人和他的单个被特许人——之间紧密持续的合作，依靠特许权人授予其单个被特许人权利，并附加义务，以便单个被特许人根据特许权人的概念进行经营。该定义倾向于为特许权人和被特许人设定一个具体标准，充分体现了特许经营的特征和内涵：（1）个人（或组织）对商标、服务标志、独特概念、专利、商务秘密、经营诀窍拥有所有权。（2）个人（或组织）授权其他人使用上述权利。（3）在合同中包含一些调整和控制条款，以指导被特许人的经营活动。（4）被特许人需要向特许权人支付使用费用和（或）其他费用。

特许经营是一种合同关系，在此模式下，按照协议约定的条件和地域范围，被特许人获得授权，得以使用特许权人的商标、服务标志、商品名称及经营模式等无形财产来从事经营。特许权授予是围绕一定产品（包括服务产品在内）所形成的一系列企业形象和经营技术的使用权利。因此，只要一种产品或服务能够商品化，能够将其生产过程或服务过程实现标准化、专业化和简单化，那么这种产品或服务就具备了特许经营的基本条件。在特许经营活动中，一方面，特许权人与被特许人之间存在着基于特许经营合同的管理控制权；另一方面，被特许人作为自营商对其资产拥有所有权。

（二）特许经营的主要类型

1. 商品商标型特许经营和经营模式特许经营

按照特许经营权的内容，分为商品商标型特许经营和经营模式特许经营。

商品商标型特许经营，又称产品分销特许，在这种形式下，代销商直接使用供货商的商标或商号，或者接受供货商的注资而与供货商形成母公司与子公司的关系。在此基础上，产生了最初的特许经营，即“第一代特许经营”。这种特许经营方式曾被大量用于软饮料、汽车销售、轮胎和汽油服务等行业，比较有代表性的如可口可乐和百事可乐、福特和通用汽车、美孚石油等企业。

经营模式特许经营被称为“第二代特许经营”，也是现代意义上的特许经营，在此情形下，被特许人要在特许权人的经营体系下按照统一标准开展业务活动。这种模式在零售业、快餐业和服务业中使用得更为突出，譬如麦当劳、肯德基、必胜客等都属于这种模式。

2. 单体特许、区域开发特许、一级特许和代理特许

按照特许经营权的授予方式，分为单体特许、区域开发特许、一级特许和代理特许。

单体特许又称为直接特许，即特许权人将特许经营权直接授予被特许人，被特许人在规定的地点开设一家特许加盟店开展经营活动，不得再行转让特许经营权。

区域开发特许又称为分特许，即由特许权人将在指定区域内的特许经营权授予区域开发者，由区域开发者在规定时间内开设规定数量的加盟网点，但不得将特许经营权再授予其他申请者来开展特许加盟活动。

一级特许是指特许权人赋予被特许人在指定的区域内销售特许经营权的权利。一级被特许人可以直接与申请者签订特许经营合同，扮演着特许权人的角色，并要为此支付可观的特许费用。这种方式一般适用于开展跨国特许经营活动。

代理特许主要是指代理商经特许权人授权为其招募加盟商，特许权人与特许代理商之间签订的是代理合同，代理商不构成特许合同的主体。

无论哪种类型的特许经营，都有一个由多店铺构成的特许经营体系，在产品和服务方面制定并实施标准化、规范化的运营标准。其外在形式和经营活动追求多个“统一”：即统一店名店貌，统一采购配送，统一经营管理，统一质量标准，统一财务核算，统一营销策略以及统一服务规范等。特许经营集各种统一为一体，能够更快速地实现扩张目的，这种一致性也正是特许体系成功的基础。

二、特许经营的影响

特许经营是特许权人向被特许人输出其成熟的特许经营体系，使得特许权人在市场计划、经营体系、店址选择、宣传与促销、产品配送等方面直接控制被特许人，进而出现一些如独占地域协议、价格操纵、指定配送和搭售等限制竞争的行为。基于特许经营固有的性质和特点，作为市场公平竞争环境下特许经营所特有的限制竞争行为，是特许权人和被特许人双方权利义务的集中体现，这种限制竞争行为控制在一定的范围内是合法的，超过了必要的限度则有可能构成垄断。

特许权人对被特许人的限制竞争行为主要表现为：

1. 指定配送

特许权人在特许经营合同中往往会要求被特许人只能从特许权人处或从特许权人批准或指定的供应商处采购某些原材料或物品，而这些原材料和物品不附有专利因素。这种情形与反垄断法中的搭售行为有些雷同，也就是说，在销售一种商品时，捆绑销售其他商品。

2. 独占地域协议

特许权人授予被特许人在一定区域内的特许经营权，在该区域特许权人不再指定其他被特许人经营业务，同时要求被特许人只能在合同约定的地点开展特许经营活动。由于独占地域协议条款可能会导致市场的人为损害，妨碍市场一体化，妨碍资源自由流通和更大

范围的自由竞争，因此，多数国家认为其会对经济竞争发生消极影响而原则上予以禁止。这与反垄断法中横向限制协议中的划分市场行为十分相似，即竞争者之间分割地区、客户或者产品市场的协议。

3. 限制零售价格

执行统一零售价格有利于特许权人对特许经营体系进行统筹和维护，另外也可以防止被特许人之间的竞争，因此，特许权人往往会对被特许人销售特许经营产品或提供服务的价格进行限定。这种情形与反垄断法中的固定价格行为十分相像，即具有竞争关系的行为人通过协议、决议或者协同行为来确定、维持或改变价格的行为。

4. 限制经营竞争关系的业务

特许权人为维护整个特许经营体系的市场经营，以及特许权人自身和其他被特许人的利益，在特许经营合同期内及合同终止后一段时间内，要求被特许人不得从事与特许权人具有竞争关系的业务，这种限制包括被特许人从事的与特许权人具有直接竞争关系的业务，也包括间接参与的对特许权人或其他被特许人形成竞争的业务活动。

5. 搭售行为

搭售行为即特许权人在特许经营合同中要求被特许人在接受某种产品时，同时购买其他商品或服务的行为。不论特许权人的产品或提供的服务质量如何，在此情况下，被特许人都失去了自由选择产品和服务的权利，因而该行为多为法律所禁止。

上述几种情况在反垄断法上属于纵向限制竞争性协议。大多数纵向限制竞争性协议都是适用合理推定原则进行反垄断分析，其原因在于纵向限制竞争性协议虽有限制竞争性的一面，但它往往又有加强品牌之间竞争的一面。

一般的限制竞争行为表现为经营者借助或滥用经济和技术优势，排挤、限制他人的生产经营活动，或经营者之间以合同或其他方式共谋来避免竞争或排斥竞争，以削弱打击各种有效的竞争行为。一般的限制竞争行为阻碍了市场经济的健康发展，因而是各国立法规制的对象。

特许经营中的限制竞争行为是当事人一方通过特许合同限制另一方经营自由的行为，这种限制竞争行为是特许权人为了保证产品质量以及特许体系的品牌形象和商标信誉而设定的，具有存在的必然性和积极意义。与垄断行为不尽相同，各国立法对特许经营采取有限度的允许政策。

特许经营合同中的限制性条款虽会限制本部门内的竞争，但它却有利于加强品牌之间的竞争。另外，基于特许经营本身的特殊性，特别是维护整个特许经营体系的统一性，特许权人要求对被特许人接受其以知识产权为核心的活动，如商标使用、经营规范操作、产品和服务质量体系控制、品牌维护等方面进行规范和管理，从而形成了对被特许人经营活动的限制。这种限制是与特许经营权本身的垄断性、易被模仿和侵犯的特点，以及相关立法的滞后密不可分的。如果特许权人在特许经营活动中不进行相应的限制，则特许权人的知识产权权益就会受到侵害，特许经营这种营销方式就会失去其应有的生存空间。因此，虽然从形式上来看特许经营的种种限制行为与反垄断法和竞争法的精神相悖，但基于上述原因，这种限制性措施作为违反垄断法的例外，为各国法律所允许，所以特许经营的限制竞争行为也就具有了合法存在的地位。

当然，在给予限制竞争行为合法地位的同时，法律也要对这些行为进行规制。过度限制竞争有碍市场竞争机制应有功能的发挥，会破坏公平竞争的市场秩序，对于整个社会的经济发展都是不利的，因此，过度限制竞争被包括私法和公法在内的整个现行法律体系所禁止。

案例 9—2

茅台五粮液天价罚单

2013 年 2 月 19 日，白酒巨头茅台和五粮液被曝出因实施价格垄断被国家发改委合计罚款 4.49 亿元。两者分别将收到 2.47 亿元和 2.02 亿元的罚单，占两家酒企 2012 年销售额的 1%。另外，此次罚款约占两家酒企 2012 年净利的 2%。尽管 4.49 亿元的处罚对于销售额数百亿元的企业来说犹如隔靴搔痒，也很难改变经销商和白酒巨头之间的不平等地位，但该处罚在我国反垄断领域尤其是打击"纵向垄断"方面不失为一次成功的突破。国家发改委此举又给国民带来了些许期许，或将预示着在《反垄断法》颁布后，我国反垄断利剑已经出鞘，未来国内垄断行业巨头和处于垄断强势地位的外资企业都可能成为下一个受罚者。

然而，就在业内对之议论纷纷的同时，事件当事人却显得异常"冷静"。"我们还没有接到通知，等发改委下达正式通知函，我们会以公开的形式对外公布此事。"五粮液副总经理唐伯超对记者表示。而另一方茅台相关负责人则是一直未接电话与回复短信。

事实上，酒企此番态度也不难理解，茅台和五粮液的"限价令"政策在前不久就曾因涉嫌触犯《反垄断法》而被国家监管部门勒令取消并整改，只是令人没想到的是，此次国家发改委"动真格"了，将双方 1%的销售额作为罚款，据了解，这是食品行业内开出的最大反垄断罚单。

此次罚款事件缘起于 2012 年 12 月的茅台经销商大会，为了稳定价格，维护品牌形象，董事长袁仁国言辞强硬地发出"限价令"，要求经销商不得擅自降价。据悉，茅台集团此前要求经销商 53 度（%vol）飞天茅台酒的零售价格不能低于 1 519 元，团购价格不能低于 1 400 元。随后在 2013 年 1 月初，茅台即对其 3 家由于低价和跨区域销售的经销商予以处罚，并扣减 20%的保证金，以及提出黄牌警告。另外一家酒业巨头五粮液也不甘示弱，对 12 家降价或串货的经销商进行通报处罚。

由于《反垄断法》第十四条明确禁止经营者与交易相对人"达成限定向第三人转售商品的最低价格"的规定，因而在相关专家眼里，茅台和五粮液有维持、固定价格即实施纵向垄断的嫌疑。据悉，国家发改委反垄断局和地方价格监管部门介入调查后，茅台取消了"限价令"，并对给相关经销商的处理决定予以撤销，退还已扣减保证金，五粮液也紧随其后宣布撤销禁止经销商降价的通报文件。

因"限价令"而受尽委屈的经销商能否因国家发改委的一纸罚单而得以"平反"？从记者采访茅台经销商的结果来看，似乎并无实质影响。"受塑化剂和'三公限令'打压，我们好几个月都没生意可做了。此次罚款，相当于往茅台伤口上撒盐，茅台气焰被打压，我们经销商也没有得到好处，市场不好依然还是不好。"茅台经销商北京至福伟业商贸有限公司负责人在接受记者采访时表示。同时，另外一家茅台北京经销商也表示，当时茅台"限价令"出台的时候，其产品售价就是符合政策的，并没有受到"限价令"的影响。恰巧2013年1月也不在他们的产品销售计划中，因此此次罚款对其来说影响也不是非常明显。

“经销商和酒厂之间地位不平等是由现实市场经济决定的，酒厂掌握资源，自然拥有话语权，处于主动地位。只是将来茅台和五粮液在与经销商签订的合同中有关限制售价的强硬措辞将会删除，改变以往的命令语气。”白酒营销专家杨承龙在接受记者采访时表示。

据悉，茅台董事长袁仁国曾对外表示，2012年茅台集团酒实现产量3.3万多吨，销售额实现352亿元。五粮液的销售额在2012年也达到了203亿元。此次罚款消息一经曝出就在网上引起热议，更有网友直言，4.49亿元的数目对于销售额数百亿元的企业来说犹如隔靴搔痒，并不能对酒企起到真正的警示作用。

对于网友的看法，中投顾问食品行业研究员简爱华也表示认同，国家发改委开出罚单主要是维护正常的市场竞争秩序，进而保障其他同业生产者和消费者的合法权益。近年来国家监管部门在反垄断方面力度之大，一方面是遏止市场竞争环境恶化的需要，另一方面得益于国内反垄断法律的不断完善。“国家发改委开出此张罚单的表面意义大于实质意义。此前发改委就已对白酒巨头的价格垄断进行调查，如今此张罚单只是服众而已。”简爱华说。

事实上，在专家眼里，所谓的茅台和五粮液的垄断行为，只是表面营销政策的垄断，其实质市场经营行为并未构成垄断。“国内白酒企业数量众多，并且白酒市场地域性较为明显，茅台和五粮液难以打败区域品牌进而形成垄断。”简爱华说。另外，茅台和五粮液不仅自身不具备垄断条件，其所规定的价格即“限价令”也只是形同虚设。“真正的产品价格体系是随着市场变化而变化的，而不是国家发改委的罚款和企业的限价能决定的。”杨承龙说。

未来白酒行业格局能否因国家发改委的一纸罚单就此发生实质改变？业内人士予以否认。“发改委的此次罚款只能使白酒巨头贡献1%的年营业收入，并不能撼动白酒巨头在渠道和价格方面的控制能力，因为白酒巨头依然拥有稀缺性的品牌和产品，未来茅台和五粮液仍然处于强势地位。”简爱华说，“价格控制在高端白酒领域较为常见，虽然罚单不会使白酒巨头元气大伤，但是于其品牌影响力不利，未来高端白酒的价格控制手段或将更隐晦。”

“此次处罚茅台、五粮液，应该算是我国《反垄断法》实施后针对价格垄断影响最大的案件。”上海泛洋律师事务所高级合伙人刘春泉在接受记者采访时指出。而外界普遍认为，在我国《反垄断法》实施多年后，其威力正逐渐显现。

北京市汇佳律师事务所律师邱宝昌也表示，反垄断法一向被视为“经济宪法”，但因为难以找到证据，反垄断法在实行过程中常常面临重重困难。以往欧盟进行一项反垄断调查，经常要花费几年甚至十几年的时间。此次能够对茅台和五粮液予以处罚，是因为这两家酒企的做法比较“低级”，强迫经销商限价的垄断行为非常明显，因而国家发改委掌握了充分证据，才能快速开出罚单。

同样值得注意的是，茅台与五粮液的违规行为属于发生在生产者和经销商之间的价格垄断，即“纵向垄断”。而“纵向垄断”不同于发生在生产者和生产者之间的“横向垄断”，其取证更加困难，一般来说也较为少见。故此次处罚被认为是我国在反垄断领域的一次成功突破。

资料来源：肖玮、金晓岩：《茅台五粮液天价罚单背后：释放我国反垄断信号》，《北京商报》，2013-02-20。

案例分析题

1. 在上述案例中，茅台五粮液涉及的纵向限制行为是什么？

2. 判定茅台五粮液纵向限制行为是否违反《反垄断法》，应考虑哪些方面的因素？

简要答案

1. 茅台五粮液主要涉及针对经销商的转售价格维持行为，如茅台经销商大会上发出的“限价令”等。

2. 应考虑茅台五粮液在相关市场是否具有市场支配地位、相关行为是否有其合理性、是否损害市场竞争、是否损坏消费者福利和社会福利。

关键术语

纵向限制　限制竞争　市场势力　转售价格维持　特许经营

本章思考题

1. 是否企业无论规模大小，只要实施纵向限制行为，均违反反垄断法？

2. “企业不只分为纵向一体化和非纵向一体化，在这两个极端之间存在一系列连续的关系”，请分析这句话的含义。

3. 为什么说纵向限制很多时候是解决搭便车等市场失灵行为的举措？

4. 反垄断机构在对纵向限制进行经济分析的时候，通常会考虑哪些因素？

简要答案

1. 处于同一商品或服务的生产或销售不同阶段上的经营主体之间的所谓纵向经济关系一直是经济理论研究领域极具争议的地方。然而，至少有一点是很少有争议的，即只有在生产或销售的一个或数个阶段上存在市场势力时，纵向限制行为才会具有重要的公共政策含义，即才有可能违反反垄断法。

2. 企业可以从事商品或服务一个以上连续的生产或销售阶段的活动，自己提供生产或销售过程中所需要的投入品或服务，被称作纵向一体化。非纵向一体化的企业则从其他企业购买生产或销售过程中所需要的投入品或服务。而纵向限制则是交易双方签订的长期的、具有约束力的且不同于单位价格固定的简单合同的合同条款。纵向限制往往以某种方式约束了交易的一方（上游企业或下游企业），但这种约束又没有纵向整合那么严格，因此其性质介于市场与企业二者之间。

3. 纵向限制是供应商对分销服务市场的不完善之处的反应。市场运行中经常出现交易的外部性问题，由此诱使市场主体搭便车，而纵向限制正是解决搭便车等市场失灵行为的举措。搭便车的形式包括供应商之间的搭便车问题和销售商之间的搭便车问题。由于搭便车行为的存在减少了销售商推销供应商产品的动机，供应商便使用多种纵向限制来处理搭便车问题。最常见的纵向限制如独占地域协议、拒绝供应以及限制最低价格的转售价格维持协议或供应商代表销售商做广告。

4. 英国、美国等成熟市场经济国家的反垄断机构在对纵向限制进行经济分析的时候，通常考虑市场结构、企业行为、盈利水平、行为动机和效率抗辩等多种因素。一般地，在对纵向限制进行经济分析的时候，不仅应分析协议当事人所处市场的结构、协议当事人各自在相关市场上的地位，而且应分析限制竞争的动机和效应等。

主要参考文献

[1] 谭国富. 纵向约束的经济逻辑. 产业经济评论. 2004 (12).

[2] 肖兴志，张嫚. 产业经济学. 北京：首都经济贸易大学出版社，2007.

[3] 于立，吴绪亮. 产业组织与反垄断法. 大连：东北财经大学出版社，2008.

[4] 郁义鸿，管锡展. 产业链纵向控制与经济规制. 上海：复旦大学出版社，2006.

[5] 岳中刚. 基于零售商主导的纵向约束研究述评. 产业经济研究，2008 (1).

[6] 张赞. 零售垄断与竞争政策. 北京：经济管理出版社，2008.

[7] 周勤. 企业纵向关系论——纵向关系的产业组织分析. 北京：经济科学出版社，2004.

[8] Galbraith，J. K. *American Capitalism：The Concept of Countervailing Power*. Houghton Mifflin，1952，pp. 119－121.

[9] Posner，R. A. *Antitrust Law：An Economic Perspective*. Chicago：University of Chicago Press，1976.

[10] Rey，Patrick and Jean Tirole. "The Logic of Vertical Restraints"，*American Economic Review*，1986 (76).

[11] Tirole，Jean. *The Theory of Industrial Organization*. Cambridge：The MIT Press，1988.

第十章

广 告

内容要点

- 信息性广告与劝说性广告
- 利润最大化广告决策
- 广告强度与市场结构
- 广告的福利效应分析

第一节 信息与广告

本节首先介绍消费者的有限信息及信息收集的成本问题，在此基础上提出劣质品市场的无效率问题及解决方式，最后简要介绍广告的信息传递作用。

一、信息、劣质品市场与广告

1. 有限信息与劣质品市场

完全竞争市场是微观经济学中一个重要的概念，它的一个重要特征和假设是信息的完备和对称。然而，在现实生活中，这一假设很难实现。比方说，就某一具体商品而言，消费者常常不知道哪家商场的售价最低，也不十分清楚各种品牌产品质量的差别有多大。心理学家、经济学家和营销专家等人的研究也表明，消费者对市场上商品的价格和质量的知识是不完全的。因此，信息通常是有限的，并且信息在交易双方的分布也是不对称的。

为什么消费者具有有限的价格信息？一个重要的原因在于，收集信息是有成本的。如果商家不传递信息，为了买到最便宜的商品，消费者可能要亲自到不同商场去询价，比较之后再购买。然而，如果商品的价格很低，那么为了询价而花费的时间和人力成本就不值得。例如，跑几家超市寻找价格最低的矿泉水或食盐是无意义的。因此，当收集信息的边际收益小于边际成本时，这一行为就无利可图。

不仅关于价格的信息是有限的，关于产品或服务质量的信息也是有限的。由于在市场上存在着不对称信息：交易的一方（销售者）知道一个重要事实（质量），而另一方不知道，因此，消费者在购买前无法了解质量，进而常常不知道专业服务（如医生、律师）、加工食品、旧车和复杂的机械或电子产品市场上不同品牌的产品和服务的质量如何不同。

信息不对称的市场也被称为劣质品市场（lemons market）。乔治·阿克洛夫（Akerlof，1979）因对劣质品市场的经典分析而获得诺贝尔经济学奖。阿克洛夫证明，当销售者具有完全信息而消费者具有极有限的信息时，市场可能不存在或者仅出售最低质量的商品。

以旧车市场为例。假定消费者认为市场上一半是好车，每辆价值 2 万元，另一半是坏车，每辆价值 1 万元。如果消费者是风险中性的（即认为有一半的可能性买到好车），那么，随机挑选的一辆车对买者的价值是 1.5 万元（$1/2\times2+1/2\times1=1.5$）。这意味着，消费者的出价会高于坏车的价值，但低于好车的价值。这时，坏车车主很高兴以高价售出低质车，而好车车主不愿低于价值出售，因而保有车。这样，在只有两种车的市场上，只有坏车售出。结果是坏车驱逐好车，优质旧车将没有市场。

解决劣质品市场问题需要从解决信息的不对称问题着手。除了要求销售者披露信息外，有五种方法可以解决劣质品市场问题：担保或保证、责任法、声誉、专家、标准或证书。

2. 广告的定义与作用

广告已经成为我们生活不可分割的一部分，它的出现部分地解决了前述的信息收集成本和劣质品市场问题。广告一般被定义为提供产品和服务的价格、质量和位置信息的一种形式。

广告的作用可以概括为以下几点：

首先，广告具有传递事实性信息的功能。通过各种广告媒介，如电视、报纸和互联网等，广告可以告诉消费者某家厂商有一种新产品或是最低的价格，通过这种方式，广告降低了消费者收集信息的成本。但是需要注意的是，对广告的投资增加了厂商的投入和成本。

其次，广告具有建立声誉的功能。例如，广告商在广告中提及企业的名称以期提高企业的声誉。通过这种方式，广告商希望消费者能够通过广告的频率和费用来推断产品质量或是企业声誉，不可信的企业较不可能在费用高昂的出版物或全国性电视台做广告。劣质品市场问题的解决方式之一就是声誉，因此，广告的这一功能对于解决劣质品市场问题具有重要意义。

再次，广告也具有提高产品差异化的功能。一些广告只是展示了在一个愉悦的环境下使用该产品的场景。比如，一个电影或体育明星在瀑布旁边喝着软饮料，这给消费者传达了该产品会令人愉悦的信息。通过说服消费者该产品具有某种人们所期望的特性，企业可以将自己的产品区别于其他产品。当产品特点日益鲜明时，企业将面临更大且弹性较小的需求，因此它可以收取更高的价格，并且获得更多的利润。

最后，广告还具有建立进入障碍的功能。任何新进入的企业为了在声誉上超过现有企业，都必须大量做广告，这样，广告可以用作一种进入威慑机制，通过这一机制，现有企业能够维持其对市场的主导地位，并保持超过正常水平的利润。

二、广告的类型

从不同的视角看，广告类型的划分也有所不同。

1. 信息性广告与劝说性广告

首先，纳尔逊（Nelson，1970）区分了两种类型的商品，即搜寻品（search goods）和经验品（experience goods）。搜寻品是指消费者在实际购买商品之前，可以辨别该产品的质量和其他特征，这样的例子包括家具、衣服（取决于样式）和其他主要特点可以通过视觉和触觉来判断的产品。经验品是指消费者在实际购买之前，无法了解产品的质量和其他特征，必须通过消费及使用来确定其质量，这样的例子包括加工食品、软件程序和心理治疗等。

经济学文献区分了两种类型的广告，即信息性广告（informative advertising）和劝说性广告（persuasive advertising）。信息性广告传递有关产品的基本信息，如特征、价格及购买地点。而劝说性广告则意在提高消费者对某种产品的喜爱程度以达到刺激购买的目的，例如，“抽这种香烟会让人显得更为成熟和性感”。

2. 目标性广告

如前所述，有关广告的文献将广告分为两种类型，即信息性和劝说性，这时广告的特性被认为是外生给定的，因而忽略了企业如何选择广告内容的问题。目标性广告也被称作针对性广告，与目标性广告相对应的是非目标性广告，也有人称之为标准性广告。

目标性广告这一概念的提出是基于如下事实：社会由各种异质的消费者组成，这些消费者对各种产品的偏好有着不同的排序。这样，企业就不大可能向所有类型的消费者做广告，并出售其产品，因此，必须缩小其广告范围，选择对其广告感兴趣的一个有限消费群体。有三个理由促使企业选择目标性广告。第一，不可能对所有消费者给予评价的产品属性进行分类。第二，假定做广告的成本高，企业和广告代理公司会发现把做广告的范围缩小到一个有限消费群体是有利可图的。第三，即使忽略广告成本，因为产品差异会便于价格竞争，企业也有动机把一个有限的消费群体作为目标。

在实践中，国内外很多企业都在积极探索如何更好地利用目标性广告。例如，国外的Facebook社交网站已经对其“实时针对性广告”进行测试和应用。基于用户评论和用户在主页状态更新中所表达出的兴趣，该网站所测试的功能能够将相关广告更加快速地呈现给潜在用户，比如，有用户更新状态说：“我今晚想吃比萨”，那么该用户很快就会看到来自必胜客、“棒！约翰”等比萨店的优惠券广告。所以，通过互联网技术对潜在用户的识别，在Facebook上投放的目标性广告将比标准性广告更加有效。案例10—1是我国网络服务商“商务中国”在实施目标性广告方面的经验。

3. 比较性广告

比较性广告被定义为这样一种广告，在广告中，将做广告的品牌及其特征与其竞争品牌进行比较。不同的研究显示，比较性广告的相对使用情况有所不同。Muehling，Stoltman和Grossbart指出，所有广告中约有40%的广告具有比较性。其他的研究（如Pechmann and Stewart，1990）则表明，大多数广告具有间接的比较性（20%具有直接比较性，60%具有间接比较性，其余是非比较性的）。

比较性广告的主要优点在于，比较性广告中包含的信息使消费者能够以更低的成本对可选产品进行评估（Barnes and Blakeney，1982）。而且，比较性广告使得消费者更加意识到有必要在购买之前对产品进行比较，也使得制造商把消费者希望的产品特征纳入产品之中，最终制造出更好的产品。但有些观点认为，比较性广告并不能帮助消费者比较不同的产品，因为做广告的企业仅选择其品牌优于竞争品牌的一些特征，这会使比较变得缺乏客观性。批评者认为消费者混淆和受骗的风险很大，这部分是因为比较性广告中包含了过多的信息。

在比较性广告合法的大多数国家，比较性广告受到政府机构的监督和规制。例如，20世纪70年代后期，EEC（欧洲经济共同体汽车法规）提出，只要比较性广告比较的是具体的与可证实的细节，并且既没有误导消费者，又不失公平，就被视为是合法的。

案例 10—1

商务中国的目标性广告理念——“商务窄告”

随着互联网的高速发展，网络广告作为网站收入的主要来源而备受关注。但传统互联网广告的投放与受众群、浏览者的兴趣并不匹配，绝大多数广告展示在非潜在用户的眼前，广告投放虽多但有效性却难以保证。同时，这种“地毯式轰炸”的广告模式需要支付较高的广告费用，因此，这对广大的中小企业来说，仍旧是一种可望而不可即的奢望。

针对前述的情况，国内网络服务商商务中国推出了一种新兴的广告形式——“商务窄告”，颠覆了以往“广而告之”的宣传理念，提倡“窄而告之”和“精确到位”，使广告客户的广告内容与网络媒体上的文章内容、浏览者偏好、使用习惯、浏览者地理位置、访问历史等信息自动进行匹配，使网络广告的有效性得到提高，也使中小企业能够用较少的投入，全面通过互联网资源，将自己的商业推广信息送达到目标用户的面前。

商务中国的“商务窄告”理念是基于对客户需求的理解。众所周知，企业都希望自己的广告针对特定区域的人群，而不是面向所有人，否则会导致吸引力以及广告效果的下降。例如，保健药厂商希望广告的受众是需要保健药的人群。可以这么说，无论什么企业，其营销策略归根到底都要针对某一地区或某一部分人，而“商务窄告”恰能出现在用户最需要的地方。比如一家旅游公司投放的“商务窄告”，就能出现在包括新浪、搜狐、网易在内的全国300多家顶尖媒体与旅游相关的网页上。

资料来源：http://www.bizcn.com/default/zhaigao_pro.jsp。

案例分析题

除了互联网之外，目标性广告还可以通过什么方式实现？举一个例子。

简要答案

有固定目标读者的专业类杂志，如汽车杂志和时尚杂志等。

案例 10—2

联想与戴尔、惠普的比较性广告之争

戴尔在中国曾投放的一则楼宇广告在业界引起了轩然大波，并被外界视为联想与戴尔营销大战的导火索。广告内容是这样的：售货员卖出一支冰淇淋，中间被一位肥胖的中年人拿走，舔了一口后才递给消费者。

很多人指出，广告里的中年人显然是指PC企业的分销商，戴尔是在告诉消费者：“电

脑在到你们手上之前，被分销商占了便宜。”而联想则拥有目前中国最庞大的PC分销商队伍。

无独有偶。在中国台湾，联想也曾遭遇惠普比较性广告的攻击，惠普不但对外声称只有其才是“正宗美国货”，而且还打出“连想，都不用想”的商业广告。

国外经典的广告学教科书都指出，比较性广告策略是针对竞争对手，对产品的特性加以比较的一种方式。这种于1972年由美国希克氏公司创造的广告类型，近30年来成为全球众多针锋相对的竞争对手青睐的广告策略之一。

最经典的案例莫过于“两乐之争”。百事可乐曾有这样一则广告：一个小男孩向自动售货机投币，但他的身高不足以碰到百事可乐的按钮，于是他先投币取到两听可口可乐，将其踩在脚下，又投币拿到一听百事可乐，然后高兴地离开。

其实早在10多年前，IBM就曾面对众多竞争对手的比较性广告的攻击。比如戴尔公司推出以“Not So Fast，IBM”（IBM不会这么快）为主题的广告，康柏公司也推出了类似的广告。

但在不同的文化背景下，这种广告策略的尺度大有差异。比如在中国，此种明确出现竞争对手的广告是被明令禁止的，所以国内的许多广告都选择玩文字游戏，隐蔽的比较性广告大行其道。戴尔的这则广告也是不指名道姓，但却将矛头狠狠地指向了联想等竞争对手。

蒋青云教授认为，只要不是恶意诋毁竞争对手，暗示、联想的比较性广告都是可以的。好的比较性广告要体现品牌的差异性，突出品牌的与众不同之处，让顾客了解品牌的价值，强化卖点。他说：“隐性的比较性广告中，不能看出对手的品牌、外形等，打擦边球很重要。攻击时要突出自己的特点，并符合商业伦理道德。而且，不能只注重短期效益，忽视自己长期的美誉度。”

资料来源：安静：《联想戴尔广告之争：比较性广告就像“擦边球”》，载《每日经济新闻》，2005-06-15。

案例分析题

企业使用比较性广告的条件是什么？

简要答案

有经验的用户在潜在用户群体中达到一定比例。

第二节 广告强度及决策

一、广告强度衡量指标

一些行业的广告费用比其他行业多，这一点可以通过广告强度（advertising intensity）反映出来。广告支出与销售收入比率A/S（advertising-to-sales ratio）（这个比率是用广告费用除以销售总额）通常被用来表示广告强度。如表10—1所示，不同产业大类的广告强度有所差异，但是，由于每一类产业包含诸多子产业及众多企业，因此，这种差异还不能充分体现出来。考林（Cowling，1976）认为，涉及的产业或企业越多样化，采用全国性的A/S比率就越不合适。因此，有时采用特定产业或企业的A/S比率更为可取。以美国为例，在制盐业，A/S 比率在0～0.5%之间。与之相比，在早餐谷类食品业中，这个比率在 8%～13%之间。表 10—2 展示了 2002 年美国排名前 20 位的广告客户的广告强度。

表 10—1　　2015 年不同产业大类的广告强度

产业部门分类	广告强度（%）	广告增长率（%）	销售增长率（%）
自然资源与材料	0.8	2.8	−0.3
石油、天然气与化工	0.4	0.6	−3.1
消费品	6.5	2.8	1.6
健康护理	3.0	−0.9	3.3
零售业	1.6	4.0	3.6
金融服务	1.6	10.5	4.8
电子产品与科学仪器	1.5	5.8	5.3
计算机与软件	3.0	8.6	3.1
工业设备与装备	0.6	2.2	0.4
交通与旅游	2.2	3.5	2.2
服务业（不包括健康护理）	2.0	4.5	3.9
建筑与房地产	2.8	3.8	9.7
通信产品与服务	3.2	2.4	0.1
批发业	0.4	3.5	5.2

资料来源：Schonfeld & Associates (SAI)，Advertising Ratios & Budgets。

表 10—2　　2002 年美国排名前 20 位的广告客户的广告强度

公司	排名	广告支出（美国国内，万美元）	广告强度（%）
汽车			
克莱斯勒	6	2 032	2.8
福特	5	2 252	2.1
通用汽车	1	3 652	2.6
本田	18	1 193	3.1
丰田	13	1 553	3
电器及办公设备			
索尼	11	1 621	8.2
娱乐和传媒			
美国在线时代华纳	2	2 923	9
维亚康姆公司	16	1 260	6.1
迪士尼	7	1 803	8.7
食品、餐馆和软饮料			
菲利普·莫里斯集团	17	1 206	2.7
麦当劳	15	1 336	24.6
个人护理			
欧莱雅	20	1 118	26.3
宝洁	3	2 673	12.6
联合利华	10	1 640	14.2
制药			
葛兰素史克	12	1 554	9.7
强生	8	1 799	8

续前表

公司	排名	广告支出（美国国内，万美元）	广告强度（%）
默克	19	1 158	2.4
辉瑞	4	2 566	12.4
零售			
西尔斯-罗巴克	9	1 661	4.5
电话			
Verizon	14	1 528	2.4

资料来源：Advertising-Age 网站：http：//adge. com/dataplace/archives。

从表10—2可以发现，产业类型不同，广告强度A/S比率的差异也很大，尽管汽车公司支付高额的广告费用，但广告强度较低。而欧莱雅并不是世界最大的200家公司之一，但却是最大的广告客户之一，这说明化妆品产业有相对较高的A/S比率。

二、垄断者的利润最大化广告决策

多夫曼和斯坦纳（Dorfman and Steiner，1954）在其开创性的论文中讨论了最优广告决策问题。

假设广告的单位成本为 t，在产品需求函数中加入广告变量 a。

$$q=q(a,p),\ \frac{\partial q}{\partial a}>0,\ \frac{\partial q}{\partial p}<0$$

这里 q 代表需求数量，p 代表价格。

成本（不包括广告支出）是产出的一个函数 $C(q)$。

这样，企业的利润函数 π 可以表示为：

$$\pi=pq(a,p)-C[q(a,p)]-at$$

对 a 求导，并令其为0，得到利润最大化的广告支出条件，我们得到：

$$\frac{\partial \pi}{\partial a}=\left(p-\frac{\partial C}{\partial q}\right)\frac{\partial q}{\partial a}-t=0$$

所以，将 t 代入广告支出与销售收入比率，有

$$\frac{at}{pq}=\frac{p-(\partial C/\partial q)}{p}\frac{a}{q}\frac{\partial q}{\partial a}=\frac{p-MC}{p}\frac{a}{q}\frac{\partial q}{\partial a}$$

MC 为边际成本，等式右边第一项 $\frac{p-MC}{p}$ 是度量市场势力的勒纳指数，它等于 $1/\varepsilon$，其中 ε 是需求价格弹性。而等式右边剩余部分是销售对广告支出的反应弹性 $\alpha=\frac{a}{q}\frac{\partial q}{\partial a}$。经等式变换，我们得到：

$$\frac{\text{广告支出}}{\text{销售收入}}=\frac{at}{pq}=\frac{\alpha}{\varepsilon}$$

即广告—销售额比率由需求的广告弹性与需求的价格弹性之比确定。这一等式通常被称作多夫曼-斯坦纳条件。这一等式表明，需求的广告弹性越大，需求的价格弹性越小，广告—销售额比率就越大。

表 10—3 以澳大利亚一些消费品为例，比较了根据上面公式计算的最优广告支出比例与实际观测比例。从表中可以看出，大部分市场的最优值和观测值基本相同。

表 10—3　　广告：最优值和观测值

市场	最优支出值（α/ε）	实际观测值（A/S）
速溶咖啡	0.019	0.020
瓶装啤酒	0.008	0.011
香烟	0.019	0.046
香皂	0.013	0.012
洗衣粉	0.019	0.030
牙膏	0.024	0.059
化妆品（成衣）	0.009	0.019
发动机油	0.017	0.016

资料来源：刘易斯·卡布罗：《产业组织导论》，北京，人民邮电出版社，2002。

三、广告强度与市场结构

在了解产品种类是如何影响广告强度的基础上，这里探讨另一个相关问题：广告强度如何随市场结构而变化？在产业组织理论中，广告属于市场行为，按照产业组织理论的 SCP 范式，广告与市场结构之间存在着相互影响的关系，即市场结构决定厂商的广告行为，而广告行为反过来也会对市场结构产生影响。市场结构的主要决定因素包括：市场集中度、进入障碍和产品差异化。因此，这里通过分析广告强度与市场集中度、进入障碍以及产品差异化的关系，以期对广告强度与市场结构的关系有一个更加深入和全面的理解。

1. 市场集中度与广告强度

在利润最大化广告决策的条件等式中，广告强度等于需求的广告弹性与需求的价格弹性之比，或是需求的广告弹性与勒纳指数（或需求的价格弹性的倒数）的乘积。因此，广告强度与市场集中度的关系可以从市场集中度分别与勒纳指数和需求的广告弹性的关系角度进行考察。

一方面，市场集中度会对需求的价格弹性产生影响。企业数量越多，企业需求的价格弹性就越大，也就是说，通过降低价格，不仅能够增加企业的总需求，同时能够增加其市场份额。企业的市场份额越小，这种作用就越大。因此，假设需求的广告弹性不变，只考虑需求的价格弹性，可以预期产业分散程度越大，企业的广告强度就越小。

另一方面，市场集中度对企业需求的广告弹性也会产生影响。考虑两种极端的情况。首先假定广告可以等量增加每个企业的需求。例如，不特指某个具体品牌的牛奶广告将增加每个牛奶销售企业的销量，这时，牛奶广告可以看作是一种公共物品。在这种极端的情况下，广告强度随着市场集中度的降低而降低。换言之，市场结构越分散，支付广告费用的企业从中获得的收益就越小。再来考虑另一个极端的情况。假定总需求是固定的，并与广告无关，企业 i 的广告的唯一作用就是改变对竞争企业的需求。以处方药为例，当一个商标名药品和一个通用名药品之间存在竞争时，广告的作用不是让消费者购买更多的药品，而是使他们在商标名药品和通用名药品之间转换。在这种情况下，企业需求的广告弹性如何随市场集中度而变化呢？当我们的选择范围由一家变为两家时，需求的广告弹性随之增大。在垄断条件下，需求的广告弹性为0（因为没有竞争者），然而，在双寡头垄断情况下，需求的广告弹性为正。

总的来看，随着市场中企业数量的增加、行业集中度的下降，有三个因素决定着广告强度的变化。首先，每家企业的边际收益在减少。其次，尽管广告会带来需求的增加，但每家企业因此而增加的市场份额在下降。最后，每家企业从广告导致的需求转换中获得更大的收益。前两个因素意味着广告强度的降低，而第三个因素则意味着广告强度的提高。净效应是不确定的。

所以，通过前面的分析可以发现，实证证据表明市场集中度对广告强度的影响是不确定的，这并不奇怪。但是，似乎还存在一条实证规律：当市场集中度从一个很高的水平下降时，广告强度随着集中度的降低而提高；当市场集中度从一个很低的水平下降时，广告强度随着集中度的降低而降低。

2. 广告行为与进入障碍

一些经济学家认为，在位企业做广告会给潜在进入企业进入市场造成更多的困难。潜在的进入者必须大量地做广告以克服在位企业做广告所建立的商誉，而在位企业最初进入市场时并没有发生这种介绍性的广告支出。这种进入障碍增强了在位企业的市场势力，结果是它们收取较高的价格。

卡宾和杜姆伯格（Cubbin and Domberger，1988）研究了在位企业的广告行为对进入的反应。他们收集了英国16个产业中42家企业观测值的时间序列样本，并估计了广告支出的斜率变化或截距变化因素的时间趋势方程。他们发现了或正或负或是不显著的反应，42家在位企业中的16家有正的反应。他们对香烟产业的研究结果表明，两家在位企业对进入的反应是减少广告支出，另一家则是增加广告支出。

托马斯（Thomas，1999）以美国早餐谷类食品产业的在位企业为对象，研究了价格、广告和新品牌之间的交互作用以及在位企业与进入者的交互作用。他发现在位企业对相互间的价格行为是容忍的，但对现有竞争对手的广告却反应坚决。进入，特别是大规模的进入，有可能遭遇价格的下降。

3. 产品差异化与广告强度

根据多夫曼-斯坦纳条件可知，决定广告强度的主要是产品需求的价格弹性和需求的广告弹性，而产品差异化正是通过这两个因素来影响广告的。一般而言，产品差异越大，广告强度就越大，产品差异越小，广告强度就越小。同时，广告又是造成产品差异的重要因素，正是二者的相互作用导致了现在的广告竞争越来越激烈，各企业的广告强度也越来越大。

产品差异对广告的影响主要是通过影响产品需求的价格弹性和需求的广告弹性实现的。产品差异越大，产品的替代品就越少，当产品价格变化时，其需求量变化也就越小，从而产品需求的价格弹性 ε_p 就越小，而随着广告强度的增大，改变消费计划的消费者就越多，该产品的需求量也就增加得越多，所以产品需求的广告弹性 ε_a 就越大。反之，产品差异程度越小，产品需求的价格弹性 ε_p 就越大，而需求的广告弹性 ε_a 就越小。因此，产品需求的价格弹性 ε_p 与产品差异成反比，需求的广告弹性 ε_a 与产品差异成正比。产品差异越大，$\varepsilon_a/\varepsilon_p$ 就越大，从而广告强度也就越大；产品差异越小，$\varepsilon_a/\varepsilon_p$ 也就越小，从而广告强度也就越小。

概括而言，产品差异与广告强度成正相关关系，当产品差异化增加时，广告强度增大；当产品差异化减少时，广告强度也随之降低。

案例 10—3

广告强度与市场集中度的实证：以英国消费品行业为例

对于广告强度与市场集中度之间的关系，凯布尔和萨顿曾选取一组被大量做广告的产品检验了非线性关系。他们的研究证实了倒 U 形关系的假设。萨顿针对由英国消费品行业组成的样本，拟合出了一个二次函数。其公式如下：

$$\frac{at}{pq}=-3.1514+0.1914c-0.0015c^2$$

（t 值）　　　　(3.71)　　(3.51)

$R^2=0.34$

在这个公式中，当集中度约为 64%（$c\approx64$）时，at/pq 达到最大值（2.95），当 $c=19$ 时，$at/pq\approx0$。对相同的数据用线性回归，则效果很不好（$R^2=0.01$）。这个模型并不适用于生产类产品行业的样本数据。凯布尔的样本是局限性很大的 26 个英国市场，所有的产品都是低值易耗品，主要是食品，也包括家庭非耐用品和药品等。他发现在 $H=0.4$ 时（在凯布尔的研究中用 H 代表集中度指标，具体指赫芬达尔指数），广告强度达到最大，这是一个典型的双头垄断的情况。该行业由两个大企业和一系列小企业组成。这个结果也许可以解释为什么一个线性假设可以成功地解释广告非常重要的企业或行业的样本数据。只要不引入 $H>0.4$ 的行业，线性模型就可以近似表示广告支出和行业集中度一起增长的部分。

资料来源：多纳德·海、德理克·莫瑞斯：《产业经济学与组织》，北京，经济科学出版社，2001。

案例分析题

为什么这个模型不适用于生产类产品行业的样本数据？

简要答案

不同产业的广告强度存在差异，生产类产品行业的广告强度很低。

第三节　广告的福利效应

广告的福利效应是复杂的，取决于产品种类和广告种类。一般而言，广告总是与更大的产量相联系，这通常被认为是福利的提高。但是广告还经常与更高的价格及价格—成本差额相联系，这些又通常被认为是福利的损失。大量的经验研究表明有关价格信息的广告会增加竞争并促进福利。在一些情况下，非价格广告能够克服前面提到的“劣质品”问题。然而，广告是否总是促进福利，理论模型有不同的观点。本节将分别讨论广告的福利增进作用及广告过度问题，并探讨广告效应的持久性。

一、广告的福利增进作用

考尔和威丁克（Kaul and Wittink，1995）的经验研究调查了广告对价格的影响。他们区分了价格广告和非价格广告，其中价格广告告诉消费者产品的价格和可获得性，非价格广告则“适合于品牌定位和独特品牌特征的传达”，但不包含价格信息。他们提炼了这些研究的结果，指出价格广告是地区零售商广告的主要形式，提高价格广告的水平会使需求的价格弹性上升并使价格下降。相关理论模型也隐含地表明这种广告是增进福利的。他们还认为，非价格广告是制造商全国性广告的主要形式，它会降低需求的价格弹性，这意味着这种广告是减少福利的。

1. 价格广告增进福利

提供相对价格信息的广告，由于使消费者知道在哪里以最低价格购买商品，因此会倾向于降低价格。许多实证研究表明有关价格的广告降低了消费者支付的平均价格，如对药品（Cady，1976）、眼镜（Benham，1972）、酒（Lokstetich and Lofgren，1976）、玩具（Steiner，1973）、零售汽油（Maurizi，1972）的研究。其他研究表明广告虽然能降低法律或眼科服务的价格，但广告也会造成这些市场上的质量下降（Arnould，1972；Muris and McChesney，1979；Kwoka，1984）。

贝纳姆（Benham，1972）发现在禁止价格广告而允许其他种类广告的州中，眼镜价格仅略微高于允许价格广告的州。然而，禁止所有广告的州具有明显较高的价格。所以，即使是非价格广告也会降低价格（Bagwell and Ramey，1988）。因为广告能降低市场上的价格，因此禁止广告是有利于专业集团的。

2. 非价格广告解决劣质品问题

在某些市场上，由于消费者不能分清高质量和低质量的产品，所以企业出售高质量产品无利可图。如果企业能用担保或质量保证书来表明高质量，劣质品问题便可以避免。同样地，如果广告能显示质量，那么它也会解决劣质品问题。

例如，假定一家企业想开始销售一种高质量的经验品。它相信如果消费者试用过它的产品，他们会喜欢它并反复购买。也就是说，企业提供高质量产品的动机是引致反复销售（Klein and Leffler，1981；Shapiro，1983；Rogerson，1986）。企业希望通过显示高质量并让消费者试用它的产品而赢得巨额利润。

高质量企业有更大的做广告的动机。高质量企业的广告导致反复销售，而低质量企业的广告只导致当期的销售。因为两种类型的企业生产和广告成本相同，而高质量企业的广告回报更大，所以它会做更多的广告。①

二、广告过度问题

经常有评论认为广告太多，原因在于它诱使消费者购买他们不“需要”的商品。

当劝说性广告改变消费者效应时，不能确定是否有太多或太少的广告。导致虚假的产品差别和较高价格的广告对消费者是有害的。广告也会造成进入障碍，但支持这一观点的证据是混杂的。这样，广告对消费者福利的效果一般是模糊的。在一些市场，广告会使默默无闻的企业容易进入，但它也能导致市场力量的产生。

① 罗杰逊（Rogerson，1986）讨论了这类模型的一些含义。

格罗斯曼和夏皮罗证明有差别商品的市场上有过度的信息性广告，在他们的模型中，企业出售有差别的商品，消费者只能通过广告知道某一特定品牌的存在。为了得到更多的消费者，一家企业必须在更多的杂志上登广告，发出更多的传单，等等。一旦消费者知道了该企业的产品，消费者再接触广告就产生了浪费。当产品有差别的时候，导致消费者和品牌更好配对的广告能够增进福利。这一积极效果的关键在于差别程度。如果产品是相同的，那么使消费者从一家企业转向另一家企业的广告会是一种社会浪费。

如果企业将广告的目标仅定在相关的消费群体上，那么由于过度广告而产生的浪费就会减少。如果一些消费者只阅读《流行机械》杂志，而另一些仅阅读《世界》杂志，那么，当销售电动锯的企业对前一个群体做广告，而不对不感兴趣的后一个群体做广告时，企业的这一目标性广告行为就减少了过度广告支出所引起的浪费。

三、广告效应的持久性

为了检验广告效应的持久性，克拉克（Clarke，1976）考察了 69 项广告对需求的效应。有关广告对需求的效应的持久性的估计值随着前后两次观察值之间时间间隔的增加而上升。例如，使用年度数据的研究所得到的广告对需求的影响的持续时间的估计值比使用月度数据的研究结果要长。他认为，这些发现表明，广告对频繁购买的低价成熟产品的销售的累积效应有 90%在广告的 3～9 个月内出现。

斯莱德（Slade，1995）对有关地区零售市场内的咸饼干的定价和广告进行了研究，结果发现，广告效应存在，但仅维持在一个短时期内。

广告战的主要影响在广告战前后 3 周内被感受到。产品认知度具有高衰退率，其中一个原因是当竞争对手做品牌广告时消费者就转向了竞争对手的品牌。也就是说，消费者对品牌的忠实会很快被腐蚀，因而必须对此加以强化。

其余的经验性证据表明，尽管产品之间差异明显，但广告对需求的影响却是短期的。

案例 10—4

限制酒类广告的福利效应

政府通常试图阻止一些“罪恶”的行为，如饮酒、抽烟和赌博。相对于彻底禁止这些行为或征税，政府更有可能限制它们的广告。

由于人们相信广告促进了酒类的消费和泛滥，所以酒类广告限令受到了广泛的支持。然而，美国、加拿大和各个欧洲国家在 20 世纪 80 年代后期和 90 年代早期的研究表明，广告对酒类饮料的总市场需求的影响较小（尽管广告可能对进行广告宣传的产品的销量具有很强的影响）。尽管这种限制的效果有限，但是，这样的限制可能会影响饮料产业内的竞争，以及影响对其他产品的需求。

基于对 20 个国家酒类广告限制和酒类销量之间关系的研究，塞弗和戴夫（Saffer and Dave，2002）认为，对酒类广告的限制会减少酒类的消费。他们的研究表明，这样的限制减少了 5%～8%的酒类消费。特伦布莱和奥山（Tremblay and Okuyama，2001）注意到，取消对酒类广告的限制将趋于增加竞争，而这将致使酒类销售量增加。尼尔森（Nelson，2003）发现，仅仅应用于一种饮料（或者一种形式的广告）的限制性法律导致了对其他饮料（或非限制性媒介）的替代性需求。特别是，他发现限制蒸馏酒的价格广告的法律导致了白酒和葡萄酒消费的减少，但啤酒的销售却增加了。此外，他同时发现，如果政府希望限制酒类消费，要求对酒类实行垄断性销售或者出台饮酒法律的效果要大于对广告的限制。

资料来源：丹尼斯·W·卡尔顿、杰弗里·M·佩洛夫：《现代产业组织（第四版）》，北京，中国人民大学出版社，2009。

案例分析题

限制酒类广告的福利效果如何？何种方式对限制酒类的消费更有效？

简要答案

效果有限。对酒类实行垄断性销售或者出台饮酒法律更为有效。

第四节　虚假广告与规制

一、虚假广告的产生

虚假广告是非法的。由于广告能为企业带来利润，因此一些不法商家便凭借带有欺骗性质的广告宣传来获取暴利，大量虚假广告开始充斥市场。

虚假广告更可能用于经验品。例如，在6个月的时间里，美国联邦贸易委员会的58个有关产品属性的欺骗性广告的案例与经验质量有关，而不是与搜寻质量有关（Nelson，1974）。如果能在购买之前不太费成本地检查，有关搜寻品的虚假广告就不会带来销售增加。做这个虚假广告只会损害企业的名誉。作为结果，企业没有做这个虚假广告的动机。与之相反，它们会有对经验品说谎的动机，因为说谎会使消费者试买一次。

假如两者有相同的成本，高质量企业比低质量企业有更大的动机去广泛做广告。然而，在许多市场上，低质量或欺诈的企业具有相对低的成本。一家骗人的企业会销售几乎没有生产成本的产品，这样它的成本就大大低于高质量企业的成本。由于每单位产品赢得较高利润，这家企业在最初销售上赚了大钱。然而，它不能期望反复购买，也没有长期经营的意图。因此，在这种市场上，高质量、成本相对高的企业比低质量企业多做还是少做广告，还不清楚（Schmalensee，1978；Kihlstrom and Riordan，1984；Milgrom and Roberts，1986）。

综合以上的分析可以发现，产生虚假广告有两个前提条件：一个是必要条件，即企业和消费者之间的信息是不对称的，另一个是充分条件，即企业认为做虚假广告比做真实广告更加有利可图。

在美国，许多组织声称，广告是不准确的，并要求政府机构如联邦贸易委员会和食品与药品管理局加以干预。例如，公民健康研究组织建议政府机构要求制药公司在做广告之前证实其准确性。在一项研究中，他们发现1990年10家主要医学杂志的109则整页广告中，有100则没有满足至少一条食品与药品管理局的规则。

美国1994年生效的使食品标签标准化的新食品标签法会减少误导广告的数量。一项调查发现，在 1991 年，2/3 的食品品牌有营养标签信息，60%的品牌做了健康声明（Caswell，1992）。

二、广告规制

对广告进行规制有两个目的：第一，广告规制可以防止企业利用广告来限制行业中企业间的竞争。第二，广告规制用来保护消费者免受虚假广告和误传的影响。其中，有些（负面的）广告，如服装上的标签和香烟上的吸烟有害健康标识，有时是政府强行要求的结果。

1. 美国的广告规制

在美国，广告受到政府的严厉规制，联邦、州和地方政府各自都规制广告市场。因为各州法律不能和联邦法律发生冲突，所以，这些同时运行的规制之间并未出现矛盾。各州的广告法彼此存在一定的差异。

联邦广告法规主要出现在《联邦贸易委员会法》和《拉纳姆商标法》中。在实际操作中，联邦贸易委员会发布了行业广告指导准则。然后，各州根据《联邦贸易委员会法》，制定适合自己的法律形式。最后，私人部门作为自我规制者，通过一些组织，如消费者联盟和友好商业协会，强制推行许多规则。

《拉纳姆商标法》禁止使用虚假的出产地名称、虚假或具有误导性的事实描述及事实的表示方法。这包括禁止对出产地、出资人以及产品和服务的核准发生混淆。《联邦贸易委员会法》禁止任何不公平的竞争方式，包括散布虚假广告。现在存在的问题是，何种广告是虚假或令人误解的广告。首先，令人误解的广告必须是实质性的（即它应该影响消费者的决策）。其次，广告中所声称（或暗示地声称）的必须是虚假的，然而，如果广告中省略一些情况，这并不构成虚假广告。最后，广告必须误导相当大的一部分受众，然而受众被预期会有一个“合理的”解释。

联邦贸易委员会要求广告商（广告代理机构）对广告中的客观声称要有一定的依据。一些主观的声称如“这一产品改变了我们的生活（或好或坏）”没有必要被证实。对于美国市场上完全合法的比较性广告，这种指导尤为重要，但比较性广告中的所有内容必须加以证实。此外，在美国，对于一些特殊产品和服务的广告，有一些特定的联邦法律进行规制。比如，在电视上做香烟广告是明令禁止的，对金融投资工具和药品的广告也有特殊的规制措施。

2. 欧盟的广告规制

欧盟的广告一般由国别法律所规制。欧盟规制采取的是对各成员国家政府做出一些指令的形式，这意味着各成员国为了达到指令性结果必须采用自己的法律。

欧盟条约保证成员国内部产品和服务可自由流动，这意味着具有做跨国广告的自由。欧盟电视和广播广告指令限定广告占所有节目时间最多不超过 20%。而广告不应该因为国别或其他原因而差别对待。欧盟严厉禁止香烟广告，并限制在电视上做酒精饮料的广告。另外，只要比较性广告建立在经证实的根据之上，就是合法的。

最后，欧盟也发布了关于令人误解广告的指令性文件，从而鼓励各成员国采取一定措施来防止令人误解的广告。

3. 我国的广告规制

在我国，有关广告的法律法规包括：《中华人民共和国广告法》（以下简称《广告法》)、《广告管理条例》、《广告管理条例施行细则》、《广告活动道德规范》和《中国广告协会章程》等。

我国的《广告法》于1994年10月27日经全国人民代表大会常务委员会第十次会议通过，并于1995年2月1日起实施。《广告法》在广告内容中针对现实广告存在的问题，增加了禁止性条款。如广告中不得有“使用国家机关、国家机关工作人员”的内容，“不得损害未成年人和残疾人的身心健康”等，对烟草广告的控制要求更加严格，并强化对药品、医疗器械、农药等广告的管理，专门规定了对这些广告审查的内容和方法。广告发布的一般标准包括：广告内容应当有利于人民的身心健康，促进商品和服务质量的提高，保护消费者的合法权益，遵守社会公德和职业道德，维护国家的尊严和利益。

2015年4月24日，第十二届全国人大常委会第十四次会议通过新修订的《广告法》，新《广告法》自2015年9月1日起施行。修订后的《广告法》在如下方面有所改进：明确虚假广告的定义和典型形态，新增广告代言人的法律义务和责任的规定，严控烟草广告发布，新增关于未成年人广告管理的规定，新增关于互联网广告的规定，强化了对大众传播媒介广告发布行为的监管力度，增加公益广告，扩大《广告法》的调整范围，明确和强化工商机关及有关部门对广告市场监管的职责职权，进一步提高法律责任的震慑力。

《广告管理条例》是1987年由国务院颁布的较为全面、完整的关于广告监督管理的行政法规，共22条。该条例在弥补《广告法》的不足方面起着不可取代的重要作用。依据《广告管理条例》，可以对某些违反行业规范的行为实施必要的行政处罚，这一点对规范广告市场行为、制止不正当竞争有着重要的实际意义。

《中华人民共和国反不正当竞争法》(以下简称《反不当竞争法》）于1993年9月2日通过，同年12月1日起施行。其中第九条对涉及广告活动的不正当竞争行为专门做出了规定：“经营者不得利用广告或其他方法，对商品的质量、制作成分、性能、用途、生产者、有效期限、产地等作引人误解的虚假宣传。广告的经营者不得在明知或者应知的情况下，代理、设计、制作、发布虚假广告。”

此外，我国现行的《广播电视广告播放管理暂行办法》对广播电视媒体上的广告播放数量进行了规定。广播电台、电视台每套节目每天播放广播电视广告的比例，不得超过该套节目每天播出总量的20%，其中，黄金时间段的节目中广告数量不得超过15%，即9分钟。

案例10—5

植入式广告的兴起与规制

“植入式广告”（product placement）是指把产品及其服务具有代表性的视听品牌符号融入影视或舞台产品中的一种广告方式，旨在给观众留下相当的印象，以达到营销目的。

自2010年1月1日我国《广播电视广告管理办法》实施以来，国内电视硬广告时间受限，讨巧又省钱的植入式广告渐成赞助商的新宠。以电视剧为例，这种植入比直接在电视台相同时段投放相同时间的广告价格便宜很多。此外，一部电视剧通常会在若干电视台分几轮播出，加上重播和光盘销售，等于是一次付费多次宣传。

但同时，植入式广告因为植入品牌选择不当、植入方式露骨生硬，引起了观众广泛的质疑和抵触。随着国家广电总局关于《〈广播电视广告播出管理办法〉的补充规定》的正式下发，自 2012 年 1 月 1 日起，全国各电视台播出电视剧时，每集电视剧中间将不得再以任何形式插播广告。对此，省级卫视称广告收入将受到影响而减少，因此，以后电视剧的植入式广告可能会进一步增多。在这一背景下，亟须对植入式广告进行规制。

美国、日本等市场经济发达国家近年来已经开始重视对植入式广告的研究和治理，如提出“植入式广告不得影响节目内容”、“新闻与时事节目中禁止出现植入式广告”等。反观中国，现行《广告法》中并无植入式广告的明确规定。2015 年修订后的《广告法》第十四条规定：“广告应当具有可识别性，能够使消费者辨明其为广告。大众传播媒介不得以新闻报道形式发布广告。通过大众传播媒介发布的广告应当显著标明‘广告’，与其他非广告信息相区别，不得使消费者产生误解。”

全国人大常委会委员审议《广告法》修订草案（三审稿）时曾指出，建议《广告法》修订草案对植入式广告的适用情况明确做出规定。杨震委员认为，虽然三审稿在总则第二条规定，间接地介绍自己所推销的商品或者服务的商业广告活动适用《广告法》，但在具体的《广告法》执行中并不包括植入式广告。他举例说，如电视台将商品放入节目内容，虽然没有直接宣传，但依然属于广告，但三审稿中对广告时长的要求，并不适用这样的植入式广告。

资料来源：陆志霖：《失控的植入广告该有“王”管了》，载《羊城晚报》，2011-01-15；莫璇、谢毅：《美国电视节目植入广告“联”字诀——以〈极速前进〉为个案分析》，载《南方电视学刊》，2010 (2)。

案例分析题

植入式广告的优点与缺点是什么？

简要答案

优点是费用相对低，也是应对“限广令”的解决方法之一。缺点是广告植入不当会引发消费者的抵触。

关键术语

信息性广告　　劝说性广告　　广告强度　　多夫曼-斯坦纳条件

本章思考题

1. 设想你准备开办一家网上二手书店，你自然需要借助广告来告知你的潜在客户，而你手中用于做广告的资金又很有限。仔细思考你应该如何安排你的广告计划。

2. 在哪种市场结构中，广告最多？

3. 国家工商行政管理总局于 2006 年 7 月下发了《关于开展药品、保健食品广告专项整治的通知》，要求严厉查处医药、保健食品行业的产品广告宣传中存在的六类违法广告行为，如：药品、保健食品广告中使用患者、消费者、专家的名义和形象做证明，尤其是社会公众人物以患者、消费者、专家的名义和形象作证明的行为等。你能借此说明为什么药品、保健食品行业会存在大量虚假广告吗？严禁发布药品、保健食品的广告是不是解决此问题的良方？

简要答案

1. 做目标性广告。

2. 寡头垄断市场结构。

3. 药品、保健食品是经验品，在首次购买前无法识别质量，当虚假广告的收益大于成本时，短视的生产者会选择欺骗。严禁发布药品、保健食品的广告不是最好的解决方法。

主要参考文献

[1] 刘易斯·卡布罗. 产业组织导论. 北京：人民邮电出版社，2002.

[2] 奥兹·夏伊. 产业组织——理论与应用. 北京：清华大学出版社，2005.

[3] 肖兴志，张嫚. 产业经济学. 北京：首都经济贸易大学出版社，2007.

[4] 多纳德·海，德理克·莫瑞斯，产业经济学与组织. 北京：经济科学出版社，2001.

[5] 斯蒂芬·马丁. 高级产业经济学. 上海：上海财经大学出版社，2003.

[6] 丹尼斯·W·卡尔顿，杰弗里·M·佩洛夫. 现代产业组织（第四版）. 北京：中国人民大学出版社，2009.

[7] 伯纳德特·安德鲁索，戴维·雅各布森. 产业经济学与组织——一个欧洲的视角（第二版）. 北京：经济科学出版社，2009.

[8] 唐·沃德曼，伊丽莎白·詹森. 产业组织：理论与实践（第3版）. 北京：机械工业出版社，2009.

[9] 刘林清. 广告监管与自律——广告人行为规范. 长沙：中南大学出版社，2003.

[10] 干春晖. 产业经济学——教程与案例. 北京：机械工业出版社，2006.

[11] 莫璇，谢毅. 美国电视节目植入广告“联”字诀——以《极速前进》为个案分析. 南方电视学刊，2010 (2).

第十一章

研究与开发

内容要点

- 研发、创新与专利的含义
- 企业规模与研发之间的关系
- 研发的外溢性与合作研发
- 研发中的市场失灵

研究和开发是企业间竞争日益激烈的产物，通过研发，向市场推出新产品、新技术或新服务，企业才能赢得客户。本章侧重于从微观层次对研发行为及相关问题进行分析，主要内容包括：研发的含义、研发的分类、研发的阶段性；创新的含义、剧烈创新与非剧烈创新；专利制度的作用、专利保护的两面性和专利保护的时间区间；企业规模与研发之间的关系、垄断与研发之间的关系；研发的外溢性与合作研发；研发中的市场失灵及相应的公共政策问题。学习本章应掌握如下问题：研发、创新的含义和类型；专利制度的主要作用；市场结构与创新的各种关系；企业为什么要进行研发合作；政府如何通过公共政策解决研发中的市场失灵。

第一节　研发、创新与专利

一、研发

1. 研发的含义

随着经济全球化和科学技术的进一步发展，企业之间的竞争将日益激烈。企业为了能在竞争中获胜，必须适时地向市场推出新产品、新技术或新服务，以其高质量、高性能或低成本而赢得客户，这就需要企业不断地加强研发这一战略性功能。研发顾名思义就是研究和开发（research and development，R&D），是指一些科研机构、大学为了获得新知识、新技术，或为了实现已有技术的重大突破，运用已有的知识和技术进行系统的调查、分析和研究等创造性活动。

2. 研发的分类

按联合国教科文组织的规定，研发可分为基础研究（fundamental research）、应用研究（applied research）和试验发展（experimental development）三类。根据《联合国教科文组织技术统计手册》的解释，所谓基础研究，“主要是为了取得关于现象和可观察的事实的基本原理的新知识，并不以何特定的或具体的应用为目的而开展的实证性工作或理论性工作。”所谓应用研究，“主要是为了达到某一具体的实用目的或目标而获取新知识所进行的独创性研究”。不过联合国教科文组织的解释和分类并非尽善尽美，尤其是随着科技的进步，这些概念的外延和内涵必然会发生变化，因此一些国家的学者没有完全照搬其定义，而是结合自己国家的国情在实践中适当修订，我国科技界对研发活动的分类方法也有不同的认识，综合起来，国内外关于研发的分类不外乎有下列几种分类法，如表 11—1 所示。

表 11—1　　研发的分类法

<table>
<tr><td>1</td><td colspan="4">科学研究</td><td colspan="2">试验发展</td></tr>
<tr><td>2</td><td colspan="2">基础研究</td><td colspan="4">应用研究</td></tr>
<tr><td>3</td><td colspan="2">基础研究</td><td colspan="2">应用研究</td><td colspan="2">试验发展</td></tr>
<tr><td>4</td><td colspan="3">基础性研究</td><td>应用研究</td><td colspan="2">试验发展</td></tr>
<tr><td>5</td><td>纯基础研究</td><td colspan="2">目的基础研究</td><td>应用研究</td><td colspan="2">试验发展</td></tr>
<tr><td>6</td><td colspan="2">基础研究</td><td>应用基础研究</td><td>应用技术研究</td><td colspan="2">试验发展</td></tr>
<tr><td>7</td><td>纯基础研究</td><td>定向基础研究</td><td>应用基础研究</td><td>应用研究</td><td>前期开发</td><td>后期开发</td></tr>
</table>

资料来源：罗玉中、欧琳、郑天姝：《基础研究和应用基础研究》，载《科技与法律》，1993（3）。

3. 研发的阶段性

第一阶段是最初的突破性发明阶段。通常重要的研发活动在最初的突破性发明阶段，费用支出的相对比例和绝对数量都较少。任何一个具有一定知识准备并富有想象力的个人都可能成为取得重要突破性发明的潜在人选，发明可能是正式工作安排的结果，可能是进行闲暇活动的“副产品”，也可能出自个人的日常经验。如果说工业研究和开发实验室在产生发明上具有某些比较优势的话，那是由于那里更可能成功地把丰富的头脑、挑战性的问题和解决问题的愿望这三者组合在一起。基础性发明具有一定的随机性。可能有很多人同时认识到一个未解决的问题或一种未满足的需要，但只有少数人会真正投入精力去思考、去研究，而其中凭借天才和运气，从适当的角度、用正确的方法从事研究并因而取得正确成果者更是少数。在使发明成果转为技术上、经济上都真正可行之前，仍然或多或少需要一定的创造性活动。

第二阶段是提出概念阶段。突破性发明阶段之后便是提出概念阶段，在基本的概念已经提出，并且其正确性已被基本证明之后，通常只需投入较少资源进行初步的模型试验。这时的不确定性发生了质的和量的转化。技术上的可行性已不再是一个严重的问题。不确定性涉及的主要问题变成：具体设计和制作、成本情况、制作所需时间、市场上的可销售价格、按该价格出售时的市场需求前景，等等。尽管这些都是不可忽视的不确定因素，但企业家有能力处理这些问题。

第三阶段是商业应用阶段。最后，一旦事情进行到这一步，将一项研发活动引入商业领域的支出将大大超过早期发明阶段所付出的费用。此时投资决策所涉及的技术上的不确定性因素已经影响不大，关键在于经济上的投入。这与早期的决策大不相同，在早期阶段，所需要的财务支出数额虽然较少，但技术上的不确定性很大。如果不能把技术上的不确定性降低到可接受的水平之下，则只有在特殊情况下（如原子弹和氢弹项目），才可能进行大规模的投资活动，而在正常情况下，仍然将继续进行费用支出较少的概念性工作，直至解决了重要的技术不确定性问题。

二、创新

1. 创新的含义

在众多关于创新的定义中，熊彼特的定义是比较有影响的，“资本主义的现实与教科书中所描述的景象不同，重要的竞争形式不是完全竞争，而是对于新产品、新技术、新的供给渠道和新的组织形式的竞争，这些领域的竞争不是表面上现存企业间的利润边际和产量之争，而是对于更根本的因素进行竞争。”熊彼特所谓生产方法或者生产要素结合过程上的变革，含义很广，诸如生产新商品、应用新技术或新生产方法、开辟新销路、发现和控制原材料的新供应来源、实行新的企业组织方式和泰罗制之类的职工管理制度，等等。生产、销售和企业组织管理上凡是另辟蹊径、独出心裁的新生意经，无不包括在内，一律称为创新。熊彼特给创新下的通俗定义就是经济生活领域内的新事情和新做法。

创新是一个动态过程，可以对技术进步和提高生产率发挥非常重要的作用。广义的创新过程通常包括发明、创新和模仿三个阶段。发明是指新思想的产生，包括形成新的基础科学概念和应用性的新思想等各种智力活动及其成果。创新是指把新思想运用于实际，包括建立生产设施、生产新产品和使用新工艺等各种具有创造性的活动及其产品。模仿是指对创新的复制。

2. 创新的分类

现代产业组织理论把研发引起的创新分为两类。一类是产品创新（product innovation），即寻求生产新产品的技术。另一类是工艺创新（process innovation），即通过实验室里的投入，探寻生产特定产品的成本较低的技术。当然从逻辑上讲，由于产品创新可视为生产成本从无限大（此时，由于高成本而使产品无法获得）降到有限水平的成本减少的创新过程，因此产品创新与工艺创新之间并无本质差异（Shy，1995）。夏伊（Shy，1995）依据研发过程导致成本减少的数量，对工艺（成本下降）创新进行了划分，将其分为剧烈创新（drastic innovation）和非剧烈创新（nondrastic innovation），或分别称为大创新和小创新。概括而言，若创新者将产品价格降到创新前的成本以下，则称为大创新，否则，即称为小创新。

大创新和小创新的详细界定方式如下：假设某行业所有企业生产一种同质产品，并假定企业间进行的是价格竞争（例如，伯川德竞争）。假定在初始阶段，所有企业拥有相同的技术水平，即所有企业均以单位生产成本 $c_0>0$ 来生产这种产品。因此，在初始阶段，存在唯一的伯川德均衡，在该均衡中，所有企业均按边际成本售出产品，即 $p_0=c_0$，获得利润为 0，行业总产出为 Q_0 单位。图 11—1 描述了这一均衡。

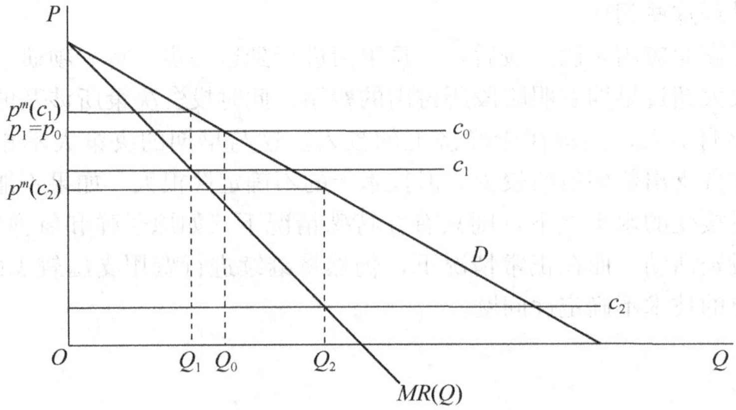

图 11—1　工艺创新的分类

现在假定某一企业建立了一个实验室，从事有助于成本降低的创新活动，由此获取了单位成本技术，使得 $c<c_0$。由于在完全垄断的情况下，实现利润最大化的产出和价格可由 $MR(Q)=c$ 得出，因此，可以通过以下定义区分“大创新”和“小创新”。

定义：以 $p^m(c)$ 表示一个单位生产成本为给定值 c 的垄断企业所索取的价格。

（1）如果 $p^m(c)<c_0$，即如果创新把成本降低到这样一个水平，以致相应的完全垄断价格低于竞争对手的单位生产成本，则该创新就被认为是“大创新”，或称为剧烈创新、重要的创新。

（2）如果 $p^m(c)>c_0$，则该创新就被认为是“小创新”，或称为非剧烈创新、次要的创新。

图 11—1 说明了这两种类型的工艺创新。从 c_0 到 c_1 的成本降低即是“小创新”。也就是说，成本降低还不够大，意味着创新企业没有索取完全垄断价格。在这种情况下，创新企业将通过索取一个 $p_1=c_0-\varepsilon\approx c_0$ 的价格，以低于所有竞争对手的价格出售产品，并且出售 Q_0 单位的产出。换句话说，小创新不能改变市场价格以及消费者的购买数量。小创新的唯一结果是，创新者向整个市场出售产品，并赚取严格为正的利润，利润值等于 $(c_0-c_1)Q_0$。

相反，图中从 c_0 到 c_2 反映出了成本较大幅度的降低，构成了大创新，因为企业能够仅通过索取与新的成本结构相关的完全垄断价格，以低于其竞争对手的价格出售产品，即 $p^m(c_2)<c_0$。由此可见，大创新可降低市场价格，并将销售数量提高到 Q_2。

定义中将成本下降的“物理”变化与市场条件（需求）联合了起来。也就是说，我们所言的“微小”或“巨大”创新，取决于需求条件和市场结构，此外还涉及降低成本本身。

三、专利

1. 专利制度的作用

专利制度设计的最基本宗旨在于保护创新、促进发明创造的形成。但除此之外，专利制度还可达到其他目的，包括：（1）促进研发投资。（2）鼓励技术或秘密公开，因为专利保护能使发明者把在没得到保护时会保密的东西公之于众。（3）创造产权，发达国家经常为个人的发明、创造或观念建立产权。基于专利制度的上述积极作用，美国《宪法》第1条第8款规定如下："国会应有权……促进科学和有用技术的进步，在限定的时间内保护作家和发明家对他们各自的作品和发明的专有权利。"美国《宪法》这一条文同时提供了专利制度及相关的创新保护与激励制度的法律基础。

2. 专利保护的两面性

专利保护制度能够使发明者获得出售发明成果的排他性的权利，但专利保护仍有其两面性。有利之处主要是可以刺激更多地进行发明创造活动。设想如果没有专利保护制度或者其他激励发明的制度，发明创造所获得的回报就会减少，这样就会抑制发明活动，特别是减少引致性发明成果的产生，不利于技术进步。不利之处是消费者利益可能会受到损害，受专利保护的新产品可能会被定价很高，厂商可能获得垄断利润。例如，专利保护制度刺激了新药的发明，而一旦生产出了新药，厂商就可能将其价格定得非常高，远远高于药的生产成本，使许多消费者可能用不起这种药而无法获得医治，或者为此必须付出太高的代价。

垄断定价造成的资源配置不当进而造成的社会成本，可能会抵消取得专利权的创新所提供的收益。该专利产品最终成为市场上可供销售的产品的话，若没有合适的替代品可供专利产品的买方进行选择，那么专利持有者就可能将专利产品的产量减少到低于竞争条件下的产量水平，并把价格提高到高于竞争条件下的价格水平。并且，专利持有者可通过改进原有的专利而得到更大的垄断利润。作为上述行为的结果，专利制度的社会成本可能会大于其给社会带来的利益。为正确地判断一项专利所带来的总的影响，必须对专利产生的收益和成本进行比较分析。

3. 专利保护的时间区间

为了降低专利保护所导致的低效率垄断现象，需要设定一个专利保护的时间区间。如果不这样，拥有专利的厂商就可以永远获得垄断利润，就会刺激更多的厂商来进行获取专利的竞争，使研究项目超过最优数量。通过设定专利保护的时间区间，可以减少专利技术可能获得的垄断利润的现值，减少过量的研究投入。由于专利是在产生了发明成果之后才会导致价格扭曲，即造成产品价格过高，所以设定专利保护的时间区间面临着一种权衡，专利保护期越长，引致的研究和发明就越多，但是垄断造成的损失也就越大。因此确定专利保护的时间区间的原则是：将垄断定价的因素考虑在内，使得社会净收益最大。从各国的实践来看，对发明实施专利保护的期限各有不同。美国的专利保护期限是17年且不能续展。中国的专利保护期限依据创新的类型不同而有差异，如发明专利的保护期限是20年，实用新型和外观设计的专利保护期限是10年。许多学者从理论上探讨了专利最佳保护期限的设定问题，如Nordhaus（1969）与Scherer（1972）分别提出了计算最佳保护期限的方法。

第二节 市场结构与创新

市场结构对企业技术创新的影响及其相关性问题主要包括：（1）就垄断和竞争对技术创新的影响而言，垄断型市场和竞争型市场哪种情况更有利于技术创新？（2）就企业规模对技术创新的影响而言，是大规模企业还是中小企业更有利于技术创新？

一、垄断与研发

1. “熊彼特-阿罗”争论

1942年熊彼特在其所著的《资本主义、社会主义和民主》中首创性地关注到关于市场结构对技术创新影响的现代研究，并将注意力集中于分析产业组织在科技进步中所扮演的角色。他认为，在市场经济条件下，企业拥有一定的市场支配力是保证其进行研发投资不可或缺的条件之一。经济发展的本质在于创新，而实际上垄断是资本主义经济技术创新的源泉。熊彼特认为，技术变迁需要具有垄断势力的大企业的存在，创新强度及创新的扩散率与短期保护和市场势力之间有着正相关关系，在完全竞争市场上，新产品或新工艺的即时模仿将削减企业的创新回报，从而弱化创新激励，只有那些能够拥有至少暂时的垄断力量、能够阻止创新被模仿的企业才有激励从事创新。因此他明确提出创新应得到专利等形式的法律保护，以给予企业最低限度的短期市场势力。熊彼特的观点是支持大企业的，他从技术创新的角度为大企业和垄断市场结构的形成及存在进行了辩护，认为大企业更能够最大限度地从事技术创新，而完全竞争的效率是不高的，因为这种市场结构中的小企业不可能为研究与开发支付应有的最佳费用。从这一观点出发，熊彼特引出了两条著名的假说，即熊彼特假说：第一，与小企业相比，大企业更有条件或更为迫切地进行技术创新，也就是说，规模与研发投资之间存在正向关系。第二，为了保持企业的技术创新动力，适度的市场集中是有必要的，即研发投资与市场集中度之间存在正向关系。

1962年，阿罗对熊彼特的观点提出挑战。他认为，一个完全竞争的产品市场结构更有利于鼓励企业进行研发投资和技术创新活动。阿罗的跟随者们提出了支持其假说的论据，这些论据可以概括为：第一，完全竞争的市场结构是最有效的市场结构，在完全竞争的市场结构下，由于企业在追求利润最大化，资源得到最为有效的利用，研发活动也不会例外，企业家会对创新所需要的研发资源进行最为有效的“配置”。第二，处于垄断地位的企业已经有很高的超额利润，因而没有多大兴趣去承担高风险的研发活动。第三，垄断条件下的企业受到的竞争威胁较小，企业进行研发投入的动力也不足。第四，在竞争产业中，创新者能够得到低成本曲线所带来的全部潜在收益；而在垄断产业中，由于采纳创新前存在垄断利润，低成本带来的收益不再全部归创新者所有。

2. 对垄断与研发的实证检验

围绕着“熊彼特-阿罗”争论，产业组织理论就市场结构和企业创新的关系问题展开了旷日持久的争论，在这期间出现了形式多样的实证检验，但在市场力量与创新投入的关系的实证研究方面，早期研究并没有发现市场力量激励创新投入的有力证据。Horowitz (1962)、Philips (1966) 发现，市场集中度与研发强度有正向的但是较弱的关系。Hamberg (1966) 发现，市场集中度仅能解释不到30%的研发强度上的差异。Scherer (1967) 运用58个美国制造产业的数据进行了实证研究。他以研发人员数量为被解释变量，按照技术创新机会的不同将各产业划分为不同产业组。研究发现，各产业组回归模型中市场集中度的系数均是正的且在统计上基本显著。可以说，半个多世纪以来对垄断与研发的关系的验证从未间断，然而实证研究得出的结论莫衷一是。这些研究的结论依赖于数据样本的选择、计量方法的选择、创新投入的衡量指标及市场力量的衡量指标。虽然结论并不一致，但从这些众多的研究中或许可以得到一个更一般的结论，即：任何实证研究的结论都是针对特定的研究对象而言的，特定的假说也只能在具体的情境下才能成立。

二、企业规模与研发

1. 大规模企业的优势

通常认为，大规模企业在创新中占有优势地位，可以从以下几个方面进行分析：

第一，大规模企业具有风险承担能力。由于研究与开发投资的内在不确定性，进行多样化经营的大规模企业可能从中得到更大的利益。研究可能得到各种不同的结果，以至在一个领域里的探索性研究可能得到另一个领域里的发现。因此，这样的探索性研究对于进行多样化经营的大规模企业有更大的激励。而且，一个出乎意料的结果能引起有足够资金从事这项事业的大规模企业进一步的多样化。由于多样化可能的扩张，风险有效地减少了。小企业如果把所有资源都投进一个创新项目之中，那么它将承担很大的风险。

第二，大规模企业有较强的成本承担能力，技术创新的成本很高，以至于只有大规模企业才能从事技术创新，这是加尔布雷思反复论述过的观点。根据这个论述得出结论：研究与开发只能由有丰裕资源、能承担研发的高额成本的大规模企业来进行。大规模企业实行工艺创新的一个有利条件是，任何能降低成本一定百分比的工艺发明，将导致成本绝对值的更大下降。而且，大企业可以用较低的成本大量吸收资金，从而可以资助大的研究与开发项目。因此，大规模企业在给定领域里支出更多的研究与开发费用是合理的。但对小企业而言，所获收益难以补偿研发支出，因此其成本承担能力不及大企业。

第三，大规模企业可发挥规模经济作用，在研究与开发中或许也有规模经济效益。一个较大的企业能从事小企业所不能从事的专业化工作，较大的企业能使用小企业所不能使用的专业化的设备。因为大的实验室可以购买较多的专用设备，特别是一些单项成本较大的设备，这使实验活动更有效率。通过雇用许多不同领域的专家，相互配合，可以解决单独利用某一学科知识无法解决的问题。而且，大企业有良好的销售渠道，在促销和运输上具有规模经济。比如，它们在促销上的优势经常可以更迅速地为其新产品开辟市场，这对于新产品开发的盈利性有重要影响，试想，用两年时间使新产品达到一定市场份额与用五年时间达到同样的目标相比，很可能前者盈利而后者亏本。

2. 中小企业的优势

尽管熊彼特认为大规模企业在创新中具有优势，但也有研究表明，中小企业在研究开发、技术创新方面扮演着重要的角色，不仅在数量上占有相当的份额，而且其水平和影响力也不亚于大企业，许多现代最重要的工业创新和发明都是由中小企业创造的。以美国为例，美国中小企业所创造的技术创新的成果和新技术在数量上占全国的55%以上。与大规模企业相比，中小企业具有以下特点：

第一，灵活性高。中小企业规模小、人员少，对于外部条件的变化十分敏感，并与顾客保持密切的接触。这使得中小企业能够捕捉和开发市场上急需的实用技术和产品，对市场和技术的变化能做出迅速而有效的反应。也就是说，它们可以根据形势的变化及时调整经营方向，抓住技术开发的有利时机，善于在大企业竞争的夹缝中求生存，开发大企业暂时未占领的技术领域。如今许多充满活力、规模巨大的行业（如计算机）正是由当初的新兴小型市场发展而来的，小企业可谓新兴行业市场的开拓者。

第二，创新意识强。一般来说，中小企业经营者既是富于革新精神的企业家，又是某一领域具有一技之长的专才，且相当数量的企业都是由技术人员创办并管理的，这些技术人员更愿意从事技术创新项目，技术开发意识强烈，敢于承担风险。而大企业规模庞大，经营者因循常规指导，通常不亲自进行技术开发，而且总倾向于尽量回避风险，使用现有的成熟技术，决策中往往反对风险较大的技术革新，有着一种固有的保守倾向。

第三，沟通交流顺畅。无论何种组织要进行有效的运营，都必须在组织内进行广泛、频繁、融洽的交流，包括思想和感情及信息上的交流。中小企业由于从业人员较少，组织机构简单，便于搞好这种交流，这一点是大企业难以比拟的。大企业通常按组织程序进行正式交流，即一方面自下而上地汇报工作，反映意见；另一方面又自上而下地贯彻经营决策，因此决策过程以及执行决策的时间都比较长。中小企业往往更注重非正式交流，从而企业内外部的问题解决得较迅速，为技术革新创造了良好条件。

3. 对企业规模与研发的实证检验

后续的实证研究表明，企业规模与研发投入之间的关系并非简单的线性关系。Scherer (1965) 以 R&D 人员数量为被解释变量，用销售收入的一次方、平方及立方作为解释变量，首次发现企业规模与 R&D 强度之间存在着倒 U 形函数关系。在随后的研究中，Grabowski (1968)、Phlips (1971)、Loeb and Lin (1977)、Soete (1979) 同样发现了二者之间呈倒 U 形函数关系。Scherer (1980)、Kamien and Schwartz (1982) 在总结以上研究成果的基础上认为：在企业规模与创新投入之间，存在着一个规模的临界值；在临界值之前，R&D 强度随规模扩大而提高，而在那些很大规模的企业中，R&D 强度不再随规模提高，甚至随规模下降。

三、企业所有制与研发

在中国等转轨国家，市场结构的一个重要方面还应包括所有制结构，因此关注研发不应忽视所有制结构。一种流行的观点包括：国有企业由于激励机制错位，导致其创新效率低下，例如中国社会科学院的研究（2013）认为，国有企业不拥有明确的承担责任的企业监管人。在缺乏有效激励和监督的情况下，国企经营者追求的目标往往是其任职期间个人收益的最大化，而非企业收益的最大化。因此，国企经营者有激励从事那些能在短期内带来收益、显示政绩的生产性项目，而无激励从事那些投资收益周期长、在其任职期间不能带来回报的创新性项目。技术创新的不确定性和风险性也使国企经营者的地位受到威胁，增加了国企经营者从事创新的成本，弱化了其创新激励。

一些实证性研究的经验证据显示实际情况可能并非如此简单，杰斐逊等（Jefferson et al.，2006）分析了中国 1997—1999 年的大型制造业企业，发现企业规模对研发投入没有显著影响，国有资产比重提高会降低研发效率。肖兴志、王建林（2006）使用 1998—2008 年中国高技术产业的面板数据，构建联立方程分析并比较了国有企业和非国有企业的研发行为。研究发现政府的科技资助经费没能调动国有企业的研发积极性，但能够促进非国有企业提高研发投入；国有企业的研发投入和研发产出都符合熊彼特的假说，非国有企业则出现了相反的情况——规模越小研发投入越大；以新产品销售收入比重衡量研发产出，国有企业的研发效率不低于非国有企业，不平等的经济政策可能导致了这一结果；无论是哪种所有制企业，行业内企业数量增加都能够促进企业提高研发投入和产出。因此，所有制结构与研发效率是一个值得深入探讨的问题，一般而言经济政策对两类所有制企业并不是平等的，国有企业通常会得到更多的支持，这可能会有助于其提高研发效率。无论如何，研发的高效率并不意味着治理的高效率，中国的国有企业改革远未完成，在未来发展战略性新兴产业时，国有企业仍然需要完善经营机制，建立更规范的现代企业制度。

四、相关的理论模型

关于市场结构对创新激励的影响，阿罗等学者做了精辟分析。马丁（Martin，1988）对阿罗等人的研究进行了简明的归纳，提供了市场结构对企业创新激励产生影响的一般分析框架。为使结论更具典型性，马丁（Martin，1988）比较了完全竞争和完全垄断的市场结构与生产组织情况下成功的创新者的获利情况。

1. 完全垄断市场结构下的创新激励

图 11—2 表明了有利于成本削减的创新对追求利润最大化的垄断者的产出决策的影响。为简化分析，假设单位产品的平均成本在创新前后是固定的，且需求曲线是线性的，追求利润最大化的垄断者会根据边际收益等于边际成本的原则进行产量决策。当平均成本为 c_1 时，垄断利润等于 $(P_1-c_1)Q_1$，创新实现之后的垄断利润为 $(P_2-c_2)Q_2$。因此，在实现创新所需的成本相同的情况下，在垄断市场中由于创新而导致的垄断利润的上升幅度为：

$$(P_2-c_2)Q_2-(P_1-c_1)Q_1 \tag{11.1}$$

式（11.1）所反映的利润上升度量了企业在产品市场垄断情况下进行创新的激励。将式（11.1）进行变形调整，可得到下式：

$$P_2\Delta Q+Q_1\Delta P-c_2\Delta Q-Q_1\Delta c \tag{11.2}$$

式（11.2）中的前两项代表的是销售量增加 $\Delta Q=Q_2-Q_1>0$ 所带来的边际收益；第三项代表的是创新实现后增加 ΔQ 单位的产出所引发的成本；最后一项代表的是创新前的 Q_1 单位的产出所形成的成本节约 $\Delta c=c_2-c_1<0$。因此，对于垄断者而言，创新所导致的利润上升等于边际收益减去边际成本再加上由于创新而带来的成本节约。

2. 完全竞争市场结构下的创新激励

假设同样的创新发生于相同的市场中，但与上面垄断市场结构不同的是，本部分是在完全竞争市场结构下讨论创新激励问题。假设在创新实现之前，价格等于平均成本和边际成本，即 $P_1=c_1$。

某个企业发现了一项属于小创新的新技术，并且可以在平均成本为 c_2 而不是 c_1 的水平进行生产。如果这个企业试图制定垄断价格 P_2，就会招致其他运用原有技术的企业的低价竞争。如果创新企业试图充当垄断者，则必须限制其定价，在 $P_1=P_2=c_1$ 的水平上销售产品。当市场是完全竞争市场时，创新企业从创新行为中所获得的创新后总收益可以表示如下：

$$(c_1-c_2)q_1=(-\Delta c)q_1>0 \tag{11.3}$$

当 $c_1\Delta Q>P_2\Delta Q+Q_1\Delta P$ 条件得到满足时，可以得出，在完全竞争市场中从创新中所

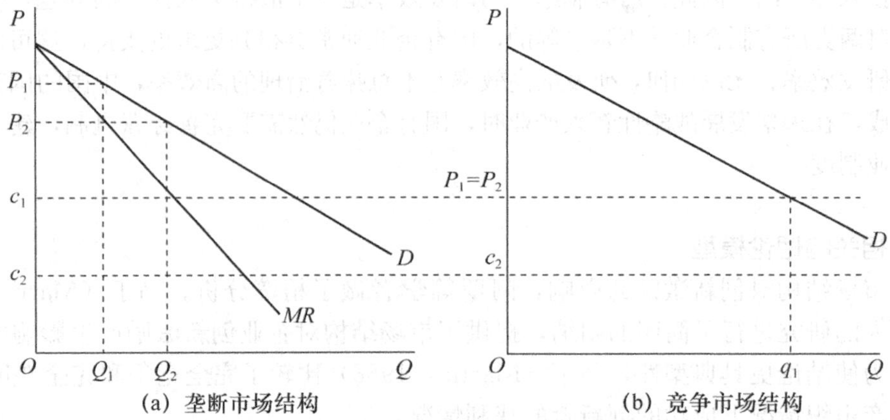

图 11—2　垄断与竞争市场条件下的创新激励

获得的利润要高于在完全垄断市场中从创新中所获得的利润。

将 $c_1\Delta Q > P_2\Delta Q + Q_1\Delta P$ 代入式（11.2），可以得到如下关系式：

$$P_2\Delta Q + Q_1\Delta P - c_2\Delta Q - Q_1\Delta c < c_1\Delta Q - c_2\Delta Q - Q_1\Delta c$$
$$= (-\Delta c)Q_2 < (-\Delta c)q_1 \tag{11.4}$$

式（11.4）中不等式的左边 $(-\Delta c)Q_2$ 代表完全垄断市场结构下从创新中所获得的收益，不等式的右边 $(-\Delta c)q_1$ 代表在完全竞争市场结构下从创新中所获得的收益。因此，相对于完全垄断市场中的生产者而言，当初始成本及需求条件相同时，成功的创新将给完全竞争市场中的生产者带来更高的利润回报。

抛开模型的细节不谈，得出上述结论的经济逻辑是显而易见的。竞争市场中企业的初始利润是零；从创新中所获得的任何利润都构成企业的收益。而垄断者在创新之前已获得经济利润，对其而言，从创新中所获得的额外利润只是创新后所获得利润的一部分，而不是全部。并且，由于垄断者在创新后为提高价格而限制产量，因此，相对于竞争企业而言，在垄断市场中，只有较少单位的产出可以享受到成本节约所带来的创新收益。

在完全竞争的市场中从成功的创新中所获得的收益要高于在完全垄断市场中从成功的创新中所获得的收益，这一模型结论依赖于垄断企业和竞争企业具有相同的成本函数和相同的需求曲线。该模型结论表明没有市场势力的企业会具有更高的创新激励。

3. 模型的局限性

但上述模型显然存在问题，即只考虑了完全竞争和完全垄断这两个极端或相对简单的情况，而没有考虑更为复杂的寡头垄断市场。熊彼特等则考察了介于两者之间的市场结构类型与创新激励的关系。后来，经济学家对有关寡头垄断企业研发的研究主要集中在考察市场结构对技术绩效的影响上。

第三节　研发中的合作行为

一、研发的外溢性与合作研发

研发活动往往会具有外溢性，也就是说投入资源进行研发的企业并不能内部化其所有收益，例如不进行研发的企业可能会低成本地模仿研发企业的技术成果，从而使得研发企业的利益受损。企业的研发成果虽然可以通过专利等知识产权的形式得到保护，但研发成果的所有者不能完全杜绝其成果以各种方式被扩散，专利只是使得研发企业拥有研发成果带来的总收益扣除溢出部分后的净收益，溢出部分会被低成本模仿者所占用。由于存在这种溢出效果，研发资源可能得不到到最有效的配置，进而直接影响到企业进行研发活动的积极性。

合作研发是指所有参与的厂商预先以某种形式签订契约，约定各自的研发投资水平、成果合作利用以及扩散的方式等，在此基础上共同开发新产品或申请专利。合作研发能够在一定程度上将研发的外溢性内部化，虽然合作研发无法消除其他企业搭便车的可能性，但是在决定利用合作研发所生产的知识成果时，至少要尊重合作的企业。更重要的是，对于中小企业而言，它们可以通过合作研发来实现大企业的规模经济性，多个中小企业的联合协作可以突破人员、资金、设备的制约，可以从事不可分割的大型项目的研究。但是合作研发也有不利的一面，合作研发的参与者可能通过这一途径传递信息，从而导致默契合谋，扰乱市场竞争。

二、非合作研发模型

1. 模型假设

（1）企业 i 和企业 j 以两阶段博弈方式进行研发与产品竞争：第一阶段，两个企业选择研发投资水平；第二阶段，两个企业在产品市场展开竞争，竞争是采取古诺博弈的形式。假设两个企业在第一阶段所从事的研发活动具有正的外部效应，表示如下：

$$C_i(x_1, x_2)=50-x_i-\beta x_j \quad (i\neq j;\ i=1, 2;\ \beta\geqslant 0)$$

其中，C_i 为企业 i 的单位生产成本，x_i 为企业 i 在第一阶段的研发投资水平，β 测度企业 j 的研发水平对企业 i 的影响。

（2）两个企业所面临的市场需求函数为 $P=100-Q$（$Q=q_i+q_j$）。

（3）研发活动的实验成本投资为 $C_L=x_i^2/2$。

2. 模型求解

首先考察第二阶段两个企业间的博弈。在这一阶段，两个企业将成本视为是既定的，把产量（q_i）作为策略性变量。假设企业是以利润（π）最大化为目标的，因此，其目标函数为：

$$\max_{q_i}\pi_i=(P-C_i)q_i-\frac{x_i^2}{2}$$

因此，一阶条件是：

$$q_i^c=\frac{100-2C_i+C_j}{3}$$

$$P^c=\frac{100+C_i+C_j}{3} \quad (i\neq j;\ i=1, 2)$$

因此，单个企业的利润为：

$$\pi_i^c=\frac{(100-2C_i+C_j)^2}{9}-\frac{x_i^2}{2}$$

进一步考察两个企业在第一阶段的博弈。在第一阶段，企业需要决定研发投资水平 x_i。同时，在第一阶段，企业同样是以利润最大化为目标，因此，其目标函数如下：

$$\max_{x_i}\pi_i=(P-C_i)q_i-\frac{x_i^2}{2}=\frac{(100-2C_i+C_j)^2}{9}-\frac{x_i^2}{2}$$
$$=\frac{[100-2(50-x_i-\beta x_j)+50-x_j-\beta x_i]^2}{9}-\frac{x_i^2}{2}$$

针对研发投资水平求一阶导数，可得：

$$\frac{\partial\pi_i}{\partial x_i}=\frac{2[50+(2-\beta)x_i+(2\beta-1)x_j](2-\beta)}{9}-x_i$$

进而得出在非合作的两阶段博弈情况下，每个企业的最优研发水平如下：

$$x^{nc}=x_i^{nc}=x_j^{nc}=\frac{100(2-\beta)}{9-2(2-\beta)(1+\beta)}$$

三、合作研发模型

合作研发模型的基本假设与非合作研发一样，只是在合作研发模型中，企业以合作的方式共同确定研发水平 x_1 和 x_2，使共同利润最大化。企业共同的目标函数为：

$$\max_{x_1,x_2}(\pi_1+\pi_2)$$

通过一阶条件：

$$\frac{\partial(\pi_i+\pi_j)}{\partial x_i}=\frac{\partial\pi_i}{\partial x_i}+\frac{\partial\pi_j}{\partial x_i}=0$$

求得合作研发情况下，两企业的投资水平为：

$$x_1^c=x_2^c=x^c=\frac{50(\beta+1)}{4.5-(\beta+1)^2}$$

比较合作研发与非合作研发情况下的投资水平，即比较 x^{nc} 和 x^c 可知：若 $\beta>1/2$，则有 $x^c>x^{nc}$，即合作情况下的研发投资水平高于非合作情况下的研发投资水平；若 $\beta<1/2$，则有 $x^c<x^{nc}$，即合作情况下的研发投资水平要低于非合作研发情况下的投资水平。因此，企业在合作与非合作情况下的研发投资水平的高低受到企业间研发投资外部效应系数 β 的影响。

第四节　研发的公共政策

一、研发中的市场失灵

在某些情况下，在研发资源配置中会出现市场失灵，下面对导致市场失灵的各主要因素进行具体分析。

1. 不确定性与风险的存在

“不确定性”和“风险”尽管经常被互换使用，但两者具有不同的含义。概括而言，风险是对可能产生的后果的概率估计，因此，估计风险需要了解可能结果的概率分布情况和这种分布与最低可接受的回报率的相对差额的有关知识。在这些知识可知的情况下，就可以对风险的情况做出判断以供决策时借鉴。而不确定性是指缺乏有关可能结果的概率分布知识，导致难以对风险情况进行评估。

在研发过程中，不确定性与风险是同时存在的。通常，在研发的最初阶段，研发结果的概率分布是宽泛且不稳定的，存在着难以评估的较大的不确定性。随着研发过程的继续，概率分布情况变得相对清晰并具有一定的可预测性，因此，不确定性有所降低，这时就有可能通过相应的风险评估方法来估算其风险情况从而为决策服务。正是由于在研发过程中存在的不确定性与风险，一些企业才即使有进行研发的愿望，也会望而却步，因此而导致某些研发行为无法产生。

2. 信息因素

当很少能够获得关于技术性能的信息时，不确定性在技术生命周期的初期是普遍存在的。当技术风险不能被明确地描述时，市场风险相应地也无法被有效描述出来。由于缺乏对可能的技术和市场结果概率分布信息的充分了解，评定市场风险的能力与努力经常会遇到阻碍，导致私有企业的投资通常是如此之低，以至于在风险预测上取得的进展很小，而这对于未来投资决策而言是必备的要素。

3. 复杂性和资本密集性因素

随着社会整体的技术进步，研发过程变得越来越复杂，因此需要交叉的学科队伍，这往往超越了单个公司的能力范围。同时，某些研发具有典型的资本密集型特征，其成本过于昂贵以致无法满足公司研发战略的多样化的需要。此外，某些典型技术的研发需要投入专用性的基础设施，因此也会受到资产专用性问题的困扰。

4. 研发收益的可占有性

研发行为具有外部性或存在收益溢出，即研发投资主体难以有效获取研发收益，研发收益的一部分溢出到企业外部的经济主体身上，导致了许多企业会搭研发投资主体企业的“便车”，获取本应属于研发投资主体企业的收益或者市场份额。在没有有效的补偿机制的情况下，企业的研发投资收益率就会相应地下降，从而削弱了企业从事研发活动的积极性，并进一步造成对社会而言某些很重要的技术或创新无法被有效地开发出来。对于一些具有共性特征的技术或非企业专用技术而言，这种类型的市场失灵尤其明显。

二、政府在研发中的作用

研发活动中市场失灵的存在对于宏观的经济增长、微观的行业与企业发展都会产生负面影响。因此，需要在易产生市场失灵的研发领域中引进有效的政府干预措施来缓解或解决市场失灵问题。

1. 提供研发激励

政府可以采取多种措施来刺激创新和技术进步，包括对研发行为进行政府补贴，例如美国对 R&D 给予 20%的税收减免。此外政府还可以对民间的研发成果进行奖励，对研发成果进行奖励的优点之一是可以使政府减少投资风险，一方面可以刺激民间投资于技术进步的积极性；另一方面如果没有形成研发成果，政府就不必花费成本。政府奖励的力度越大，民间企业在 R&D 上的支出就会越多。从理论上说，只要政府奖励的力度适当，就可以使参与研发竞争的企业数达到最优。

2. 直接提供资金

政府还可以对研发活动进行直接的资金支持，例如，澳大利亚政府为全国的 R&D 费用提供了一半的资金；美国全国 R&D 总经费的近一半由联邦政府提供，而且，企业进行的 R&D 中有 1/3 的资金由政府支付。有的研究结果还表明，政府增加对 R&D 的支出，并不会对民间的 R&D 支出产生明显的影响。这说明，政府在促进研发上能够发挥积极的作用，即如果政府增加 R&D 支出，整个国家的 R&D 支出总量就会增加，政府在 R&D 上支出的增加不会被民间支出的相应减少所抵消。

3. 创造和维护相关的法律环境

政府可以通过强化专利保护和知识产权等相关法律法规的建设和实施、放松知识产权领域反垄断法的实施等行为，使私人企业的创新行为与研发投资更有保证地获得可以接受的回报，从而鼓励私人企业进行研发投资。

4. 组建政府研发机构

政府还可以组建直接为其服务的研发机构，以承担一些风险高、基础性强、外溢效应明显的公益性研究。在很多发达国家，政府研发机构是实现科技进步的不可替代的力量，例如在美国联邦一级的 16 个部门都有自己的下辖研发机构，主要分布在国防部、航空航天部、能源部、卫生与公共事业部，涵盖军事科技、空间探索等领域。

案例 11—1

国有企业是否比非国有企业具有更高的创新动力

一种流行的观点是，国有企业由于存在效率、决策等的问题会在创新动力方面劣于非国有企业，但 2010 年 5 月出台的《国务院关于鼓励和引导民间投资健康发展的若干意见》（“新非公 36 条”）的第 26 条提到“鼓励和引导民营企业发展战略性新兴产业”，可见在政策层面政府并非对国有企业“情有独钟”。部分采用行业面板数据的文献得出的结论大部分为国有企业比重提高会降低研发投入比重，这类研究存在的问题是：当前国有企业并没有在各个行业随机分布，伴随着国有企业改革，国有企业行业布局发生了重大变化，一些如采掘业、烟草加工业集中了很多国有企业。因此已有文献认为国有企业的研发投入低，其实可能反映了该行业本身的研发需求特征，而与所有制性质无关。

更为可取的办法是对处于同一领域的不同所有制企业进行比较，《中国高技术产业统计年鉴》提供了我国各个高技术产业的总体数据，还提供了细分所有制成分的数据，据此可以比较我国国有企业样本和非国有企业样本的研发行为。表 11—2 为 1998—2008 年的 15 个高技术行业的简单统计，包括研发投入、政府资助和研发产出这三个指标的数据。

（一）研发投入

使用研发密度这一相对量指标表示研发投入，便于识别研发投入的真正来源。可以利用的反映企业研发投入的指标有两个，一个是科技活动经费支出占销售收入的比重，另一个是R&D经费支出占销售收入的比重，科技活动经费支出指的是本单位开展科技活动所实际支出的全部费用，R&D经费支出则指的是科技活动经费支出中用于基础研究、应用研究和试验发展三类项目（课题）以及这三类项目（课题）的管理和服务的费用支出，因此科技活动经费支出是更广泛意义上的研发投入。根据所选择的15个行业1998—2008年的数据，分别计算国有企业和非国有企业的研发投入情况，可以发现无论以科技活动经费支出衡量，还是以R&D经费支出衡量，国有企业的研发投入都不低于非国有企业，平均来讲国有企业的科技活动经费支出占销售收入的比重为3.14%，而非国有企业这一指标为2.78%，国有企业R&D经费支出占销售收入的比重为1.77%，而非国有企业这一指标为1.75%。

（二）政府资助

高技术产业是研发密集型产业，也是国家财政资金重点扶持的产业，企业的科技活动经费筹集途径有政府资金、企业资金和金融机构贷款，政府资金占企业科技活动经费筹集的比重可以衡量政府对企业研发的资助力度。该指标存在数据缺失情况：办公设备制造业1998年、1999年、2000年和2006年无统计数据，电子计算机外部设备制造业1999年和2000年无统计数据，医疗设备及器械制造业2003年无统计数据，最终放弃了这些样本点。从表11—2中可以看出国有企业科技活动经费中的政府资金比例显著高于非国有企业，平均来讲国有企业的科技经费中11.38%来自政府，而非国有企业仅有4.2%，考虑到国有企业的研发投入较大，所以实际上国有企业所分享的政府拨款总额要远远大于非国有企业。非国有企业的这一指标最小值为0，说明某些非国有企业在特定年份没有得到政府的任何科技经费资助。为了反映国家科技拨款的投向，还需进一步计算国有企业分享政府科技拨款的比例，计算方式为国有企业科技活动经费筹集中的政府资金占全部企业科技活动经费筹集中的政府资金的比重。可以看到国有企业分享到的政府财政科技拨款平均为52.6%，要高于非国有企业，这一指标的最大值为1，说明政府拨款在某些年份某些行业全部投向国有企业，核查数据发现共有8个这样的样本点，而8个样本点中的3个为研发总支出最多的飞机制造及修理业，这些统计结果说明政府科技拨款投向具有很强的倾向性，国有企业分享了大部分政府科技资金。对这一现象，再以2008年的总体数据为例补充说明，2008年政府为高技术产业投入的科技经费为87.88亿元，国有企业获得了其中的67.39亿元，大约占76.68%，而国有企业数量仅占6.75%。

（三）研发产出

对于研发产出变量，用新产品销售收入占销售收入的比重表示。剔除了四个数据可靠性值得怀疑的样本点，一个是2006年的通信设备制造业，该年该行业的国有企业新产品销售收入为460.97亿元，而销售收入仅有400.40亿元；一个为1998年的家用视听设备制造业，该年该行业的国有企业新产品销售收入为206.19亿元，而销售收入仅有141.39亿元；另外两个为2002年和2003年的飞机制造及修理业，该行业2002年和2003年的非国有企业新产品销售收入分别为58.4亿元和134.80亿元，但销售收入仅分别为9.38亿元和11.69亿元。结果发现国有企业的研发产出平均高于非国有企业，同时国有企业研发产出方差也稍大，因此单就研发产出而言，国有企业要领先于非国有企业。

表 11—2　　　　各指标的描述性统计

	均值	标准差	最小值	最大值	观察值个数
国企科技活动经费支出占销售收入的比重	0.031 4	0.028 0	0.000 862 9	0.256 2	165
非国企科技活动经费支出占销售收入的比重	0.027 8	0.119 5	0.000 482 6	1.409 2	165
国企 R&D 经费支出占销售收入的比重	0.017 7	0.021 5	0.000 663 5	0.233 1	165
非国企 R&D 经费支出占销售收入的比重	0.0175	0.081 1	0	0.9274	165
国企政府资助程度	0.113 8	0.126 0	0.000 255 63	0.621 9	158
非国企政府资助程度	0.042 0	0.071 6	0	0.5714	158
国企获得政府资金的比例	0.526 2	0.287 4	0.000 155 23	1.000 0	158
国企研发产出（新产品销售收入占销售收入的比重）	0.206 1	0.185 5	0.000 742	0.766 5	161
非国企研发产出（新产品销售收入占销售收入的比重）	0.164 5	0.150 9	0	0.747 0	161

注：15 个行业包括：化学药品制造业、中成药制造业、生物生化制品的制造业、飞机制造及修理业、通信设备制造业、广播电视设备制造业、电子器件制造业、电子元件制造业、家用视听设备制造业、其他电子设备制造业、电子计算机整机制造业、电子计算机外部设备制造业、办公设备制造业、医疗设备及器械制造业、仪器仪表制造业。

资料来源：肖兴志、王建林：《谁更适合发展战略性新兴产业——对国有企业与非国有企业研发行为的比较》，载《财经问题研究》，2011（10）。

案例分析题

1. 国有企业的研发效率是否高于非国有企业？
2. 未来哪种所有制将是中国创新的中坚？

简要答案

1. 不一定，单就研发产出而言，国有企业要领先于非国有企业，但是（1）国有企业规模较大，研发投入也较大。（2）政府支持企业的研发投入大部分投入国有企业。因此衡量研发效率还需要投入产出比数据。

2. 国有企业未来应是国家技术创新的生力军，大型国有企业中设立有工程中心、重点实验室等国家、行业和地方的技术创新机构、企业博士后科研工作站等，企业中的工程院院士绝大多数来自国有企业。

案例 11—2

美国政府的财政科技投入及相关政策

美国政府通过对研发财政投入的带动和引导以及通过税收政策来刺激和鼓励私人的研发投资。由于美国在冷战时期（1947—1991 年）的科技政策主要以军事为主，所以政府的科研投入是以军事研发为主的，但同时也出现了一批重要的新兴产业。这是因为，在航天飞机、半导体和计算机等一些关键技术领域所进行的与国防有关的研究与开发投资产生了重要的从军用技术到民用技术的“溢出效应”。冷战后期的美国开始对其科技政策进行全面调整，从而将科技政策的重点逐渐转向了军民两用技术，并积极推进政府与企业、企业与企业之间的合作研发，重视技术的推广应用和研究成果的商品化。1960 年，国防研究基金在联邦政府研究与开发投资中至少占到 80%，而到 20 世纪 80 年代早期，这一比例迅速下降至 50%左右。

1962年，美国开始对企业的技术装备投资实行税收减免政策。20世纪80年代以来，美国通过更为积极的政策——加速折旧来鼓励企业进行技术装备的更新换代。美国在1986年制定的《国内税收法》中规定，商业性公司或机构的研发活动经费如果比以前有所增加，则可以获得相当于该增加值20%的退税，该规定的有效期到1995年。此后，该法律的适用期不断延长。2000年2月美国国会通过的《网络及信息技术研究法案》将此项退税待遇的使用期限永久化（包惠，2008）。美国《经济复兴税收法》还规定，从事研发活动的信息产业企业在R&D方面超过三年平均水平的开支增加额可享受25%的税收减免（高卫东等，2006）。

在《2009年美国复苏与再投资法案》中，美国除了将189亿美元投入能源输配和替代能源研究、218亿美元投入节能产业、200亿美元用于电动汽车的研发和推广外，还将投入7.77亿美元支持建立46个能源前沿研究中心；把加快“三网融合”作为信息产业发展的重要方向，提出要在宽带普及率和互联网接入方面重返世界领先地位；加大对生物技术和产业发展的支持力度，提出未来10年间要使国立卫生研究院的经费翻一番；积极拓展纳米技术和产业的发展空间，仅2010年纳米技术计划的研发预算就达16亿美元。

美国政府对私人部门研发的引导和鼓励大大促进了私人部门研发投资的增长。私人研发投资不仅在应用研究领域增长迅速，私人部门对基础研究领域的支持也迅速增长。美国经济顾问委员会在2001年度经济报告中指出，自1995年以来，美国私人基础性研发经费以令人震惊的年均17%的速度增长。美国企业现在不再是政府投资建立的研究机构的借用者和模仿者，而是研究开发新技术的领导者，并主导了新技术在早期阶段的商业化过程。除了直接的资助，政府还通过税收优惠政策鼓励私人厂商之间的合作。联邦政策鼓励建立战略性的技术联盟。1998年，美国国内建立了255个技术联盟，而1980年仅有80个。在1984年以前，美国的《反托拉斯法》直接阻碍了技术联盟的建立。1984年美国国会批准了《国家合作研究法》，关于应否对合资研究启动《反托拉斯法》的问题有了明文规定。

资料来源：肖兴志：《中国战略性新兴产业发展研究》，北京，科学出版社，2011。

案例分析题

1. 政府在研发活动中可以扮演什么角色？

2. 试述政府参与研发活动会给企业研发带来什么影响。

简要答案

1. 在一些公共性强、高风险的公益性研发项目上，政府可以直接或间接介入，这样可以缓解或解决市场失灵问题。

2. 政府的一些激励性措施如财政补贴和税收减免可以引导企业投入更多研发支出，而如果政府对研发直接进行投入，也不会对企业的研发支出产生明显的负面影响。

关键术语

研发　创新　专利制度　外溢性　合作研发　市场失灵

本章思考题

1. 为什么说专利制度具有两面性？
2. 大企业和中小企业在从事研发方面各有哪些优势？
3. 政府促进研发的公共政策有哪些？

简要答案

1. 一方面专利制度可以刺激企业进行发明创造活动，另一方面专利制度也会使得被保护产品的定价过高，从而损害消费者的利益。

2. 大企业的优势：(1) 风险承担能力强。(2) 成本承担能力强。(3) 有利于发挥规模经济作用。中小企业的优势：(1) 灵活性高。(2) 创新意识强。(3) 沟通交流顺畅。

3. 政府促进研发的公共政策有：(1) 提供研发激励。(2) 直接提供资金。(3) 创造和维护相关的法律环境。(4) 组建政府研发机构。

主要参考文献

[1] Kamien, M. I. and N. L. Schwartz. *Market Structure and Innovation*. Cambridge: Cambridge University Press, 1982.

[2] Nordhaus, W. D. *Invention, Growth and Welfare: A Theoretical Treatment of Technological Change*. Cambridge MA: The MIT Press, 1969b.

[3] Scherer , F. M. "Nordhaus' Theory of Optimal Patent Life: A Geometric Reinterpretation", *American Economic Review*, 1972, 62 (3): 422-427.

[4] Scherer, F. M. "Government Research and Development Programs", in Robert Dorfman, ed. *Measuring Benefits of Government Investments*. Brookings Institution. Washington DC, 1965.

[5] Scherer, F. M. *Industrial Market Structure and Economic Performance*. Boston: Houghton-Mifflin, 1980.

[6] Shy, Oz. *Industrial Organization: Theory and Applications*. Cambridge: The MIT Press, 1995.

[7] 陈劲，宋建元. 解读研发：企业研发模式精要·实证分析. 北京：机械工业出版社，2003.

[8] 金碚. 产业组织经济学. 北京：经济管理出版社，1999.

[9] 刘胜强，刘星. 市场结构与企业 R&D 投资研究综述. 华东经济管理，2010 (7).

[10] 罗玉中，欧琳，郑天姝. 基础研究和应用基础研究. 科技与法律，1993 (3).

[11] 陶维国. 研发管理. 深圳：海天出版社，2002.

[12] 吴延兵. 市场结构、产权结构与 R&D——中国制造业的实证分析. 统计研究，

2007 (5).

[13] 肖兴志，张嫚. 产业经济学. 北京：首都经济贸易大学出版社，2007.

[14] 肖兴志. 中国战略性新兴产业发展研究. 北京：科学出版社，2011.

[15] 于立，王询. 当代西方产业组织学. 大连：东北财经大学出版社，1996.

第十二章

市场绩效的衡量

内容要点

- 市场绩效的含义以及评价标准
- 利润率、勒纳指数、贝恩指数与托宾 q 值
- 资源配置效率、规模经济与企业内部效率
- SCP 范式的综合运用

第一节　市场绩效的界定

一、市场绩效的含义

市场绩效（market performance）指企业在一定市场结构下，在价格、产量、成本、利润、产品质量、品种等方面形成的最终经济成果。市场绩效是以市场结构为基础，由企业市场行为形成的资源配置和利益状态，主要反映市场在效率、公平、稳定和进步等方面的力量。如果说市场结构和企业行为是市场经济运行的基础和过程，那么市场绩效则是市场经济运行的结果。

绩效即经济主体实现经济活动目标的程度，因此，市场绩效评价同经济活动的主体和目标紧密相连。任何一个社会经济活动的主体都是多元的，包括个人、企业、行业或产业，单一国民经济总体，甚至世界经济体系。一般而言，产业经济学对市场绩效的评价主要以中观或宏观层次上的经济目标为基准，是对特定的市场结构和市场行为条件下市场运行的实际效果进行评价。譬如，市场绩效衡量的是整个市场资源配置效率，而非单个企业运行效率。在垄断市场结构下，由对垄断成本的讨论可知，其市场绩效低下，经营者还可能从事 X 非效率活动，但垄断企业的投资回报率和利润水平却可能非常可观。

理论经济学通常将增进社会福利作为经济活动的总体目标，从社会福利提高的程度来考察市场绩效的高低。从一般意义上说，社会福利目标包括经济活动的效率、公平和稳定

等多层次和多方面的内容，如表 12—1 所示。

表 12—1　市场绩效的含义

市场绩效	内　容
效率目标	1. 资源配置效率 2. 内部效率（X 效率） 3. 规模经济
公平目标	1. 结果公平 2. 机会公平
稳定目标	1. 稳定就业 2. 抑制通货膨胀 3. 缓和经济波动
技术进步	全要素生产率

二、市场绩效的评价标准

经济主体从事目标多样的活动，决定了经济绩效的评价标准是多层次和多元的，对市场绩效的评价或多或少地包含“价值判断”因素，因此“价值无涉”意义上的“纯科学”不适用市场绩效评价。总的说来，经济活动的各种目标在某些情况下是一致的。例如，机会公平显然可以促进资源配置效率的提高，而效率的提高也促进着机会公平的实现。但在另外一些情况下，不同目标间则是冲突的，如经常谈论的效率与公平的冲突。这些冲突常使人们陷入“鱼与熊掌”不能兼得的两难境地，因此，经济主体经常要在各种目标之间进行权衡。

如此论述只适合规范分析，其判断准则很难量化和测度。产业经济学不仅采用规范分析，同样采用实证分析，从多个方面对市场绩效进行研究。首先，在市场绩效的描述和评价方面，主要从市场资源配置效率、企业内部效率、规模经济和技术进步等方面，评价市场绩效。其次，注重研究市场绩效与市场结构、企业行为之间的关系，并主要从三者相互作用的关系中寻找市场绩效的影响因素，对市场绩效优劣及其原因做出解释。

市场绩效的评价准则主要包括：

第一，价格对生产要素流动具有导向作用。如果价格变动能够引导生产要素流向生产效益好、生产成本低、市场需求量大的产业和企业，则市场绩效就好。

第二，产业内企业的生产量实现规模经济效益。如果市场的主要供给者达到规模经济的要求，使产业的长期平均成本达到最低，而且产业不存在长期的生产能力过剩现象，则市场绩效就好。

第三，产业内企业的生产消耗和利润率比较合理。如果企业在生产费用特别是销售费用及产品品种上不存在浪费，产业的平均利润适当，则市场绩效就好。

第四，产品的质量和品种规格能够较好地满足消费者的需求。

第五，产业的技术进步不断加快。技术进步受市场结构和企业行为的共同制约，也与政府的产业组织政策密切相关。

三、市场结构、企业行为和市场绩效的模式分析

结构—行为—绩效范式（structure-conduct-performance paradigm，简称 SCP 范式），

是产业组织理论中形成最早、运用最为广泛的分析框架。哈佛大学的梅森和贝恩等人所创立的正统产业组织学体系在理论上构造了“市场结构—企业行为—市场绩效”的构架。这一理论框架的形成大致经历了两个阶段。第一阶段是贝恩于1959年在其出版的《产业组织》一书中提出从市场结构推断竞争效果的“结构—绩效”模式。他认为，判断一个行业是否具有竞争性，不能只依据企业行为（如定价行为）或市场绩效（如是否存在超额利润），而要同时根据该行业市场结构的若干要素如市场集中度、进入壁垒等来判断。贝恩理论框架假定市场结构决定企业行为，企业行为再决定市场绩效，其中大多数的分析是直接从结构到绩效，或从结构到行为、绩效的组合。可见贝恩十分强调市场结构对企业行为及市场绩效的决定作用，而忽视企业行为对市场绩效的影响。

第二阶段是谢勒在1970年出版的《产业市场结构和市场绩效》中提出了完整的“市场结构—企业行为—市场绩效”模式。他认为市场结构首先决定企业行为，继而企业行为又决定市场绩效。他对产业组织理论的贡献在于，在看到市场结构对市场绩效的意义的同时，更强调了企业行为的重要性，认为只有通过对不同市场结构的企业行为的具体分析，才能确定市场绩效。

SCP范式的形成标志着产业组织已趋于完善。随着产业组织理论的不断发展，这种范式自身存在的许多问题受到了各种理论流派的批评，但这并未妨碍SCP范式成为产业组织理论中的主流分析范式。总的来说，分析市场结构、企业行为和市场绩效之间的关系，可以分别从短期和长期两个角度来进行。

从短期来看，市场结构不会发生很大变化，所以可以把它看作是固定的。从市场结构所包含的内容分析，市场结构是企业的外部环境，它是决定企业生产经营和竞争策略的客观依据，它在很大程度上引导和约束着企业行为。在一定的市场结构条件下，企业必然采取与外部环境相适应的价格行为、非价格行为和企业组织调整行为。选择有利于企业生存和发展的行为方式。由此可知，市场结构决定企业行为。而市场绩效的好坏又取决于产业内所有企业的生产经营活动状况，生产经营状况又取决于企业的定价策略、产品策略和销售策略等市场行为。因为企业的定价策略会影响利润水平，企业的产品策略决定了产品是否能够满足市场需要，企业的销售策略影响着企业的销售成本等，由此可以说企业行为决定市场绩效。因此，从短期看，市场结构、企业行为和市场绩效三者之间的关系可以概括为：决定市场绩效的直接因素是企业行为，而影响企业行为的主要因素是市场结构，三者之间的关系可以如图12—1中的实线所示。

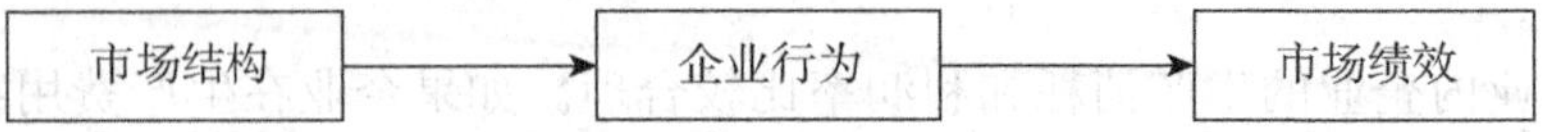

图12—1　市场绩效与市场结构、企业行为的关系

从长期来看，市场结构、企业行为和市场绩效之间是相互作用和相互影响的。一般来说，市场结构是变化的，市场结构的变化往往是企业行为变化的结果，有时市场绩效的变化也会直接使市场结构发生变化。例如，企业的技术进步影响产业的成本结构、产品差异和进入条件等，这些变化会导致市场结构的变化。再比如，企业的并购行为会提高市场集中度，企业的定价策略会影响新企业的进入。但学者普遍认为，结构对行为、行为对绩效的影响是主要的，而绩效对行为的影响和绩效、行为对结构的影响是相对次要的。

第二节　市场绩效的衡量指标

一、利润率

利润率是单位货币投资所赚取的利润，其中，利润是扣除了平均利润之后的经济利润。在完全竞争条件下各种资源在产业间、企业间自由流动，各产业的利润率趋于平均化，所有的企业只能够获得平均利润，不存在垄断利润。因此，产业和企业的利润率水平无疑是测度市场绩效与竞争的基点之间距离的直观指标。一般地，利润率的计算公式表示如下：

$$R=(\pi-T)/E \tag{12.1}$$

式中：R——税后资本利润率；

π——税前利润；

T——税收额；

E——自有资本，包括股本和所有者权益。

式（12.1）表达了利润率计算的基本思想，但评价市场绩效的利润率指标应采用经济利润而非式中的会计利润。经济利润等于收入减去机会成本，具体地，等于收入减去劳动力成本、原材料成本和资本成本。其中，资本成本用出租资本可能获得的总租金衡量，等于资本的租金率乘以资本价值。经济利润用公式表示为：

$$\text{经济利润}=\text{收入}-\text{劳动力成本}-\text{原材料成本}-\text{资本的租金率}\times\text{资本价值} \tag{12.2}$$

一般认为，当经济利润趋向于零时产业的资源配置效率较优。假设经济利润等于零，则根据式（12.2）可推出赚得收益率（earned rates of return）的公式。资本在其使用期间经济价值会降低，即会发生折旧。对投资者来说，扣除折旧后实际赚得的收益率最为重要，因此，租金率可表示为赚得收益率加上折旧率。于是式（12.2）可写成：

$$\text{经济利润}=\text{收入}-\text{劳动力成本}-\text{原材料成本}-(r+\delta)P_kK \tag{12.3}$$

式中：r——赚得收益率；

δ——折旧率；

P_k——资本价格；

K——资本量。

赚得收益率是使经济利润为零的 r。令式（12.3）中的经济利润为零可得：

$$r=\frac{\text{收入}-\text{劳动力成本}-\text{原材料成本}-\delta P_kK}{P_kK} \tag{12.4}$$

所以，赚得收益率等于净收入除以资本资产价值，其中净收入定义为收入减去劳动力成本、原材料成本和资本折旧。需要注意的是，正确计算收益率存在一些困难。根据费雪和麦高恩（Fisher and McGowan，1983）的归纳，这些困难主要表现在八个方面：(1) 由于通常使用会计定义而非经济定义，因此资本的正确定义往往被忽略。(2) 折旧通常没有被适当衡量。(3) 关于广告和研发的估价问题。(4) 通货膨胀率的存在使得名义收益率和真实收益率存在较大的差异。(5) 所计算的收益率可能不恰当地包括了垄断利润。(6) 忽略了税收的影响，计算的是税前收益率而非税后收益率。(7) 对收益率缺乏恰当的风险调整。(8) 一些收益率没有恰当地考虑负债。实际评价过程中应该注意矫正上述因素引起的偏差。

另外，计算收益率的研究在方法论方面存在一定的差异，不同产业、不同企业、不同时期计算成本和利润的方法与口径可能不同。更为严重的是，由于数据的限制，通常计算的是其他收益率而非经济收益率。但是，只要计算的收益率偏差在不同产业间相似，比较两个产业收益率的高低就仍有价值，在进行跨产业的 SCP 分析时也是可行的。

以上分析表明，正的经济利润和超额收益（超过竞争水平的赚得收益）含义相同。如果所获得的收益率高于竞争水平，就表明存在正的经济利润。在现实生活中，正的经济利润或超额收益主要来源于四个方面：第一，由不可预期的需求和费用变化形成的预想外利润。第二，企业在风险性大的领域进行风险投资而取得成功时所获得的风险利润。第三，开发和引入新技术而取得成功时所获得的创新利润。第四，通过控制市场所获得的垄断利润。前三种超额收益的来源都是短期的，不可能形成长期的超额收益。因此，产业组织理论认为，倘若某一产业长期存在正的经济利润或超额收益，说明该产业存在一定的垄断力量。

二、勒纳指数

为了避免有关收益率计算的难题，许多经济学家通过测度市场势力的大小来反映市场绩效。勒纳指数（Lerner index）及贝恩指数（Bain index）都是建立在单个企业垄断势力上的市场结构和绩效指标，能够直接地计算市场结构，反映市场绩效，下面首先介绍勒纳指数。勒纳提出了利用市场价格对边际成本的偏离率来度量企业或市场绩效，公式为：

$$L=\frac{P-MC}{P} \tag{12.5}$$

式中：L——勒纳指数；

P——价格；

MC——边际成本。

勒纳指数实质上是一种增量毛益率（rate of incremental margin）。根据企业利润最大化决策原则 $MR=MC$，勒纳指数可以写成：

$$L=\frac{P-MC}{P}=\frac{P-MR}{P}=1-\frac{MR}{P} \tag{12.6}$$

根据微观经济学理论，$\frac{MR}{P}=1-\frac{1}{\varepsilon}$，其中 ε 为产品的需求价格弹性。因此：

$$L=\frac{1}{\varepsilon}\ (\varepsilon>0) \tag{12.7}$$

勒纳指数的数值在0和1之间变动。在完全竞争条件中，价格等于边际成本，勒纳指数为0；在垄断情况下，勒纳指数变大，但不会超过1。从直接角度观察，勒纳指数越大，市场竞争程度越低，市场绩效越差，反之亦然。

勒纳指数存在两个不足：第一，勒纳指数想要度量市场中单个厂商的实际垄断势力，尽管它是试图从绩效角度反映市场结构，但它反映的却是企业的实际行为，并不代表企业潜在的垄断行为。例如，有时垄断企业为了谋取或保持垄断地位，故意降低价格，使价格接近边际成本，甚至在短期内低于边际成本。这时勒纳指数接近于零，甚至为负值，但这并不表明该市场是竞争市场。勒纳指数建立在比较静态价格的理论上，所以它无法告诉我们目前在价格和边际成本之间的差额是否理所当然地由过去的行为引起，或者说它实际上构成了一个社会成本。第二，公式中的边际成本是难以观测的。而且，价格也是与产品质量紧密联系的，有时价格较高也并不一定是垄断的结果。研究者想要通过计算勒纳的垄断势力指数来比较某一行业中的厂商时，就必须确信能够把产品中所有质量方面的因素数量化。

三、贝恩指数

上述有关利润率指标的研究表明，市场中如果持续存在超额利润（即经济利润），那么一般情况下就表明该市场上存在垄断势力，而且超额利润越高，垄断力量就越强。正是以此为理论依据，贝恩提出了衡量市场绩效的贝恩指数，该指标是利润率指标的一个特例。贝恩指数的关键是把会计利润和经济利润区分开来。会计利润的计算公式是：

$$\pi_a=R-C-D \tag{12.8}$$

式中：π_a——会计利润；

R——总收益；

C——当期总成本；

D——折旧。

为得出经济利润，还需从会计利润中减去正常利润，即：

$$\pi_e=\pi_a-iV \tag{12.9}$$

式中：π_e——经济利润；

i——正常投资收益率；

V——投资总额。

于是贝恩指数则为：

$$B=\frac{\pi_e}{V} \tag{12.10}$$

式中：B——贝恩指数。

可见，贝恩指数的实质是一种超额利润率。与勒纳指数相比，它所要求的基础数据相对比较容易取得，产生系统偏差的可能性减小了。但与利润率指标和勒纳指数一样，贝恩指数的理论假定并不完全：企业或行业所获得的高利润并不一定是通过垄断力量实现的，而实际存在垄断力量的市场可能由于进入威胁或策略行为而显得无利可图。因此，贝恩指数揭示的是可能存在的垄断势力而不是对垄断势力的直接度量。

四、托宾 q 值

托宾 q 值是一家企业资产的市场价值和资产的重置成本的比率。它采用企业的市场价值度量其经济利润，是衡量市场资源配置效率的一个指标。企业的市场价值通过其已公开发行并售出的股票和债券来衡量，等于其所有流通股的总价值与负债之差。托宾 q 值的计算公式为：

$$q=\frac{R_1+R_2}{Q} \tag{12.11}$$

式中：q——托宾指数；

R_1——股票的市值；

R_2——债券的市值；

Q——企业资产的重置成本。

托宾 q 值根据企业资产的价值变化来衡量市场绩效的高低。当 $q>1$ 时，说明企业股票和债券计量的市场价值大于以当前市场价格评估的资产重置成本，意味着企业在市场中能获得超额利润。q 值越大，企业能获得的超额利润就越大，社会福利损失就越大，市场绩效就越低。可以用垄断企业和竞争企业的平均收益计算托宾 q 值。如果以 e_m 表示垄断企业的年平均收益率，e_c 表示竞争企业的年平均收益率，那么市场价值与重置成本的比例就等于 e_m 与 e_c 的比值，即 $q=\frac{e_m}{e_c}$。假设托宾 q 值为 2，这说明在企业索取竞争性价格前其收益必须降低一半。表 12—2 列出了 1960—1976 年美国部分产业的平均托宾 q 值。

表 12—2　　美国部分产业的平均托宾 q 值

产业	q 值
照相设备	3.08
化　学	2.4
食　品	1.7
烟　草	1.39
服　装	1.13
主要金属	0.85
中间产品	1.35

资料来源：Lindenberg E.，Ross S. “Tobin's q Ration and Industrial Organization”，*Journal of Business*，1981 (54)，pp. 1-32。

托宾 q 值作为市场绩效的衡量指标虽然没有收益率和价格—成本加成使用得多，但它避免了估计收益率和边际成本的困难，还在计算企业重置成本时充分考虑了通货膨胀等因素，因而具有广泛的应用前景。但其缺点在于，估计企业资产的重置成本时很难准确计算因广告、研发以及长期经营而形成的无形资产的价值，容易造成偏差。尽管如此，一些学者采用托宾 q 值得出了许多有价值的结论。经济学家林登伯格（E. Lindenberg）和罗斯（S. Ross）的研究显示：q 值在时间上具有长期稳定性；生产独特产品或拥有独特生产要素的垄断性企业的 q 值较高，而竞争性企业的 q 值较低。此外，他们发现托宾 q 值与勒纳指数间存在着极强的相关性，这也从侧面反映出托宾 q 值具有一定的科学性。

利用利润率、勒纳指数、贝恩指数和托宾 q 值衡量市场绩效以直接度量为主，由于会计方面的困难而存在明显缺陷。现代方法以利润最大化行为的规范理论为基础，利用数理模型或计量检验来估计市场力量以反映市场绩效。具体方法有：通过假设市场需求和边际成本曲线的形状来推测价格—成本加成；借助具体事件对企业价值的影响来考察市场势力和效率。由于篇幅所限，此处对衡量绩效的现代方法不再进行详细介绍，进一步分析可参见卡尔顿和佩洛夫（Carlton and Perloff，2009）。

第三节　市场绩效的综合评价

市场绩效反映的是产业和国民经济层次上效率、公平、稳定和技术进步等多元目标的综合实现程度，单一的某个指标无法全面反映市场绩效。下面将从市场资源配置效率、规模经济和企业内部效率（X效率）等方面展开分析。

一、市场资源配置效率

1. 市场资源配置效率的内涵

市场资源配置效率从消费者的效用满足程度和生产者的生产效率大小角度考察资源的利用状态，包括三方面的内容：一是有限的消费品在消费者之间进行分配以使消费者获得的效用满足程度。二是有限的生产资源在生产者之间进行分配以使生产者获得的利润大小。三是同时考虑生产者和消费者两个方面，即生产者利用有限的生产资源创造的利润大小以及消费者使用这些产出获得的效用水平。

微观经济理论用“剩余”这一概念分析市场资源配置状态。与这三个方面的内容相对应，消费者剩余衡量消费者购买和消费商品所获得的效用，生产者剩余衡量生产者卖出商品所获得的利润，社会总剩余是消费者剩余和生产者剩余之和，衡量社会的总福利。市场资源配置效率主要强调市场的效率目标，以市场资源配置效率为标准具有明确的政策含义。

2. 市场结构与资源配置效率

(1) 完全竞争情况。

在微观经济理论中，资源配置的最优状态是指改变资源配置已无法在不损害任何一个人的前提下使其他人的处境变得更好的“帕累托最优状态”。1906 年，意大利经济学家帕累托（V. Pareto）运用无差异曲线和埃奇沃斯盒状图相结合的方法，证明了完全竞争自动满足市场资源最优配置的三个条件：消费者效用最大；生产者利润最大；消费者效用最大和生产者利润最大同时实现。在完全竞争条件下，使任何人处境变好而又无害于其他人的市场资源配置改变都已经得到实施。虽然完全竞争是一种理想状态，在现实中并不存在，但可以作为制定政策的参照系，产业组织政策以市场结构和市场行为为指向，通过限制垄断、促进竞争，达到提高资源配置效率的目的。

（2）垄断情况。

垄断对市场资源配置的影响则完全不同。如图 12—2 所示，产业需求曲线为 D，假设这个产业是完全竞争的，为方便分析，设企业边际成本曲线为常数，则市场均衡价格 P_c 与边际成本 MC 重合，产业供给曲线即边际成本曲线 MC 与需求曲线 D 在 E 点相交；市场均衡价格为 P_c，均衡产量为 Q_c。若这个产业被某家企业完全垄断，同时成本曲线不变，则在利润最大化原则的驱动下，垄断企业将根据边际成本等于边际收益的原则决定产量和价格。此时的均衡产量为 Q_m，垄断企业能够在 P_m 的价格上卖出这些产品。因此，在产业由完全竞争转为垄断而成本曲线保持不变的前提下，市场均衡产量减少，价格提高。

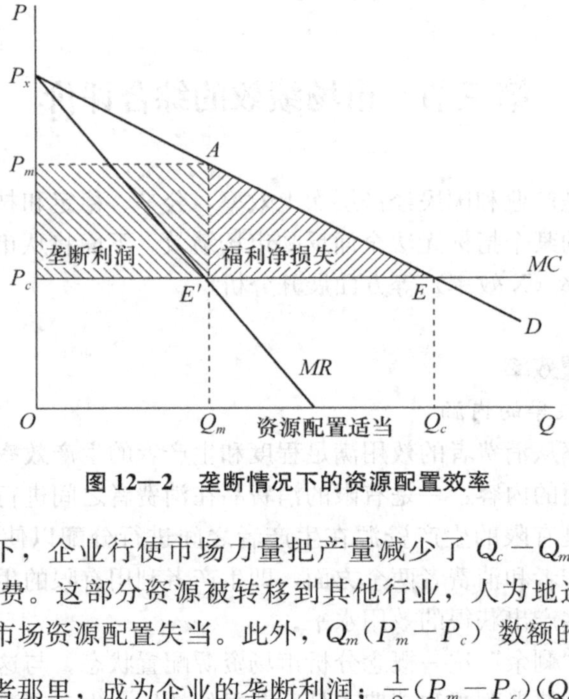

图 12—2　垄断情况下的资源配置效率

在垄断市场结构下，企业行使市场力量把产量减少了 Q_c-Q_m，从而消费者减少了 $P_c(Q_c-Q_m)$ 数额的消费。这部分资源被转移到其他行业，人为地造成该行业产量偏少，其他行业产量偏高，市场资源配置失当。此外，$Q_m(P_m-P_c)$ 数额的消费者剩余从消费者那里转到了垄断生产者那里，成为企业的垄断利润；$\frac{1}{2}(P_m-P_c)(Q_c-Q_m)$ 数额的消费者剩余无人从中受益，成为社会福利净损失。一般说来，收入转移并不一定是坏事，有些时候可能还是社会所欢迎的，这主要取决于价值判断，而从社会福利角度看净损失是不可取的。

消费者剩余向垄断生产者转移的途径有：一是通过垄断定价将消费者剩余的一部分转化成企业的利润。二是垄断企业在向消费者提供同一服务时，通过价格歧视把消费者剩余转化为企业利润。三是经营多项公共物品和服务的垄断企业，通过交叉补贴，即用某服务领域的超额利润来弥补另一服务领域的过低利润，导致不同事业领域的消费者之间的再分配。四是通过差别服务，垄断企业可对一些消费者提供服务，而对另一些消费者拒绝提供服务。在竞争性条件下，那些被拒绝提供服务的消费者可以转向其他企业寻求满足需求，但在垄断条件下，被拒绝消费的消费者的需求则无法得到满足。

同时，垄断利润可能激励企业为获取垄断地位而进行寻租活动，资源被用于获得、维持和保护这些垄断地位而形成的社会福利损失，也是资源配置效率低下的表现。在极端情况下，垄断造成的社会福利损失额为$\frac{1}{2}(P_m-P_c)(Q_c-Q_m)+(P_m-P_c)Q_m$；在一般情况下，垄断的社会福利损失大于社会福利净损失，小于社会福利净损失与垄断利润二者之和。在垄断竞争条件下，市场的均衡产量介于Q_m与Q_c之间，均衡价格介于P_c与P_m之间，市场资源配置效率介于完全竞争状态和垄断状态之间。

二、规模经济

在产业经济学理论中，规模经济是非常重要的一项指标，指的是产品单位成本随生产规模提高而逐渐降低的规律。经济学家经常将规模经济作为衡量市场绩效的重要指标。在本节内容中，我们将介绍规模经济的相关内容。

1. 规模经济理论回顾

亚当·斯密是最早提出规模经济思想的经济学者。他把分工看作是劳动生产率提高的最大原因，提出了著名的“制针”分工，并认为分工受制于生产规模与市场需求。斯密认为，与传统作坊式的“小制造业”相比，“大制造业”能够大幅提高劳动生产率的主要原因就在于在分工细化之后，“大制造”的生产方式能够有效地减少效率损失。斯密上述观点中蕴涵了规模经济的基本思想。事实上，规模经济只是在工业时代才成为经济学研究的问题。由于以手工操作为基础的“小制造”不可能形成规模生产，因此也就不可能出现真正意义上的规模经济。

在分工理论的基础上，约翰·穆勒进一步阐述了规模生产的优势，他提出了“厂商越大，分工也就越细”以及“即便扩大生产规模不会导致进一步的分工，当生产达到一定规模时，每个工人的工作更为饱满，这也会有很好的经济效果”等观点。穆勒认为大规模生产可以降低成本的原因在于：第一，生产成本并不与生产量按照相同比例变化；第二，用大生产体制代替小生产体制所节省的很大一部分劳动，是资本家自己的劳动。

马歇尔是首次正式提出“规模经济”概念的经济学者，他在《经济学原理》一书中系统阐述了“规模经济”这一概念。马歇尔认为，大型工厂的优势在于专用机械的使用与改良、采购与销售、专门技术和厂商经营管理工作的进一步细分。他提出了一个外部规模经济的概念，即单个厂商的生产力会随着整体经济或一个部门规模的扩大而提高，并且认为外部规模经济是社会中的分工作为一个整体所产生的，而不是单个企业或部门规模扩大所产生的。

此后，经济学者不断对规模经济的概念进行完善。其中，交易费用学派的代表人物科斯提出，厂商组织管理规模扩大，一方面可以节约交易费用，但另一方面又增加组织管理成本。存在规模经济是由于规模扩大而节约的交易费用大于组织管理费用的增加。芝加哥学派的代表人物施蒂格勒则从纵向一体化角度进行了解释，他认为完全实行纵向一体化的企业由于做不到以平均最低成本生产同样数量的最终产品，就要承受生产无效率的后果，然而随着市场规模的扩大，企业能够有效避免这种无效率。具体办法是把纵向生产的不同阶段分成几个独立的行业，每个行业都有专业分工的企业，每个企业的人员、规模都根据行业所处的主要阶段的规模经济标准而定。德姆塞茨认为企业的一体化与市场规模是负相关的，纵向一体化的变化程度无论从绝对规模还是相对比率来看，都是市场规模、企业规模等变化造成的。

综上所述，规模经济理论是社会化大生产与市场经济结合的产物，并随着实践的发展而逐步完善。虽然规模经济这一概念早期被许多经济学家所关注，但比较系统的分析从马歇尔开始，随后被不断完善。目前，规模经济已经成为产业经济学理论的重要组成部分。

2. 规模经济的描述

在初始阶段，厂商由于扩大生产规模而使经济效益得到提高，被称为规模经济；在生产扩张到一定规模以后，如果生产规模继续扩大，则会导致经济效益下降，被称为规模不经济。严格地讲，规模经济主要考察规模扩大以后平均成本的变动趋势。上述过程可以被描述为图 12—3。在 Q_1 到 Q_2 的阶段，厂商扩大生产规模，导致平均成本下降，属于规模经济阶段；在 Q_2 处，属于规模经济不变阶段；从 Q_2 到 Q_3，由于规模的扩张导致平均成本上升，则属于规模不经济阶段。

总的来说，规模经济的形成原因可以分为内在经济和外在经济两大类。其中，内在经济是指厂商生产规模扩大时从自身内部所引起的收益增加。例如，厂商生产规模扩大，从而实现更精细的内部分工，充分发挥管理人员的效率，减少管理人员的数量，减少生产和购销费用等。然而，如果厂商生产规模过大，则会由自身内部原因引起收益的减少，此时就会出现内在不经济。例如，厂商生产规模过大，会导致管理成本增加、管理效率下降等，进而导致生产效率下降。外在经济是指整个行业规模扩大时给个别厂商带来的收益增加。例如，行业发展可以使厂商在交通、信息、人才等方面获益，从而降低生产成本。但是，如果行业规模过大，则会给厂商带来损失，导致生产成本增加，也就是外在不经济。

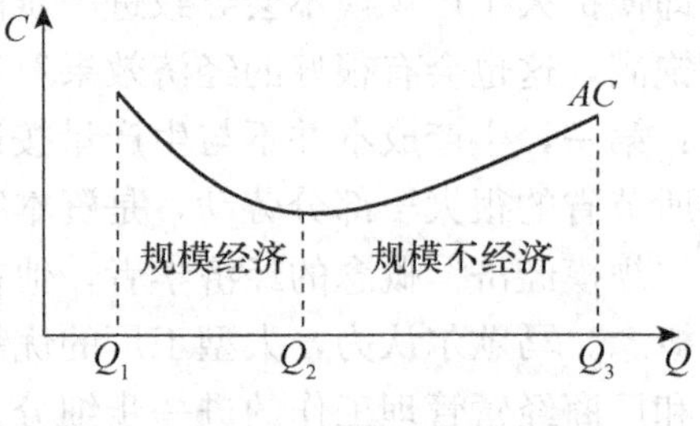

图 12—3 规模经济状况的图示

一个行业或一个厂商生产规模过大或过小都是不利的，每个行业或厂商都应根据自己生产的特点确定一个适度规模。厂商选择适度规模的原则是，尽可能使生产规模处在规模收益不变阶段。如果一个厂商的规模收益是递增的，则说明该厂商的生产规模过小，此时应扩大规模以取得规模收益递增的利益，直到规模收益不变为止。如果一个厂商的规模收益是递减的，则说明厂商的生产规模过大，此时应缩小生产规模以减少规模过大的损失，直到规模收益不变为止。

3. 规模经济与规模报酬

因为规模经济往往同规模报酬紧密联系在一起，所以如果从规模经济角度进行市场绩效评价，首先必须对规模报酬与规模经济之间的关系进行区分。规模报酬是指在其他条件不变的情况下，企业内部各种生产要素按相同比例变化时所带来的产量变化。规模报酬分析的是企业的生产规模变化与所引起产量变化之间的关系。由于只有在长期内企业才能变动全部生产要素，进而变动生产规模，所以规模报酬分析属于长期生产理论问题。规模报酬变化存在规模报酬递增、规模报酬不变和规模报酬递减三种情况。

总的来说，规模经济与规模报酬间的关系主要体现在以下三个方面：

其一，规模报酬变化要求投入必须同比例变动，如果投入不是同比例变动，则无法评价规模报酬变化。相比而言，规模经济只要求比较规模的扩大与平均成本间的关系，并不要求规模扩大过程中投入的同比例变化。从这个意义上讲，规模报酬是比规模经济定义更严格的一个概念。

其二，在生产要素市场是完全竞争的前提下，规模报酬递增将产生规模经济，规模报酬递减将产生规模不经济。在完全竞争的条件下，厂商的单位投入要素成本保持不变，即单位投入要素的价格并不会因为投入的增加而变化，由于单位投入成本没有增加，而单位产出相对增加，这就带来了平均成本的降低，所以从这个意义上讲，规模报酬递增必然产生规模经济。在生产要素市场是不完全竞争的前提下，当厂商增加投入要素时，由于需求定律的作用，需求上升导致价格上升，这时规模报酬递增并不必然导致规模经济现象的出现，即生产规模的扩大并不会必然导致平均成本的下降，原因在于单位投入要素价格上升。这时是否产生规模经济效应取决于两种效应的大小。

其三，规模经济的产生并不必然要求规模报酬递增。规模报酬递增是一种生产技术，而规模经济评估的是一种经济效益。也就是说，规模经济并不必然要求投入的同比例变化，它评估的是一种结果，即根据总产出与总成本的变化来考虑平均成本的变动情况。因此，当假设生产要素市场不是完全竞争市场时，规模经济可以同时在规模报酬递增、递减和不变三种情况下产生。

三、企业内部效率

1. X 非效率

企业内部效率也称 X 效率（X-efficiency），与 X 非效率（X-inefficiency）相对应，这一概念最早是由哈维·雷本斯坦（H. Leibenstein）于 1966 年提出的，用来描述企业内部的资源利用效率状况。所谓 X 非效率，是指垄断企业的大组织由于外部市场竞争压力小，组织内部层次多、机构庞大，加上所有权与控制权分离，而存在的资源配置低效率状态。

如果一个企业的管理者能够使企业在每一产出水平上都达到最低成本，那么该企业就实现了 X 效率。X 效率与配置效率的比较如图 12—4 所示。图中，P_c 是竞争条件下的合理价格，等于边际成本（假定平均成本为常数，则边际成本等于平均成本），AC_m 是垄断条件下的平均成本，P_m 是垄断条件下的价格。与三者相对应的产量分别为 Q_c、Q' 和 Q_m。当存在 X 非效率时，企业的成本曲线（AC_m）位于竞争条件下的成本曲线（$P_c = AC_c$）之上，通常所计算的垄断的效率损失只是三角形 ABC 的面积，没有包括 X 非效率所造成的梯形 $BCHE$ 的面积。可见，与一般意义下的配置效率的含义不同，X 效率指在不改变要素投入组合的条件下通过其他途径提高生产率而增进的效率，其前提条件是企业外部存在足够大的竞争压力。

2. X 非效率的来源

首先，企业内不同集团的利益目标不一致。企业由股东、职业经理和一般雇员等不同集团共同组成。当企业处于垄断地位时，由于没有外患，企业内部集团的行为目标就会发

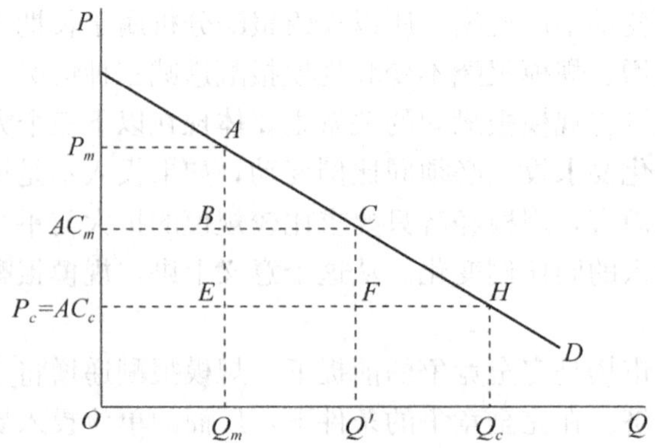

图 12—4　X 效率与配置效率的比较

生分化，各集团都试图追求自身利益最大化，从而导致企业效率的下降。特别是职业经理，由于企业规模的大小与其在市场上的声誉和形象息息相关，所以他们在关心利润之外还注重企业规模，从而职业经理们可能不顾企业效率而单纯追求企业规模的扩大。

其次，企业规模扩大导致组织层次增加、关系复杂、机构庞大、信息沟通的速度和质量下降，从而企业的管理成本上升、效率下降。此外，就团队合作而言，企业越大，成员“搭便车”的动机往往就越强烈，从而要求加强监督和激励，而有效的监督和激励会带来高昂的成本。

最后，垄断企业在缺乏外部竞争压力的条件下，成本最小化的动机减弱，工作人员也趋于松懈，容易产生低效率的选择和行为。雷本斯坦认为，竞争性企业和垄断性企业都存在 X 非效率，但比较起来，垄断性企业的 X 非效率更大。

尽管学者们对 X 非效率的成因做了深入的探讨，但是对于如何测量企业或产业的 X 非效率，却没有给出令人满意的答案。在定义上，X 非效率的后果是，生产一定数量产品的实际成本高于可能的最低成本，用公式表达为：X 非效率的程度＝超额成本/最低成本。

案例 12—1

基于 SCP 范式的中国汽车产业市场绩效分析

一、市场结构

1. 市场集中度

就各类车型的增长集中度而言，表 12—3～表 12—5 列出了 2002 年与 2003 年中国汽车各车型的市场集中度的比较以及各主要厂商的市场份额，从中可以看出 2003 年度绝大多数类型的汽车的市场集中度呈现出了下降的趋势。

表 12—3　　2002 年与 2003 年各类汽车市场集中度的比较（%）

车型 年份	汽车	重货	中货	轻货	微货	大客	中客	轻客	微客	轿车
2002	66.7	96.3	94.7	88.1	97.8	89.8	94.8	81.5	95.4	92.6
2003	60.2	90.5	95	86.2	94.8	87.3	93.9	79.2	93.4	81.1

资料来源：《2003 年中国汽车工业年鉴》。

表 12—4 2002 年与 2003 年重型货车前 5 名厂商的市场份额（%）

厂商 年份	一汽集团	东风集团	重汽集团	重庆集团	陕汽集团	北汽控股
2002	49.0	33.8	5.3	5.2	3.1	—
2003	38.3	32.8	8.2	5.8	—	5.5

资料来源：《2003 年中国汽车工业年鉴》。

表 12—5 2002 年与 2003 年轿车前 10 名厂商的市场份额（%）

厂商 年份	上海大众	一汽大众	上海通用	天汽集团	神龙汽车	长安汽车	广州本田	上汽奇瑞	东风汽车	一汽集团	风神汽车	北京现代
2002	26.7	18.6	9.8	8.7	7.6	5.8	5.3	4.5	3.6	2.7	—	—
2003	21.0	14.9	10.5	2.8	5.7	5.6	6.0	3.7	—	—	3.5	2.8

资料来源：《2003 年中国汽车工业年鉴》。

2. 规模经济

规模经济是产业或企业发展追求的目标之一。汽车产业的发展受到规模经济的较大影响。表 12—6 列出了 2001 年中外轿车产业的规模比较。需要说明的是，通过计算，2003 年中国一汽、上汽和东风汽车三大汽车制造企业的 D 值为 30.4%，可以看出中国汽车产业的经济规模较 2001 年有了较大的提高，整个行业的发展呈现出了兴旺的态势。规模经济时代的到来主要是由于中国汽车产业在最近几年的发展过程中，重视了引进国外的优质资本和先进技术，而产业投资和技术实力的增强使企业的生产能力得到明显提高，产业中企业的劳动效率得到增强。

表 12—6 2001 年中外轿车产业的规模比较

国家	中国	美国	日本	韩国
D 值（%）	0	100	99.61	97.99
产量（万辆）	48.2	1 044.5	1 107.5	241.7

注：D 值用达到规模经济产量（MES）的企业的总产量占全国总产量的比值表示。

二、企业行为

1. 价格行为

截至 2003 年年末，整个行业的规模经济效应远远低于发达国家同一产业的水平。规模不经济直接反映的就是国内厂商的长期平均成本曲线高于国外厂商的平均成本曲线。为了占领市场，在国内劳动力价格具有优势的条件下，企业纷纷采取短期限制性定价策略，其直接目的就是阻止新企业进入中国汽车市场，但实质上这是一种牺牲部分短期利润以追求长期利润最大化的行为。表 12—7 列出了 2004 年年初部分汽车价格的下调状况。

表 12—7 2004 年年初部分汽车价格的下调状况

车型	原价（万元）	降价后市场价（万元）	降价额（万元）
中华轿车 2003 款手动 2.4 精华版	17.38	15.18	2.2
丰田佳美 2.4 豪华版	42	39.5	2.5
蒙迪欧	25.98	20.98	5
韩国现代“酷派”跑车	25.98	22.98	3

续前表

车型	原价（万元）	降价后市场价（万元）	降价额（万元）
奔驰 S350	121	112	9
奔驰 S500	159	141	18
奔驰 S650	190	182	8
富豪 XC90	89.9	79.8	10.1

2. 兼并、合作行为

自2002年天汽集团与一汽集团重组以来，中国汽车产业初步确定了由一汽、二汽、上汽三大集团主导重组的计划。三大集团在政策资源、整体实力上都拥有其他企业无法拥有的优势。中国轿车领域已形成了以三大集团为主导，以广州本田、重庆长安、南京菲亚特、浙江吉利、哈飞集团、昌河集团、华晨汽车、北京现代等为重要组成部分的“3＋X”格局。

三、市场绩效

中国汽车厂商利用限制性定价行为采取了降价策略，在兼并合作的基础上发挥了初步规模经济的优势，并配合广告行为，取得了积极的市场绩效。

1. 行业经济效益继续提高

2003年，汽车工业增加值增速较高，产销率保持较高水平。前11个月全行业累计完成现价工业总产值8 549.08亿元，同比增长36.22%；累计完成工业销售产值8 371.65亿元，同比增长36.54%；产销率为97.92%。

2. 财务费用继续降低，销售利润率提高

截至2003年11月，中国汽车产业销售利润率为8.61%，比2002年同期提高1.41个百分点；15家重点企业（集团）公司销售利润率为9.2%，比2002年同期提高1.36个百分点。与此同时，企业财务费用继续降低，15家重点企业（集团）公司发生财务费用为24.1亿元，同比下降16.22%。其中，利息支出为17.75亿元，同比下降20.87%。

3. 亏损额和亏损企业双双下降

2003年前11个月亏损企业亏损额为39.71亿元，同比下降26.83%。其中，国有及国有控股亏损企业亏损额为28.68亿元，同比下降30.62%。

资料来源：陈成等：《中国汽车产业：SCP范式的分析》，载《产业经济研究》，2004（6）。

案例分析题

1. 对案例中我国汽车产业的市场结构进行描述，并分析我国汽车市场有什么比较突出的特点。

2. 根据案例中所描述的情况，你认为我国汽车市场结构中存在什么问题？这些问题会对市场绩效产生什么样的影响？

简要答案

1. 可以从SCP范式中的不同角度回答这一问题，比如市场集中度偏低、价格仍然是主要的竞争手段、处于规模扩张阶段，等等。

2. 可以从SCP范式中的不同角度，并结合现实回答这一问题，比如核心技术的缺失导致价格成为汽车企业之间竞争的主要手段，但是由于整个行业处于扩张阶段，所以规模经济明显，企业收益水平仍然较高。随着市场覆盖水平达到饱和状态，核心技术缺失的影响会慢慢显现，从而使得一部分不注重核心技术研发的汽车企业陷入困境。

关键术语

市场绩效　SCP 范式　利润率　勒纳指数　贝恩指数　托宾 q 值　资源配置效率　规模经济　企业内部效率

本章思考题

1. 简述市场绩效的内涵和评价原则。
2. 比较几种主要的市场绩效衡量指标。
3. 如何综合评价一个产业的市场绩效？各方面之间有何联系？
4. 参考本章的案例分析，并搜集资料，分析中国煤炭产业是否存在规模经济并分析其市场绩效。
5. 设计一个实证分析结构与绩效关系的计量模型，你会选取哪个指标表示市场绩效，把哪些指标作为影响市场绩效的自变量？

简要答案

1. 市场绩效是以市场结构为基础，由企业市场行为形成的资源配置和利益状态，主要反映市场经济运行的结果。或者说，结构和行为反映了经济运行的环境和方式，绩效反映了经济运行的成就。市场绩效的评价准则主要包括：第一，价格对生产要素流动具有导向作用。第二，产业内企业的生产量实现规模经济效益。第三，产业内企业的生产消耗和利润率比较合理。第四，产品的质量和品种规格能够较好地满足消费者的需求。第五，产业的技术进步不断加快。

2. 从不同指标的适用性以及关注点不同这个角度进行比较。

3. 结合 SCP 范式，从结构、行为与绩效三方面进行综合评价，可与案例同时进行。具体来说，可以从市场结构开始，首先分析产业中企业之间以及企业与消费者之间的关系，包括市场集中度、市场份额等；其次分析市场绩效，采集相关指标，包括产业总产值、利润率、利润总额等指标，可以采取相关系数矩阵、因子分析等方法对指标进行处理，根据分析结果对产业发展的优劣进行分析；最后分析企业行为，主要包括企业定价策略、产品战略、竞争策略等。

在分析过程当中，要注意市场结构、企业行为与市场绩效之间的联系。简而言之，它们之间存在着因果关系，市场结构决定企业行为，而企业行为又决定市场绩效。但是，要想获得令人满意的市场绩效，最重要的是要调整和改善不合理的市场结构。而通过各种干预来影响企业行为，虽然在短期也能够达到提高市场绩效的目的，但从长期来看，效果并不明显。

4. 略。

5. 略。

主要参考文献

［1］Fisher，Franklin M. and McGowan，John J. "On the Misuse of Accounting Rates of Return to Infer Monopoly Profits"，*The American Economic Review*，1983，vol. 73 (1)，pp. 82 - 97.

［2］Lindenberg，E. Ross，S. "Tobin's q Ration and Industrial Organization"，*Journal of Business*，1981，54，pp. 1 - 32.

［3］卡尔顿，佩洛夫. 现代产业组织（第四版）. 北京：中国人民大学出版社，2009.

［4］卡布尔. 产业经济学前沿问题. 北京：中国税务出版社，2000.

［5］于立等. 当代西方产业组织学. 大连：东北财经大学出版社，1996.

［6］陈成，成金华，付宏. 中国汽车产业：SCP范式的分析. 产业经济研究，2004 (6).

第十三章

反垄断政策

内容要点

- 相关市场
- 垄断协议
- 滥用市场支配地位
- 经营者集中
- 反垄断政策的实施

通常情况下，市场机制是配置资源的最有效手段。但是在垄断、外部性、信息不对称等情况下，市场会失灵。为了防止由垄断造成的市场失灵，各国纷纷制定了反垄断政策。尽管各国的反垄断政策不尽相同，但一般都包括三部分内容。

(1) 禁止垄断协议。

当单个企业无法滥用市场支配地位时，具备条件的企业往往通过联合起来，达到集体行使市场支配地位的目的。企业之间达成的协议或者采取的联合行动，在反垄断法上称为垄断协议。垄断协议在不同的国家有不同的称谓或表述，比如美国《谢尔曼法》第1条采用了“契约（contract）、联合（combination）和共谋（conspiracy）”三个术语来描述，欧盟、德国和日本分别采用“限制竞争协议”、“卡特尔”和“不正当交易限制”来描述。

(2) 禁止滥用市场支配地位。

市场势力是指企业将产品的价格提高到竞争性水平以上以获利的能力，而市场支配地位则是指企业的市场势力很大，足以在长时间内将价格维持在竞争性水平以上。企业通过合法手段取得市场支配地位，法律通常一般不予干涉，但若其滥用市场支配地位，对市场竞争和消费者的利益造成损害，则将受到反垄断法的惩罚。滥用市场支配地位的行为通常有价格歧视、驱逐对手定价、搭售和拒绝交易等。

(3) 控制经营者集中。

经营者集中可分为横向集中、纵向集中和混合集中三种。其中，横向集中对竞争的损害更为直接和明显，是各国反垄断政策的重点。横向集中一般会对竞争产生两种效应：一是单边效应，是指集中后企业能够单方面行使市场支配地位，抬高价格；二是协调效应，是指虽然集中没有使企业单方面显著提高价格，但是由于市场结构改变，企业之间合谋的可能性增大。纵向集中和混合集中往往能够提高效率，一般不会直接对竞争产生影响，但在特定情况下也会对竞争造成损害。

第一节　相关市场界定

通常而言，相关市场界定是反垄断执法工作的重要步骤。国务院反垄断委员会 2009 年发布的《关于相关市场界定的指南》中规定，市场界定通常是反垄断执法的第一步工作。事实上，不管是滥用市场支配地位案件，还是垄断协议案件，抑或经营者集中案件，执法机构通常需要界定相关市场，进而再认定和评估相关企业的市场支配地位以及其行为对市场竞争的影响。相关市场界定的准确性直接关系案件的审查结果，界定过于宽泛或者过于狭窄都会得到错误的结论。

一、相关市场界定的理论基础

相关市场是一个内涵丰富的概念，各国给出的定义不尽相同，但是通常而言是指在一定时期内能够互相施加竞争约束的产品集和地域集。美国 1997 年《横向合并指南》将相关市场定义为："市场由一种（组）产品和一片生产和销售该产品的区域组成，该市场有一个不受价格规制、追求利润最大化的假定垄断者，是当前和未来唯一的生产者和销售者，在其他产品销售条件不变的前提下，它很可能至少实施一个小幅但显著的非暂时性价格上涨。相关市场就是满足上述测试的最小市场。"中国《反垄断法》指出："本法所称相关市场，是指经营者在一定时期内就特定商品或者服务进行竞争的商品范围和地域范围。"可见，相关市场包含三个维度：产品维度、地域维度和时间维度，三者分别从产品、地域和时间的视角出发界定发生竞争约束的范围，所界定出来的市场分别称为相关产品市场、相关地域市场和相关时间市场。

1. 相关产品市场

相关产品市场是相关市场中最重要的方面，也是相关市场界定中的第一步。所谓相关产品市场，是指能够对被调查产品施加重要竞争约束的同类产品或密切替代品的产品集合。对产品替代关系的衡量，各国口径不尽一致，但通常从需求替代和供给替代两个角度来展开。在需求替代上，主要从产品的用途、特征、价格和质量等角度进行分析，如果各产品在这些方面具有合理的、较大程度的替代性，则可以将这些产品视为密切替代品，属于同一个相关产品市场。具体而言，用途是最主要的考虑因素，通常需要考虑产品的原料、制作工艺、设计方案、外观形状等，两种产品在这些因素方面趋同程度越高，则其用途越相近，越有可能具有合理的替代关系。用途相同的产品若在特征上存在差异，也可能属于不同的相关产品市场，如面粉和大米。在供给替代上，主要从生产企业的制造技术、设备和投入成本等角度进行分析，如果企业转移生产被调查产品的成本不高，则该企业的产品与被调查产品之间的可替代性较高，可认为两者属于同一个相关产品市场。在实践中，通常仅从需求替代角度来界定相关市场，必要时才会从供给替代角度进行分析。

2. 相关地域市场

在界定相关产品市场之后，通常需要界定相关地域市场。所谓相关地域市场，是指能够对被调查产品施加重要竞争约束的同类产品或密切替代品的地理区域集合。如果不同地域之间的市场竞争条件一致，彼此之间的产品能够产生充分的竞争约束，则这些地域属于同一个相关地域市场。在界定相关地域市场时，通常需要考虑以下几个因素：(1) 运输成本。运输成本和运输相关成本占产品价格的比例越大，相关地域市场的范围就越小，如水泥。(2) 法律和关税等制度性障碍。这些障碍会提高其他地区的产品进入某地区的成本。(3) 产品特征。某些易腐烂的产品不易保存和运输，其相关地域市场相对狭窄，如鲜花和生鲜等。(4) 消费者偏好。在零售市场上，对消费者而言的便利程度会影响不同地区的产品的竞争约束，如超市和面包店等，由文化差异带来的消费者偏好也有重要影响。相关地域市场通常是法域的全部或者一部分，如欧盟通常将相关地域市场界定为欧共体、数个成员国、一个成员国或者某个成员国的一部分。对于某些资本密集型产业或者技术密集型产业的产品，相关地域市场往往会界定为全球市场。随着贸易往来的增加和运输技术的发展，相关地域市场越来越宽广。

3. 相关时间市场

时间也会对产品的竞争约束产生重要影响，因而在相关市场界定中也需要考虑时间因素。所谓相关时间市场，是指能够对被调查产品施加重要竞争约束的同类产品或密切替代品在同一区域进行竞争的时间范围。在实践中，通常从以下几个方面考虑相关时间市场：(1) 消费的峰期和非峰期。峰期产品和非峰期产品在有些情况下不具有合理的替代关系，从而可能属于不同的相关时间市场，如电力供给和交通运输。(2) 季节性。伴随季节性变化，产品的市场供应也会存在相应的变化，如蔬菜、水果和滑雪等。(3) 产品更新换代。不同代际的产品可能属于不同的相关时间市场。(4) 法律法规等制度性因素。知识产权保护使得保护期内和保护期满后的产品竞争存在明显的差异，而政府规制也有类似的效果。(5) 产品生命周期。处于生命周期不同阶段的产品供需情况和产品竞争程度均存在比较大的差异，从而处于生命周期不同阶段的产品可能属于不同的相关时间市场。从反垄断法执法实践来看，时间维度并不是非常普遍，只有在某些情况下才会考虑，而且随着技术的进步，季节性等因素的影响逐步弱化，相关时间市场越来越长。

二、相关市场界定的方法

自从竞争分析开始出现相关市场界定以来，为了提高结果的准确性，世界各国的反垄断执法部门和学者一直在研究如何准确界定相关市场，并提出诸多方法。这些方法大致可以分为三类：一是早期案例中的相关市场界定方法，主要包括需求替代法、供给替代法、需求交叉弹性法、亚市场法和聚类市场法等；二是基于套利理论的方法，主要包括价格检验法和运输流量法等；三是假定垄断者测试法。此外，学者也开发出许多新颖的方法，如自然实验法。

1. 需求替代法

需求替代法是最早应用于相关市场界定的方法，也是使用最为普遍的方法之一，是其他基于消费者需求进行分析的各类方法的基础。该方法的核心思想为：如果将产品的价格、质量和用途考虑进去之后，产品之间具有较强的合理可替代性，则它们属于同一相关市场。按照这个方法，那些在物理上具有差异，但是在功能上能够合理进行替代的产品属于同一相关市场，除非这些产品在成本和消费偏好方面具有明显的差异。在早期的反垄断司法实践中，关于合理可替代性的指标不断变化，直到1968年美国颁布了《合并指南》之后，才将需求的合理可替代性指标确定下来。具体包括以下几个方面：（1）产品价格。价格差异通常是物理差异的表现，如果产品的价格差异太大，则可能属于不同的相关市场。（2）产品质量。如果产品之间的质量差异比较小，那么彼此间的可替代性更强。（3）产品用途。用途上的可交换性是两个产品属于同一相关市场的重要表现，通常可以通过观察某种产品的价格变化后消费者的转移购买情况来判断替代性。此外，还可以从消费者行为、潜在竞争产品以往的价格波动、价格变化、关税信息等方面进行分析。需求替代法最易于理解，操作性最强，但是具有诸多缺点，其中最严重的便是主观随意性较强。由于对于合理可替代性缺乏量化标准，赋予了反垄断执法机构和法院很大的自由裁量权，使它们可以随意决定相关市场的宽窄。

2. 供给替代法

供给替代法是早期反垄断司法实践中用于相关市场界定的另一重要方法，在20世纪70年代之前，主要作为需求替代法的补充，但是从20世纪70年代开始得到较为广泛的使用。根据供给替代法，如果一种产品的生产企业能够在较短时期内以较低的成本转移生产另一种产品，则两者属于同一相关市场。美国1997年《横向合并指南》指出："如果一家企业能够在一年内在不引起较大沉没成本的情况下将其资产转移到其他相关产品生产上，则该企业与生产相关产品的企业属于同一相关市场。"在供给替代法下，不仅需要考虑市场上已有的竞争者，还需要考虑有能力在短期内进入市场的潜在竞争者。理论上而言可以使用供给弹性来分析供给替代，但是这方面的数据往往难以获得，所以在实践中通常采用其他指标来衡量，如通过计算转移资产所需的成本占企业总资产的比例，以及计算转移生产所带来的单位成本增量的大小这两种方法来衡量，也可以使用定性方法，从转换资产的技术可行性、转换时间、转换费用、产品差异、规模经济等相关因素方面来反映供给替代的效果。供给替代法使用简单，有效补充了需求替代法，但是供给替代法有时候难以获得必要的数据，而且从企业之间的竞争角度进行分析，而不是以产品的形式进行界定，容易扩大相关市场的范围。

3. SSNIP测试法

小幅但显著的非暂时性涨价（small but significant and non-transitory increase in price，SSNIP）测试法是假定垄断者测试（the hypothetical monopolist test）法的核心内容，因而SSNIP测试法又经常被称为假定垄断者测试法。SSNIP测试法是美国1982年《合并指南》提出来的，该测试法试图寻找一个最小市场，在这个市场上假定垄断者能够有利可图地实施一个SSNIP。该测试法的基本假设为：假定垄断者在当前和未来是一种或多种产品在某一区域的唯一生产者和销售者；其追求利润最大化；其不受价格规制；其他产品的销售条件不变。使用SSNIP测试法进行相关市场界定通常包含四个步骤：第一步，确定备选市场。凭借经验和常识将被调查企业的产品或者被调查企业的产品及其密切替代品作为备选市场。第二步，提价。在初始范围内，假定垄断者是否会为了利润最大化，在当前价格或者未来价格上施加一个小幅的、显著的非暂时性涨价，如果假定垄断者会，则备选市场构成相关市场，否则进入下一步分析。第三步，扩大备选市场。将备选市场的次优替代品（next best substitute）纳入分析，形成一个新的备选市场，然后重复第二步分析，如果答案仍然是否定的，则继续添加次优替代品，直至假定垄断者能够有利可图。第四步，考察市场是否存在价格歧视。如果存在价格歧视，则需要按照上述步骤进一步细分相关市场。相关市场是满足 SSNIP 测试法的最小市场。

SSNIP 测试法自从在美国提出来以后，迅速成为世界主要国家和地区的相关市场界定方法，欧盟、加拿大、澳大利亚、新西兰和中国都明确提出来使用 SSNIP 测试法的分析框架。但是直接使用 SSNIP 测试法进行相关市场界定需要大量的数据，操作起来比较困难，而且容易出现玻璃纸谬误、单边 SSNIP 陷阱等问题，所以在现实中比较少采用。在实践中，通常使用 SSNIP 测试法的具体分析方法，目前主要有以下几种：

（1）剩余需求弹性法。该方法的核心思想为，如果备选市场的假定垄断者所面临的剩余需求弹性低于临界值，则该备选市场构成一个相关市场。其思路为，首先估计备选市场上假定垄断者的剩余需求曲线，而后根据剩余需求曲线计算剩余需求弹性，如果弹性低于临界值，则备选市场构成相关市场，否则纳入次优替代品，重复以上分析，直到剩余需求弹性低于临界值。剩余需求弹性法考虑了竞争者的动态反应，理论上比较合理，但是其结果依赖模型假设，而且数据要求较高，在具体案件中可能难以估计出剩余需求弹性，因而较少使用。

（2）临界损失分析法。临界损失分析法的核心思想为，考察备选市场的假定垄断者实施一个 SSNIP 之后，其维持利润不变的临界损失是否会大于实际损失，如果临界损失大于实际损失，则备选市场即为相关市场。可以根据价格涨幅和毛利润率计算出临界损失，根据价格变化率和自价格弹性计算出实际损失。具体实施步骤为，首先根据会计数据或者来自其他途径的数据计算出假定垄断者的毛利润率，选取一个合理的价格涨幅，计算出临界损失，然后通过需求估计或者市场调查等方法得出自价格弹性，计算出实际损失，接着比较临界损失和实际损失的大小，如果前者大于后者，备选市场即为相关市场，否则纳入次优替代品，重复以上分析，直至临界损失大于实际损失。临界损失分析法具有利润最大化和利润不变两个版本，后者依赖需求函数的形式，而前者独立于需求函数的形式，从而得到更加广泛的应用。当前临界损失分析法是使用较多的方法，但是也存在不少问题，比如，忽略了消费在备选市场的内部转移，边际成本较小时容易界定过宽的相关市场。

（3）临界弹性分析法。与临界损失分析法类似，临界弹性分析法的核心思想为，考察备选市场的假定垄断者面临的临界弹性是否大于实际弹性。也分为利润不变和利润最大化两种版本，但是结果都依赖需求函数的形式。这使得临界弹性分析法相较于临界损失分析法而言，存在较大的缺陷，从而应用较少。

4. 价格检验法

价格检验法是一系列使用价格信息来界定相关市场的方法的总称，其理论基础为一价定律，根据该定律，属于同一相关市场的产品价格趋同。早在 20 世纪前期，就不断有学者提出使用价格变动来界定相关市场，但是美国法院并不乐于接受，对统计技术缺乏热情，直到 20 世纪 70 年代末，随着计量经济学理论与技术的发展，价格检验法的应用开始渐多。具体而言，价格检验法主要有以下几种：价格相关性检验、格兰杰因果关系检验、协整检验和平稳性检验。前两者关注短期关系，后两者关注长期关系。与 SSNIP 测试法相比，价格检验法仅需价格数据，更加易于收集，而且进行价格检验也更加快捷、直接，因而价格检验法可以帮助分析人员进行初步的分析，并确定是否需要进一步的分析。价格检验法的最大问题为其所界定的市场是经济市场，而不是反垄断市场，学者大都承认经济市场不是反垄断市场，但却认为经济市场能够为反垄断市场提供有用的信息。

三、特殊的相关市场界定

随着技术和知识产权含量很高的产业逐渐成为各国经济的重要组成部分，传统的反垄断规则也面临新的挑战。在这一背景下，很多相关市场界定的研究集中在新经济下市场界定的特殊问题，如技术市场、创新市场、双边市场等问题。

1. 相关技术市场界定

相关技术市场界定是审查与知识产权相关的反垄断案件所涉及的一个重要问题。根据美国 1995 年《知识产权反垄断指南》，技术市场为“由被许可知识产权（被许可技术）及其密切替代品所构成的市场，其中密切替代品是指与被许可知识产权具有足够替代性、能够明显限制其市场势力的技术或者产品。”技术市场可以分为当前产品技术市场和未来产品技术市场。对于当前产品技术市场的界定，可以使用 SSNIP 测试法进行分析，还可以使用简单的经济分析方法进行调查，比如如果被调查技术的需求弹性为零，技术许可费用占产品生产成本的比例较低，不存在合理的替代性技术，那么该技术就可以被认定为一个相关技术市场。对于未来产品技术市场，只需要考虑技术转化为最终产品的效率，并综合考虑各种因素来确定。

2. 相关创新市场界定

基于创新对于经济发展的重要性，反垄断实践在界定相关市场时，也越来越注重考虑相关创新市场。根据美国 1995 年《知识产权反垄断指南》，创新市场主要由两种类型的企业构成，一种是正在开发新产品或者性能更佳产品的企业，另一种是有类似可替代性开发的企业。可替代性开发是指，其他企业进行的、能够限制正在开发企业市场势力的研发、技术创新或产品创新。因此，创新市场包括了研发未来某种产品的在位和潜在的企业。相关创新市场与传统的相关产品市场具有鲜明的差异：不具有交易行为，追求投入最大化，不关注市场份额，更关注单边效应，难以确定最优创新市场结构，知识外溢。

3. 双边市场中的相关市场界定

双边市场是有别于传统单边市场的另一类市场，随着双边市场在互联网和其他领域不断拓展，互联网和银行卡反垄断案件频发，双边市场的相关市场界定越显重要。但是在双边市场中，相关市场界定不仅面临着单边市场所遇到的问题，还面临着更复杂的竞争约束和利润构成、相互关联的需求、免费产品以及技术进步不断改变市场边界等其他问题，使得相关市场界定遇到困难，将 SSNIP 测试法等方法直接应用于双边市场中将得出错误的结果。

第二节　垄断协议

对于不具有市场支配地位的企业来说，不可能单方面行使市场支配地位，从而不会受到反垄断机构的制裁，但是如果与其他企业联合起来行动，就很可能排除、限制竞争，此时它们就会受到反垄断调查。由于垄断协议危害性较大，且实际发生的数量和执法机关查处的数量远高于其他垄断行为，因此，禁止垄断协议是各国反垄断政策的重要内容。

一、垄断协议的类型

亚当·斯密曾经说过："生产同类产品的企业很少聚集在一起，如果它们聚集在一起，其目的便是商讨如何对付消费者。"正如亚当·斯密所说，同行业的经营者聚在一起往往都是预谋实施垄断行为。这种关系通常涉及企业的研发、生产、销售、购买等活动，表现为企业之间的垄断协议。垄断协议也称为限制竞争协议。

1. 公开协议与秘密协议

按协议的达成方式，垄断协议亦称卡特尔或合谋，是指经济主体之间通过合同、决议或者协调等方式，来实现划分市场、提高价格和控制产量的目的。可以分为公开协议和秘密协议，或明示合谋和默契合谋。明示合谋是指经济主体之间达成可以实施的协议。默契合谋，也称为有意识的协调（conscious parallelism）或平行行为（parallel behavior），是指由于寡头企业之间的相互依赖性，无须订立协议，仅通过观察和预测竞争对手的行动来协调彼此的行为。默契合谋为经济主体之间的默契行动，不容易发现和认定，给反垄断执法造成很大困难。

2. 横向协议与纵向协议

按照订立协议主体之间的经济关系划分，可分为横向协议和纵向协议。横向协议是指处于同一经济层次的经济主体之间订立的关于购买、销售特定商品或服务的限制竞争协议，主要包括操纵价格、分割市场、限制产量和联合抵制等形式。纵向协议是指处于不同经济层次的经济主体之间订立的关于购买、销售特定商品或服务的限制竞争协议，比如转售价格维持等。在竞争性市场上，企业之间的纵向限制竞争协议通常会产生有效率的结果。往往只有具有市场支配地位的企业实行的纵向限制，才可能会产生限制竞争的结果。从反垄断实践看，横向协议通常比纵向协议更有可能损害竞争。因此，反垄断政策重点关注的是企业之间的横向协议。

二、禁止垄断协议的法律规定

1. 横向协议

美国的反垄断法没有确定的法律术语来描述垄断协议，只是对违法行为做出了原则性的规定，而究竟哪些行为属于违法行为，则由法院根据案情判断。有关横向垄断协议的法律规定主要体现在《谢尔曼法》第1条之中，该条规定："任何限制州之间或与外国之间的贸易或商业的契约，托拉斯形式或其他形式的联合或共谋，都是非法的。任何人签订上述契约或从事上述联合或共谋，都是严重犯罪。"《谢尔曼法》对于所有的垄断协议一律予以禁止，没有任何例外。但法院在司法实践中，在对法律进行解释时作了一定程度的修正，因为如果对《谢尔曼法》作极端的解释，会使大部分商业活动陷入困境。在1911年的标准石油公司案中，美国最高法院运用合理推定原则解决了这一难题。此外，需要注意的是，《谢尔曼法》是联邦法律，所以只有具有州际意义的垄断协议才受到该法的约束，不具有这种意义的垄断协议则由各州分别进行管辖。

欧盟《罗马条约》第 85 条[①]第 1 款原则禁止一切可能影响成员国之间贸易，以阻止、限制或扭曲竞争为目的或产生此结果的协议、决定或协同一致的行动，并且列举了一系列的限制竞争行为。另外，垄断协议必须是会对竞争造成一定的影响。对于横向协议市场份额不超过 10%、纵向协议市场份额不超过 15%、混合协议市场份额不超过 10%的，其对竞争的影响根据最小量原则可忽略不计。

中国《反垄断法》第 13 条规定："本法所称垄断协议，是指排除、限制竞争的协议、决定或者其他协同行为"。"禁止具有竞争关系的经营者达成下列垄断协议：（一）固定或者变更商品价格；（二）限制商品的生产数量或者销售数量；（三）分割销售市场或者原材料采购市场；（四）限制购买新技术、新设备或者限制开发新技术、新产品；（五）联合抵制交易；（六）国务院反垄断执法机构认定的其他垄断协议。"

2. 纵向协议

纵向垄断协议分为价格协议和非价格协议两种，其中最典型的纵向价格协议是转售价格维持。中国《反垄断法》专门对转售价格维持协议做出了规定："第十四条　禁止经营者与交易相对人达成下列垄断协议：（一）固定向第三人转售商品的价格；（二）限定向第三人转售商品的最低价格；（三）国务院反垄断执法机构认定的其他垄断协议。"

转售价格维持的合法性是颇有争议的问题。转售价格维持既不像横向固定价格协议那样具有明显的反竞争性，也不像非价格纵向协议那样对竞争有明显益处。因此，对于转售价格维持，虽然各国法律没有明确规定是否合法，但对维持最低转售价格与维持最高转售价格作了区别对待。在实践中，一般对维持最低转售价格适用本身违法原则，对维持最高转售价格适用合理推定原则。

三、垄断协议的豁免政策

一般说来，企业间订立限制竞争协议的行为都是违法的，但在实践中，有些反垄断执法机构对一些协议的影响进行成本—收益分析，对自身收益大于成本的协议实施了反垄断豁免。

1. 豁免规定

美国于 1918 年通过了《韦伯-泼默瑞恩法》，该法案的基本目的是帮助美国的小企业，因为这些小企业在财力上无法单独实现出口计划。该法案允许出口商组成出口协会，就出口价格、数量以及划分市场等限制竞争问题做出决定或决议，如果决定或决议仅涉及出口，不干涉国内市场竞争和国内竞争者的出口贸易，且同时在联邦贸易委员会进行过登记，那么它们就可以免于适用《谢尔曼法》和《克莱顿法》第 7 条的规定。

在欧盟的竞争政策中，如果限制贸易的协议、联合和协商行为能促进经济进步，则是被允许的。《罗马条约》第 85 条第 3 款明确规定了限制竞争协议可以得到豁免的条件：（1）有助于改善商品的生产和销售，或者有助于推动技术和经济进步。（2）消费者可以从中得到适当好处。（3）为了实现上述目的，限制竞争是不可避免的。（4）该限制尚未达到严重影响市场竞争的程度。

---

① 在《阿姆斯特丹条约》于 1999 年 5 月 1 日生效之后，《罗马条约》的序号发生了重大变化，原来条约中第 85 条至第 94 条的规定被列序为第 81 条至第 90 条，但在内容上没有变化。

中国《反垄断法》第 15 条也对垄断协议做出了豁免规定："（一）为改进技术、研究开发新产品的；（二）为提高产品质量、降低成本、增进效率，统一产品规格、标准或者实行专业化分工的；（三）为提高中小经营者经营效率，增强中小经营者竞争力的；（四）为实现节约能源、保护环境、救灾救助等社会公共利益的；（五）因经济不景气，为缓解销售量严重下降或者生产明显过剩的；（六）为保障对外贸易和对外经济合作中的正当利益的；（七）法律和国务院规定的其他情形。"其中，前五项豁免需要经营者证明所达成的协议不会严重限制相关市场的竞争，并且能够使消费者分享由此产生的利益。

2. 宽大政策

为了避免惩罚，企业之间的合谋往往是秘密进行的，违法证据不容易被发现，这增加了调查取证工作的难度，限制了反垄断机构的执法行动。为了有效地制裁合谋行为，世界上很多国家在司法实践中都采用了"宽大政策"（leniency policy），即在反垄断调查中，如果合谋企业主动向反垄断执法机构提供详细的垄断协议的违法事实，则对企业的惩罚会降低或免除。宽大政策可以在合谋的参与者之间制造不信任，有利于执法机构获取合谋信息，从而有效地发现并制裁合谋行为。

美国的宽大政策从 1978 年开始实施，最初开展得并不成功，在很长一段时期内无人申请。1993 年，美国对宽大政策进行了修订，提高了透明度和宽大力度。1994 年，司法部发布"个人宽大政策"，旨在进一步鼓励私人自告奋勇，提供反垄断法的犯罪信息。此后，美国的宽大政策开始在垄断协议的案件中发挥作用。与美国的宽大政策不同，欧盟的竞争政策对第二个以及其后的自首者也提供了部分惩罚减免。中国也采取了宽大政策，《反垄断法》第 46 条规定："经营者主动向反垄断执法机构报告达成垄断协议的有关情况并提供重要证据的，反垄断执法机构可以酌情减轻或者免除对该经营者的处罚。"

案例 13—1

茅台、五粮液垄断案

2013 年 2 月 22 日，贵州省物价局根据《反垄断法》对贵州茅台集团的销售子公司限定最低转售价格并与经销商达成且实施纵向垄断协议进行处罚，罚款 2.47 亿元。同日，五粮液集团的销售子公司以相同的原因收到四川省发展和改革委员会（简称四川省发改委）开具的反垄断罚单，罚款金额为 2.02 亿元。① 上述罚款金额占两者 2012 年销售额的 1%。贵州茅台集团和五粮液集团是中国白酒行业的龙头企业，两者的收入和利润分别占据整个白酒市场的 12.01%和 39.63%。两者的核心产品茅台酒和五粮液酒分别是酱香型白酒和浓香型白酒的代表。

2012 年末，受塑化剂影响，白酒行业遭遇寒潮，白酒价格一路下行，许多经销商纷纷甩货。面对酒价下滑，贵州茅台和五粮液先后采取限价措施。贵州茅台在 2012 年 12 月的经销商大会上要求限价，规定 53 度飞天茅台酒的零售价格不得低于 1 519 元，团购价格不得低于 1 400 元，并指出"经销商必须坚挺茅台价格，谁扰乱价格就取消谁"。2013 年 1

---

① 具体处罚公告详见四川省发改委网站：http://www.scdrc.gov.cn/dir25/159074.htm；贵州省物价局关于"茅台价格垄断罚款"公告（2013 年第 1 号）。

月，贵州茅台发布通告文件，对3家擅自降价和跨区域销售的经销商进行处罚，暂停执行茅台酒合同计划，并扣减20%的保证金、提出黄牌警告。继贵州茅台之后，五粮液也在2012年12月对全国市场进行了例行抽查，发现成都等地区出现低价和跨区域销售行为，通报批评了15家低价、违规销售的经销商，并且对全国11个省市14家经销商给予扣除违约金、扣除市场支持费用等处罚。

贵州茅台和五粮液的限价行为引起了反垄断执法机构的调查，相继被国家发改委约谈并被要求整改。2013年1月15日贵州茅台声明称，决定取消以前违反《反垄断法》的有关营销政策，立即进行彻底整改。2013年1月16日晚间，贵州茅台再度发布声明，称从即日起，对给相关经销商的处理决定予以撤销，退还已扣减保证金。五粮液2013年1月17日也发出公告称，立即撤销处罚决定，并严格依据《反垄断法》进行彻底整改。2013年2月22日，国家发改委分别委托贵州省物价局和四川发改委对贵州茅台集团和五粮液集团公布处罚决定，合计对两者处罚4.49亿元。

四川省发改委在对五粮液的处罚决定中指出：五粮液公司利用自身的市场强势地位，通过合同约定、价格管控、区域监督、考核奖惩、终端控制等方式，对经销商向第三人销售白酒的最低价格进行限定，达成并实施了白酒销售价格的纵向垄断协议，违反了《反垄断法》第14条的规定，排除和限制了市场竞争，损害了消费者的利益。其实施的价格垄断行为对市场公平竞争、经济运行效率和消费者利益具有多方面的不利影响：一是排除了同一品牌内各个经销商之间的竞争。五粮液公司通过限定转售白酒的最低价格实施品牌内部限制，制定实施了一整套严格的监督考核和惩罚措施，排除了经销商之间的价格竞争，损害了经济运行效率。二是限制了白酒行业不同品牌之间的竞争。五粮液公司的价格垄断行为在行业内起到了负面的示范效应，已经有其他白酒品牌开始对经销商进行类似限制和处罚，进一步扩大了对竞争的限制和损害。三是损害了消费者利益。五粮液公司设定最低限价，排除了消费者购买低价商品的机会。特别是五粮液在浓香型白酒中具有重要地位，产品可替代性低，严重制约了消费者的选择。

案例分析题

1. 茅台、五粮液的“限价令”属于什么类型的垄断行为？
2. 对于该类垄断行为，应该使用什么违法认定原则进行分析？
3. 如何评价发改委的决议？

简要答案

1. 茅台、五粮液限定经销商转售价格，属于纵向垄断协议中的最低转售价格维持。

2. 中国《反垄断法》在第14条的规定中，严格禁止最低转售价格维持，可见对于最低转售价格维持，一般适用本身违法原则。

3. 贵州茅台集团和五粮液集团主要生产高端白酒，而高端白酒和其他档次白酒在功能用途、质量、价格和生产等方面存在显著的差异，因此本案的相关市场应该为中国高端白酒市场。两者占据中国高端白酒市场的主要市场份额，而且该市场因为生产技术和品牌效应等原因，存在较高的市场进入壁垒，可以推定两者具有市场支配地位。由于两个企业拥有市场支配地位，而且存在客观上的最低转售价格维持行为，可见发改委的决议合理。

第三节 滥用市场支配地位

滥用市场支配地位是反垄断法约束的第二类行为。反垄断法并不约束企业在竞争过程中获取市场支配地位，但是会限制企业利用这种地位，排除竞争对手，或者对其他经济主体施加不公平的交易条件，如利用市场支配地位提高价格、缩减产量、强制交易等。

一、市场支配地位认定

在滥用市场支配地位案件中，市场支配地位的认定处于重要地位。何为市场支配地位？欧洲法院将其定义为："支配地位是指企业所享有的，能够使自己独立于竞争对手、顾客，并最终独立于消费者采取行动，并排除相关市场存在有效竞争的经济实力地位。这种地位并不排除一定的垄断或准垄断竞争，但能从中受益的企业即便不能决定竞争的发展条件，至少也能对竞争的发展条件产生重大影响，而且受益企业无论在什么情况下，只要其行为不损害竞争，通常都能够漠视竞争而采取行动。"中国《反垄断法》规定："本法所称市场支配地位，是指经营者在相关市场内具有能够控制商品价格、数量或者其他交易条件，或者能够阻碍、影响其他经营者进入相关市场能力的市场地位。"可见，市场支配地位主要体现在两个方面：控制交易条件的能力，阻碍市场进入的能力。评估市场支配地位的方法主要有间接方法和直接方法两种。

1. 间接方法

间接方法又称为结构方法，是评估市场支配地位的主要方法。市场份额在该方法中具有核心地位，但同时也要考虑市场进入、买方抗衡性势力等因素。滥用市场支配地位案件的审查程序通常经历以下几个关键步骤：第一，界定相关市场；第二，认定市场支配地位；第三，对认定的滥用行为进行分析。其中，界定相关市场的目的就是计算被调查企业的市场份额，从而认定其是否具有市场支配地位。用市场份额衡量市场支配地位主要基于以下逻辑：较高的市场份额代表具有市场支配地位，两者具有紧密的正相关关系。

如果可以确定一个临界值来确定企业是否具有市场支配地位，则可以提高司法的确定性和降低审查成本。对于多高的市场份额可以被认定具有市场支配地位，不同国家的规定不尽相同。英国《市场势力评估指南》指出："一家企业的市场份额低于40%，则不认为具有市场支配地位，而市场份额超过50%，则可推定具有市场支配地位。"中国《反垄断法》规定："有下列情形之一的，可以推定经营者具有市场支配地位：（一）一个经营者在相关市场的市场份额达到二分之一的；（二）两个经营者在相关市场的市场份额合计达到三分之二的；（三）三个经营者在相关市场的市场份额合计达到四分之三的。"美国和欧盟没有明确规定，但是在实践中所使用的阈值相近。而根据经济合作与发展组织（OECD）竞争法框架，这个阈值为35%。在欧盟许多涉案企业的市场份额高于50%的，被认定为具有市场支配地位，而在美国许多涉案企业的市场份额低于40%的，被认定为不具有市场支配地位。

在某些情况下，市场份额和市场支配地位的关系并不明确，使用市场份额来认定市场支配地位存在不少问题。这些问题包括：市场份额与市场支配地位的正相关关系并没有得到充分的经验验证；高市场份额可能是效率带来的结果；市场份额表示的市场支配地位可能不具有维持性。因此，在使用市场份额评估企业的市场支配地位时，还需要考虑市场进入和买方抗衡性势力等因素。中国《反垄断法》规定："被推定具有市场支配地位的经营者，有证据证明不具有市场支配地位的，不应当认定其具有市场支配地位。"

即使企业拥有高市场份额，也可能不具有市场支配地位。根据进退无障碍理论，在企业可以自由进入和退出市场的情况下，即使仅有少数几家大企业存在，也不能够维持过高的价格和利润，即不具有强大的市场势力，因为巨额利润会吸引竞争者进入市场。这意味着一家企业拥有高市场份额并不意味着它能够维持垄断价格并获取垄断收益，只有市场份额是以市场进入障碍为基础时，企业拥有市场支配地位才是可能的。因此，在评估企业的市场支配地位时，除了考虑市场份额之外，市场进入也是需要考虑的一个重要因素。考察市场进入对企业市场支配地位的影响，主要从市场进入的及时性、可能性和充分性三个角度进行。市场进入的及时性要求进入尽快对市场产生影响，如果进入对市场的影响时间过长，那么市场进入就不足以约束企业的市场支配地位。对于及时性的要求，美国 1992 年《横向合并指南》的要求是两年之内，而在 2010 年《横向合并指南》中则删除了这一要求。市场进入的可能性要求，在考虑了资产、产能、资金需求和风险状况等因素，以及进入时需要承担但是在退出时无法补偿的成本后，进入仍然有利可图。这不仅要求企业按照当前的价格进入市场后是有利可图的，而且在考虑了自身进入对价格的影响之后，仍然是有利可图的。市场进入的充分性要求市场进入者能够获得充分竞争的有形和无形资产，从而具备充分的规模和范围。

高市场份额企业能否拥有市场支配地位也受到买方抗衡性势力的影响。如果买方市场由几家实力强大的买方构成，那么它们就具有比较强的讨价还价能力，能够威胁从一个企业撤回订单并交给上游市场的另一家企业生产，或者自己组建上游企业进行生产，那么企业的市场支配地位就会得到比较严重的削弱。

2. *直接方法*

随着计量经济学理论与技术的发展，以及数据可获得性越来越高，用直接方法来评估企业的市场支配地位成为了可能。直接方法主要考察竞争者的产量和价格变化对企业的产出变化的影响，主要是基于新经验产业组织理论的实证方法。新经验产业组织理论的实证方法的主要特点是多根据企业行为判断市场支配地位。相对于间接方法，使用直接方法可以避免复杂而纠缠不清的相关市场界定问题，在考察差异化产品市场中可能得到更为准确的结果。当前使用比较多的两个方法为剩余需求弹性估计法和 Logit 需求模型。

为了准确评估一家企业的市场支配地位，需要评估该企业提高价格之后，多少竞争对手会跟进，以及在多大程度上跟进。这个问题要求有大量的数据，且增加了市场支配地位评估的复杂性，而剩余需求弹性估计法可以大大简化其复杂性，而且降低对数据的要求。因为这里可以采用行业数据进行分析，唯一需要的企业层面数据是被调查企业的产品价格、需求量和成本数据。采用剩余需求弹性估计法并不能准确得知企业的市场支配地位是因为哪家竞争者的竞争约束而变得很小，但是可以用较少的数据和较简单的过程判断出企业的市场支配地位的强弱。这种方法越来越多地应用于司法实践。

Logit 需求模型是一种消费者行为离散选择模型，在差异化产品市场可以极大地简化估计问题，从而普遍应用于市场支配地位评估。使用该方法评估市场支配地位时会遇到一个问题，即选中某种产品的概率不仅依赖于该产品的效用，还依赖于其他产品的效用。该方法的另一个问题就是受到独立无相关假设的限制，该假设要求消费者在任何两种产品之间的选择独立于其他产品，这个假设可能不能成立。在实践中，也可以采用嵌套 Logit 模型和随机系数 Logit 模型来解决这个问题。

二、市场支配地位的滥用

在分析滥用市场支配地位的行为时，需要考虑四个方面的内容：第一，企业是否具有市场支配地位。第二，企业实施滥用市场支配地位的行为，是不是为了维持或增强市场支配地位。第三，滥用行为是否实质上排除、限制了市场竞争，损害了消费者的利益。第四，考虑企业有没有可以辩护的理由。

1. 价格歧视

价格歧视是最典型的滥用市场支配地位的行为。对于企业来说，价格歧视一方面可以增加销售收入，使其获取较高的利润；另一方面可以拓宽市场，增强其市场支配地位。在一定条件下，价格歧视有可能会增加产出，从而提高社会总福利，但往往也有很大的负面影响。价格歧视可能排挤了其他的竞争对手，给经销商之间的公平竞争带来不利影响，也会使消费者受到不公正待遇。因此，各国反垄断法都对这一行为予以禁止。

美国《克莱顿法》第 2 条规定，“从事商业的人在其商业经营过程中，直接或间接对同一等级和质量的商品的买者实行价格歧视，如果价格歧视的结果实质上减少了竞争或旨在形成对商业的垄断，或妨害、破坏、阻止与任何实施价格歧视者或明显从中受益者及其客户之间的竞争，都是非法的。”欧盟《罗马条约》第 86 条第 3 款规定，“在相同的交易情形下，对其他交易当事人同样的交易适用不同的交易条件，从而将其置于不利的竞争地位”的滥用行为，是被禁止的。中国《反垄断法》第 17 条第 1 款第 6 项规定，禁止具有市场支配地位的经营者“没有正当理由，对条件相同的交易相对人在交易价格等交易条件上实行差别待遇”。

2. 驱逐对手定价

中国《反不正当竞争法》第 11 条规定，“经营者不得以排挤竞争对手为目的，以低于成本的价格销售商品。”中国《反垄断法》第 17 条第 1 款第 2 项也明文规定，禁止具有市场支配地位的经营者“没有正当理由，以低于成本的价格销售商品”。

“在分析驱逐对手定价案例时，要认定驱逐对手定价行为的发生，其价格必须低于成本。此外，各反垄断机构也会考虑以下几种因素：损失的弥补（recoupment of losses）、竞争效应（competitive effects）、驱逐对手意图（predatory intent）和自我辩护（justifications and defenses）。然而，至于分别赋予这四种因素的权重，会随不同的反垄断机构和案例而有所不同，这与反垄断机构的构成方式和在法律上评估这些因素的方法有关。但是，并不是所有的因素都会被考虑到，而且调查的顺序也会依赖于具体案例的环境、数据的可获得性和证据的取得。”①

---

① The Unilateral Conduct Working Group，Report on Predatory Pricing，Presented at the 7th Annual Conference of the ICN Kyoto，April 2008.

对于驱逐对手定价的分析，美国的司法实践大体可以分为三个阶段，每个阶段都有不同的主导规则。第一个阶段是1975年之前，此时对驱逐对手定价的分析主要关注驱逐者的动机，代表性的案例是1911年的新泽西标准石油公司案。第二个阶段是1975—1986年，这个阶段的反垄断执法采用了平均变动成本规则，代表性的案例是1976年的汉森公司诉壳牌石油公司案。最高法院认为，价格低于平均变动成本被认为是违法的，但价格位于平均总成本和平均变动成本之间也可能存在驱逐对手定价行为。第三个阶段是1986年以后，最高法院主要看驱逐对手定价能否实现“补偿”，即长期收益能否补偿短期损失。典型案例是1986年的松下公司案。

3. 搭售

在产业经济学中，捆绑和搭售是两个容易引起混淆的概念。一般来说，捆绑是指不同的商品以固定的比例被放在一起来销售；而搭售则是指消费者在购买一种产品时，也必须同时购买另一种产品。中国《反垄断法》第17条第1款第5项中规定，禁止具有市场支配地位的经营者“没有正当理由搭售商品，或者在交易时附加其他不合理的交易条件”。

在早期，美国对搭售案件一般适用本身违法原则，认为搭售除了限制竞争之外没有其他目的。但在20世纪70年代以后，关于搭售的反垄断执法越来越多地权衡搭售的效率收益和反竞争后果。在1984年的杰斐逊·帕里斯（Jefferson Parish）案中，美国联邦最高法院认为，非法搭售的必要条件是：（1）存在两种产品市场。（2）企业在搭售品市场具有市场支配地位。（3）强迫对方购买搭售品。（4）能够排斥很多的市场交易。在该案中，法院考虑了搭售的福利效应，认为并不是所有的搭售都是限制竞争的。在2001年的微软案中，美国司法部和21个州指控微软公司在销售Windows系统时搭售IE浏览器。地区法院认为该行为满足分开产品检验标准，因而是非法的。但是上诉法院认为，对软件平台应采用合理推定原则，以综合考虑反竞争效应和效率效应。企业将新功能一体化到软件平台中是习惯性做法，采用本身违法原则将不利于平台创新。

4. 拒绝交易

在市场经济体制下，经济主体拥有交易的自由，也有拒绝交易的自由。因此，拒绝交易行为一般不会受到反垄断法的关注。但是，具有市场支配地位企业的拒绝交易行为，将会受到反垄断法的制裁。中国《反垄断法》第17条第1款第3项规定，禁止具有市场支配地位的经营者“没有正当理由，拒绝与交易相对人进行交易”。

国际竞争网络单边行为工作组（UCWG）指出，拒绝交易行为分为两种：一种是直接（outright）拒绝交易，另一种是“建设性的”（constructive）拒绝交易。前者是指具有市场支配地位的企业无条件拒绝与竞争对手进行交易，包括特定知识产权的拒绝许可和拒绝接入必要设施。后者的特征为，具有市场支配地位的企业在给竞争对手供货时附加不合理的条款，比如极高的价格（extremely high prices）、降级的服务（degraded service）和减少技术上的互用性（reduced technical interoperability）。

拒绝交易的典型案例是1927年的柯达公司案。在该案中，柯达公司对那些将被其收购的零售企业停止供应产品，试图通过一体化进入照相材料市场。最高法院认为，柯达公司的行为是试图垄断行为，一个在上游市场具有市场支配地位的企业为了在上下游市场均获得市场支配地位，而在下游市场采取拒绝交易的行为是非法的。

案例 13—2

美国高通公司滥用市场支配地位案

2013 年 11 月，国家发改委根据举报启动了对高通公司的反垄断调查，历经 14 个月的调查之后，于 2015 年 2 月 9 日发布公告结束调查，对高通公司滥用市场支配地位实施排除、限制竞争的垄断行为依法做出处理，责令高通公司停止相关违法行为，处 2013 年度在中国市场销售额 8%的罚款，计 60.88 亿元。这一数额创造了中国反垄断罚款最高纪录。高通公司是全球最大的无线通信标准必要专利许可商以及最主要的无线通信终端设备芯片制造、销售商之一，高通公司持有与手机相关的专利 1 400 多项，其中包括大量的 CDMA、LTE 标准必要专利。高通公司在全球手机芯片市场上的市场份额超过 60%。

2015 年 3 月 2 日，国家发改委正式发布了对高通的行政处罚决定书，详细披露了对高通市场支配地位及滥用市场支配地位行为的认定依据，包括高通在无线标准必要专利许可市场和基带芯片市场具有市场支配地位、当事人滥用市场支配地位的行为、行政处罚依据和决定。

决定书称，在 CDMA、WCDMA 和 LTE 无线通信技术标准中，高通均持有数量不等的无线标准必要专利，包括其在相关市场占有 100%的市场份额；具有控制无线标准必要专利许可市场的能力；无线通信终端制造商对高通的无线标准必要专利组合许可高度依赖；其他经营者进入相关市场难度较大等。而在 CDMA 基带芯片市场、WCDMA 基带芯片市场和 LTE 基带芯片市场，高通均具有市场支配地位，包括其在相关市场的市场份额均超过 1/2；具有控制相关基带芯片市场的能力；主要无线通信终端制造商对高通的基带芯片高度依赖；基带芯片市场进入门槛高、难度大等。根据《反垄断法》第 18 条的规定，发改委认定高通在上述市场具有市场支配地位。

决定书显示，发改委查明高通滥用市场支配地位，实施了《反垄断法》禁止的垄断行为，包括其滥用在无线标准必要专利许可市场的支配地位，以对过期无线标准必要专利收取许可费和要求被许可人将专利进行免费反向许可等方式，收取不公平的高价专利许可费；滥用在无线标准必要专利许可市场的支配地位，在无线标准必要专利许可中，没有正当理由搭售非无线标准必要专利许可；滥用在基带芯片市场的支配地位，在基带芯片销售中附加不合理条件等。

资料来源：国家发展和改革委员会行政处罚决定书［2015］1 号。

案例分析题

1. 相关市场界定是否合理？
2. 高通是否具有市场支配地位？
3. 高通公司具有哪些垄断行为？会给消费者带来什么伤害？
4. 知识产权保护与反垄断是否存在冲突？

简要答案

1. 首先，纳入相关技术标准的每一项无线标准必要专利都是不可或缺的、唯一的，在被相关无线通信技术标准采纳并发布和实施后，不存在实际的或者潜在的替代性供给，放弃该专利就需要放弃整个标准从而面临巨大的转换成本，从而在需求替代和供给替代上，每项无线标准必要专利都可以构成一个独立的相关市场。其次，基带芯片是实现无线通信终端通信功能的重要部件，是在一定标准下生产的，对于在不同标准下生产出来的基带芯片在需求上不具有替代性，而且由于生产具有较高的技术性，存在较高的进入壁垒，因而基于不同标准的基带芯片都可以构成一个相关市场。因此，发改委对于该案的相关市场界定合理。

2. 对于无线标准必要专利许可市场，每一项专利都具有100%的市场份额，而且其他进入者极难进入市场，从而高通公司在这些市场具有市场支配地位。对于基带芯片市场，高通公司在相关市场的市场份额均在半数以上，而且基带芯片市场属于技术密集型产业，进入门槛较高，可见高通公司在相关市场具有市场支配地位。

3. 该案涉及的垄断行为主要有不公平地高价销售产品和搭售两种行为。这两种垄断行为会提高手机生产企业的生产成本，并会将成本抬高传递给最终消费者。此外，高通公司的垄断行为也会挫伤手机生产企业的研发积极性。

4. 知识产权保护与反垄断不存在冲突，反垄断不会约束知识产权形成的合法垄断，但是会约束知识产权拥有者滥用知识产权排除、限制竞争。

第四节　经营者集中

企业可单方面实施垄断行为，如滥用市场支配地位，也可联合起来限制竞争，如合谋。针对这两种垄断行为的反垄断政策，重在对已经形成的市场支配地位进行监督与控制；而对于经营者集中，反垄断政策重在对企图形成或加强的市场支配地位进行事前预防、控制，防止市场过度集中。

一、经营者集中的形式

经营者集中是比并购更加宽泛的概念①，任何使企业之间关系更加紧密的行为都可以称作集中。并购是经营者集中的主要形式，除此之外还有设立合资企业、订立合同等形式。

1. 并购

常说的“并购”（M & A），一般是指兼并（merger）和收购（acquisition）。兼并与“吸收合并”相当，即一家企业吸收其他一家或者多家企业，前者继续存续，后者解散，其全部资产和权利义务由前者承继。而收购是指一家企业收购另一家或几家企业的股份或资产，其余企业也继续存在。另外，consolidation 也是并购的一种形式，它相当于“新设合并”，即几家公司分别解散，注销法人资格，成立一家新公司。几家已解散公司的股东继续担任新公司股东。合并后所有法人都消失，而产生新的法人，新公司承继这几家公司的资产和全部的债务。

2. 设立合资企业

合资企业（joint venture）是指两个或两个以上的企业共同出资建立、共同经营的企

① 美国采用的是并购这个概念，欧盟和日本等采用的是经营者集中这个概念。

业，并且合资双方共负盈亏、共担风险。建立合资企业是为了获得合作收益，但是如果投资方之间存在竞争关系，则该联合投资的行为极有可能受到反垄断调查。对于合资企业是否违反反垄断法，关键是看联合投资的目的，法院对于联合投资的行为既可能采取本身违法原则，也可能采取合理推定原则。

3. 订立合同

中国《反垄断法》第 20 条中规定经营者集中的第三种情形为，“经营者通过合同等方式取得对其他经营者的控制权或者能够对其他经营者施加决定性影响。”该条款的内容可以分为两个部分，前一部分主要规定了经营者通过合同方式取得控制权，后一部分指经营者通过合同方式没有取得控制权，但是能够施加决定性影响。根据《中华人民共和国公司法》（简称《公司法》）第 217 条的规定，公司的“实际控制人，是指虽不是公司的股东，但通过投资关系、协议或者其他安排，能够实际支配公司行为的人”。因此，上述两种订立合同的方式都属于经营者集中。

二、集中的申报与审查

1. 事前申报

事前申报是一种预防性的法律手段，是指达到法律规定标准的经营者集中在集中前要向反垄断执法机关申报，在获得批准后，集中才可进行。事前申报制度无论是对参与合并的企业还是对反垄断执法机构，都有很大的好处。对前者来说，可以避免法律制度对企业造成的不确定性；对于反垄断执法机构来说，事前申报可以节约行政资源，降低反垄断成本。但是，并非所有的经营者集中都要申报，只有达到一定标准的集中才需要申报。各国通常采用的申报标准一般有三个：交易规模、销售额和市场份额。

由于经济不断发展，美国的申报标准一直处于变化之中，通常参照上一年国内生产总值，适时调整经营者集中的申报标准。美国 1914 年颁布并生效的《克莱顿法》是美国司法部对企业合并进行控制的主要法律依据。该法第 7 条指出，如果合并的效果“可能实质性地减少竞争，或者趋向于产生垄断”，则禁止该合并。1976 年颁布的《哈特-斯科特-罗迪诺反垄断改进法》（HSR Act），对《克莱顿法》的第 7 条补充了一个条款 7A。该条款规定了反垄断机构对经营者集中进行实质性干预的基础：第一，合并企业的销售额或其资产超过 1 亿美元，而被合并企业的销售额或资产超过 1 000 万美元。第二，合并企业至少要取得被合并企业 15%的财产或者股份，或者被取得的股份或财产至少达 1 500 万美元。具备这些条件的企业进行合并，须在合并前向联邦贸易委员会或司法部反垄断局进行申报。只有在当局未提出异议的情况下，合并才可实施；如果合并企业违反该规定而实施了合并，则要被征收罚款。

欧盟理事会于 1989 年颁布了经营者集中控制的第 4064 号法令。法令确定了“集中”所包括的范围和准则，“集中”必须服从欧盟委员会兼并专管小组的监管，并建立了欧盟委员会进行审查的通知程序和时间表，旨在尽量减少欧盟和国家之间在反垄断法和程序上的交叉。在处理经营者集中案件时，只有符合“欧共体标准的集中”才能适用第 4064 号法令。根据第 4064/89 号法令，只有同时具备下列三个条件时才符合欧共体标准的集中：（1）所有涉及的公司在世界范围内的营业额达到 50 亿欧洲货币单位以上。（2）至少两个公司中的每个公司在欧盟的业务总额达 2.5 亿欧洲货币单位以上。（3）每个有关的公司在同一成员国的营业总额占欧盟营业总额的 2/3 以上。

1997 年欧共体理事会对以上标准进行了修改，修订后的该法令第 1 条第 2 款规定，欧共体标准的集中必须符合以下条件：(1) 在全球的共同销售额超过 25 亿欧元。(2) 至少在欧共体的 3 个成员国内的共同市场销售额超过 1 亿欧元。(3) 至少有两个企业各自在欧共体 3 个成员国的市场销售额超过 2 500 万欧元。(4) 至少有两个企业各自在欧共体市场的销售额超过 1 亿欧元。(5) 各自在共同体市场上销售额的 2/3 以上不是来自同一个成员国。

关于经营者集中申报的标准，中国在 2008 年公布的《国务院关于经营者集中申报标准的规定》中规定，"经营者集中达到下列标准之一的，经营者应当事先向国务院商务主管部门申报，未申报的不得实施集中：(一) 参与集中的所有经营者上一会计年度在全球范围内的营业额合计超过 100 亿元人民币，并且其中至少两个经营者上一会计年度在中国境内的营业额均超过 4 亿元人民币；(二) 参与集中的所有经营者上一会计年度在中国境内的营业额合计超过 20 亿元人民币，并且其中至少两个经营者上一会计年度在中国境内的营业额均超过 4 亿元人民币。"

此外，中国《反垄断法》还规定了申报豁免的情形，《反垄断法》第 22 条规定："经营者集中有下列情形之一的，可以不向国务院反垄断执法机构申报：(一) 参与集中的一个经营者拥有其他每个经营者百分之五十以上有表决权的股份或者资产的；(二) 参与集中的每个经营者百分之五十以上有表决权的股份或者资产被同一个未参与集中的经营者拥有的。"

2. 审查

(1) 审查程序。目前，各国反垄断法对经营者集中的审查一般都分为两个阶段，第一阶段为初步审查，一般审查的时间较短，大约为 1 个月。如果反垄断执法机构认为企业合并有可能产生或加强市场支配地位、排除或限制竞争，则可以要求当事人提供更多的信息或发出进行进一步调查的决定。第二阶段审查期限相对较长，大多数国家为 3～4 个月。

经过进一步审查后，反垄断执法机构可以发布正式的决定允许企业合并，或者可以与合并企业谈判，对合并附加一些限制性条件。如果企业同意，那么其就可以按照反垄断执法机构的要求继续完成合并；如果企业不同意，反垄断执法机构则做出禁止合并的决定。例如，1992 年欧盟委员会批准了英国航空公司 (BA) 取得欧洲航空公司 (EA) 49.9%的股权。EA 经营法国国内航线并拥有 3.8%的市场份额，BA 没有法国国内市场的份额。但 BA 和 EA 在巴黎至伦敦航线、里昂至伦敦航线上交叉，在这两条航线上，这两个公司合计占了 50%以上的市场份额，在里昂至伦敦航线上，它们没有遇到有效的竞争。在 BA 接受让其竞争者填补空白的承诺后，欧盟委员会才予以批准。

(2) 审查标准。在反垄断执法中，经营者集中审查的实质性标准有两种：一种是市场支配地位标准，另一种是实质减少竞争标准。市场支配地位标准是指通过分析经营者集中是否会导致形成市场支配地位，来作为审查的实体标准。也就是说，如果认为集中后企业能够获得市场支配地位，那么就可以推定集中会产生限制竞争的结果，因此禁止该集中；反之，则予以批准。

美国控制经营者集中的反垄断法律一直采用实质减少竞争标准。这个标准最早来自美国《克莱顿法》中的规定："如果该并购造成实质减少竞争的效果"。美国的反垄断法不仅禁止已被证明损害竞争的集中行为，而且禁止对竞争实际上还没有产生损害，但是可以合理预见其将产生危害的集中行为。根据 2010 年美国司法部和联邦贸易委员会联合发布的《横向合并指南》，对企业并购控制的实体分析主要包括以下四个部分：反竞争效果证据；市场界定、市场份额及市场集中度；单边效应与协同效应；买方垄断、市场进入、效率、破产等抗辩因素。

(3) 市场集中度标准。美国在 1982 年的《合并指南》中，首次采用了 HHI（赫芬达尔指数）作为评价市场集中度的标准。HHI 是由单个企业市场份额的平方求和得出的，这样对较大的市场份额合理地赋予了较大的权重。指南后来又经过了几次修订，表 13—1 中所示的是 1992 年与 2010 年《横向合并指南》中的合并申报 HHI 门槛的比较：

表 13—1　　美国新旧《横向合并指南》HHI 门槛的比较

	1992 年《横向合并指南》(HHI)		2010 年《横向合并指南》(HHI)	
市场类型	合并后	HHI 增幅及影响	合并后	HHI 增幅及影响
低度集中市场	<1 000	不可能具有反竞争效果而不需考虑增幅	<1 500	不可能具有反竞争效果而不需考虑增幅
中度集中市场	1 000～1 800	<100：不可能具有反竞争效果 >100：可能导致严重的竞争关注	1 500～2 500	<100：不可能具有反竞争效果 >100：可能导致严重的竞争关注
高度集中市场	>1 800	<50：不可能具有反竞争效果 50～100：可能导致严重的竞争关注 >100：被假定可能增强市场支配力	>2 500	<100：不可能具有反竞争效果 100～200：可能导致严重的竞争关注 >200：被假定可能增强市场支配力

资料来源：美国联邦贸易委员会网站。

根据 2010 年的《横向合并指南》，企业合并后市场上的 HHI 分为三个区间：1 500 以下、1 500～2 500、2 500 以上，与之相对应的市场分别为低度集中市场、中度集中市场和高度集中市场。同时进一步规定，在对合并进行审查时，不仅要考虑合并后的 HHI 水平，还要考虑由合并引起的 HHI 的增幅。在中度和高度集中市场里，如果并购后 HHI 提高 100 点以上，就认定为具有反竞争效果，反之则没有。

但是指南也指出，尽管高水平的集中度会对竞争产生不利的影响，但是这些标准不是刚性的。这只是提供了一种识别企业合并是否会产生排除、限制竞争效果的可能途径。一般来说，合并后的 HHI 越大、HHI 增加得越多，潜在地对竞争的影响就越大，就越有必要利用更多的信息去进行分析。

三、抗辩制度

计划进行合并的企业可以向反垄断执法机构进行抗辩，证明集中的效率大于竞争损害效应，从而通过反垄断执法机构的审查。美国于 1982 年颁布了新的《合并指南》，放弃了大多数限制，改变了方法，允许参与合并的企业进行效率抗辩。伴随着这个根本性的变化，20 世纪 80—90 年代间在美国出现了大量的合并。

1. 效率抗辩

在两个企业合并后，如果合并产生的效率能够抵消合并对竞争的负面影响，并以价格下降的方式传递给消费者，那么消费者将会因此而受益。因此，效率可以作为企业合并的抗辩理由。如果反垄断当局经审查认为，合并所产生的效率相当显著，而合并的反竞争的影响又不太明显，则审查通过的可能性会大大提高。

在合并的总体效率评估中，反垄断执法机构将会考虑任何可证实的效率主张。但是，在审查中必须符合以下三点：（1）有效率的结果必须是可以实现的，而且必须能够传递给消费者。（2）效率只能是通过该合并产生的，且不能来源于反竞争的产量或者服务的减少。（3）效率必须能够及时地、可能地以及充分地克服合并所产生的反竞争影响。

欧盟在 2004 年通过的《关于控制经营者集中的第 139/2004 号理事会条例》为效率主张提供了明确的法律依据。欧盟 2004 年生效实施的《横向合并评估指南》和 2007 年施行的《非横向合并评估指南》则就如何分析集中所可能产生的效率进行了详细的规定。指南要求对效率和因此产生的消费者福利进行量化，即便因缺乏必要的数据而无法进行量化分析，也必须可以清晰地预见该效率将对消费者产生可证实的积极影响。

2. 破产抗辩

并购破产企业，可以减少资源浪费，避免工人失业，维护社会安定。因此，对破产企业进行收购，也可以作为企业合并的一个抗辩理由。破产企业抗辩（failing firm defense），又称破产企业原则（failing company doctrine），是指如果实施合并的企业之一符合规定的破产企业标准，并且如果没有该项合并，将导致破产企业退出市场，那么反垄断执法机构就不应禁止该合并。

适用这一原则必须满足以下三点：（1）该企业在可预见的时期内将资不抵债，且没有能力进行重组。（2）该企业曾经做过努力寻找更合理的收购方，使竞争受到较现在的合并更小的不利影响。（3）如果没有这个合并，该企业的资产将从相关市场上流失。

破产企业抗辩最早出现于美国，其关于破产企业抗辩的规定主要反映在判例法与《合并指南》中。破产企业抗辩是由美国最高法院在 1930 年的国际鞋业公司案中提出并确立的。破产企业抗辩在国际上被普遍认可，欧盟的《企业合并控制条例横向合并评价指南》、日本的《有关企业合并审查的反垄断法运用方针》都有明确规定。

案例 13—3

美国可口可乐公司收购汇源公司案

2009 年 3 月 18 日，商务部发布公告禁止美国可口可乐公司收购中国汇源果汁集团有限公司。该案是中国《反垄断法》正式生效以来，首个未通过反垄断审查的案件。根据 Euromonitor 的数据显示，可口可乐是中国市场上最大的碳酸饮料供应商，市场占有率达 52.5%。该公司的全球竞争对手百事公司在中国碳酸饮料市场排名第二，占有 32.8%的市场份额。汇源果汁是中国最大的纯果汁生产商，在这一高端市场占有 33%的份额。可口可乐也出售果汁饮料，Euromonitor 的数据显示，它与汇源果汁在中国果汁和蔬菜汁市场合计占有20.3%的份额。

2008年9月3日，可口可乐宣布以24亿美元收购汇源果汁。中国香港上市公司汇源果汁也同时公告，称可口可乐旗下全资附属公司以179.2亿港元收购汇源果汁全部已发行股本。2008年9月18日，商务部收到可口可乐公司收购中国汇源公司的经营者集中反垄断申报材料。经申报方补充，申报材料达到了《反垄断法》第二十三条规定的要求，11月20日商务部予以立案审查，12月20日决定在初步审查基础上实施进一步审查。

商务部依据《反垄断法》的相关规定，从市场份额及市场控制力、市场集中度、集中对市场进入和技术进步的影响、集中对消费者和其他有关经营者的影响及汇源品牌对果汁饮料市场竞争产生的影响等几个方面对此项集中进行了审查。审查工作严格遵循相关法律法规的规定。审查过程中，充分听取了有关方面的意见。

经审查，商务部认定，此项集中将对竞争产生不利影响：第一，集中完成后，可口可乐公司有能力将其在碳酸软饮料市场上的支配地位传导到果汁饮料市场，对现有果汁饮料企业产生排除、限制竞争效果，进而损害饮料消费者的合法权益。第二，品牌是影响饮料市场有效竞争的关键因素，集中完成后，可口可乐公司通过控制“美汁源”和“汇源”两个知名果汁品牌，对果汁市场的控制力将明显增强，加之其在碳酸饮料市场已有的支配地位以及相应的传导效应，集中将使潜在竞争对手进入果汁饮料市场的障碍明显提高。第三，集中挤压了国内中小型果汁企业生存空间，抑制了国内企业在果汁饮料市场参与竞争和自主创新的能力，给中国果汁饮料市场有效竞争格局造成不良影响，不利于中国果汁行业的持续健康发展。

为了减少集中对竞争产生的不利影响，商务部与可口可乐公司就附加限制性条件进行了商谈，要求申报方提出可行的解决方案。可口可乐公司对商务部提出的问题表述了自己的意见，提出初步解决方案及其修改方案。经过评估，商务部认为修改方案仍不能有效减少此项集中对竞争产生的不利影响。据此，根据《反垄断法》第二十八条，商务部做出禁止此项集中的决定。

资料来源：中华人民共和国商务部公告2009年第22号《商务部关于禁止可口可乐公司收购中国汇源公司审查决定的公告》。

案例分析题

1. 该案的相关市场是什么？界定是否合理？
2. 该案属于什么类型的经营者集中？
3. 如何评价商务部禁止该案的理由？

简要答案

1. 根据商务部的公告可知，该案的相关市场为中国果汁饮料市场。从需求替代方面来看，果汁饮料和碳酸饮料及其他饮料都具有补充水分的功能，从而在功能上具有一定的替代性，但是果汁饮料相对于其他饮料而言，还有补充维生素的功能，而且随着消费观念的改变，这个功能更加突出，因而果汁饮料和其他饮料在顾客群体、商品构成和使用目的方面有所不同。从供给替代方面来看，果汁饮料和其他软饮料在生产设备和生产流程上存在一定的差别，而且行业的品牌效应较大，生产其他饮料的企业短时期内难以转而生产果汁饮料。因此，商务部对该案的相关市场界定合理。

2. 可口可乐公司和汇源公司的核心产品属于不同的相关市场，因此该案属于混合集中。

3. 第一，根据经营者集中的杠杆理论，企业通过合并可能会将其在一个市场的市场支配地位延伸到另一个本没有市场支配地位的市场，从而限制竞争。由于可口可乐公司在中国的市场份额超过50%，可推定为具有市场支配地位，因而商务部禁止该集中的理由合理。第二，汇源公司旗下的“汇源”牌果汁和可口可乐公司旗下的“美汁源”牌果汁分别占据中国果汁市场的前两位，两者合并之后市场集中度大幅提高，可能会创造可口可乐公司在中国果汁市场的市场支配地位，因而商务部禁止该集中的理由合理。

第五节　反垄断政策的实施

一、反垄断法的执行

1. 反垄断法

在19世纪80年代后期，美国经济快速发展，在石油、煤炭、铁路、制糖和烟草等行业出现了大量的托拉斯组织。这种组织通过固定价格、划分市场的方式攫取高额垄断利润，严重损害了消费者的利益。在这种背景下，美国于1890年通过了《谢尔曼法》，这是世界上第一部反垄断法。迄今为止，《谢尔曼法》仍是美国司法审判实践中非常重要的法律。

美国的反垄断法影响深远，世界各国的反垄断法基本上都与美国反垄断法有渊源。例如，日本的反垄断法是第二次世界大战之后在美国的督促下制定的，澳大利亚的反垄断法参照了美国的反垄断法，欧盟《罗马条约》中的竞争政策也受到了美国反垄断法的影响。在借鉴各国反垄断立法和执法经验的基础上，中国于2007年8月30日通过了《反垄断法》，并于2008年8月1日开始施行。

实际上，反垄断法并不是单一的一部法律，而是一套法律体系。反垄断法通常由一部基础性的法律和若干专门性或解释性法律法规、执法指南和法院的司法判例等组成。例如，美国的反垄断法包括《谢尔曼法》、《联邦贸易委员会法》、《克莱顿法》、《罗宾逊-帕特曼法》、《韦伯-波默瑞恩法》等诸多法律、指南及其判例等。

2. 违法认定原则

对垄断行为的认定通常遵循两种原则：本身违法原则（per se rule）和合理推定原则（rule of reason）。这两个原则都是在美国反垄断实践中形成的。

（1）本身违法原则。为了避免过高的执法成本、降低执法的不确定性，针对特定类型的案件，美国最高法院提出了本身违法原则。本身违法原则源于美国最高法院早期对《谢尔曼法》第1条的文义解释。在1897年跨密苏里运输协会案的判决中，法院指出了本身违法原则的基本含义：只要是限制交易或商业的协议或联合，无论其是否具有合理性，都构成对《谢尔曼法》第1条的违反。这一解释排除了一切有关合理性的经济解释或辩护。

本身违法原则可以增强法律的预见性，有助于企业合理地预期其行为的法律后果。此外，本身违法原则有利于提高法院处理案件的效率，节约司法成本。但是，本身违法原则的不足是过于武断，有可能会将有益于社会的行为也判定为非法。因此，只有在明确证明违法行为没有任何效率收益时，才能适用本身违法原则。

（2）合理推定原则。合理推定原则是在1911年的标准石油公司案中由怀特法官提出的。他认为，国会立法的意图应该被解释为对交易的“不合理”或者“不正当”的限制。如果对一切限制交易的行为都予以禁止，则既不符合现实情况，也不是国会立法者的意图。有一些行为虽然具有限制交易的效果，但是该行为同时也能够提高效率，对这些行为不能直接认定其为非法，而要综合考虑其对经济福利的影响。

合理推定原则通过对个案的合理分析，可以提高执法的科学性和公正性。如果资源充足，合理推定原则可以适用到任何一个反垄断案件中。但执法是有成本的，反垄断执法机构受有限的人力及物力资源的限制，不可能对每一个案件都作详尽的经济学分析。因此，在执法资源有限的情况下，要认真分析案件特征，适用相对合理的原则，以保证执法的效率与公平。

3. 执法体制

反垄断法是维护自由竞争的基础性法律，其功能的有效发挥不仅依赖于法律的实体规则，而且依赖于其执行的体制。反垄断法执法主体包括反垄断主管机关和私人，对应着两种执法体制：公共执法和私人执法。

（1）公共执法。公共执法是指反垄断主管机关为了实现公共利益，主动对限制竞争行为进行调查并向法院提起诉讼。由于反垄断法的实施主要是维护公共利益而不是个别竞争者的利益，具有公益性，因此需要反垄断主管机关代表国家，主动发现和制裁各种限制竞争的行为，维护公共利益。

公共执法体制有效性的核心是执法能力和执法激励问题。反垄断执法机构受执法经费和人员的限制，再加上公共执法机构与违法企业之间的信息不对称问题，使企业限制竞争行为被发现的可能性降低，其执法能力也受到限制，反过来增强了企业采取反竞争行为的激励。此外，反垄断主管机关的目标通常被假设为社会福利最大化，但是，公共执法机构的执法者同样会追求个人利益，因此反垄断执法还会出现执法者被俘获的问题。

（2）私人执法。私人执法也称为私人反垄断诉讼，是指限制竞争行为的受害人向法院起诉，要求违法企业赔偿其损失的活动，例如美国的私人三倍损害赔偿制度。私人执法是反垄断执法体制的重要组成部分，它与公共执法机关的默契合作，形成对公共执法有益的互补。

与公共执法相比，私人执法有着更多的优势。首先，私人执法能够弥补反垄断主管机构由资源限制所造成的执法能力不足的问题。其次，个人或企业对违法行为具有获取信息的优势，能够弥补公共执法机构的信息不对称问题，提高违法行为被发现的可能性。特别是在三倍损害赔偿制度下，在增加私人诉讼的激励的同时，较高的赔偿金额会增加企业从事违法行为的成本，降低采取限制竞争行为的激励，从而提高反垄断执法的有效性。

二、救济措施

对于滥用市场支配地位的行为，反垄断执法机构往往采取一些救济措施，来维护健康有序的市场竞争机制。在企业合并案例中，反垄断执法机构为了避免合并对竞争造成的不利影响，在批准合并的同时，也会要求当事企业采取一些救济措施。从美国等国家的执法实践来看，救济措施一般分为结构性救济措施和行为性救济措施两种。

1. 结构措施

结构措施也称为结构修正，包括对企业的拆分和业务分割。有效的救济措施必须以恢复竞争为目的。因此，对目标企业实施资产剥离等救济措施时，需要确保被分割的资产被另一个企业购买后，该企业能够与目标企业进行有效的竞争，即确保该企业是有力的竞争对手。实施结构措施的目的不是使大企业的规模变小，而是培育或恢复市场竞争机制。

结构性救济措施简单、明确、容易执行，执行成本低。但是，结构性救济措施具有不可逆性，修正已经实施的结构性救济措施成本高，而且由于企业通常对各种资产的价值拥有更多的信息，其实施还存在信息不对称问题。因此，使用分割资产的救济措施时必须慎之又慎，只有在其他方法都无效的情况下才加以采用。美国反垄断执法经验显示，结构性救济措施常常并不能实现维护竞争性市场结构的目标。

2. 行为措施

行为措施是指对目标企业的行为设定一些限制，它包括限制企业使用通过兼并获得的资产的自由，限制其滥用某些限制竞争的行为，或者限制某些合约关系。行为性救济措施实施便利，效率较高，不会对经营者的正常经营产生重大影响，有利于集中的参与者迅速调整。如果市场竞争状况发生了显著变化，当时的承诺没有再履行的必要，则反垄断执法机构也可以放弃要求经营者履行承诺。

与结构性救济措施相比，行为性救济措施较为灵活。但行为性救济措施通常难以设计，政策措施往往存在争议，而且往往需要反垄断执法机构进行事后持续的监督，执法成本较高。此外，在执行中反垄断执法机构必须考虑在禁止某一行为后，企业是否会采取其他方式来实现同样的目标。因此，在企业并购案件中，行为性救济往往作为结构性救济的辅助手段。只有在行为性救济措施比结构性救济措施更有效，或采取结构性救济措施会牺牲效率时，反垄断机构才会采用行为性救济措施。

中国《反垄断法》第 29 条规定："对不予禁止的经营者集中，国务院反垄断执法机构可以决定附加减少集中对竞争产生不利影响的限制性条件。"该法条的规定就是行为性救济措施。中国《反垄断法》第 48 条规定："经营者违反本法规定实施集中的，由国务院反垄断执法机构责令停止实施集中、限期处分股份或者资产、限期转让营业以及采取其他必要措施恢复到集中前的状态，可以处五十万元以下的罚款。"该法条的规定属于结构性救济措施。

三、域外管辖

1997 年美国波音公司和麦道公司的合并得到了美国的批准，但欧盟委员会认为该合并会严重损害欧盟空中客车和欧盟航天工业的竞争地位，所以欧盟委员会坚决反对这一合并。由管辖权冲突导致的两个集团间的航空贸易大战一触即发，双方不得不求助于政治协商，最后欧盟委员会附条件地批准了合并。两个注册地在美国的公司的合并受到了欧盟的阻止，这涉及反垄断法的域外管辖权问题。

1. 域外管辖的原则

（1）效果原则。效果原则是指对于发生在域外的经济行为，只要其"效果"影响了国内的市场竞争，不管其主体的国籍如何，反垄断执法机构都可以依据本国的反垄断法对其行使管辖权。效果原则是在 1945 年美国联邦政府诉美洲铝业公司垄断案中确立的。在该案中，汉恩德法官指出，《谢尔曼法》适用于外国企业在美国境外订立的所有协议，只要“它们的意图是影响对美国的出口，而且事实上也影响了对美国的出口”。

(2) 礼让原则。礼让原则是在承认各自具有管辖权的基础上，充分考虑相关国家的利益，做出适当礼让，对自己的管辖权进行限制。在1987年O. N. E. 轮船公司诉Flota Mercante Grancolombiana S. A. 公司案中，美国联邦最高法院明确指出，根据国际礼让原则，每个主权国家都有义务尊重其他主权国家的独立行政权，法院将不审判另一国家政府在它自己领土内所作的行为，对国家行为的不满必须通过主权国家之间的协商解决。美国1995年的《反垄断法国际业务执行指南》中对此问题的相关规定是：调查机构会在适用反垄断法时考虑国际礼让。在对海外行为进行调查时，应先根据国际礼让原则进行分析，以此来保证美国法规不会有意地干预他国审判权。

2. 域外管辖权冲突

反垄断法的域外管辖权，是指反垄断法不仅适用于在境内产生的限制竞争行为，而且适用于在国外产生但对境内市场有着不利影响的限制竞争行为。对于这种限制竞争行为，同时涉及多个国家的利益，由于不同的国家对域外管辖的规定不同，在各国进行域外管辖时就不可避免会产生域外管辖权冲突。

反垄断法的域外管辖导致了企业合并的多重申报，这不仅会增加合并企业的负担，而且还可能因为各国合并规则不同，导致做出不同的裁决。例如，在2008年必和必拓与力拓的合并中，仅力拓在全球就拥有60多家子公司，它们先后向欧盟、美国、澳大利亚、南非、加拿大、日本、韩国等7个经济体的反垄断监管机构提交了申请。由此产生的问题是：如果上述经济体依据各自的法律规定，有的做出批准合并的裁决，有的做出禁止合并的裁决，企业将如何应对？对于这种对全球贸易产生重大影响的合并，哪个经济体有最终的决定权？为解决这一问题，世界各国需要在域外管辖问题上进行国际协调与合作。

四、国际合作

不同国家的域外管辖容易产生冲突，导致各种国际纠纷。为了消除这些消极影响，国家之间需要开展充分的合作。国际合作有两种模式：一是双边合作，主要内容包括基于礼让原则对域外管辖权行使实施自我抑制，在反垄断法执行中实施相互合作和技术援助等；二是区域性合作或多边合作，主要方式是建立统一的反垄断规则，或以示范法的形式出现，由各国自行决定采纳或参照，或者形成国际条约，强制性地推行于所有成员国。现阶段，反垄断国际合作主要在双边、区域及多边三个层级开展，在国际上还没有形成统一的国际合作机制。

1. 双边合作

双边合作是处理跨国限制竞争问题的常用方式，是指两个国家之间通过订立双边协议，就反垄断法的域外管辖问题进行合作。双边合作在由经济合作与发展组织于1967年提出的《成员国间就影响国际贸易的限制性商业行为进行合作的推荐意见》的推动下，从20世纪70年代开始发展起来。在双边合作方面表现最为突出的是美国，它与德国、澳大利亚、欧盟、巴西、日本、加拿大、墨西哥、以色列、中东欧分别签订了双边协议。2011年7月，中国三家反垄断执法机构国家发展和改革委员会、商务部和国家工商行政管理总局与美国司法部、联邦贸易委员会在北京签署了《中美反垄断和反托拉斯合作谅解备忘录》。根据备忘录，中美反垄断执法机构将加强在反垄断领域的合作。

双边合作只涉及两个国家，容易展开谈判，因而具有简便性、灵活性和有针对性的优点，有利于促进反垄断法实施的一致性。但是，双边协议只是两国行政机关之间达成的协议，不是国际法意义上的国家间协议，因此不具有优于国内法的效力。双边合作虽然可以在一定程度上有效避免冲突，但它还是“合作性的单边主义”，无法处理所有问题。因此，对跨国限制竞争行为的约束，还需要各国更进一步的合作。

2. 区域性合作

区域性合作是在双边合作的基础上发展起来的，是区域经济一体化的产物。区域性合作主要是致力于竞争规则的合作，以便提供自由开放及公平的竞争环境。在区域性的国际合作中，最具有代表性的是欧盟成员国之间的合作。

欧盟竞争法是欧盟成员国进行反垄断合作的多边竞争规则。在《罗马条约》的规定中，既有原则性的规定，也有具体规则的规定；既有实体性的规定，也有程序性的规定。《罗马条约》第 85 条是关于限制竞争协议的规定，第 86 条是关于滥用市场优势地位行为的规定。1989 年 12 月制定的《企业合并控制条例》主要控制企业合并，凡是在欧共体范围内造成影响的合并都是条例的适用对象。在程序法的合作方面，2002 年欧盟理事会公布了《关于实施欧共体条约第 81、82 条竞争规则的第 1/2003 号决议》。

区域性合作比起双边合作有很大进步，有了实体性的竞争规则，有利于国家之间进行实体竞争规则的协调。但区域性合作适用的范围有限，它只有在利益、经济发展水平、法律与文化方面极其相似的国家才能达成合作，所以这种机制并不能适用于所有国家，也不足以解决世界性的反垄断问题。

3. 多边合作

反垄断法的多边合作最早可以追溯到 1948 年通过的《哈瓦那宪章》，然而它却因世界贸易组织的流产而未能生效。国际层面尚未建立起有约束力的多边竞争规则，多边合作大多采取政策建议、技术支持和专题研究的形式进行。国际多边协调机制以下面三个国际组织的表现最为活跃。

(1) 经济合作与发展组织。经济合作与发展组织于 1961 年建立，截至 2015 年 12 月已经有 34 个成员国。OECD 的文件没有法律约束力，但它曾经是国际上讨论和研究贸易与竞争关系的最主要场所。其下设的竞争法律及政策委员会负责收集和研究各成员国竞争政策的有关信息，提出建议以促进成员国之间的竞争法合作与协调；OECD 下设的贸易委员会从事有关竞争政策议题的研究工作，二者于 20 世纪 90 年代合并为贸易与竞争政策联合小组。OECD 推出的许多非约束性建议和指南，有效地协调了各成员国之间的竞争政策。

(2) 联合国贸易和发展会议。联合国贸易和发展会议（UNCTAD）成立于 1964 年，是审议有关国家贸易与经济发展问题的国际经济组织，总部设在瑞士日内瓦，截至 2015 年 12 月有 194 个成员。UNCTAD 通过组织有关会议、进行专题研究、协助成员的竞争立法等方式开展竞争领域内的合作，其主要成果是起草和发布了有关竞争政策的建议、指南和文件。如《竞争法手册》、《竞争示范法》、《控制限制性商业行为的多边协议的公平原则与规则》（以下简称《公平原则与规则》）等。其中《公平原则与规则》涵盖了“限制性协议”和“滥用市场支配地位”两大类下共 10 小类限制性商业行为，鼓励国际社会积极展开双边和多边合作。但《公平原则与规则》不是国际公约，属于自愿性的指导原则，没有法律约束力。

（3）国际竞争网络。国际竞争网络（International Competition Network，ICN）于2001年10月由来自14个国家和地区的反垄断高官发起成立。截至2015年12月在120个国家和地区有135个会员，成为世界范围内反垄断当局相互联系的最广泛的网络。ICN不设总部，面向各国竞争当局的高级官员，为其提供保持日常联络和解决实践中竞争问题的专业而非正式的场所，同时也向私人组织征求意见；不解决不属于反垄断法的问题，是唯一一个致力于竞争法实施的国际机构。ICN没有权力制定任何规则或做出决定，当所提出的建议在ICN中达成一致时，由各国的竞争主管当局自主决定实施与否以及实施的方式。

虽然上述国际组织起草和发布了许多相关指南、文件和建议，但是均不具有法律约束力，因此，它们仅能通过倡导在一定程度上起到协调各国竞争法的作用，却不能在竞争领域实行强制性的规范。

关键术语

相关市场　市场支配地位　垄断协议　合谋　经营者集中　抗辩　救济　域外管辖　双边合作　多边合作

本章思考题

1. 反垄断政策的目标及主要内容是什么？
2. 分析滥用市场支配地位行为需要考虑的因素有哪些？
3. 分析经营者集中行为的思路是什么？
4. 除了效率抗辩和破产抗辩之外，你还能想到哪些抗辩理由？
5. 各国应怎样加强反垄断领域的国际合作？

简要答案

1. 反垄断政策的目标是提高经济学意义上的效率，实现社会福利的最大化。在一些国家，尤其强调消费者福利的最大化。反垄断政策的主要内容是：禁止滥用市场支配地位，禁止垄断协议，控制经营者集中。

2. （1）企业是否具有市场支配地位。（2）企业实施滥用市场支配地位的行为，是不是为了维持或增强市场支配地位。（3）滥用行为是否实质上排除、限制了市场竞争，损害了消费者的利益。（4）考虑企业有没有可以辩护的理由。

3. （1）界定相关市场。（2）考虑相关市场结构、市场进入以及市场竞争状况等因素，分析集中是否会产生或增强市场支配地位。（3）分析由集中行为产生的单边效应和协调效应。（4）考虑效率抗辩和破产抗辩等因素。

4. 如果存在一个足够强大的买方，可以与占支配地位的企业相抗衡，那么占支配地位企业的滥用行为就可以受到限制。所以，买方垄断也可以作为一种抗辩理由。

5. 加强反垄断领域内的国际合作，需要世界各国的共同努力。只有各国加强交流，相互尊重，认真磋商，才能最终达成国际统一的竞争规则。

主要参考文献

［1］肯尼思·W·克拉克森，罗杰·勒鲁瓦·米勒．产业组织：理论、证据和公共政策．上海：上海三联书店，1989.

［2］马西莫·莫塔．竞争政策：理论与实践．上海：上海财经大学出版社，2006.

［3］理查德·A·波斯纳．反托拉斯法．北京：中国政法大学出版社，2003.

［4］于立，王询．当代西方产业组织学．大连：东北财经大学出版社，1996.

［5］于立，吴绪亮．产业组织与反垄断法．大连：东北财经大学出版社，2008.

［6］肖兴志，张嫚．产业经济学．北京：首都经济贸易大学出版社，2007.

［7］王晓晔．竞争法研究．北京：中国法制出版社，1999.

［8］王晓晔．欧共体竞争法．北京：中国法制出版社，2001.

［9］王传辉．反垄断的经济学分析．北京：中国人民大学出版社，2004.

［10］唐要家．反垄断经济学：理论与政策．北京：中国社会科学出版社，2008.

［11］孔祥俊．反垄断法原理．北京：中国法制出版社，2001.

［12］尚明．反垄断法理论与中外案例评析．北京：北京大学出版社，2008.

［13］尚明．反垄断——主要国家与国际组织反垄断法律与实践．北京：中国商务出版社，2005.

第十四章

规制政策

内容要点

- 规制的含义与类型
- 经济性规制的类型和方式
- 社会性规制的主要内容
- 激励性规制的类型
- 放松规制的主要路径

规制是由市场失灵引发的政府对经济主体进行的微观干预。具体而言，规制是政府为实现特定的公共政策目标，对特定产业和微观经济主体的进入、退出、定价、投资以及涉及环境、安全、生命、健康等的行为进行的监督与管理。

按照内容的不同，规制一般分为经济性规制和社会性规制两大类。无论是哪种规制类型，完整的规制体系一般应该包括规制目标、规制机构、规制方法、方式或工具、手段，以及规制成本与收益的效果评价等。

第一节 经济性规制

一、概述

1. 含义

经济性规制是传统规制的最核心内容，但对于经济性规制的含义，不同学者有不同的理解。一般认为，日本经济学家植草益于 1992 年提出的经济性规制的概念比较全面："经济性规制是在存在着垄断和信息不对称问题的部门，以防止无效率的资源配置的发生和确保需要者的公平利用为主要目的，通过被认可和许可的各种手段，对企业的进入、退出、价格、服务的质量以及投资、财务、会计等方面的活动所进行的规制。"

经济性规制主要针对自然垄断和信息不对称问题，侧重于处理企业间及企业和消费者间纯粹的经济关系，具体规制对象包括电信、电力、城市燃气、交通运输和金融等产业。此外，还包括诸如电视、广播等潜在竞争产业，这些产业往往涉及产权难以明确界定的自然资源的使用问题，因此也成为经济性规制的对象。

经济性规制主要包括价格规制、进入和退出规制、投资规制、数量规制、质量规制、信息规制等内容。

2. 目标

（1）确保资源配置的高效率。在诸如自然垄断产业中实行经济性规制，是因为自然垄断企业可能会滥用其垄断力量支配市场，制定垄断价格。由于垄断价格高于边际成本，所以这样就不可能使资源配置达到帕累托最优。

（2）提高被规制企业的内部效率。企业的内部效率偏重于动态意义的资源配置效率。植草益曾将企业的内部效率归纳为四个方面：一是在现有的可以利用的条件下，实现投入品的最优组合所带来的技术效率；二是以最佳的生产规模进行生产所带来的生产效率；三是以最优的配送系统进行发送所带来的配送效率；四是实现尽可能高的设备利用率所带来的设备利用效率等。

（3）避免收入的再分配对消费者造成损害。如不加以规制，自然垄断企业可以通过垄断价格、差别价格、内部相互补助等方式产生收入再分配效应，进而损害消费者的利益。具体地，垄断定价可以将消费者剩余的一部分转化成企业的利润；经营多项公共物品和服务的垄断企业可能通过交叉补贴行为实现不同服务的消费者之间的再分配。

（4）促进企业收支平衡以维护企业的发展潜力。自然垄断产业具有投资额大、投资回报期长的特点，而且随着国民经济的发展，对自然垄断产业的需求具有一种加速增长的趋势，因而，规制机构在进行规制时，必须考虑到使企业具有一定的自我积累、不断进行大规模投资的能力。因此，促进企业收支平衡以维护企业的发展潜力就成为经济性规制的一个重要目标。

二、进入规制

1. 含义

进入规制是指在自然垄断产业或某些竞争性产业中，只允许特定一家企业或极少数几家企业加入，或者为了防止过度竞争，由规制机构视整个产业的供求平衡情况来限制新企业的进入。同时，为了保证产品供给的稳定性，又限制企业任意退出产业。进入规制是直接规制政策中最主要的内容之一，其根本目的在于限制过度进入从而保障社会总成本的最小化和资源配置的高效率。

政府对各种微观经济主体进入某些部门或产业进行规制，一是旨在将微观经济主体纳入依法经营、接受政府监督的范围；二是控制进入某些产业，主要是控制进入自然垄断领域及存在明显的信息不对称的部门（如金融、保险）的企业数量，以保证企业资质，同时防止过度竞争，降低不确定性和风险。为此，政府通常采用两种措施：一是对一般竞争性产业的所有微观经济主体实行注册登记制度，即受有关法律、法规限定的微观经济主体必须具备规定条件，经政府有关部门认可，履行注册登记手续，领到营业执照，方可从事生产经营活动；二是对某些特殊产业（如自然垄断领域）实行申请审批制度或特许经营制度，即在一些产业中，企业需履行特殊报批手续，经政府有关部门赋予特许经营的权利，才能进入这些产业开展经营活动。前者属于一般的产业进入规制，而后者则属于特殊的产业进入规制。在政府实行进入规制时，可能会出现两方面的问题：一是如果政府对商品供求现状或趋势的判断发生失误，则对产业进入的规制可能会导致更糟糕的后果；二是由于进入规制总是对原有企业有利，因而代表原有企业的利益集团可能会利用各种方式，促使政府做出并非必要的进入规制。

2. 规制手段

（1）特别许可。指在法律上（主要是反垄断法）所禁止的企业经营活动，政府将视具体情况对其予以有限的解除。具体形式包括颁发许可证、政府特批的许可文件等。

（2）注册制度。主要指政府主管部门对申请进入有关产业的企业的资格进行审查，然后通过履行有关工商注册程序，允许企业进入。如果其不具备有关资格条件，政府则可以拒绝注册，不允许其进入。

（3）申报制度。指对于准备进入有关产业的企业来说，必须按照一定的程序向政府提出申报，如果政府接受其申报，即可进入，否则不得进入。其具体形式主要有政府颁发的具有特定格式的申报文件。此外，规制机构还可以通过制定特定的进入标准等方式，将不具备产业生产经营资质或实力不足的企业阻止在产业之外。

三、价格规制

1. 含义与内容

在经济性规制中，价格规制是最为重要的规制方式。所谓价格规制，就是政府从资源有效配置的角度出发，对于价格（或收费）水平和价格体系进行规制。价格规制的目的是在一定程度上恢复价格的本来面目，使其能够真实反映资源的稀缺程度，并使其能够真正成为一种激励因素，成为沟通经济活动参与者信息的有效方式并切实反映市场供求关系。

价格规制的主要内容是，通过设计一个定价模型，由规制机构确定产品或者服务的价格，或者通过设计一系列的条件和标准，指导企业的价格决策。价格规制的内容主要包括：

第一，对垄断行业的价格规制。垄断及自然垄断行业的企业，在追求自身利益最大化时，会以垄断价格获取垄断利润，从而影响到资源的有效配置，损害非垄断行业和消费者的利益。因此，政府需对垄断行业实行价格规制，即由政府确定垄断企业产品或服务的价格。

第二，对保护行业的价格规制。为使得生产周期长的大宗商品的价格相对稳定，政府需要对一些农产品和矿产品的生产行业实行保护性的价格规制，由政府以专项基金和专门储备制度为基础，对这类商品设定最高价格和最低价格来作为指导价格。

第三，对通货膨胀时的价格规制。通货膨胀是一种宏观经济现象。但治理通货膨胀往往需要从微观上采取一些措施，价格规制就是其中较强硬的一种。当通货膨胀发生时，政府可以对各类商品、服务和生产要素采取的价格规制包括：冻结全部或部分物价、实行最高限价、规定价格上涨率等。

第四，对公共服务组织实施收费时的规制。很多公共服务组织向消费者提供产品或服务时需要进行收费，此时为了阻止这些组织乱收费，政府对收费实行规制，规定这些组织按平均成本确定收费水平，并严格监督其执行情况。

第五，对不正当价格行为的规制。由于存在着信息不对称，市场上还经常出现不正当价格行为，如价格欺诈。对此，需由政府制定物价管理法规，对物价的一般水平和浮动幅度加以限制，对价格欺诈行为进行处罚等，采取措施来解决信息不对称问题。

第六，对金融等行业的价格规制。在银行、证券、保险等金融业中，一旦竞争的结果使企业倒闭，就难以保证消费者的资产安全。因此，政府有必要对利率、保险费率等金融产品价格进行规制。金融规制已经形成一个单独的研究领域和学科。

2. 价格水平规制

价格水平规制是指规制机构对特定产业、产品或服务的价格的绝对高低水平进行规制。价格水平规制主要包括边际成本定价和平均成本定价两种基本方式，其中后者又是最主要的价格水平规制方式。

（1）边际成本定价方式。从福利经济学的角度看，边际成本定价是最优的价格形成方式，按照边际成本决定的规制价格水平，能实现资源配置中的帕累托效率，同时实现社会福利最大化。然而，边际成本定价面临一个根本性问题，那就是可能会使垄断企业受到损失。在垄断企业平均成本高于边际成本的情况下，按照边际成本定价必然造成垄断企业的亏损。因此，如果规制机构以实现资源配置效率和社会福利最大化为首要目标，坚持按照边际成本来确定规制价格水平，则必须同时利用财政支付或其他公共基金弥补企业的亏损，使企业可以收支平衡。否则，边际成本定价方式就是不可长期维持的。

当然，尽管按照边际成本决定价格水平十分困难，但其可以作为政府价格规制水平的参考。它可以告诉规制机构，实现资源配置效率最优和社会福利最大化的理想价格水平是多少。

（2）平均成本定价方式。平均成本定价是在被规制企业收支平衡的约束条件下，尽可能使社会福利最大化的次优定价。从历史和实践来看，平均成本定价是价格水平规制最常用的定价方式之一。

在规模报酬递增的条件下，平均成本定价是最优的规制定价方法。原因在于，如果规制价格大于平均成本，则企业将获得绝对的正利润，价格的小幅下调不会使企业遭受损失。当规制价格超过边际成本时，社会福利将随着价格的不断下降而得到提高（消费者剩余的最终增加将大于企业利润的减少）。在企业规模报酬递增的条件下，高于平均成本的规制价格肯定要高于边际成本。因此，一旦规制价格超过平均成本，则在保证企业收支平衡的前提下，调低规制价格将提高社会福利水平。这样，要求企业按平均成本定价一定是最优的。

然而，平均成本定价并不能避免形成一定的福利损失。平均成本定价将价格定在边际成本和企业盈亏平衡点之间，反映了有效分配的意愿，对于自然垄断产业而言，平均成本定价是一种次优的现实选择，可以确保企业正常经营。但对于激励企业提高生产效率而言，这一定价方式并没有太好的作用。由于按平均成本定价，企业不需降低成本就能获得正常利润，因而缺乏提高生产效率的动力。同时，由于信息严重不对称，企业可能会通过虚报成本以提高价格。

（3）价格水平规制模型。目前有两种比较有典型意义的价格水平规制模型，即美国的投资回报率价格规制模型和英国的价格上限规制模型。

①投资回报率价格规制模型。如果企业只生产一种产品（或服务），则投资回报率价格规制模型为：

$$R(p \cdot q)=C+S(RB)$$

如果企业经营多种（n 种）产品，则投资回报率价格规制模型为：

$$R\left(\sum_{i=1}^{n} p_i \cdot q_i\right)=C+S(RB)$$

其中，R 为企业收入函数，取决于产品价格 p 和产量 q；C 为成本（如燃料成本、工资、税收和折旧等）；S 为政府规定的投资回报率；RB 为投资回报率基数，即企业的资本投资总额。

在企业只生产一种产品（或服务）的情况下，规制价格 p 等于企业总收入 R 除以总产量 q，即 $p=R/q$，而在企业生产多种产品（或服务）的情况下，总收入除以总产量只是所有产品（或服务）的综合价格，对每种具体产品（或服务）的价格还要通过价格结构规制才能确定。

由于企业的成本费用一般容易估算，因此规制机构对企业进行价格规制的难点是确定投资回报率水平和投资回报率基数。投资回报率水平问题是要找到一个合适的 S 值，使企业能取得正常的投资回报；投资回报率基数问题则是要合理确定资本投资的范围和计量方法，它直接关系到企业在一定 S 值下的利润总额。

对于投资回报率水平问题，通常是经过规制双方“讨价还价”解决的。被规制企业往往向规制机构提供详细的财务资料，以证明按照先行的投资回报率水平制定的价格太低，并提出相应的投资回报率水平。而规制机构往往认为企业要求的投资回报率水平太高。经过反复“讨价还价”，规制机构最后确定其认为合理的投资回报率水平。

在美国有多种投资回报率基数计量方法，近年来，美国的许多规制机构倾向于按照原始资本成本法来计量投资回报率基数。这种方法比较简单，只要把企业历年用于建厂房、购设备等方面的投资加以累计即可，但这种方法会受到通货膨胀因素的困扰，往往会使规制价格定得太低。

美国之所以通过对投资回报率的直接控制来间接规制价格，一个重要依据是，自然垄断产业需要足够的投资，用投资回报率价格规制模型有利于鼓励企业投资。但这种模型也存在明显缺陷：一是企业在一定时期内按照固定的投资回报率定价，几乎不存在政府规制对提高效率的激励机制；二是由于投资回报率基数是企业所用的成本，这就会刺激企业通过增加资本投入而取得更多的利润，所以这种价格规制模型会产生过度投资的 A－J 效应；三是不仅要就投资回报率水平问题反复“讨价还价”，而且规制机构要准确计量投资回报率基数。

②价格上限规制模型。价格上限规制模型是英国在 20 世纪 80 年代的规制改革浪潮中采取的价格水平规制模型，属于激励性规制范畴，因此将在后面的激励性规制中再详细介绍，这里只简单给出其基本信息，如表 14—1 所示。

3. 价格结构规制

所谓价格结构规制是指依据消费者不同的需求结构，将被规制产业的巨额“共同成本”分摊给不同类型消费者的规制价格机制。实质上，价格结构规制属于差别定价的一种，前面已经对差别定价进行了介绍，这里不再重复。

价格结构是与产品用户的需求结构相对应的。例如，在自来水、煤气产业中，通常按用途的不同将用户区分为民用和商用两类；在电力产业，按使用的时间将用户的需求区分为高峰需求和非高峰需求。在价格规制实践中，政府应考虑到需求结构对规制价格的影响，以形成与需求结构相适应的价格结构。一般而言，常用的价格结构规制有以下几种：

（1）单一价格制。单一价格制又可分为定额价格制和定量价格制。定额价格是指无论消费量有多大，都按固定的标准收费的价格。定额价格虽然最为简单，但其最大缺点是会造成过度消费，浪费现象严重。因此，在实践上已很少使用定额价格。定量价格是指无论消费量有多大，都按同一单位价格收费。

（2）两部定价。两部定价属于非线性定价的一种，所形成的价格结构由两部分组成：一是与消费量无关的“基本费”，又称为固定费，二是根据消费量收取的“从量费”，又称为使用费。两部定价既可以按照边际成本定价收取变动费用，又可通过基本费补偿固定费用，从而使企业达到收支平衡。同时，从消费者剩余的角度看，两部定价虽然次于按边际成本定价，但却优于按平均成本定价。在现实中，电话、自来水、电力等公用服务的规制价格大多采用两部价格。

（3）峰谷分时定价制。峰谷分时定价制也属于非线性定价。由于使用时间、使用设备等方面的差异也会影响生产供应成本，因此这些差异也应该在价格结构中反映出来。根据用户的消费量、消费时间、使用的设备和提供服务所需机器设备的利用状况等的不同，制定出的能较好地反映需求与成本的价格结构，被称为峰谷分时定价制。

例如，在现实中，电力产业经常采用这种价格结构，对电力高峰和低谷时点的消费者制定不同的价格水平，从而缩小消费高峰和低谷的“落差”，起到“削峰填谷”的作用，提高负荷率，进而提高被规制企业固定资产的利用率，实现社会资源的优化配置。

（4）拉姆塞定价。被规制企业提供多种不同的产品和服务时，在满足企业收支平衡的约束条件下如何规制价格以实现社会福利最大化呢？拉姆塞定价可以解决这一问题。

假设一个多产品被规制企业为市场提供两种或两种以上的产品，省略推导过程，在满足企业收支平衡的约束条件下，为了实现社会福利最大化，规制机构必须遵循以下公式进行定价：

$$\frac{p_i - MC_i}{p_j - MC_j} = \frac{MR_i - MC_i}{MR_j - MC_j} \quad (i \neq j)$$

其中，p_i 是第 i 种产品或服务的规制价格，MC_i 是第 i 种产品或服务的边际成本，MR_i 是第 i 种产品或服务的边际收益，这就是拉姆塞定价。

拉姆塞定价的主要优点包括：一是与传统单一垄断定价相比，拉姆塞定价可以减少福利损失，增加社会福利。但与竞争定价相比，减少了消费者剩余，增加了生产者剩余。实际上这是一种社会福利的转移。二是可以根据用户的实际支付能力和需求特点定价，充分利用现有能力，尽量扩大产出量，补偿生产者的成本，调动生产者的积极性。然而，拉姆塞定价在规制实践中却很少被应用，主要原因在于：拉姆塞定价的关键是要掌握充分的信息，正确进行市场细分，取得每个细分市场的需求弹性和成本信息，但在实际中，规制机构并没有足够信息来制定拉姆塞价格。另外，拉姆塞定价根据需求弹性的不同在不同产品间分摊福利，需求弹性小的价格高，这势必会损害需求弹性小的那部分消费者的利益，有失公平。

综合起来，主要价格水平规制和结构规制方式的具体模式与特点详见表 14—1。

表 14—1　价格规制的类型与特点

类型	表达式（或表述）	优点	缺点
边际成本定价	价格等于边际成本（$P=MC$）	理论上的最优定价：实现了资源配置的帕累托效率	造成企业的亏损和税收扭曲以及激励不足
平均成本定价	价格等于平均成本（$P=AC$）	次优定价：在受规制企业预算平衡的约束下，尽可能实现社会经济福利的最大化；操作上更易实行；在税收效率节约方面具有优势	规制者因信息不完全，不能为自然垄断企业提供降低成本的激励；从资源配置效率角度看，劣于边际成本定价
非线性定价：两部定价	$T(q)=A+pq$ 式中：$T(q)$ 为购买产品或服务的总支出；A 为固定收费；p 为每单位产品或服务的价格；q 为购买量	在任何消费者的福利都没有降低的情况下，企业与一些高需求的消费者的福利状况得到改善，实现了帕累托改进	从资源配置效率角度看，劣于边际成本定价
非线性定价：峰谷分时定价制	对高峰需求制定高价 对低峰需求制定低价	有助于熨平消费高峰和低谷的"落差"，提高负荷率；有助于提高固定资产的利用率，减少固定资产的投资需求，实现社会资源的优化配置	区分高峰需求和非高峰需求，要求有相当精密的度量报表技术
拉姆塞定价	$\dfrac{p_i-MC_i}{p_j-MC_j}=\dfrac{MR_i-MC_i}{MR_j-MC_j}$ $(i\neq j)$	一是与传统单一垄断定价相比，增加了社会福利；二是充分利用了现有生产能力，扩大了产量	对信息要求过高而难以实施，并且有悖公平原则
投资回报率定价	$R\left(\sum_{i=1}^{n}p_i\cdot q_i\right)=C+S(RB)$ 式中：R 为企业收入函数，决定于产品价格 p 和产量 q；C 为成本（如燃料成本、工资、税收和折旧等）；S 为政府规定的投资回报率；RB 为投资回报率基数，即企业的资本投资总额	平均成本定价模式的具体实现形式；计算简便、公平合理；可以较为有效地防止信息租金的产生	对企业毫无提高效率和内部节约的激励；因信息不对称而易产生逆向选择问题；在劳动力和资本的使用上会产生分配扭曲；防止信息租金的产生是用效率的损失换取的
价格上限定价	$P_t=P_{t-1}(1+RPI-X)$ 式中：RPI 为零售物价指数；X 为由规制者规定的一定时期内的生产率上升率	激励企业只有通过优化要素组合、进行技术创新等手段来降低成本，才能获得更多的利润，所以具有很强的激励作用	受信息问题的约束，给企业留下了信息租金

四、数量规制

数量规制即在自然垄断产业中，为了防止因投资过多（过少）或产出过多（过少）而造成价格波动、资源浪费或消费者需求难以获得正常满足所采取的直接规制。数量规制的主要内容体现在两大方面：

（1）投资规制。即政府主管部门对有关产业中企业的投资规模进行直接规制。主要手段包括：第一，建立产业重大投资计划审批制度，借此规定产业投资决策和审批程序。第二，规定有关产业投资的数量限额，如单个企业最低和最高固定资产投资规模、新进入企业的最低投资规模等，以防止投资过少或过大。第三，实行投资计划配额制度。

（2）产量规制。即政府对有关产业的产品产量进行直接规制。手段主要有三种：第一，建立有关产业产量政府指导计划，以有效控制产业的产出量。第二，当行业产出不足时，规定单个企业的最低产量限额，并用必要的政策扶持措施刺激产量的增长。第三，当产业产出过多时，可规定某一特定时期内整个产业的产量最高限额，并对各企业实行产量配额。

五、规制失灵

1. 含义

规制在校正、克服市场失灵的同时，又产生了新的失灵——规制失灵，并引发了放松规制和激励性规制改革的浪潮。规制失灵属于政府失灵的范畴，是政府失灵在微观规制领域的表现。具体地，规制失灵是指在规制机构推行公共规制政策的过程中，经济效率没有改善甚至出现低效率的经济现象。或者说规制失灵是指规制机构在市场体制下，对市场机制作用的盲点进行弥补和纠正的过程中产生的低效率或无效率状态。

2. 规制成本与收益

从经济学角度看，规制失灵意味着规制成本超出了规制收益。因此可以运用成本—收益分析方法来判断规制失灵的程度。

（1）规制成本。规制成本分为如下几类：一是微观规制制度的运作成本。从公共决策角度看，可分为规制政策的制定成本和运作成本。二是政府规制的实施将直接影响经济效率，从而产生相关费用，如效率成本、转移成本、反腐败成本等。三是规制的“劝说”成本。即特殊利益集团出于各种目的贿赂规制机构，或企图影响规制政策，以便得到政府的“特许和帮助”而支付的费用。

（2）规制收益。由于规制在一定程度上改变了资源配置状况，因而可以对规制前后的资源配置效率进行比较来衡量规制收益的大小，而资源配置效率又可以用消费者剩余和生产者剩余的净增量来衡量。因此，可以把规制收益定义为：规制实行后给当事者及社会福利带来的利益增量。如实行价格规制后，遏止了垄断高价，给消费者带来了福利增加等。

3. 规制失灵的原因

（1）经济原因。从经济上看，规制失灵的原因首先在于规制机构面临的不完全信息所决定的有限理性。规制机构信息的严重不足主要是由于以下几个原因：一是在公共部门里不存在指导资源配置的价格，没有传递市场信息的渠道，规制机构必然受到信息不对称的困扰，难以准确了解被规制企业的成本和需求结构。二是规制机构通过审计等非市场手段了解信息的能力是很有限的，没有精力审计所有的企业以掌握真实成本。审计部门还有被收买而与企业合谋的可能。三是企业不会将其所知道的信息告知政府，甚至还可能提供虚假信息。四是由于缺乏有效的激励，规制机构不一定有积极性去获取有关信息。

（2）政治原因。从政治上看，规制失灵的原因有如下几个方面：其一，政府所具备的公共性与规制机构、政府官员的行为目标之间存在差异和矛盾。其二，政府所具备的强制性和普遍同质性使得规制可能引起再分配方面的不公平和寻租活动的产生，从而使得规制的实际效果与社会公共目标进一步产生偏差。其三，由于规制行为难以监督、行为效果难以测量等原因而产生了监督制约机制的不完善。其四，规制机构设置不合理，以及缺乏完善的、透明的规制程序。其五，规制行为具有内在的扩张性，并可能导致更多规制失灵。

案例 14—1

煤电价格联动机制

2003 年以来，中国煤电冲突日益加剧，背后的根本原因是“市场煤”—“计划电”的体制冲突，即电煤价格主要由市场供求决定，而上网电价、输配电价和销售电价都由政府规制确定。能源需求旺盛促使煤炭价格出现大幅度上扬，电煤成本又占火力发电总成本的 40%～50%甚至 70%左右，但下游电价受到规制而变动滞后或幅度不足，因此电煤价格上升必然挤压火电企业的利润空间，煤电之争不可避免，火电企业甚至“停机限电”，进而引发全国范围的“电荒”频频出现。

为了保持国民经济和社会的稳定运行，2004 年 12 月，国家发改委同国家电力监管委员会印发了《关于建立煤电价格联动机制的意见》，按照“市场导向、机制协调、价格联动、综合调控”的思路，以电煤综合出矿价格（车板价）为基础，实行煤电价格联动。一是上网电价与煤炭价格联动，但火电企业要消化 30%的煤价上涨因素。二是销售电价与上网电价联动，但居民电价、农业电价、中小化肥电价保持相对稳定，一年最多调整一次。三是原则上以不少于 6 个月为一个煤电价格联动周期。若周期内平均煤价与前一周期相比变化幅度达到或超过 5%，则相应调整电价；如变化幅度不到 5%，则下一周期累计计算。煤电价格联动政策的出台，对于饱受煤炭涨价之苦的火电企业来说，找到了一条化解之路，是一项有力的支持政策。

截至 2012 年 6 月 30 日，完整意义和部分意义上的煤电价格联动政策共实施了 7 次，产生了一定的效果，如表 14—2 所示。

表 14—2　　2005 年以来历次煤电价格联动政策对全国平均上网电价的影响

起止时间	内容	全国平均上网电价增幅（分/千瓦时）	联动后全国平均上网电价（元/千瓦时）
2005 年 5 月 1 日—2006 年 6 月 30 日	第一次煤电价格联动	2.3	0.349
2006 年 7 月 1 日—2008 年 6 月 30 日	第二次煤电价格联动	1.174	0.361
2008 年 7 月 1 日—2008 年 8 月 19 日	第三次“煤电价格部分联动”	1.7	0.378
2008 年 8 月 20 日—2009 年 11 月 19 日	第四次“煤电价格部分联动”	2.0	0.398
2009 年 11 月 20 日—2011 年 4 月 9 日	第五次“煤电价格部分联动”	0.162	0.399

续前表

起止时间	内容	全国平均上网电价增幅（分/千瓦时）	联动后全国平均上网电价（元/千瓦时）
2011年4月10日—2011年11月30日	第六次“煤电价格部分联动”	2.25	0.422
2011年12月1日—2012年6月30日	第七次“煤电价格部分联动”	2.6	0.448

注：1.2005年第一次煤电价格联动前，全国平均上网脱硫标杆电价为0.326元/千瓦时。
2.2009年全国平均上网电价增幅是调整省区的简单算术平均值。
3.2011年全国平均上网电价增幅是山西等15个重点调整省区的简单算术平均值。
4.2011年第一次调价时，湖南、江西、安徽三省上网电价调整自6月1日起执行。

应该指出的是，在上述7次电价调整中，只有第一次和第二次电价调整按煤电联动规则进行了操作。而在2008年的两次上调电价中，第一次调整了上网电价及销售电价，但不是按照煤电价格联动政策计算确定的。第二次仅调整了上网电价，没有调整销售电价，而是让火电企业消化煤炭涨价因素。由于2008年的两次电价调整都不符合煤电价格联动政策的计算规则，因此，并不能算是完整意义上的煤电价格联动。事实上，根据2008年的煤炭价格，煤电价格联动政策应该执行，但在实际操作中却未能真正执行。因此，2008年的两次上调电价只能算是“煤电价格部分联动”，甚至在某种意义上可看成是煤电价格联动政策的部分失灵。同理，2009年、2011年的电价调整也只是“煤电价格部分联动”。

资料来源：姜春海：《煤电价格联动政策：基于火电行业和特定企业双层视角的分析》，载《产业组织评论》，2011(6)。

案例分析题

1. 从价格规制主要目标的角度评价中国煤电价格联动机制的绩效。
2. 从实施效果来看，中国煤电价格联动机制存在哪些主要缺陷？有何改进建议？

简要答案

1. 高效率配置资源、提高被规制企业的内部效率、避免收入再分配损害消费者、促进企业收支平衡是价格规制的四项基本目标。从实施效果来看，中国煤电价格联动机制对于提高火力发电企业的内部效率和促进企业收支平衡具有一定的作用，但在煤炭资源的配置效率以及保护消费者利益方面的作用不大。

2. 煤电价格联动机制主要存在煤电价格信息难以准确统计、联动幅度的确定随意性较大、联动的计算周期跨度过长、联动政策贯彻执行的难度大等缺陷。可以在上述几方面进行改进，以完善该机制。

第二节　社会性规制

一、概述

1. 含义

社会性规制是以保障劳动者和消费者的健康、卫生、安全以及保护环境和防止灾害为目的，对产品和服务的质量及伴随其提供而产生的各种活动设置一定的标准，并禁止和限制某些特定行为的规制（植草益，1992）。

社会性规制主要针对负外部性、信息不对称和非价值物品问题。有时社会性规制也被称为“HSE”规制，主要是由于经济学家到目前为止对医疗卫生（health）、安全（safety）和环境（environment）规制问题研究较多。但一般不包括与教育、文化和社会福利等有关的政策。

社会性规制不分产业，偏重于处理企业的经济行为可能给消费者和社会带来的不健康或不安全问题，大体上分为三种：一是保证健康和卫生，如由药物法、医疗法等产生的规制。二是保证安全，即由劳动安全环境卫生法、保护消费者法、公路交通法、建设标准法、消防法等产生的规制。三是防止公害和保护环境，即由自然环境保护法、公害对策基本法等产生的规制。其具体目标可总结为：限制负外部性活动，保障人类社会的可持续发展；激励正外部性活动，促进社会的全面进步；保障信息劣势方的权益。

2. 规制依据

公共物品的有效供给、非价值物品的有效供给、外部性和信息不对称是进行社会性规制的主要依据。

（1）公共物品的有效供给。公共物品是指那些为社会公共生活所需要、私人不愿意或无法生产，而必须由政府提供的产品和服务。公共物品的基本特征是同时具备非排他性和非竞争性，可以被社会公众共同消费，在同一时间可以使多个个体受益，如国防、航标指示灯、稳定的社会治安等。公共物品的特征决定了市场机制在公共物品领域失灵，许多公共物品必须由政府提供。为了纠正市场失灵，政府不仅要提供公共物品，而且要对公共物品的提供和交易过程进行社会规制，包括对公共物品的数量、质量、安全、健康、卫生等多方面进行社会规制。

（2）非价值物品的有效供给。非价值物品又称非优效品，是指人们不根据自己的最优利益消费的物品，或消费损害社会利益的物品（如毒品）。在竞争性市场条件下，资源的配置是有效率的。但是社会从道德伦理规范的角度会否定一些物品功能的市场价值，如毒品、麻药、核燃料等。此类物品也可以形成自由的市场，在竞争性市场机制下也可以实现资源配置的效率，但是这并非社会所希望和倡导的。相反，社会在一定程度上会全面限制和禁止此类物品的生产和销售。

（3）外部性。外部性也称外部效应或外部影响，是指在相互联系、相互作用的经济主体之间，一个主体的活动对其他主体产生影响，而该主体又没有根据这种影响从其他主体处获得报酬或向其他主体支付赔偿。外部效应有积极的影响和消极的影响：好的影响或积极的影响被称为外部经济；坏的影响或消极的影响被称为外部不经济。根据经济活动的主体分类，又可分为生产的外部经济和消费的外部经济、生产的外部不经济和消费的外部不经济。

当存在外部效应时，市场价格机制是扭曲的，资源无法实现最优配置。外部性的普遍存在决定了政府进行社会规制的必要性。一方面，社会规制可以减少或消除外部不经济行为，如对破坏环境和生态的经济活动进行规制，以减少或避免环境污染的危害。另一方面，社会规制可以促进外部经济的活动，如政府对从事植树造林、退耕还林、退耕还草等活动主体建立良好的补偿机制，以正向激励促进外部经济的活动。

(4) 信息不对称。信息不对称是指市场活动的参与人对市场特定交易信息的拥有是不对称的。有些参与者比另一些参与者拥有更多的信息，处于信息优势，而另一方则处于信息劣势，且双方都知道这种信息分布状态。在各种市场中，不对称信息的形式和表现多种多样，基本形式可以分为三类：一是买方与卖方之间由于信息差别而产生的信息不对称，其中一方比另一方拥有更多的信息。二是买方与买方之间由于信息差别而产生的信息不对称。三是卖方与卖方之间由于信息差别而产生的信息不对称。由于信息不对称，在市场交易发生的前后分别可能引发“逆向选择”和“道德风险”，致使市场机制的运行缺乏效率，甚至有可能造成市场不存在。政府进行社会性规制，可以缓解信息不对称问题，鼓励交易者之间加强信息沟通、发布真实信息、规范合同、建立市场信誉等，以校正信息不对称产生的市场失灵。

3. 目标

(1) 限制负外部性活动。在社会发展过程中，人类自身的活动对外部环境产生了大量的负面影响，致使环境、资源等难以再生的社会要素遭到了严重的破坏，人类活动所引发的负外部性给人类社会带来了不安全问题，危及人类社会的可持续发展。这种状况依靠市场机制和个人行为难以解决，从而成为了政府社会性规制的重要目标。

(2) 激励正外部性活动。经济主体的活动还可能对社会产生正的外部效果，从而增进社会福利。但如果这些具有正外部性的私人活动不能得到相应的补偿（即得不到适当的激励），就会使行为主体失去继续从事该活动的动力，这样对于社会而言便产生了损失。同理，市场对维持正外部性活动无能为力，必须依靠政府将其纳入社会性规制的目标中。

(3) 保障信息劣势方的权益。在交易两端的主体对交易所掌握的信息是不对称的，信息优势方出于某种考虑可能会对信息劣势方构成威胁，使其应有的权益受到侵害，出现不安全、不健康的问题。因此，各国在社会性规制过程中都将信息劣势方的权益保护作为重要目标，纷纷以立法的形式规定产品服务的质量标准、从业人员的执业标准以及劳动场所的安全标准等，力争保障信息劣势群体的权益，确保他们的安全、卫生、健康。

4. 规制方式

社会性规制的对象和手段较为广泛，主要有以下规制方式：

(1) 禁止特定行为。是指直接禁止那些被社会公认有可能引起危害或不良后果的行为，如有关麻药取缔的法规禁止麻药的随意使用。禁止特定行为也包括对能够引起负外部性和使消费者受害的特定行为的禁止，如禁止企业废弃物的不正当排放。

(2) 营业活动限制。是指通过批准、认可制度对与提供公共物品和准公共物品、非价值物品有关的从业者及可能因外部不经济而受害的产业的从业者进行营业活动的限制，规制机构依法具有营业活动方面的批准、认可权力。

(3) 资格制度。是指从事确保健康、安全、环境方面业务的行为主体，需要由政府对其专业知识、经验、技能等项指标进行认定、证明并发给资格认定证照的制度。资格制度主要有三类：一是指批准资格取得者从事该项业务，而禁止资格取得者以外的人从事该业务的“业务限制资格”，比如律师、医生。二是对监督、管理一定事业的活动者（如危险物的管理人员）设置职业职责规定，要求从业者有必要在其事业内设置“业务必置资格”。三是对取得一定专业知识的技能者（比如专业学校的毕业生）加以公证，授予其一定名称、称号的“名称资格”。

(4) 检查鉴定制度。是指为了确保产品的安全性，保证生产中机械设备能够安全运转和操作，规定从事该活动的行为主体具有实施各种检查（包括定期检查、使用前检查、使用后检查等）义务的制度。

(5) 信息公开制度。是指规制机构有权要求企业或者从业者向消费者尽量详细地公开与其所提供的产品或服务有关的信息。或按照有关法律的规定，消费者有权向这些企业或从业者索取自己应知道的有关产品和服务的信息。比如公开产品原料、产地、保质期等信息。

(6) 收费补偿制度。是指对引起火灾、环境污染以及利用自然资源的经济行为征收定额费用及资源补偿费。目的在于使这种负外部性内在化为企业的内部成本，迫使企业按照边际社会成本曲线来确定其生产规模，尽量减少对环境、资源的过度破坏。

(7) 标准认证制度。是指为了确保产品、设备操作和管理的安全性，对其质量、结构、性能等制定出安全标准，对没有经过检验鉴定或没有符合标准的标志的产品禁止销售或利用。

在上述七种社会性规制方式中，前三种为社会性规制的基本方式，后四种规制方式则是对前三种方式的补充或具体化。

根据规制的类型、目的、对象和方式，可以将经济性规制和社会性规制的政策体系简单概括如下（见表14—3）：

表14—3　　经济性规制和社会性规制政策体系的简单对比

规制政策类型	规制目的	规制对象与内容	主要规制方式
经济性规制政策	防止无效率的资源配置的发生和确保需要者的公平利用	针对自然垄断与信息不对称问题，其对象包括公用事业、电力、电信、金融等产业	进入规制；价格规制；质量规制；数量规制
社会性规制政策	保障劳动者和消费者的安全、健康、卫生，以及保护环境和防止灾害	物品和服务的质量及伴随其提供而产生的各种活动	禁止特定行为；营业活动限制；资格制度；检查鉴定制度；信息公开制度；收费补偿制度；标准认证制度

二、环境规制

1. 含义

环境规制的领域一般包括：大气污染、水污染（河流污染、饮用水安全）、有毒物质的使用（如杀虫剂）、有害废物处理、噪声污染等对人类健康和生态系统有不利影响的领域。

2. 规制方式

(1) 污染排放标准规制。污染排放标准可以分为三大类：技术标准、基于安全的标准和基于绩效的标准。技术标准是基于现有技术水平可达到的降低污染的能力而制定的，通常对被规制企业所采用的降低污染的技术措施做出明确规定。基于安全的标准是以保障公众健康为原则，制定不会对人的健康产生危害的污染排放水平。以上两种标准都没有把规制的成本—效益作为主要因素考虑，因而通常会导致过高的规制成本。

（2）排污费规制。排污费（或污染税）规制是按照污染排放者排放的污染物种类和数量向其计征污染排放费用。在排污费规制下，涉及污染物排放的企业面临着两种成本，污染控制成本和污染物排放费支出。企业必须在这两者间做出权衡：降低污染排放水平可以减少排污费支出，但污染控制成本会增加；而降低污染控制成本可能导致污染物排放水平上升，增加排污费成本。最终企业将选择使总成本最小化的污染控制水平。

本质上，排污费规制是一种基于市场的规制方式，通过给外部性定价，形成一种经济调节机制。当面临企业的污染治理成本不确定的情况时，征收排污费往往要优于标准规制。

（3）可转让的排污权交易。当产权明晰时，在交易成本较小的情况下，污染问题可以通过交易手段得到有效的解决。可转让的排污权交易就是基于这一设想，创造出企业的排污产权，同时对这一产权进行分配，使其可以交易。这种方式会产生一个排污权市场，污染治理成本低的企业可以充分发挥其降污潜力，通过卖出污染排放权获利；污染治理成本高的企业则成为排污权市场的买入方，当降低污染的边际成本高于排污权市场价时，可以通过买入排污权降低其总成本。在排污权市场供需双方的共同作用下，将形成排污权的市场清算价。排污企业将根据这一价格合理调整污染物的排放量以使总成本达到最低，而整个市场覆盖范围内的污染排放总量则由规制机构控制。

案例 14—2

清洁生产标准实施

自 1992 年全球环境首脑会议将清洁生产作为环境治理的重要战略以来，清洁生产在实践中得到越来越多国家的重视。2002 年《中华人民共和国清洁生产促进法》的发布，标志着作为一种新的治理方式，清洁生产开始进入政策层面。清洁生产标准规制的大规模实施则是使清洁生产进入实际操作层面的重要标志。长期以来，环境规制多采用末端治理方式，该治理模式容易产生运行成本高、污染转移等问题。清洁生产标准规制的实施将末端控制转为过程控制，是环境规制策略的重大转变。自 2003 年起，中国陆续颁布了 56 项产业清洁生产标准，其中 2003 年实施产业清洁生产标准 3 项，2006—2007 年集中实施 22 项。2008—2010 年也陆续出台了部分标准，但其中大多是对以往标准的修改和完善。以钢铁产业为例，2006 年 10 月中央政府就实施了编号为 HJ/T 189-2006 的清洁生产标准，后续三年又分别出台了补充的标准，如果将这类情形视为政策延续，其清洁生产标准规制被认定为始于 2006 年。从出台标准的产业看，大多在化工、金属冶炼、造纸等重污染产业，重污染产业的数量占到了 60%，体现了政府重点控制的产业方向。范围不断扩大的清洁生产标准规制已经成为分析产业清洁生产潜力、进行产业清洁生产考核的重要依据。

清洁生产标准规制对企业生产的全过程如生产工艺与装备、废物回收利用、资源能源利用、污染物产生、产品和环境管理等设定指标，为了达到相应指标的要求，企业就需要通过技术引进或者自主创新等方式改进生产工艺。清洁生产标准的实施要求企业通过现场核查弄清污染物来源，分析各项污染数据的变化，找到污染排放的原因，通过一系列措施在生产中间环节控制污染物排放。与末端治理相比，由于企业全程参与，清洁生产标准规制的实施对企业经营绩效的影响更为广泛。从规制视角看，末端治理较为简单直接，清洁生产标准则更为细化。清洁生产在治理污染的同时，可以更好地进行资源优化配置。清洁生产标准鼓励企业进行生产方式变革，提高生产工艺水平，倒逼企业进行生产技术创新。同末端治理相比，清洁生产可以节约运行费用，同时其技术进步效应则可以更为直接地作用于企业生产，更可能产生全要素生产率（TFP）提升效应。

资料来源：韩超、胡浩然：《清洁生产标准规制如何动态影响全要素生产率——剔除其他政策干扰的准自然实验分析》，载《中国工业经济》，2015（5）。

案例分析题

1. 以上案例论述了清洁生产标准实施的基本情况，请根据所学思考清洁生产与末端治理两种类型的规制工具对环境污染控制的内在影响。

2. 清洁生产标准规制对产业发展的影响可能受多种因素影响，请结合所学以及现实观察，思考清洁生产标准规制的实施在不同地区间的影响机制。

简要答案

1. 作为环境规制的两个主要工具，清洁生产与末端治理均具有污染治理作用，但是，清洁生产更多作用于生产过程，更容易带来企业生产率的提升。这是因为，清洁生产可以通过信号作用利于资源利用效率的提高，同时更容易通过倒逼机制刺激企业进行技术创新。

2. 清洁生标准规制的实施与地区发展水平、自主创新能力以及 TFP 禀赋有关，其中前两者对规制的实施有促进作用，但后者可能产生 TFP 提升瓶颈作用。结合以上三个影响可以分析东中西部规制影响的差异。

三、产品质量与食品药品质量规制

1. *产品质量规制*

由于产品安全、质量、卫生等方面所产生的问题可能会给消费者带来灾难性损害，而且一些不良后果可能在十几年甚至几十年后才会显示出来，因此，对产品质量进行规制是必要的，也应该是全方位的。即不仅有事前规制，还必须包括事中规制和事后规制。

（1）事前规制。主要包括市场准入规制、标准规制和强制信息披露规制。比如产品安全市场准入规制是指产品在上市前，需经过规制机构批准以保证其安全性。又比如产品安全与质量标准规制是指由规制机构对某些产品或其生产过程制定安全健康标准，相关企业的此类产品或其生产过程都必须达到该标准，否则将被视为违规而受到处罚。强制信息披露规制要求企业将产品的性能、成分、可能的副作用、危险警告等与安全健康有关的信息在产品上明确标示出来，由消费者在知情的情况下做出选择。

（2）事中规制。主要是指对企业在销售产品的过程中采取的方式的规制，又称为信号显示机制规制。主要包括对广告的规制、品牌的规制。广告规制主要是对那些虚假广告进行规制。品牌规制主要是对那些假冒名牌的产品生产企业进行规制，保护名牌产品。

（3）事后规制。主要是指对产品售后服务的规制。政府不仅要加强对那些已经承诺售后服务的企业履行合同情况的监督，有时还要针对某些产品强制规定售后服务的标准，以此达到传递质量信息、淘汰伪劣产品的目的。

2. *食品药品质量规制*

食品和药品规制具有很强的一致性，可以对两者一起论述。在食品药品交易中，对食品药品质量了解的信息不对称会使消费者利益受到损失。因此，规制机构应通过建立食品药品质量规制的法律法规体系、制定食品药品标准体系、进入规制、信息规制以及监测等手段对食品药品质量进行规制，以达到确保食品药品质量的目的。

四、工作场所安全规制

工作场所安全影响到劳动者的生命健康和安全，因此，政府必须进行工作场所安全规制。政府对工作场所安全、健康的规制，主要采取两方面的措施：

1. 强制风险信息披露

典型的例子是美国“化学品标签”规制，这种规制制度要求企业在所生产和所使用的化学品上必须粘贴有关风险警告的标签，同时必须对工人进行相关培训。

2. 工作场所安全健康标准规制

这是通过直接规定工作场所的健康安全标准来保证工人健康和安全的政府干预活动。安全健康标准不能针对隐蔽的健康隐患，而是应直接面对工作场所影响工人健康的现实问题。

工作场所安全健康标准主要有两方面的内容：一是技术标准，即对工作场所应具备的安全防护装置、所采用的技术做出具体规定。技术标准的缺点是限制较死，规制成本较高。二是绩效标准，即对企业规定要达到的安全健康目标，而对如何达到规制目标不作具体规定，这样可能会节省大量规制成本。绩效标准更侧重于工人的实际健康和安全状态。

第三节　激励性规制与放松规制

一、激励性规制

1. 含义

激励性规制是在保持原有规制结构的条件下给予被规制企业提高内部效率刺激的各种机制。激励性规制给予被规制企业竞争压力和提高生产或经营效率的正面诱因，让其利用信息优势和利润最大化动机，主动提高内部效率、降低成本，并获取由此带来的利润增额。因此，相对于传统规制而言，激励性规制只需关注企业的产出绩效和外部效应，而较少控制企业的具体行为，企业在生产经营中具有更大的自主权。

激励性规制的实质是将规制问题看做是一个委托—代理问题，着重研究如何在信息不对称的规制者与被规制者之间进行激励框架的设计，以便给予企业一定的自由裁量权，促进企业降低成本、提高质量、改善服务，诱导企业逐步接近社会福利最大化的目标。

激励性规制的具体制度主要有：价格上限规制、特许投标制度、标尺竞争制度等。

2. 价格上限规制

价格上限规制就是在一般物价上涨率中扣除预先设定的该产业生产率上升率，再加上被允许的以价格转嫁为目的的费用上升率，在此范围内允许价格上涨的一种价格水平规制。基本思想可表示为：

$$P_t = P_{t-1}(1 + RPI - X)$$

其中，RPI 表示零售物价指数，相当于通货膨胀率；X 是由规制机构规定的生产率上升率；规制机构每隔一段时间进行一次规制检查，调整其中的价格指数和效率系数。在企业生产率上升的成果中，X 部分为消费者所保留，超过 X 的部分为企业所保留，只要不超过平均价格上限，企业就能够在限定范围内自由变动其产品或服务价格。

价格上限规制的优点是：增强了企业降低成本等的激励；减少了信息不对称带来的规制信息搜索费用等，降低了规制成本；给予企业较高的自由度来确定单项服务价格，有利于形成有效的收费体系；明确了对生产率提高的贡献度的具体回报方式，使激励稳定可行；事先决定了更新规制的时间，使长期性、计划性的经营活动成为可能；规制实施手续的透明度提高；等等。但价格上限规制也存在一定的缺陷：首先，确定合理的 X 值是影响模型实际应用的主要技术难点。其次，临近价格调整期时，企业的投资动力可能弱化，从而影响投资的连续性。最后，在规制合同中没有明确详细质量要求时，企业可能做出降低服务质量的投资决策。

3. 特许投标制度

特许投标制度是通过拍卖的形式，让多家企业竞争在某产业或业务中的特许经营权，在一定的质量要求下，由提供最低报价的那家企业获得垄断经营权。在特许经营权到期后，重新组织对特许经营权的投标竞争，以此来防止因垄断经营而造成的生产无效率和因垄断高价而造成的分配无效率。同时，通过市场竞争定价也可以避免因成本、价格等方面的信息不对称而造成的规制失灵，降低规制成本。采用这种方式，如果在投标阶段有比较充分的竞争，那么，获得特许经营权的企业就只能获得正常利润，而不能在长期内持续获得高额垄断利润。

在现实中，特许投标制度存在以下两个主要缺陷：第一，未必能够确保有效的竞争。造成特许权投标竞争不足的原因主要有两个方面：一方面，存在着投标企业之间进行串通、合谋的可能性，特别是投标者数量越少，这种危险就越大；另一方面，已经拥有过特许权的现有企业与新进入的投标企业相比，在投标时往往可保证战略上的优势。第二，特许投标制度会引起有关资产转让的问题。若某企业特许经营权到期，则其资产向新获得特许经营权的进入企业移交或转让的交易过程非常复杂，很难找出使双方都能接受的资产处置方式。

4. 标尺竞争制度

标尺竞争是通过开展不同地区之间垄断企业的间接竞争，来刺激垄断企业提高效率、降低成本、改善服务。标尺竞争的意义在于为规制机构提供受规制企业真实成本信息的参考。具体而言，标尺竞争是指在存在多家区域性垄断企业的自然垄断产业中，政府将被规制的全国性垄断企业分为几个区域性企业，政府通过比较不同区域性企业的经营绩效，以“影子企业”（以本区域之外的其他企业的成本和降低成本的支出的均值形成的虚构企业）的经营成本为衡量标准，并考虑各地区的经营环境差异，在此基础上制定规制价格，促使各区域性企业为降低成本、增加利润而展开区域间的间接竞争。因此，标尺竞争又被称为区域间比较竞争。

在实践中，标尺竞争政策的效果受到企业串谋、企业相关性、真实成本和比较时间等因素的制约。特别是标尺竞争要求对在基本相同或相近的环境下经营的企业进行比较，因此在应用时受到较大的限制。

此外，激励性规制方式还有延期偿付率规制、利润分享规制、社会契约和成本调整契约制度以及菜单规制等。延期偿付率规制和利润分享规制是在生产者和消费者之间追求公平分配的激励性规制。延期偿付率规制是允许消费者先消费商品或服务，在一定时期后再付费的规制方式。利润分享规制使消费者直接分享公用事业超额利润或分担亏损，它可以采取购买后退款或为将来购买提供价格折扣等形式。社会契约和成本调整契约制度在美国电力事业部门中广泛实行，它要求规制者和企业之间在修订收费时就设备运转率、热效率、燃料费、外购电力价格、建设费等签订合同，如果实现的成绩好于合同的规定，那么就给予企业报酬，否则就给予其处罚。菜单规制是一种综合性规制方式，它将多种规制形式组合成一个菜单，供被规制企业选择。

5. 制约因素

激励性规制在实际运用中，除了由于信息不对称而使得被规制企业可以获得大量的信息租金外，还存在着一些关键的制约激励性规制发挥作用的因素。

（1）产品和服务质量。激励性规制的一个共同缺陷就是没有充分考虑产品和服务质量的问题。在激励性规制下，企业自己要对提高产品和服务质量发生的成本负责，而在没有市场竞争的条件下，企业没有激励去提高产品和服务质量；相反，追求利润最大化的企业却有动力去降低质量以降低成本从而获得超额利润。这说明激励性规制合同本身不能提供对保证和提高产品质量的激励，需要另外的质量规制合同加以补充。

（2）规制承诺。在激励性规制下，如果规制期限过短，规制机构在规制期限后立即调整规制条件，剥夺企业由于提高效率而得到的超额利润，那么激励性规制的效力就会大大降低。因为低成本等于告诉规制机构，企业效率较高，因此在以后修改合同时，规制机构就会提出更苛刻的条件，从而使得企业努力获得较好的绩效，反而会受到惩罚，这就是“棘轮效应”。它的直接影响是限制了合同的激励强度，所以一般价格上限规制合同多为中期，即4～5年。

（3）规制俘虏。规制俘虏的可能性在高效力的激励性规制模式下显得尤为突出。规制机构在设计一个固定价格合同时，拥有很大的权力，所以这种合同就存在很大的主观性，并且直接影响着企业所获得的租金。企业可能通过收买规制机构来获得超额利润。

一般有两种思路来抑制规制俘虏问题：一是减少规制机构从共谋中获得的利益。二是增大规制俘虏的难度。第一种思路的主要方法有降低规制机构的判定权限和通过奖励使得规制机构在企业与公众之间达到一种利益平衡，而不是偏向某一方。第二种思路的主要方法包括增加为俘虏规制机构而行贿的难度，以及减少规制机构和委托人之间的信息不对称，增大对规制机构的监督。但这些方法都不能完全地解决规制俘虏问题，只能在一定程度上减轻这一问题带来的负面影响。

二、放松规制

1. 含义

放松规制是指政府取消或放松对自然垄断或其他产业的进入、价格等方面直接的行政、法律规制，是对规制失灵的一种矫正。具体地，放松规制有两层含义：一层是完全撤销对被规制产业的各种价格、进入、投资、服务等限制，使企业和产业处于完全自由竞争状态，因此也可称为取消规制；另一层是部分地取消限制，或者使原来较为严格、烦琐、苛刻的规制条款变得较为宽松开明。从各国实践的趋势来看，经济性规制呈现出放松态势；而保护劳动者和消费者的安全、健康、卫生以及保护环境的社会性规制日益呈现出强化趋势。

无论放松规制的程度如何，其实质都是引入竞争机制，降低成本，提高效率。

2. 原因

经济性规制之所以出现了放松，主要原因有以下几个方面：

（1）技术和需求变化削弱了经济性规制的依据。技术进步可能使企业的最小有效规模缩小，需求扩大也将改变成本劣加性的边界，于是由独家垄断企业提供该产业全部需求的产品和劳务的合理性正在消失，而由两家或多家企业服务于市场更有效率。另外，随着技术的发展和需求的细分，自然垄断产业的某些业务变成了可竞争业务，从而可以从其他业务中独立出来，放松规制以实现竞争。

（2）产业间替代竞争加剧。即使是受规制的垄断产业，也存在着与替代产品之间的竞争，需要及时做出投资、生产、价格、服务等新决策。但是规制延缓了受规制产业的反应时间，往往使其在竞争过程中处于被动地位。这种存在着替代部分的产业被称为结构性竞争产业，如铁路、航空、公路等产业就属于结构性竞争产业，最先放松规制的就是这类产业。

（3）产业融合改变了规制范围。产业融合通过技术革新和放宽限制降低了产业间的壁垒，加强了各产业间的竞争合作关系，于是产业间界限变得模糊，各企业并存于相互竞争的状态之中，需要政府以维护市场的正常秩序和保护市场的公平竞争为主要目标。

（4）规制失灵引发放松规制。规制成本及关联费用不断升高；规制导致企业的内部低效率；规制机构的自由裁决导致寻租行为泛滥；规制时滞与瞬息万变的市场环境不相适应，造成企业和消费者遭受损失；规制过多或不当可能造成资源配置无效率。

（5）经济全球化的迫切要求。经济全球化要求国际贸易、跨国投资、战略联盟等国际合作有一个开放、公平、自由的环境，但规制对经济运行的人为干预和限制不利于国际上人、财、物、信息的交流。为此，首先是发达国家之间在市场准入方面达成妥协，共同放松规制，提倡公平竞争，进而放松规制延伸到发展中国家，形成世界性浪潮。

3. 路径

从各国实践来看，放松规制的主要路径有：

（1）引入竞争。这种模式就是在原来垄断的市场中引入新的竞争对手与之竞争。技术和需求环境的变化削弱了经济性规制的基础，使竞争成为可能。英国电信改革的做法就是引入新的竞争者。英国政府不但允许 Markery 公司涉足有线通信网络业务领域，而且要求原电信公司——英国电信公司以较低的成本价格向 Markery 公司提供市话服务、向 Markery 公司提供帮助以抵消其在长途业务中缺乏规模经济的劣势等，这种做法也被称为“不对称规制”。中国的电信改革也采取此类措施。国务院于 1993 年正式同意组建中国联合通信有限公司（简称中国联通），打破了中国移动通信市场的垄断格局。

（2）纵向分离。这种模式就是把竞争性业务从垄断性业务中分离出去，从而缩小规制范围，提高竞争企业的竞争活力，同时防止企业采取交叉补贴的不正当竞争方式挤压竞争对手。从1998年开始，中国对国有垄断的中国电信进行业务分离：1998年，将无线寻呼业务分离出来，成立国信寻呼有限责任公司（该公司于1999年5月划转中国联通）；1999年将移动通信业务分离出来，后于2000年成立中国移动通信公司；1999年将卫星通信业务分离出来，后于2001年成立中国卫星通信公司。

（3）横向拆分。这种模式主要在大国实施，因为大国的市场容量较大，拆分后仍然可以保证各公司能够享受到规模经济的优势。1984年，美国政府把原先垄断的美国电话电报公司（AT&T）分割为7个地区性本地电话公司和一个长途电话公司，原先垄断的电信市场变为竞争性的电信市场，但每个公司的规模仍然很大。2002年，中国对国家电力公司进行拆分，将原国家电力公司的电网资产拆分为国家电网公司和南方电网公司两部分，并规定这两家电网公司不能经营发电业务。

（4）引入非公有资本。政府建立国有企业是干预经济的常见方式，可视为一种特殊的内生规制，这种制度安排导致企业的激励和约束机制不足。引入非公有资本可以生成以明晰产权为前提的真正意义上的市场主体，同时缓解政府的财政压力，增加市场供给。1988年2月，英国政府开始进行电力市场化改革。1990—1996年，12家地区配电公司、3家发电公司和1家高压输电公司的股票陆续上市，完成了国有电力企业向非公有电力企业的转变。

需要注意的是，放松规制各种模式的综合使用即采用混合模式的效果优于单独使用的效果，如英国的电力改革和中国的电力改革。此外，完善的立法和严格的执法是放松规制的保障。西方国家在放松规制的过程中建立了独立的规制机构，这些机构与政府主管部门分开，能够有效避免在规制过程中出现政企不分、政资不分、明显偏向于既得利益集团的倾向，有利于减少行政性垄断，减轻规制失灵。

4. 实践

放松规制已经在欧美日等发达国家、亚非拉等发展中国家，以及中国、东欧等国家广泛进行。但其肇始于英国和美国，而由于中、美两国都属于大国，因此从更具有参考意义的角度考虑，这里以美国为例，简单介绍美国放松规制的实践进程及取得的绩效。

美国规制的历史大体可分为三个时期：第一时期是19世纪80年代—20世纪初对铁路、电力、煤气、电话等产业领域的规制。第二时期是20世纪30—40年代以经济大危机为背景确立的规制领域，主要是1933年以银行、1934年以证券和广播、1935年以卡车和输送管道、1936年以海运、1938年以航空和电力等产业为主要对象。第三时期是20世纪50年代以后主要以能源领域为对象，被规制对象进一步扩大到天然气（1954年）、输油管道（1960年）、石油（特别是汽油，1973年）。

20世纪70年代末，美国开始放松规制，相继对航空、铁路和公路运输、能源、银行、电信等产业在价格、进入、退出、投资、财务、会计等方面实行放松规制，发挥市场机制的作用。1980—1992年间，美国主要产业放松规制的决定如表14—4所示。

表 14—4　　**1980—1992 年间美国主要的放松规制决定**

年份	内容
1980	环保厅允许进行放射物贸易 联邦通信委员会取消了对有线电视和在消费者住宅内所置设备的规制 《汽车运输事业法》消除了对新进入者的限制，允许从业者在几乎不受州际商业委员会监管的情况下确定运价和路线 《存款机构放松管制和货币控制法》逐步取消利率的上限，允许储蓄和贷款机构提供有息支票账户服务
1981	《斯塔格斯铁路法》授予铁路公司在不经政府批准的情况下调整运价的权力及可以和船运公司签订合同
1982	里根政府放松了对原油价格及石油分配的规制 联邦通信委员会取消了许多无线电规制 新《汽车运输事业法》允许市内公共汽车公司改变线路和收费
1984	《加恩-圣杰曼存款机构法》允许储蓄和贷款机构发放更多的商业和消费贷款，并取消银行和储蓄贷款机构之间的利率差异
1990	美国电话电报公司同意和地方经营性公司相分离
1992	单个海洋运输公司获准提供与海运谈判所确定的相比更低的运价和更好的服务 《清洁空气法》允许自由买卖污染使用额 《能源法》取消了对独立电力生产企业的限制，允许其以市场价格出售能源

资料来源：丹尼斯·卡尔顿、杰弗里·佩罗夫：《现代产业组织》，1341～1342 页，上海，上海三联书店、上海人民出版社，1998。

世界银行于 1994 年对美国自然垄断产业放松规制后由竞争带来的收益做了估计，认为航空、汽车、铁路和电信四个产业放松规制后每年估计增加的收益大约在 354 亿～448 亿美元之间，具体如表 14—5 所示。

表 14—5　　**美国放松规制后年度收益增加估计**

产业	放松规制程度	放松规制后每年估计增加的收益（10 亿美元）
航空	完全取消	13.7～19.7
汽车	大量放松规制	10.6
铁路	部分放松规制	10.4～12.9
电信	大量放松规制	0.7～1.6

注：由竞争带来的收益包括生产者（根据利润测算）、消费者（根据价格和服务质量测算）以及产业工人（根据工资与就业测算）的净收益。

资料来源：世界银行：《1994 年世界发展报告》，57 页，北京，中国财政经济出版社，1994。

案例 14—3

拉美公用事业的放松规制和激励性规制

20 世纪 90 年代后，拉丁美洲（简称拉美）国家开始大规模在电信、电力、自来水、天然气等公用事业领域进行放松规制和激励性规制改革，采用了多种方式引入私人资本，并通过横、纵双向拆分，将竞争机制引入传统意义上具有自然垄断性质的公用事业领域。

(1) 资本多元化。拉美各国通常在拆分的基础上分阶段出售公用事业领域的原国有垄断企业，政府公开拍卖需要私有化的国有企业的部分或全部资产以确保国有资产的最大经济利益。对于少数大型企业，政府通过在国内外股票市场上公开挂牌出售其股票的方式实现所有权改变。在玻利维亚，政府把原国有企业50%的股份转移给获胜的竞标者，把另外45%的股份转移到私人养老基金上以确保社会保障和增进社会福利，把剩余5%的股份转移给企业职工，这种方式被称为资本化。此外，出售原国有企业时政府通常硬性规定向本企业职工出售的比重，多为5%～10%不等，以确保企业职工的利益并降低所有权的集中程度。

(2) 纵向解体。玻利维亚将发电、输电、配电环节纵向分离，在发电领域建立Corani、Guaracachi和Valle Hermoso三个具有特许经营权的公司，并把每个公司的市场份额限定为国家互联系统国内市场能力的35%。1999年市场准入被放宽，Synergia等另外三个公司进入发电市场。在输电领域，国家电力公司将电网经营权移交给私有的电力传输公司，《电力法》禁止输电公司参与电力买卖活动，要求其建立公开接入服务并接受价格规制。在配电领域，建立了许多独立的配电公司，这些公司在指定区域内垄断经营但受到价格规制和质量管理。

(3) 横向拆分。拉美各国将很多国有公用事业垄断经营企业拆分为同一生产环节上的若干小企业后进行出售，旨在限制企业的垄断力量，增强现有竞争对手间的竞争，从而引入竞争机制、提高竞争效率。这种拆分对阿根廷电力市场产生了良好的效果：在发电领域，全国现有40多个电力运营商，其中80%为私有运营商；在输电领域，全国性的输电网由一个高压公司和很多地区性的公司覆盖运营，按照规定这些公司不进行电力交易并必须提供公开接入服务；在配电领域，30多个公司在其特许经营区域内享有垄断权力，大型用户可通过双边合同购电或直接购电，在为这些大型用户供电的业务上存在着竞争。

拉美公用事业市场化一方面是对以前严格规制的放松，另一方面也是激励性规制的实施以及规制机构和法律的重建过程。激励性规制的主要措施有：

(1) 价格上限规制。拉美各国依据改革阶段而不断调整价格上限规制模型中的因素值。阿根廷对电信运营企业Entel的规制经历了过渡、排他、扩展三个阶段，在过渡阶段，价格上限设计中将X设为零，根据物价变化每六个月对CPI进行一次调整。在1991年11月—1996年11月的排他阶段中，X被设为每年2%，并将物价指数由本国的CPI改为美国的CPI，允许运营商通过长途话费补贴资费的下降。这些调整导致1992年3月月租费增加了50%。在从1996年11月起的第三阶段中，随着国际长途电话市场的开放和重新平衡资费的许可，电信运营商调低了国内长途话费和国际长途话费，同时取消了免费脉冲，又使月租费上升了40%以上。

使用价格上限规制时，各国规制机构通常规定一个相对合适的规制时滞，以防止诸多不确定因素对价格和企业收益造成影响，帮助被规制企业收回固定投资、完成条约规定的义务和拓展目标。在玻利维亚，电信产业的规制时滞为4年，电力产业为3年，自来水业为5年。

(2) 特许投标规制。在拉美，特许投标制度采用公开竞标的租让形式。根据租让合同，政府把公用事业经营权转让给私人，受让人在一定期限内使用这些权利同时缴付租金并承担经营管理和投资等义务。租让权被授予那些满足技术和资金要求并在现行公共资费下提供最大折扣的公司。租让实际上是将公用事业的经营权承包给私人资本，而公用事业的所有权仍在国家手里。例如在阿根廷，1993 年 5 月 Aguas Argentinas SA consortium 与国家卫生局签订了为期 30 年的租让合同，负责为首都布宜诺斯艾利斯供水及进行污水处理。这一租让合同的主要目标是降低政府的经营成本和消费者的使用费用。

资料来源：肖兴志、孙阳：《拉美公用事业市场化改革及经验教训》，转引自廖进球、陈富良主编：《规制与竞争前沿问题》，北京，中国社会科学出版社，2006。

案例分析题

1. 结合放松规制和激励性规制的基本理论论述拉美公用事业市场化的路径。
2. 拉美公用事业市场化有哪些潜在收益和风险？应如何处理？

简要答案

1. 拉美国家在公用事业市场化的改革实践中，主要采取了引入非公有资本、纵向分离和横向拆分三种路径。除了放松规制外，拉美国家公用事业市场化的改革还采取了价格上限规制、特许投标制度的激励性规制方式。

2. 拉美国家公用事业市场化改革已经在提高原被规制企业的生产效率和管理效率、降低服务价格等方面获得了明显收益。但同时也面临着供给和服务质量能否长期保持稳定、如何激励企业适时采取新技术和投资，以及如何在更长期内保证其投资的正常回收等问题。

建议措施：一是继续完善稳定供给责任制度和服务质量标准。二是完善对企业新技术和新投资的规制承诺。

关键术语

经济性规制　社会性规制　安全规制　环境规制　规制失灵　放松规制　激励性规制　标尺竞争

本章思考题

1. 规制包括哪些类型？各有什么特点和目的？
2. 经济性规制包括哪些主要方式？
3. 比较几种价格规制模式。
4. 比较分析规制失灵和市场失灵。
5. 什么是激励性规制？激励性规制的具体方法有哪些？

简要答案

1. 规制一般分为经济性规制和社会性规制两大类。经济性规制属于传统规制，以价格规制和进入规制为核心，主要目标是确保资源配置的高效率、提高被规制企业的内部效率、避免收入的再分配对消费者造成损害、促进企业收支平衡以维护企业的发展潜力。社会性规制属于新兴规制，以保障劳动者和消费者的健康、卫生、安全以及保护环境和防止灾害为目的，主要针对负外部性、信息不对称和非价值物品问题。

2. 经济性规制的主要方式有：进入规制、价格规制、数量规制、质量规制等，其中进入规制和价格规制最为重要。

3. 价格规制是政府从资源有效配置的角度出发，对于价格（或收费）水平和价格体系进行规制。价格水平规制是指规制机构对特定产业、产品或服务的价格的绝对高低水平进行规制，典型的有投资回报率价格规制模型和价格上限规制模型。投资回报率价格规制模型的核心思想是确定合理的投资回报率，按照规制机构确定的企业投资回报率基数，制定价格。该模型的主要优点是能够保证投资充足。主要缺点是激励作用很小，且易导致过度投资。价格上限规制模型的核心思想是确定一个最高限价或最低限价，在不超过这一价格水平下，由企业自主定价。该模型的主要优点是激励作用很强。主要缺点是很难确定合理的 X 值，且投资连续性不足。

价格结构规制是指依据消费者不同的需求结构，将被规制产业的巨额“共同成本”分摊给不同类型的消费者，属于差别定价的一种，以两部定价、多部定价较为常见。

4. 规制失灵属于政府失灵的范畴，是政府失灵在微观规制领域的表现。产生规制失灵的经济原因主要是规制机构面临的不完全信息所决定的有限理性。政治原因主要有：一是政府所具备的公共性与规制机构、政府官员的行为目标之间存在差异和矛盾；二是政府所具备的强制性和普遍同质性使得规制可能引起再分配方面的不公平和寻租活动的产生，从而使得规制的实际效果与社会公共目标进一步产生偏差；三是由于规制行为难以监督、行为效果难以测量等原因而产生了监督制约机制的不完善；四是规制机构设置不合理，以及缺乏完善的、透明的规制程序；五是规制行为具有内在的扩张性，并可能导致更多规制失灵。

市场失灵是指市场机制中的价格信号在资源配置等方面失去作用，其产生的主要原因在于垄断、公共物品、外部性、不完全信息等。

5. 激励性规制是在保持原有规制结构的条件下给予被规制企业提高内部效率刺激的各种机制。激励性规制给予被规制企业竞争压力和提高生产或经营效率的正面诱因，让其利用信息优势和利润最大化动机，主动提高内部效率、降低成本，并获取由此带来的利润增额。

激励性规制的具体制度主要有：价格上限规制、特许投标制度、标尺竞争制度、利润分享规制等。影响激励效能的因素有产品和服务质量、规制承诺和规制俘虏等。

主要参考文献

[1] 植草益. 微观规制经济学，北京：中国发展出版社，1992.

[2] 小贾尔斯·伯吉斯. 管制和反垄断经济学. 上海：上海财经大学出版社，2003.
[3] 肖兴志，张嫚主编. 产业经济学. 北京：首都经济贸易大学出版社，2007.
[4] 王俊豪主编. 管制经济学原理. 北京：高等教育出版社，2007.
[5] 谢地主编. 政府规制经济学. 北京：高等教育出版社，2003.
[6] 马云泽. 规制经济学. 北京：经济管理出版社，2008.
[7] 马昕，李泓泽等编. 管制经济学. 北京：高等教育出版社，2004.

中英文对照术语表

A

安全规制　safety regulation

B

贝恩指数　Bain index
本身违法原则　per se rule
标尺竞争　yardstick competition
伯川德悖论　Bertrand paradox
伯川德均衡　Bertrand equilibrium
伯川德模型　Bertrand model
博弈论　game theory

C

菜单规制　menus regulation
残酷产量　grim strategy
策略性进入障碍　strategic barriers to entry
产品差异化　product differentiation
产品创新　product innovation
产品市场　product market
产业经济学　industrial economics
产业组织学　industrial organization
沉没成本　sunk cost
成本劣加性　cost subadditivity
重复博弈　repeated game
触发策略　trigger strategy
次价密封拍卖　second-price sealed-bid auction

D

搭卖品　tied product
搭售　tying
地理市场　geographic market
第一价格密封拍卖　first-price sealed-bid auction
动态竞争　dynamic competition
独家分销　exclusive distribution
独家交易　exclusive dealing
多夫曼-斯坦纳条件　Dorfman-Steiner condition
多样化经营　diversification

E

二级价格歧视　second degree price discrimination

F

反应函数 reaction function
放松规制 deregulation
非剧烈创新 nondrastic innovation
非线性定价 non-linear pricing
风险 venture
福利效应 welfare effect

G

工艺创新 process innovation
古典荷兰式拍卖 Dutch auction
古典英国式拍卖 English auction
固定成本 fixed cost
古诺均衡 Cournot equilibrium
古诺模型 Cournot model
寡头垄断 oligopoly
广告强度 advertising intensity
广告支出与销售收入比率 advertising-to-revenues ratio
规模经济 economies of scale
规制 regulation
规制俘虏 regulation capture
规制改革 regulation reform
规制失灵 regulation failure

H

哈佛学派 Harvard School
霍特林区位模型 Hotelling's location model
赫芬达尔指数 Herfindahl-Hirschman index (HHI)
合理推定原则 rule of reason
合谋 collusion
合资企业 joint venture
合作研发 cooperative R&D
横向并购 horizontal merger and acquisition
后动优势 second-move advantage
互惠购买 reciprocal buying
环境规制 environment regulation
混合并购 conglomerate merger and acquisition

J

基础研究 fundamental research
激励性规制 incentive regulation
基尼系数 Gini coefficient
集中曲线 concentration curve
假定垄断者测试 the hypothetical monopolist test
价格结构规制 price structure regulation
价格竞争 price competition
价格歧视 price discrimination
价格上限规制 price-cap regulation
价格水平规制 price level regulation
兼并 merger
交叉补贴 cross-subsidization
交易成本 transaction cost
结构性进入障碍 structural barriers to entry
结构—行为—绩效范式 structure-conduct-performance paradigm
结卖品 tying product
进入 entry
进入规制 entry regulation
进入障碍 barriers to entry
进入阻止 entry deterrence
进退无障碍理论 the theory of contestable market
经济性规制 economic regulation
经验品 experience goods
拒绝供应 refusal to supply
拒绝交易 refusal to deal
剧烈创新 drastic innovation

K

卡特尔 cartel
抗衡势力 countervailing power
宽大政策 leniency policy
捆绑 bundling

L

勒纳指数　Lerner index
利润分享规制　profit sharing regulation
利润率　profit rate
劣质品市场　lemons market
垄断竞争　monopolistic competition
掠夺性定价　predatory pricing
洛伦兹曲线　Lorenz curve

M

买方集中度　buyer concentration ratio
卖方集中度　seller concentration ratio
买方垄断　monopsony
默契合谋　tacit collusion
目标性广告　targeted advertising

N

逆向归纳法　backward induction

P

拍卖　auction
破产企业抗辩　failing firm defense

Q

企业内部效率　internal efficiency
潜在进入企业　potential entering firm
强制购买数量协议　quantity forcing
驱逐对手定价　predatory pricing
劝说性广告　persuasive advertising

R

弱自然垄断　weak natural monopoly

S

塞洛普圆周模型　Salop's circle model
三级价格歧视　third degree price discrimination
熵指数　Entropy index（EI）
社会契约　social contract
社会性规制　social regulation
生产能力约束　capacity constraint
市场绩效　market performance
市场结构　market structure
市场势力　market power
市场失灵　market failure
时间市场　time market
试验发展　experimental development
数量竞争　quantity competition
水床效应　waterbed effect
收购　acquisition
斯塔克尔伯格模型　Stackelberg model
搜寻品　search goods
SSNIP 测试　small but significant non-transitory increase in price

T

特许经营　franchise
特许投标　franchise bidding
提价拍卖　ascending auction
同质产品　homogeneous goods
退出　exit
退出障碍　barriers to exit
托宾 q 值　Tobin's q ration

W

完全竞争　perfect competition
完全垄断　complete monopoly
网络外部性　network externality
无谓损失　deadweight loss

X

X 非效率　X-inefficiency
X 效率　X-efficiency
先动优势　first-move advantage
效率抗辩　efficiency defense
新奥地利学派　Neo-Austrian School
新产业组织理论　new industrial organization

信息性广告 informative advertising

Y

研发 research & development (R&D)
外溢性 spillover
一级价格歧视 first degree price discrimination
异质产品 heterogeneous goods
应用研究 applied research
影子企业 shadow firm

Z

战略互补 strategy complement
战略替代 strategy substitute
芝加哥学派 Chicago School
植入式广告 product placement
主导企业 dominate firm
赚得收益率 earned rates of return
转换成本 switching cost
专利 patent
转售价格维持 resale price maintenance
自然垄断 natural monopoly
资源配置效率 resource allocation efficiency
纵向并购 vertical merger and acquisition
纵向限制 vertical restraints
纵向一体化 vertical integration
阻止进入定价 block access to pricing

后 记

作为一本面向本科生高年级和研究生一年级的教科书，本书力求系统反映现代产业经济学的学科体系和研究成果，在写作上力争做到概念准确、论述严密，采用学术界公认的研究观点进行科学阐述，并重点介绍了产业经济学理论在现实经济中的主要应用价值，特别是相关的反垄断政策和规制政策。

本书由教育部人文社科重点研究基地——东北财经大学产业组织与企业组织研究中心承担编写工作，系东北财经大学产业经济学国家重点学科建设成果之一。本书由肖兴志教授担任主编，并负责全书的总体章节设计、统纂定稿工作，全书共十四章，第一版书稿撰写的具体分工为：肖兴志（第一章，引言）、刘素坤（第二章，市场结构）、李少林（第三章，完全垄断）、孙康和姜晓婧（第四章，寡头垄断）、邓菁（第五章，垄断竞争与产品差异）、刘婵（第六章，企业并购）、刘承毅（第七章，进入与退出）、王雅洁（第八章，定价行为）、吴绪亮（第九章，纵向限制）、高玥（第十章，广告）、王建林（第十一章，研究与开发）、陈长石（第十二章，市场绩效的衡量）、于左和贾希锋（第十三章，反垄断政策）、姜春海（第十四章，规制政策）。

2015 年我们应中国人民大学出版社之邀，对本书进行了再版修订，在修订过程中，集纳产业经济学领域的新理论、新成果对内容进行了完善与补充，更新了部分数据、案例，相应地对思考题和答案进行了调整，同时勘正了第一版中的少量错误。修订工作由肖兴志教授负责组织，具体分工为：肖兴志（第一章，引言）、刘素坤（第二章，市场结构）、李少林（第三章，完全垄断）、姜晓婧（第四章，寡头垄断）、邓菁（第五章，垄断竞争与产品差异）、刘婵（第六章，企业并购）、刘承毅（第七章，进入与退出）、王雅洁（第八章，定价行为）、吴绪亮（第九章，纵向限制）、高玥（第十章，广告）、王建林（第十一章，研究与开发）、陈长石（第十二章，市场绩效的衡量）、于左和刘丰波（第十三章，反垄断政策）、姜春海和韩超（第十四章，规制政策）。

在编写和修订的过程中，我们参阅、借鉴了国内外大量与产业经济学相关的专著、论文和报刊资料，并尽可能做出了标注，谨向原作者致以诚挚的谢意。由于编者水平有限，书中难免有不当之处，恳请各位专家、同仁、读者不吝赐教。

编者

图书在版编目（CIP）数据

产业经济学/肖兴志主编. —2 版. —北京：中国人民大学出版社，2016.1
新编 21 世纪经济学系列教材
ISBN 978-7-300-22257-8

Ⅰ.①产… Ⅱ.①肖… Ⅲ.①产业经济学-高等学校-教材 Ⅳ.①F062.9

中国版本图书馆 CIP 数据核字（2015）第 305566 号

新编 21 世纪经济学系列教材
产业经济学（第二版）
肖兴志　主编
Chanye Jingjixue

出版发行	中国人民大学出版社		
社　　址	北京中关村大街 31 号	**邮政编码**	100080
电　　话	010－62511242（总编室）		010－62511770（质管部）
	010－82501766（邮购部）		010－62514148（门市部）
	010－62515195（发行公司）		010－62515275（盗版举报）
网　　址	http://www.crup.com.cn		
经　　销	新华书店		
印　　刷	中煤（北京）印务有限公司	**版　　次**	2012 年 9 月第 1 版
开　　本	787 mm×1092 mm　1/16		2016 年 1 月第 2 版
印　　张	19.25	**印　　次**	2023 年 12 月第 6 次印刷
字　　数	458 000	**定　　价**	42.00 元

教学支持说明

1. 教辅资源获取方式

为秉承中国人民大学出版社对教材类产品一贯的教学支持，我们将向采纳本书作为教材的教师免费提供丰富的教辅资源。您可直接到中国人民大学出版社官网的教师服务中心注册下载——http://www.crup.com.cn/Teacher。

如遇到注册、搜索等技术问题，可咨询网页右下角在线 QQ 客服，周一到周五工作时间有专人负责处理。

注册成为我社教师会员后，您可长期根据您所属的课程类别申请纸质样书、电子样书和教辅资源，自行完成免费下载。您也可登录我社官网的“教师服务中心”，我们经常举办赠送纸质样书、赠送电子样书、线上直播、资源下载、全国各专业培训及会议信息共享等网上教材进校园活动，期待您的积极参与！

2. 高校教师可加入下述学科教师 QQ 交流群，获取更多教学服务

经济类教师交流群：781029042

财政金融教师交流群：766895628

国际贸易教师交流群：162921240

税收教师交流群：119667851

3. 购书联系方式

网上书店咨询电话：010－82501766

邮购咨询电话：010－62515351

团购咨询电话：010－62513136

中国人民大学出版社经济分社

地址：北京市海淀区中关村大街甲 59 号文化大厦 1506 室　100872

电话：010－62513572　010－62515803

传真：010－62514775

E-mail：jjfs@crup.com.cn